부동산 개발과 시장 분석

정창무 저

다산출판사

:: 서문

학자로서 좋은 책을 하나 쓰는 것은 누구나 욕심을 내는 일이지만, 좋은 책이 아니라, 평범한 책 한 권이라도 쓸 수 있다면 그것이 얼마나 대단한 일인지 책을 쓰면서 배우게 되었다.

부동산 시장 분석에 대한 책에 대한 구상을 시도했던 것은 필자가 대학원 도시계획 석사과정을 마치고 모 건설회사 개발사업부에서 근무를 시작했을 때였을 것이다. 박사과정을 마치고 돌아와 서울연구원 도시경영연구부에 근무하면서 부동산 시장 분석 분야와 멀어졌다가, 서울시립대 도시공학과 교수로 부임하면서, MIT 위튼(Wheaton) 교수님의 『도시경제학과 부동산시장(*Urban Economics and Real Estate Markets*)』이란 책을 처음 읽고 감동을 받았던 기억이 생생하다. 이 책을 교재로 하여 강의하면서, 부동산 시장 분석에 대한 연구를 시작했고 논문을 쓰기 시작했다. 주택 시장 분석, 상가 사업성 검토, 사무실 수급 분석, 호텔 시장 분석, 공장 부동산 분석, 컨벤션 센터 설립 타당성 검토 등 부동산 시장 분석이란 책에 들어갈 주된 분야들을 하나하나 섭렵하면서, 연구를 진행했었다.

어느 정도 연구가 축적되자, 『부동산 개발과 시장 분석』이란 책을 내자는 출판사의 제의에 흔쾌히 응해, 선인세를 받은 때가 2006년이니 그때부터 16년간이나 약속을 지키지 못하고 있었다. 2020년 정년을 몇 년 앞두고 얻은 연구년을 이용해 '올해는 꼭 책을 완성하자.'라고 결심하고 저술을 시작했지만, 십수년 전 수행했던 실증연구들의 자료를 최근 자료로 갱신하려다가 지쳐 주저앉았다. 자료를 구하기도 힘들었고, 최신 자료를 구했다 하더라도 연구논문에 있던 과거를 현재의 상황으로 바꿔 쓰는 일도 쉽지 않았다. 고민을 거듭하다 스스로와 타협하기로 했다. '고칠 수 있는 것은 고치고, 못 고친 내용은 못 고친 대로 과거자료라도 그대로 싣자.' 그 타협의 결과로 나온 것이 바로 이 책『부동산 개발과 시장 분석』이다.

분석자료와 분석결과가 대부분 과거라서 최신 연구결과를 기대했던 독자분들에게 미리 양해를 구하고자 한다. 하지만 이 책을 통해 아직도 미지의 영역이 가득한 부동산 시장을 어떤 방식으로 바라보고, 접근해 나갈 수 있는가에 대하여 동학과 후배들에게 다양한 논리적 시도를 보여 주고 싶었다.

책을 마치면서 내용의 완성도 면에서 아쉬웠던 점과 부끄러운 일들이 몇 가지 있었다. 부동산 시장에 대한 계량분석이라는 주제에 맞춰 분석을 시도하면서 과거 잘 모르거나 어설프게 알던 내용들을 다시 확인할 수 있었다. 확실하게 알지도 못하는 내용을 가지고 분석이라고 수행한 적도 많았으며, 틀린 사항도 많았다. 이 책을 내면서 그런 실수를 줄이려고 많은 노력을 기울였지만, 혹 틀린 내용이 있을 수도 있을 것이다. 그런 내용이 있다면 언제든지 따끔한 질책을 부탁드린다. 내용의 완성도 측면에서는 오차수정모형과 공간회귀분석, 시계열 분석기법으로서 VARMA모형 등을 포함시키고 싶었다. 또 최근 유행하고 있는 Machine Learning의 근간이 되는 신경망모형을 적용한 시장 분석을 소개하고 싶었지만, 시간과 지면의 제약으로 싣지 못해 아쉽다. 다음에 개정판을 낼 수 있다면, 포함시킬 수 있도록 노력하겠다는 약속을 드린다.

이 책을 쓰면서 수많은 사람들의 도움을 받았다. 특히 본인이 쓴 연구논문을 이 책에 실을 수 있도록 흔쾌히 허락해 준 지방공기업평가원의 이경민 박사와 충남대학교 임재빈 교수에게 깊은 감사를 드린다. 이 책에 실린 연구논문의 연구비를 허락해 준 많은 분들—서울특별시, 국토교통부, LH공사, 서울시립대, 서울대학교, 국토교통과학기술진흥원, 피데스개발 등—에게 연구비를 통해 공부도 하고 생활도 할 수 있도록 지원해 주신 점에 대해 심심한 감사를 드린다. 초고를 가지고 대학원 수업교재로 활용하면서 책에 실린 계량분석내용이 실제 자료나 프로그램과 일치하는지에 대해 수업을 들었던 대학원생들의 도움을 받았다. 특히 대학원 연구실에 있는 박찬익 군과 최원빈 양의 도움을 크게 받았다.

책의 출판을 빌려 그동안 인사드리지 못한 많은 분들에게 감사의 말씀을 전하고 싶다. 까탈스럽고 날카로운 말에 상처받았지만, 변함없는 지지를 보여주었던 서울공대 도시계획연구실의 선후배분들에게 감사드리고, 서울시립대와 서울공대에서 못난 지도교수를 달래며, 밤새 연구실을 지켰던 자랑스러운 제자들에게도 깊은 감사를 드리고 전하고 싶다. 수많은 제자들이 이 책에 실린 내용의 공동연구자로 또는 주저자로 함께 연구를 수행해 주었으며, 그들이 없었다면 이 책은 나오지 않았을 것이다.

다산출판사의 몇 분에게도 특별한 감사의 말씀을 전하고 싶다. 2006년 4월 18일 게으른 저자에게 출판 계약을 거의 강권하다시피 해서 맺게 한 다산출판사 주홍균 상무님, 주홍균 상무님에 이어 2011년부터 이 책의 출간을 지치도록 독려했던 이상호 부장님, 마지막으로 거친 원고에 대해 섬세한 교정을 해주신 양선용 부장님, 이 세 분의 독려와 도움이 없었다면 이 책은 출간되지 않았을 것이다.

도시계획가로서 학문에 뜻을 두어 연구자의 삶을 살았지만, 지난 세월을 돌이켜 보면 탁월한 연구자도 좋은 선생님도 되지 못한 것 같다. 맑은 눈으로 세상을 보고, 좋은 대안을 찾기 위해 노력했지만, 재능도 모자랐고, 노력도 부족했다. 부끄럽지 않게 살겠다고 다짐했지만, 많은 미련과 아쉬움이 남는다. 이십여 년간의 연구를 정리하여 한 편의 책을 만들었고, 이 책을 통해 후배들이 더 높이 오를 수 있으리라는 작은 소망을 안고 졸저 『부동산 개발과 시장 분석』을 펴낸다.

사당동 집에서

2022년 2월

정 창 무

:: 일러두기

이 책은 부동산 시장 분석에 대한 내용을 다룬다. 책의 구성은 15장으로 주택 시장 분석 편이 6개 장, 상권 분석 편이 4개 장, 오피스 시장 분석 편이 3개 장, 호텔 시장 분석 편이 2개 장으로 구성되어 있다. 각 편별로 수요와 공급 분석을 먼저 다루었으며, 이어 시장가격을 분석하는 것으로 구성하였다. 부동산 시장을 구성하는 상품으로 주택, 사무실, 백화점, 호텔, 공장, 문화시설, 집회시설, 컨벤션센터 등 다양한 상품이 있지만, 주택, 상가, 오피스, 호텔은 부동산 시장을 구성하는 주된 상품이라는 측면에서 4편으로 내용을 묶었다.

15장의 내용 중 7장 상권 분석의 기초를 제외하고는 모두 학회지에 연구논문으로 발표된 논문을 기반으로 일부 내용을 수정 · 보완하여 원고를 작성한 것이다. 7장 상권 분석의 기초를 제외한 모든 장에 대해서는 책에 실린 분석내용을 독자들이 직접 복원할 수 있도록 자료와 프로그램을 준비하였다. 이 자료와 프로그램은 정창무 교수의 열린 도시계획연구실 홈페이지(cafe.naver.com/uplan)를 통해 다운로드 받을 수 있다. 간단한 분석은 엑셀로도 가능하지만, 일부 내용의 경우 SAS프로그램이나 별도의 GIS프로그램이 있어야만 수행할 수 있다.

각 장별 연구논문의 원출처는 다음과 같으며, 이 연구결과가 한 권의 책으로 나올 수 있게 도와주신 점에 대해 공저자 여러분께 다시 한번 감사를 드린다.

제1장 남정현 · 정창무 · 이상경, 2001, "공간 · 자본시장 이론에 의한 수도권 주택시장 시계열분석," 「주택연구」 9(2): 5–22.

제2장 정창무, 2008, "맨큐–웨일 장기주택수요모형의 적정성 평가," 「大韓

建築學會論文集 計劃系」 24(2): 245−252.

제3장 정창무 · 안지하 · 이건수 · 송소민 · 이효중, 2008, "공동주택 공간구성이 주택가격에 미치는 영향 연구: 파주시 분양 아파트를 중심으로," 「국토계획」 43(7): 17−30.

제4장 정창무, 2008, "주택가격이 출생률에 미치는 영향," 「大韓建築學會論文集 計劃系」 24(8): 217−224.

제5장 정창무, 2007, "재개발 입주권(딱지) 가격 형성 요인에 관한 연구." 「국토계획」 42(2): 123−135.

제6장 정창무, 2002, "오피스텔의 부분효용가치 추정에 관한 연구," 「국토계획」 37(3): 183−193.

제8장 이경민 · 정창무 · 박대영, 2010, "거시경제 요인이 상업시설 공급량에 미치는 영향에 관한 연구," 「서울도시연구」 11(3): 1−14.

제9장 임재빈 · 정창무, 2008, "소매업종 분포패턴 및 업종간 입지관계에 관한 비교연구: 강북구와 강남구를 대상으로," 「국토계획」 43(2): 99−110.

제10장 김호기 · 유상균 · 정창무, 2010, "구매자 소득계층별 대형 상업시설의 선택요인분석: 매장면적과 통행시간에 의한 영향력을 중심으로," 「국토계획」 45(3): 77−92.

제11장 이경민 · 정창무 · 이건수 · 유상균, 2009, "서울시 오피스 공급 결정요인에 관한 연구," 「서울도시연구」 10(4): 209−227.

제12장 정창무 · 김시백, 2008, "지역교통여건이 오피스 임대료에 미치는 영향(도심, 강남, 여의도 지역을 중심으로)," 「대한교통학회지」 26(6): 29−38.

제13장 정창무, 2008, "국제금융기업의 입지결정요인에 관한 연구," 「국토계획」 43(3): 181−193.

제14장 정창무 · 김태헌, 2010, "호텔 객실의 단기수급 결정요인에 관한 연구," 「국토계획」 45(1): 91−100.

제15장 정창무 · 김민주, 2010, "호텔객실판매율과 평균객실요금 간의 관계분석," 「국토계획」 45(6): 73−83.

:: 차례

제6장 오피스텔 거래가격 추정 • 151

제7장 상권 분석의 기초 • 177

제8장 상가의 수급과 임대료 • 201

제9장 소매업종 분포패턴 및 업종 간 입지관계에 관한 비교연구 · 231

제10장 구매자 소득계층별 대형 상업시설의 선택요인 분석 · 259

제11장 사무실의 수급모형 • 287

제12장 사무실 임대료의 결정모형 • 325

제13장 국제금융기업의 입지결정요인에 관한 연구 • 353

제 1 장

주택 시장 분석

주택은 인간의 삶을 구성하는 필수 구성요소이다. 부동산 시장 분석에서 주택 시장 분석은 가장 어렵고 흥미진진한 주제이며, 주택정책은 시민들의 울분과 희망을 담고 있다고 할 수 있다. 주택가격은 수요측면에서는 인구(가구수 분화)와 소득의 영향을 받으며, 공급측면에서는 택지 공급량 등에 의해 변동한다. 주택 시장 분석의 가장 큰 두 가지 주제는 미래의 가격변동과 현재 특정 위치에 소재한 주택의 가치추정이다. 이번 장에서는 Dipasquale and Wheaton이 제시한 4사분면 주택 시장 분석모형을 통해 주택가격의 시계열적인 변화를 이끌어 내는 독립변수들을 탐구한다. 주택 시장을 교란하는 수많은 사회경제적 변수와 정책이 있음에도 불구하고 전반적으로 주택 시장은 합리성을 기반으로 움직이고 있다. 몇몇 투기세력이 주택 시장을 흔들 수 있으며, 국세청 세무조사반이 투기억제지역의 부동산 거래 시장을 얼어붙게 만들 수 있다. 신혼부부를 위한 보금자리 주택정책이 주택청약률을 올릴 수도 있고 대기수요로 인한 전세가격을 밀어 올릴 수 있다. 하지만 우리나라의 주택 시장은 누가 무엇을 하든 건강한 상식을 지닌 사람들이 합리적인 의사결정을 통해 움직이는 시장이라는 점을 부동산 시장 분석을 통해 살필 수 있다.

1. 주거실태 현황

주택은 부동산 시장 분석의 꽃이며, 마르지 않는 상상력을 불러일으키는 영원한 주제이다. 주택은 서민들의 가장 큰 재산이기도 하며, 주택정책과 주택시장 분석은 서민들의 삶의 애환을 담은 뜨거운 분석 주제이다.

주택에는 다양한 형태가 있다. 크게 구분하면 단독주택과 공동주택으로 구분할 수 있으며, 공동주택인 경우 5층 이상이면 아파트, 4층 이하면 연립주택이다. 그러나 연립주택 중 연면적이 660㎡ 이하면 연립주택이 아니라 단독주택으로 분류되는 다세대주택이 된다. 다세대주택과 물리적인 유형은 동일하지만, 집주인이 1명이면 다가구주택, 집주인이 여러 명이면 다세대주택이 된다. 오피스텔의 경우도 주거용과 업무용으로 구분되는데, 실제 주택으로 사용되고 있으면 주택수 산정에 포함된다.

〈표 1-1〉과 〈표 1-2〉를 보면 우리나라에는 2018년 현재 17,633,327호의 주택이 있다. 2018년 현재 총인구는 51,629,512명, 총가구수는 20,499,543이므로 주택 1호당 2.93명이 거주하고 있으며, 가구수 대비 주택수를 주택보급률로 보면 86% 수준이다. 읍부의 주택보급률은 95.9%, 면부는 101.8%, 동부는 82.9%의 수준을 보이고 있다. 광역자치단체별로는 서울이 72.7%로 가장 낮으며, 전남이 104.1%로 가장 높다.

전국의 주택 중 가장 큰 비중을 나타내는 주택유형은 아파트로, 전체 주택 중 61.4%의 비중을 보이고 있다. 두 번째로 많은 주택유형은 단독주택으로 전체 주택 중 22.4%의 수준을 보이고 있다. 농촌과 도시를 구분해 보면 농촌지역인 읍·면부에서는 단독주택의 비중이 연립주택보다 크지만, 동부의 경우에는 단독주택이 13.4%, 연립주택의 비중이 2.9%, 다세대주택이 14.1%로 도시지역의 경우 공동주택 형태의 비중이 높게 나타난다. 면부의 경우 단독주택의 비중이 74.4%로 아직까지 시골에서는 단독주택이 보편적인 주택형태인 것을 알 수 있다.

| 표 1-1 | 행정구역별 주택관련 지표

행정구역별	총인구(명)	주택 1호당 인구(명)	주택보급률(%)	가구당 인구(명)
전국	51,629,512	2.93	86.0	2.52
읍부	4,984,023	2.68	95.9	2.57
면부	4,730,290	2.29	101.8	2.33
동부	41,915,199	3.06	82.9	2.54
서울특별시	9,673,936	3.34	72.7	2.43
부산광역시	3,395,278	2.78	88.6	2.46
대구광역시	2,444,412	3.08	81.9	2.52
인천광역시	2,936,117	2.94	88.9	2.62
광주광역시	1,490,092	2.89	87.8	2.54
대전광역시	1,511,214	3.10	80.0	2.48
울산광역시	1,150,116	3.03	86.3	2.61
세종특별자치시	312,374	2.63	98.6	2.59
경기도	13,103,188	3.14	84.5	2.66
강원도	1,520,391	2.52	95.1	2.39
충청북도	1,620,935	2.67	92.6	2.47
충청남도	2,181,416	2.61	95.2	2.49
전라북도	1,818,157	2.55	95.9	2.45
전라남도	1,790,352	2.30	104.1	2.39
경상북도	2,672,902	2.52	95.3	2.40
경상남도	3,350,350	2.73	92.1	2.52
제주특별자치도	658,282	2.82	91.0	2.57

출처 : 통계청, 『국가통계포털』(인구, 가구 및 주택 – 읍면동(2015), 시군구(2016~)).

| 표 1-2 | 행정구역별 주택유형

행정구역별	총인구 (명)	가구-계 (가구)	주택-계 (호)	단독 주택 (%)	아파트 (%)	연립 주택 (%)	다세대 주택 (%)	비거주용 건물 내 주택 (%)	주택 이외의 거처 (%)
전국	51,629,512	20,499,543	17,633,327	22.4	61.4	2.9	12.1	1.2	4.7
읍부	4,984,023	1,942,637	1,862,018	30.8	55.9	4.0	7.8	1.6	3.6
면부	4,730,290	2,030,579	2,066,655	74.4	19.2	1.7	3.3	1.5	4.8
동부	41,915,199	16,526,327	13,704,654	13.4	68.5	2.9	14.1	1.1	4.8
서울특별시	9,673,936	3,981,741	2,894,078	11.1	58.0	3.9	25.9	1.0	7.2
부산광역시	3,395,278	1,378,164	1,220,782	17.1	65.4	2.5	13.8	1.1	5.1
대구광역시	2,444,412	968,265	792,998	19.2	71.6	1.2	6.7	1.4	2.5
인천광역시	2,936,117	1,122,041	997,959	10.1	62.6	2.6	23.9	0.8	6.8
광주광역시	1,490,092	586,263	514,767	16.6	78.9	1.7	1.7	1.1	2.6
대전광역시	1,511,214	608,260	486,764	16.6	73.0	2.1	7.1	1.1	2.4
울산광역시	1,150,116	439,930	379,741	17.6	72.0	2.1	6.6	1.7	2.8
세종 특별자치시	312,374	120,629	118,959	13.5	83.7	0.9	1.3	0.6	2.5
경기도	13,103,188	4,934,208	4,169,100	12.1	68.6	3.0	15.4	0.8	5.5
강원도	1,520,391	634,847	603,644	39.2	53.5	3.5	2.0	1.8	2.6
충청북도	1,620,935	656,101	607,686	34.5	57.9	2.7	3.3	1.6	3.0
충청남도	2,181,416	877,628	835,752	36.9	54.3	2.7	4.8	1.3	3.8
전라북도	1,818,157	743,341	712,850	39.6	54.6	2.2	2.1	1.5	2.4
전라남도	1,790,352	747,681	777,966	51.9	43.2	2.0	1.4	1.6	3.1
경상북도	2,672,902	1,113,008	1,060,505	43.2	47.8	2.8	4.4	1.7	3.1
경상남도	3,350,350	1,331,278	1,226,708	34.2	59.2	2.2	3.0	1.4	3.5
제주 특별자치도	658,282	256,158	233,068	39.8	31.8	11.6	14.5	2.3	6.2

출처 : 통계청, 『국가통계포털』(인구, 가구 및 주택 – 읍면동(2015), 시군구(2016~)).

지난 2010년 8월부터 2020년 4월까지 117개월간 주택유형별 사용검사실적(준공검사)을 보면 다가구 구분 기준으로 월평균 47,241호의 주택이 준공되었으며, 이를 연간으로 환산하면 매년 56만 6,893호의 주택이 건설된 셈이다. 2018년의 총주택호수와 대비하면 3.21% 수준이다. 매년 56만 내지 57만 호의

| **표 1-3** | 2010년 이후 주택준공실적

구분	준공실적	수도권	지방
2010. 08	42,173	20,519	21,654
2010. 09	27,916	10,762	17,154
2010. 10	41,394	20,172	21,222
2010. 11	33,670	13,405	20,265
2010. 12	74,878	35,217	39,661
2011	457,631	207,629	250,002
2012	497,043	221,425	275,618
2013	501,636	197,141	304,495
2014	543,782	208,407	335,375
2015	571,591	226,759	344,832
2016	626,170	284,368	341,802
2017	670,979	307,885	363,094
2018	706,660	352,206	354,454
2019	568,850	282,860	285,990
2020. 01	34,942	17,896	17,046
2020. 02	43,809	25,127	18,682
2020. 03	34,073	17,531	16,542
2020. 04	50,006	23,019	26,987
계	5,527,203	2,472,328	3,054,875
월평균	47,241	21,131	26,110
비중	100%	44.7%	55.3%

출처 : 통계청, 『국가통계포털』(주택유형별 사용검사실적 다가구 구분, 월계).

주택이 준공되어 기존 주택을 대체한다면 우리나라 주택의 평균수명은 31.1년 정도가 된다. 지역별로 보면 신규주택 중 44.7%가 수도권에, 55.3%가 수도권 외 지방에서 공급되었다. 수도권 거주 인구의 비중이 2018년 현재 49.8%이므로 수도권 지역이 상대적으로 신규주택공급이 적었다고 볼 수 있다.

2. 주택가격동향

주택가격에 관한 가장 오래되고 신뢰성 있는 시계열 자료는 KB국민은행에서 발표하고 있는『월간 KB주택가격동향』이다. 이 자료는 원래 1985년 12월 가격을 100으로 보고 그 이후 가격 변화를 지수로 나타내고 있는 자료로 우리나라 주택가격 시계열 자료로는 가장 오래되고 신뢰성 있는 자료이다. 원래 주택은행이 발간했던 자료였지만, 은행구조조정의 일환으로 주택은행이 국민은행을 흡수합병하면서 탄생한 KB국민은행이 매달 발간하고 있다. 시간이 흐르면서 조사지역도 확대되었으며, 지수 기준시점도 수시로 변경되어 현재 지수 자료는 2019년 1월을 100으로 해서 가격을 지수형태로 표현하고 있다. 현재 표본수는 아파트 31,800개, 단독주택 2,500개, 연립주택 2,000개이다. 이 자료를 통해 전체적인 주택가격의 흐름을 살펴보자.

1986년 1월의 주택가격을 100으로 보았을 때 2020년 1월 현재 전국 주택가격지수는 289.9, 서울의 아파트가격지수는 604.0 수준이다. 예를 들어 1986년 서울 모처의 32평 아파트 가격이 4,500만 원이었고, 이 추세대로 가격이 상승하였다고 가정하면 현재 이 아파트의 가격은 2억 7,180만 원 수준으로 상승하였다는 것을 보여준다. 위 그래프의 자료를 근거로 연평균 가격 상승률을 복리로 산정하면, 전국의 주택가격지수 상승률은 0.6% 수준, 서울의 아파트가격 상승률은 3.6055%로 서울 아파트가격 상승률이 전국 주택가격지수 상승률

| **그림 1-1** | 주택가격지수(각 연도 1월 기준)

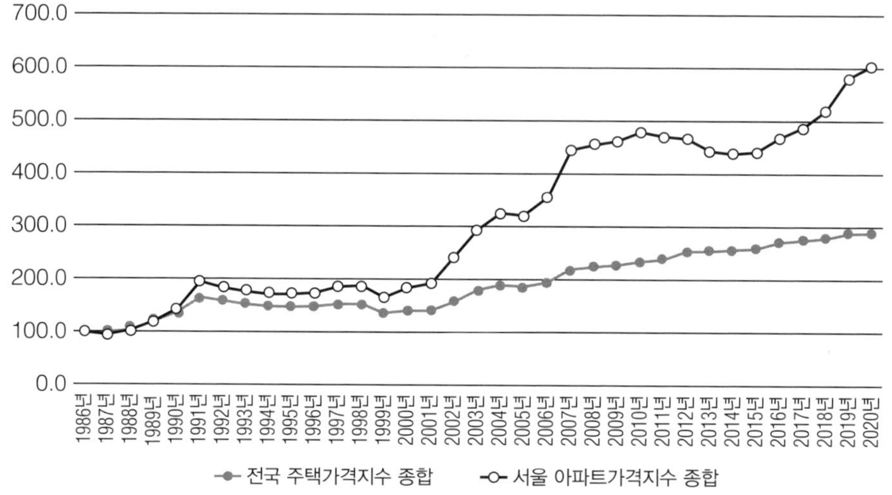

출처 : KB국민은행, 『월간 KB주택가격동향』.

과 비교해 6배 수준이 된다. 서울 아파트가격 상승률이 전국 주택가격 상승률보다 훨씬 더 크다는 사실에서 수도권과 비수도권의 경제성장 격차가 있었다는 사실을 암시하고 있다.

위 그래프에서 보면 1986년부터 1990년까지는 서울 아파트가격과 전국의 주택가격지수가 거의 같은 모습으로 상승하다 1991년에 갑자기 격차가 발생한다는 사실을 살펴볼 수 있다. 1988년 서울올림픽이 끝나고 분당, 일산, 산본, 중동 등 1기 신도시가 준공되어 본격적인 입주가 시작된 것이 1991년이므로 1기 신도시 건설이 이러한 가격 격차에 영향을 준 것으로 보인다. 이러한 격차는 1998년까지 지속되다, 1999년에 급락하는 현상을 보인다. 이는 1997년 발생한 IMF 외환위기의 영향이라고 볼 수 있다. 경제위기 상황이 주택가격에 영향을 미쳤던 또 다른 사건은 2008년 미국 서브프라임 모기지와 리먼 브라더스 파산으로 인한 경제위기가 2009년 이후 수년간 지속되었던 상황을 들 수 있다.

[그림 1-1]을 보면 2000년부터 전국 주택가격지수와 서울의 아파트가격지

수 간의 차이가 급격히 확대되는 모습을 볼 수 있다. 수도권과 비수도권이라는 국토의 불균형 발전이 심화되는 시기라 할 수 있다.

주택의 단위면적당 평균가격 역시 KB국민은행의 『KB부동산 아파트시세통계(단위면적당 평균가격)』 자료를 통해 확인할 수 있다. 평당 가격으로 환산하여 정리한 것이 〈표 1–4〉에 제시되어 있다.

| 표 1–4 | 평당 매매가와 전세가(2020년 6월 기준) (단위 : 만 원, %)

시도	평당 매매가	평당 전세가	전세/매매가 비율
전국	1,273	783	61.6
서울특별시	3,005	1,511	50.3
부산광역시	988	651	65.9
대구광역시	982	711	72.4
인천광역시	1,028	717	69.8
대전광역시	972	648	66.7
광주광역시	790	575	72.8
울산광역시	797	552	69.3
경기도	1,322	856	64.8
강원도	542	417	76.8
충청북도	569	433	76.2
충청남도	602	463	76.9
전라북도	532	423	79.5
전라남도	569	433	76.2
경상북도	499	397	79.5
경상남도	651	466	71.6
제주특별자치도	1,160	731	63.0
강남구	5,478	2,393	43.7
강동구	2,949	1,484	50.3
강북구	1,831	1,094	59.7
강서구	2,311	1,296	56.1

관악구	2,099	1,240	59.1
광진구	3,157	1,679	53.2
구로구	1,983	1,150	58.0
금천구	1,864	1,078	57.8
노원구	1,957	998	51.0
도봉구	1,640	906	55.2
동대문구	2,410	1,332	55.3
동작구	2,893	1,580	54.6
마포구	3,326	1,745	52.5
서대문구	2,476	1,379	55.7
서초구	5,355	2,284	42.7
성동구	3,425	1,795	52.4
성북구	2,241	1,336	59.6
송파구	4,202	1,970	46.9
양천구	3,283	1,544	47.0
영등포구	3,005	1,431	47.6
용산구	3,950	1,739	44.0
은평구	2,079	1,213	58.3
종로구	2,797	1,673	59.8
중구	2,869	1,653	57.6
중랑구	1,729	1,074	62.1

출처 : KB국민은행, 『KB부동산 아파트시세통계』(단위면적당 평균가격).

전국 아파트의 평균 평당 가격은 1,273만 원 수준이며, 전세가격은 평당 기준으로 783만 원 수준을 보이고 있다. 아파트 평당 가격이 가장 낮은 곳은 경북으로 499만 원이며, 가장 비싼 곳은 광역시도 기준으로는 서울 3,005만 원, 시군구 기준으로는 강남구로 5,478만 원을 보이고 있다. 강남구의 아파트 1평을 팔면, 경북 관내 아파트 11평 정도를 살 수 있는 셈이다. 매매가 대비 전세가 비율은 전국 평균이 61.6%, 가장 높은 곳은 아파트가격이 가장 낮은 전북으로 79.5%, 가장 낮은 곳은 42.7%를 보이는 서울 서초구이다. 재미있는 현상 중 하나는 전세/매매가 비율과 평당 아파트가격이 반비례한다는 것이다. 즉 아파트가격이 비쌀수록 전세/매매가 비율은 낮고 아파트가격이 쌀수록 전세/매매가 비율이 높다는 사실이다. 두 변수의 상관계수값은 −0.91 수준을 보인다.

| **그림 1-2** | 아파트 평당 매매가격과 전세가격(2020년 6월 기준)

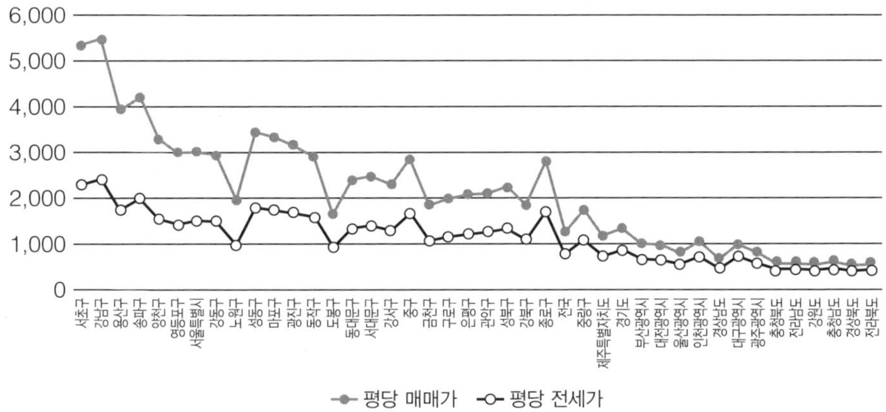

출처 : KB국민은행, 『KB부동산 아파트시세통계』(단위면적당 평균가격).

3. 주택 시장 분석의 이론적 기초

도시경제학 관점에서 볼 때 부동산 시장은 개념적으로 두 개의 시장으로 구분할 수 있다. 부동산에 대해 공간이용의 측면에서 의사결정이 이루어지는 자산시장(Property market *or* Space market)과 투자의 대상으로 의사결정이 이루어지는 자본시장(Capital market)이 그것이다(Dipasquale and Wheaton, 1996: 1–11). 장기 주택 시장 분석에서 가장 많이 활용하는 이 모형은 Dipasquale and

Wheaton(1996)이 제시한 자산 · 자본시장 이론에 근거한 주택 시장 분석모형이다. 물론 Dipasquale and Wheaton(1996)이 제시한 모형을 한국적 상황에 곧바로 적용하기에는 부족한 부분이 많다. 그러나 전세제도라는 우리나라의 독특한 부동산 임대차제도라든가, 택지공급이 공공부문에 의해 공급되는 등의 특수한 사정을 감안한다면 주택 시장 구조를 이해할 수 있는 좋은 이론이기도 하다.

Dipasquale and Wheaton(1996)의 모형은 오랜 기간 동안 주택 시장 분석에 있어 가장 뜨거웠던 논란 중 하나인 임대료와 주택가격 간의 선후 시차관계를 규명하였다는 점에서 큰 의미가 있다. 우리나라 형편에 맞게 번안하면, 전세가격이 올라서 주택매매가격이 오르는 것인가? 아니면 주택매매가격이 올라서 전세가격이 오르는 것인가라는 논쟁이었다. 이 점은 주택경제학자들 사이에서는 수십 년 동안 풀기 힘든 문제였는데, Dipasquale and Wheaton(1996)은 이런 논쟁을 잠재울 분석모형을 제시하였다.

Dipasquale and Wheaton(1996)은 부동산 시장의 움직임을 [그림 1-3]과 같이 도식화하였다. 여기서 1, 4사분면은 공간이용에 관련된 자산시장을 나타내고, 2, 3사분면은 부동산의 소유권에 대한 자본시장을 나타낸다.

1사분면의 직선 $D(R, Economy) = S$는 해당 지역경제 상태에 의한 공간수요가 어떻게 임대료와 관련이 있는지를 나타내고 있다. 주택재고량이 정해져 있을 때 인구와 소득이 늘수록 임대료가 상승하게 된다. 여기서 임대료는 세 들어 사는 가구의 임대료만이 아니라, 자가주택에 거주하는 가구들도 주택가격에 대한 지급이자 또는 기회비용 만큼의 임대료를 부담하게 되므로 결국 모든 가구의 임대료 지불용의금액을 의미한다. 자가주택 거주자들의 임대료를 귀속임대료라고 하는데 우리나라의 경우 통계청에서 물가 수준을 조사할 때 일반적인 임대료 외에도 자가주택 거주가구의 귀속임대료도 산정해 포함하고 있다.

1사분면에 의해 결정된 임대료 수준은 2사분면의 자본시장으로 영향을 미친다. 2사분면의 목적은 1사분면에 의해 주어진 임대료 수준으로 부동산 자산의

| 그림 1-3 | 자산시장과 자본시장의 관계

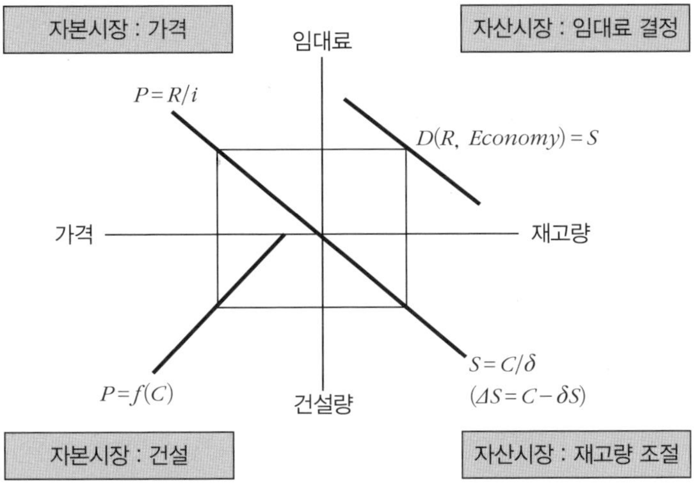

출처 : Dipasquale and Wheaton(1996).

가격 P를 결정하는 것이다($P=\frac{R}{i}$, 여기서 i는 수익환원법에서 사용되는 자본화율(capitalization rate)을 의미한다). 즉 주어진 임대료 수준에서 금리가 낮을수록 주택가격은 오르고, 금리가 높을수록 주택가격은 내려간다. 자본화율 i를 구성하는 주된 내용이 금리이기는 하지만, 금리 외에도 양도소득세율, 재산세율, 감가상각률, 가격 상승에 대한 기대 등이 자본화율 i에 영향을 미친다. 예를 들어 재산세가 오르면 주택가격은 어떻게 될까? 1억 원을 지닌 사람이 1억 원짜리 주택을 사서 임대를 주고, 그로 인하여 일 년 동안 500만 원의 임대료 수익을 올렸다면 자본화율 i는 5%가 된다. 만약 기존에는 재산세를 내지 않고 있다가 주택가격의 2%에 해당하는 재산세를 내게 된다면, 연간 투자수익은 연간 임대료 500만 원에서 재산세 200만 원을 뺀 300만 원 수준이 되고 자본화율 i는 기존 5%에서 재산세율 2%를 뺀 3% 수준으로 떨어지게 된다. 이제 주택투자가는 1억 원짜리 주택에 투자해 임대를 줄 경우 연간 투자수익으로 300만 원밖에 확보할 수 없게 되므로 주택을 판 뒤, 그 돈을 연간 5%의 이자수익이 나오는 은행 정기예금으로 납입하게 될 것이다. 주택가격은 하락하고 주택을 사고자 하는 사람들이 줄어들게 됨으로써 주택공급은 위축되게 되고 주택공급이 모자랄수록 임대료는 상승하게 될 것이다. 재산세 2%에 해당되는 연간 2백만 원을 벌충할 수 있을 수준인 연간 700만 원이 될 때까지 오르게 될 것이다. 주택에 대한 재산세율을 강화하면 정해진 임대료 수준에서는 주택가격이 하락하지만, 장기적으로는 임대료 상승을 통해 자본시장의 균형을 찾아가게 된다. 만약 주택가격이 연간 1%씩 오를 것으로 예상되면 연간 임대료가 500만 원으로 고정된 상태에서 주택가격은 1억 2,500만 원으로 상승하게 된다. 임대소득과 가격 상승으로 인한 투자수익이 연간 600만 원이므로 1억 원의 돈을 은행에 넣을 경우 이자소득 500만 원 대비 100만 원의 수익이 더 발생하기 때문에 주택에 투자해 임대소득을 올리려는 수요자가 늘고 그 결과 주택가격은 1억 2,000만 원 수준까지 상승하게 된다. 1억 2,000만 원을 은행에 예금할 경우 얻게 되는 이자수익이 600만 원이 되기 때문이다. 주택가격이 상승하므로 공급이 늘고, 사회 전체적으로 주택재고가 확대되고, 확대된 주택재고량은 임대료 수준을 연 400만 원 수준으로 낮추게 된다. 이 경우 1억 원의 돈을 주택에 투자해 임대하면 연간 가격상승률 1% 수준에서 100만 원의 투자수익이 발생하고 연간 임대료 수익이 400만 원이므로 합계 연간 수익은 500만 원이 된다. 1억 원을 은행에 예금할 경우 이자율 5% 수준에서 500만 원의 이자소득이 발생하므로 세금 등의 거래비용이 없다고 전제한다면, 주택에 투자하나 은행에 예금하나 연간 수익은 같게 되어 자금시장과 주택 시장이 균형을 맞추게 된다. 이것이 주택가격이 빠르게 오르는 지역에서 전세가격이나 월세가격이 저렴한 이유이기도 하다.

2사분면에서 결정된 부동산 자산가격은 3사분면에서 공급곡선과 만나게 된다($P=f(C)$). 즉 건설회사 등의 주택공급업체들은 월세나 전세가 아니라 주택매매가를 신호로 파악하여 주택가격이 오르면 공급을 시작하고, 주택가격이 내리면 공급을 줄이게 된다. 3사분면에서 주택공급곡선이 가격축상의 원점에서 시작하지 않은 이유는 초기투자비용 또는 규제비용을 공급곡선이 포함하고 있기 때문이다. 어떤 작은 도시에 있는 주택공급업체의 경우 그 도시에서 주택

1채가 부족하다고 1채를 공급하기 위해 주택건설현장을 꾸미기는 어렵다. 50채 또는 100채 정도 되어야 규모의 경제가 성립하므로 현장을 꾸릴 수 있게 된다. 가격축상의 절편은 이런 규모의 경제 요소를 포함하고 있기 때문이다. 규제가 복잡하고 많아서 규제준수비용이 높다면 절편값이 커지고, 규제를 완화하게 되면 절편값이 작아진다.

4사분면에서는 신규공급량이 연간 플로우(flow)의 형태로 장기주택재고량에 더해진다. 해당 시기의 주택재고 변화량(ΔS)은 신규공급량에서 멸실률(δ)에 의해 측정되는 재고량의 감소부분을 제한 것과 같다($\Delta S = C - \delta S$). 2019년 현재 서울에는 대략 295만 호의 주택이 존재한다. 철근과 콘크리트로 이루어진 주택은 시간이 지나면서 노후화되어 기능을 상실하게 된다. 예를 들어 코가 매울 정도로 곰팡이가 많이 핀 방, 녹물과 누수로 물바다를 이루는 부엌이나 욕실, 천장에서 쥐가 뛰어내리는 방 등 철근콘크리트 구조물은 멀쩡하더라도 주택의 일부 공간은 노후가 진행됨에 따라 쓸 수 없는 공간으로 변모하게 된다. 또한 재개발이나 재건축처럼 멀쩡한 주택을 부수는 경우도 왕왕 발생한다. 이러저러한 사유로 사람들이 살고 있는 주택공간은 줄어들게 든다. 이렇게 못 쓰게 되는 주택의 비율을 멸실률이라고 하는데 서울시의 경우 통계자료의 부실로 멸실률에 대한 실증연구가 부족한 편이라 정확하지는 않지만, 대략 매년 1~1.5% 수준까지 보고 있다. 서울의 주택이 대략 295만 호이므로 매년 3~4만 5천 호 정도의 주택이 노후화로 인해 사람들이 살 수 없는 공간으로 변모하는 셈이다. 따라서 이를 신규공급으로 채워주지 않으면, 비록 철근콘트리트의 수명이 다하지 않았다 하더라도 매년 서울시의 주택재고는 줄어들게 된다.

국내 주택 시장을 대상으로 Dipasquale and Wheaton(1996)의 연구를 적용한 대표적인 연구로 Lee(2001)의 박사학위 논문을 들 수 있다. Lee(2001)는 서울시 주택 패널자료를 이용하여 주택 매매가격과 전세가격 간의 연립방정식모형을 설정하고 2단계 최소자승법(2SLS: two stage least square method)으로 모형을 추정하였다. Lee(2001)는 상호의존성을 배제한 축약형 방정식보다 주택 매매가격과 전세가격의 상호의태성(주택 매매가격과 전세가격은 상호작용하는 모형

내 내생변수들)을 바탕으로 추정된 2단계 최소자승법의 경우가 일반선형회귀모형보다 더 좋은 설명을 하고 있다는 점에 근거한 연립방정식 모형으로 주택 자산시장과 자본시장의 연동성을 증명한 바 있다.[01]

Dipasquale and Wheaton(1996)의 연구를 적용해 서울 주택 시장을 분석해 보자. 추정의 정밀성보다는 모형의 이해가 우선이므로 될 수 있는 대로 간략한 모형을 구축하며, 독립변수의 수도 최소한으로 줄여 연립방정식 모형을 구축하기로 한다. 모형에 활용된 시계열 자료는 1988년부터 2020년까지의 연간 자료이며, KB국민은행에서 구한 주택 매매가격과 전세가격을 제외한 모든 자료는 통계청과 한국은행 경제통계시스템(M2 등)에서 구했다.

1사분면모형의 종속변수는 임대료 대신 임대료의 대리변수로 서울의 전년 대비 전세가격지수 상승률을, 주택가격의 경우 전기의 주택가격지수 상승률, 주택공급의 경우 2기 전의 주택건설 인허가실적으로, 경제위기 변수로는 IMF 외환위기가 발생한 1997년에 0.25, 1998년에 1, 리먼 브라더스 사태가 발생한 2008년에 0.5의 가중치를 부여하였다. 그 외 다양한 부동산정책을 감안한 연도더미변수를 추가하였다. 여기서 주택 매매가격이나 전세가격 등에 대해 현재 상황을 알려주는 수준변수를 활용하지 않고 차분변수를 쓴 이유는 수준변수의 시계열 자료가 단위근을 포함하고 있기 때문에 단위근을 제거하기 위해서이다.

01 내생변수란 그 값이 모델 내에서 결정되는 변수를 말하며, 선결변수란 그 값이 모델 밖에서 결정되는 변수를 말한다. 여기서 내생변수는 확률적인 것으로 간주되는 반면에 선결변수는 비확률적인 것으로 간주된다.

$$Y = Y_{t-1} + X + X_{t-1} + V + W$$
$$X = X_{t-1} + Y + Y_{t-1} + Z + A$$

위의 식에서 Y, X는 내생변수이고, V, W, Z, A는 외생(선결)변수이며, Y_{t-1}, X_{t-1}은 시차내생변수이다. Y_{t-1}, X_{t-1}은 시차를 갖는 시차내생변수지만 이들은 현기 t에 이미 알려져 있는 것이기 때문에 비확률적인 것으로 간주되고 따라서 선결변수가 되는 것이다. 간단히 말해서 당기의 외생변수, 시차외생변수 그리고 시차내생변수 들은 그들의 값이 당기의 모델에 의해 결정되는 것이 아니기 때문에 미리 결정된 것으로 간주된다(Gujarati, 1993: 587)

$$CP = f(\text{주택공급, 주택가격, 경제위기 변수})$$

$$\frac{\delta CP}{\delta \text{주택공급}} \leq 0, \quad \frac{\delta CP}{\delta \text{주택가격}} \leq 0, \quad \frac{\delta CP}{\delta \text{경제위기 변수}} \leq 0 \qquad (1 \cdot 1)$$

단, CP : 전년 대비 전세가격지수 상승률

2사분면모형의 종속변수는 주택가격의 대리변수로 KB국민은행의 주택시계열 자료 중 서울의 전년 대비 주택가격지수 상승률, 독립변수로는 서울지가지수 변동률, 2기 전의 주택건설 인허가실적, 당해 연도의 생산자물가지수, 2기 전 전년 대비 총통화량 증가량(M2, 평잔기준)을 포함시켰다. 그 외 전세가격과 마찬가지로 다양한 부동산 정책변수를 포함시키기 위해 연도더미변수를 독립변수로 추가하였다. 토지가격이 상승할 경우 주택가격도 상승하며, 수요와 공급의 법칙에 의해 주택공급이 증가하면 주택가격은 하락한다. 주택가격과 물가, 총통화량의 관계는 명확하지 않다. 일반적으로 물가와 총통화량이 증가하면, 자산인 주택도 인플레이션이 발생하여 가격이 상승한다. 하지만 한정된 소득으로 주택과 주택 이외의 소비재에 대한 소비지출이 서로 경합한다면, 물가 상승은 유효수요의 부족으로 인해 주택가격 하락으로 이어질 수 있다. 총통화량의 증가를 금리 인하로 해석한다면, 총통화량 증가는 주택가격에는 부의 영향을 미치게 된다. 만약 금리변동 없이 총통화량만 증가할 경우 총통화량 증가는 유동성 증가로 주택자산가격의 인플레이션으로 이어질 수도 있다.

$$HP = f(\text{토지가격, 주택공급, 생산자물가지수, 총통화량})$$

$$\frac{\delta HP}{\delta \text{토지가격}} \geq 0, \quad \frac{\delta HP}{\delta \text{주택공급}} \leq 0,$$

$$\frac{\delta HP}{\delta \text{생산자물가지수}} \geq \leq 0(?), \quad \frac{\delta HP}{\delta \text{총통화량}} \leq 0 \qquad (1 \cdot 2)$$

단, HP : 전년 대비 주택가격지수 상승률

3사분면모형의 종속변수는 당해 연도 주택건설 인허가량(호수), 독립변수로는 1기 전 전세가격, 전년 대비 서울시민의 1인당 GRDP 증감분, 전년 대비 총주택재고량 증가분, 당기 택지공급량, 2기 전 주택건설 인허가량(호수), 전년 대비 총통화량 증가량(M2, 말잔기준), 2017년 연도더미변수를 포함시켰다. 전세가격이 오르면 덩달아 주택가격이 오르며, 이에 따라 주택건설 인허가량은 늘어난다. 소득이 증가하면 주택공간수요가 늘어나지만, 총주택재고가 커지면 신규주택에 대한 공간수요가 줄어든다. 당기의 토지공급이 줄어들 경우 미래의 주택공급 부족을 예상할 수 있으므로, 토지를 확보한 사업자는 주택건설을 서두르게 되며, 택지공급이 늘면 반대로 향후 주택공급 과잉을 예상할 수 있어 주택공급을 꺼리게 된다. 2기 전의 주택건설 인허가량 증가는 한 해를 건너뛰어 주택건설 인허가량 증가에 긍정적인 영향을 미친다. 아마도 이는 건설회사의 공급능력의 한계를 반영한 것이 아닌가 판단된다. 즉 주택공급의 주기가 대략 2년이라면, 업체의 경우 꾸준하고 지속적인 주택수요가 있다 하더라도 한정된 인력과 자원을 가지고는 지속적으로 주택공급을 도모하기가 어렵다. 주택공급주기와 공급업체의 공급능력의 한계가 이러한 주기성으로 발현되는 것으로 보인다. 총통화량 증가를 금리 인하의 영향으로 해석한다면, 총통화량 감소는 금리 인상을 의미하며, 이는 주택가격뿐만이 아니라 주택건설 인허가량에도 부정적인 영향을 미치게 된다.

$$HBP = f(\text{주택가격, 소득, 총주택재고량, 택지공급량, 주택공급, 총통화량}(M2, \text{말잔}))$$

$$\frac{\delta HBP}{\delta \text{주택가격}} \geq 0, \quad \frac{\delta HBP}{\delta \text{소득}} \geq 0, \quad \frac{\delta HBP}{\delta \text{총주택재고량}} \leq 0,$$

$$\frac{\delta HBP}{\delta \text{택지공급량}} \leq 0, \quad \frac{\delta HBP}{\delta \text{주택공급}} \geq 0, \quad \frac{\delta HBP}{\delta \text{총통화량}(M2, \text{말잔})} \leq 0 \quad (1 \cdot 3)$$

단, HBP : 당해 연도 주택건설 인허가실적

4사분면모형의 종속변수는 전년 대비 서울 총주택재고 증가량이며, 독립변수로는 4기 전 서울의 주택건설 인허가량과 그 외 다양한 부동산정책을 반영하는 연도더미변수로 구성되어 있다.

$$Total\_D = f(\text{주택공급량}) \qquad \frac{\delta Total\_D}{\delta \text{주택공급량}} \geq 0 \tag{1·4}$$

단, *Total_D* : 전년 대비 서울 주택재고 증가량

위에서 가정한 4개의 방정식을 보통최소자승법(OLS)의 일반회귀모형이 아닌 연립방정식 형태로 추정하였다. 일반적으로 사용되는 보통최소자승법(OLS)을 적용하기에는 문제가 있다. 주택 시장을 예로 들어 설명하면, 주택재고, 임대료(주택전세가격), 주택매매가격, 건설공급량으로 이루어진 4개의 축은 여러 가지 사회경제변수의 영향을 받기도 하지만, 기본적으로 4개의 변수는 상호의존(interdependence)관계에 놓이게 된다. 상호의존관계에도 불구하고 OLS를 적용하여 모형을 추정하게 되면 거기서 도출되는 추정량은 불일치 · 편의 추정량이 된다(Gujarati, 1993: 577). 따라서 변수 간의 상호의존성을 반영해 정확하고 불편한 추정량을 도출할 수 있는 연립방정식모형을 적용하기로 한다. 독립변수로 투입한 시차변수의 경우 1년차, 2년차, 3년차, 4년차 등 다양한 시차변수를 투입하여 그중 통계적으로 가장 적합도가 높은 시차변수를 선정하였으며, 연도더미변수의 경우도 정책적 의미보다는 통계적으로 유의미하며 적합도가 높은 연도더미변수를 선정하였다. 연립방정식 4개를 SAS로 추정한 결과는 다음과 같다.

$$\begin{aligned} CP\_I = \underset{(8.70)}{0.148} - \underset{(-6.06)}{0.164} \cdot \text{경제위기 변수} - \underset{(-6.09)}{1.11E{-}6} \cdot L2HBP - \underset{(-6.60)}{0.534} \cdot L1HP\_I + \underset{(6.74)}{0.708} \cdot HP\_I \\ + \underset{(2.81)}{0.079} \cdot y1992 - \underset{(-1.75)}{0.049} \cdot y2005 - \underset{(-2.20)}{0.064} \cdot y2006 - \underset{(-2.94)}{0.079} \cdot y2016 - \underset{(-2.32)}{0.062} \cdot y2018 \end{aligned} \tag{1·5}$$

수정결정계수 : 0.89976, DW : 1.94, ( )안의 수치는 *t*값임.

여기서 CP_I : 전년 대비 서울 전세가격지수 증감률

경제위기 변수 : 1997년 0.25, 1998년 1, 2008년 0.5로 가중치 부여
L2HBP : 2기 전 서울 주택건설 인허가실적(호수)
L1HP_I : 1기 전 전년 대비 서울 주택가격지수 증감률
HP_I : 전년 대비 서울 주택가격지수 증감률
y1992, y2005, y2006, y2016, y2018 : 연도더미변수

$$HP\_I = 0.446 + 0.772 \cdot LP\_I - 8.99E-7 \cdot L2HBP - 0.003 \cdot SPI - 0.588 \cdot L2M2A\_I \quad (1 \cdot 6)$$

(5.25) (5.32) (−4.60) (−4.87) (−3.49)

수정결정계수 : 0.84695, DW : 1.91, ( )안의 수치는 t값임.

여기서 HP_I : 전년 대비 서울 주택가격지수 증감률
LP_I : 전년 대비 서울 지가지수 증감률
L2HBP : 2기 전 서울 주택건설 인허가실적(호수)
SPI : 서울 생산자물가지수
L2M2A_I : 2기 전 전년 대비 연간 총통화량(*M*2, 평잔기준) 증감률

$$HBP = 54420.46 + 128234.5 \cdot L1CP\_I + 569335.6 \cdot SGRDP\_I - 1898633 \cdot Total\_I - 4.198 \cdot LS$$

(4.90) (3.25) (6.71) (−3.25) (−2.52)

$$+ 0.294 \cdot L2HBP - 116984 \cdot M2E\_I + 26510.5 \cdot y2017 \quad (1 \cdot 7)$$

(2.93) (−2.02) (1.77)

수정결정계수 : 0.77574, DW : 2.08, ( )안의 수치는 t값임.

여기서 HBP : 서울 주택건설 인허가실적(호수)
L1CP_I : 1기 전 전년 대비 서울 전세가격지수 증감률
SGRDP_I : 전년 대비 서울 시민 1인당 지역총소득 증감률
Total_I : 전년 대비 서울 총주택재고량 증감률
LS : 서울 택지공급실적
L2HBP : 2기 전 서울 주택건설 인허가실적(호수)
M2E_I : 전년 대비 연간 총통화량(*M*2, 말잔기준) 증감률
y2017 : 연도더미변수

$$Total\_D = 0.1994 + 0.44 \cdot L4HBP + 0.556 \cdot y1995 - 310.082 \cdot y2016$$

(1.40) (10 이상) (2.22) (−1245.3)

$$+ 1808.638 \cdot y2017 - 1498.55 \cdot y2018 - 11667.4 \cdot y2019 \quad (1 \cdot 8)$$

(7255.47) (−5972) (−46618)

수정결정계수 : 1.00, DW : 2.07, ( )안의 수치는 t값임.

단, Total_D : 전년 대비 서울 총주택재고 증가량
L4HBP : 4기 전 서울 주택건설 인허가실적(호수)
y1995, y2016, y2017, y2018, y2019 : 연도더미변수

짧은 시계열로 인하여 연립방정식으로 추정된 계수값들의 안정성이 취약하며, 금리나 가구수와 같은 중요 변수들을 포함시키지 못한 한계에도 불구하고 단위근이 없는 차분값들을 사용해 모형을 추정하였다. 모형의 설명력은 수정결정계수로 0.7 이상이며, 잔차항 간의 자기상관문제가 크지 않은 것으로 나타났다.

전반적으로 서울의 주택 시장은 Dipasquale & Wheaton(1996)의 이론에 부합하는 것으로 나타난다. 추정결과를 살피면, 서울의 전세가격은 공급이 적을수록, 소득이 커질수록, 동기의 주택가격이 상승할수록 오르는 것을 확인할 수 있었으며, 주택가격의 경우 지가가 오를수록, 공급이 감소할수록, 소비자물가가 오를수록, 2기 전 총통화량이 적을수록 상승하는 것으로 나타났다. 주택공급에 있어서 전세가격이 오를수록, 소득이 늘수록, 과거 주택공급실적이 클수록 공급이 확대되며, 총주택재고량이 증가할수록, 토지공급이 확대될수록, 총통화량이 증대될수록 주택공급은 줄어드는 것으로 나타났다. 4사분면의 총주택재고량모형의 경우 독립변수인 4기 전 서울 주택건설 인허가실적(호수)과 전년 대비 서울 총주택재고 증가량은 동치관계라 할 수 있을 정도로 대부분 설명하는 것으로 나왔다. 4기 전 서울 주택건설 인허가량의 44% 정도가 서울의 총주택재고량 증가분으로 이어진다는 것은 서울의 경우 재개발, 재건축으로 인한 멸실량이 크며, 건축인허가로부터 실제 준공까지 3년, 준공된 주택이 통계로 잡히는 기간이 1년 정도 소요되는 것을 시사하고 있다.

이렇게 추정된 모형이 과연 얼마나 실제 변수들의 변화량을 설명할까? 즉 모형의 적합성을 검토하기 위해서는 실제값과 모형을 통해 추정한 예측값을 서로 비교해 볼 필요가 있다(서승환, 1994: 237).

모형의 적합성을 검정하기 위한 측정치로 RMS 의태오차(RMSE: root mean

square simulation error), RMS 백분율 의태오차(RMSPE: root mean square percent simulation error), 평균 의태오차(ME), 평균백분율 의태오차(MPE) 등이 있다. 여기서 RMS 백분율 의태오차는 RMS 의태오차의 측정단위에 따라 그 값이 달라지는 문제점을 시정하기 위해 상호비교가 가능하도록 백분율단위로 전환한 값으로 회귀모형의 수정결정계수와 유사한데, 이를 활용해 모형의 적합성을 검토한 결과는 다음과 같다.[02]

| 표 1-5 | 연립방정식의 적합성

(단위 : %)

내생변수(차분값)	RMSPE	수준변수	RMSP
서울시 주택 전세가격지수	160.7245	서울시 주택 전세가격지수	13.5164
서울시 주택 매매가격지수	166.3370	서울시 주택 매매가격지수	14.2812
서울시 주택건축허가량	19.0861	서울시 주택건축허가량	19.0861
서울시 총주택재고량	6.8481	서울시 총주택재고량	0.076

| 그림 1-4 | 서울 전세가격지수와 예측치

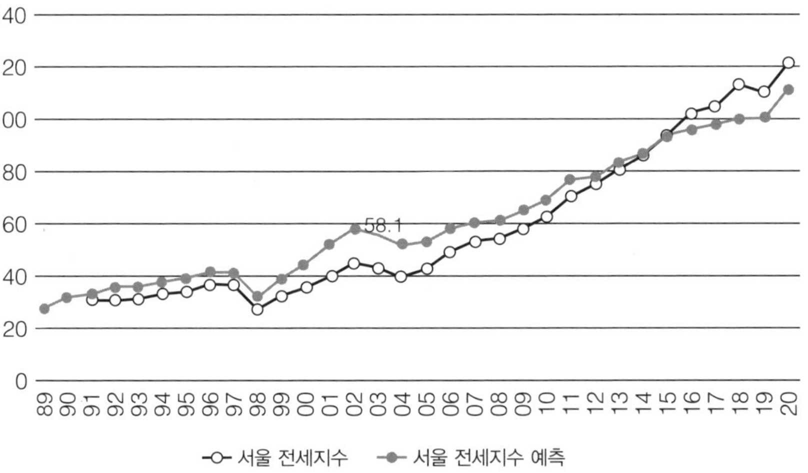

02 RMSPE는 임의의 변수 X_t의 전체모형을 풀어 구한 예측치를 FX_t로 두고, 이때 표본의 크기가 T라면 $\sqrt{\frac{1}{T}\sum_{t=1}^{T}[(FX_t-X_t)/X_t]^2}$ 으로 정의된다. 즉, RMSPE가 적을수록 모형의 적합도는 우수한 것으로 평가된다.

| 그림 1-5 | 서울 주택가격지수와 예측치

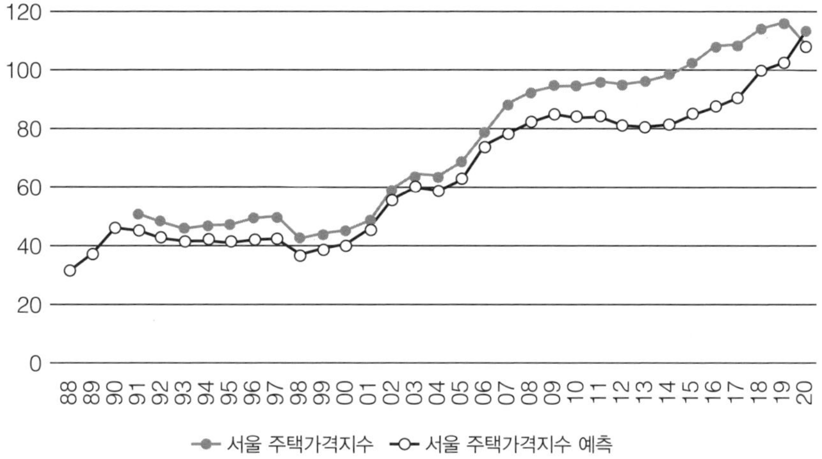

| 그림 1-6 | 서울 주택건축허가량과 예측치

RMSPE로 보았을 때 [그림 1-6]의 서울 주택건축허가량과 예측치 간의 오차가 제일 크며, [그림 1-7]의 총주택재고량과 예측치 간의 오차가 가장 작은 것으로 나타났다. 서울 주택 매매가격지수의 예측치가 전세가격지수 예측치보다 오차 변화의 폭이 큰데, 이는 아마도 1997년의 IMF사태나 2008년 미국 서브프라임 모기지와 리먼 브라더스 파산으로 인한 자본시장의 움직임을 모형이

| **그림 1-7** | 서울 총주택재고량과 예측치

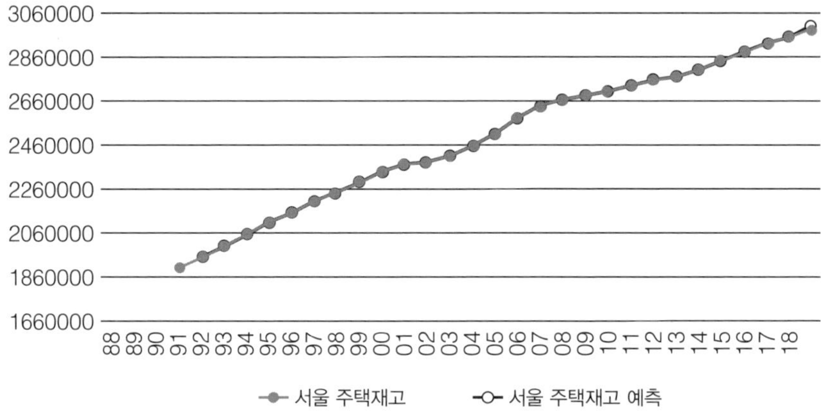

제대로 적시하지 못한 사유로 보인다. 연도더미변수를 다양한 방법으로 독립변수로 포함시켰지만, 연도더미변수들에 대한 의미 있는 해석은 붙이지 못했다. 향후 시계열 자료를 충분히 확대할 수 있다면, 모형의 정교화가 가능할 것으로 보인다. 흥미로운 사실 중 하나는 서울의 인구는 지속적으로 감소하고 있음에도 불구하고 총주택재고량은 1990년부터 매년 3만 7천 호 이상 지속적으로 증가하고 있어 소득 상승에 따른 주거수요의 확대가 이루어지고 있음을 살필 수 있으며, 2008~13년까지 6년간은 연평균 21,794호가 공급되어, 다른 해에 비해 절반 정도 밖에 안 되는 신규공급이 이루어졌으며, 이러한 주택공급 부족이 최근 서울의 주택가격 상승이라는 사태를 불러 일으킨 직접적인 원인이 되었다는 것을 살필 수 있었다.

주택 시장 분석과 주택정책은 도시개발에 있어 영원하고 흥미진진한 주제라 할 수 있다. 주택 시장을 교란하는 수많은 사회경제적 변수와 정책이 있음에도 불구하고 전반적으로 주택 시장이 합리성을 기반으로 움직이고 있다는 사실을 발견한 것은 놀라운 일이다. 물론 몇몇 투기세력이 주택 시장을 흔들 수 있으며, 국세청 세무조사반이 투기억제지역의 부동산 거래 시장을 얼어붙게 만들 수도 있다. 또한 신혼부부를 위한 보금자리 주택정책이 주택청약률을 올릴 수도 있고 대기수요로 인한 전세가격을 밀어 올릴 수 있다. 하지만 우리나라의 주택 시장은 누가 무엇을 하든 건강한 상식을 지닌 사람들이 합리적인 의사결정을 통해 움직이는 시장이라는 점을 부동산 시장 분석을 통해 살필 수 있었다.

참고문헌

경제기획원, 1985, 『인구 및 주택센서스 보고』, 제1권 전국편.

김용철, 1996, "주택가격과 관련 경제변수간의 상관관계에 관한 연구," 『국토계획』 31(6).

서승환, 1994, 『한국부동산 시장의 거시계량분석』, 홍문사.

손재영 · 김관영, 1998, "우리나라 부동산 가격추이의 특징과 전망," 『국토계획』 33(1).

여홍구 · 제영식, 1996, "도시규모별 지가상승 특성 및 지가변화추이 예측," 『국토계획』 31(6).

유승동, 1999, "부동산 가격 충격이 거시경제에 미치는 영향," 서강대학교 석사학위논문.

윤종섭, 1999, "지가변동이 거시경제에 미치는 영향에 관한 연구," 『부동산학연구』 4.

이광택, 1996, "주택가격과 변동요인간의 인과성에 관한 실증분석," 『부동산학연구』 1(1).

이종원, 1994, 『계량경제학』, 박영사.

이종원 · 이상돈, 1995, 『RATS를 이용한 계량경제분석』, 박영사.

이주영 · 성장환, 1995, "주택건설관련 변수의 다변량 시계열 분석에 관한 연구," 『국토계획』 30(3).

임승직, 1995, "주택건설과 주택매매가격 및 여타 주택관련 변수들의 인과관계 분석," 『국토계획』 30(4).

통계청, 1990, 『인구주택총조사보고서』, 제1권 전국편, 대한통계협회.

______, 1995, 『인구주택총조사보고서』, 제1권 전국편, 대한통계협회.

Dipasquale, D. and D. C. Wheaton, 1996, *Urban Economics and Real Estate Markets*, New Jersey: Prentice-Hall.

Gujarati, D. N., 1993, 『계량경제학 강의: 이론과 실제』, 박임구 역, 형설출판사.

Lee, Hyun Seok, 2001, "Asset Value, Rent, and Expected Capital Appreciation of Real Estate Market Within A Metropolitan Area," Ph.D. dissertation, Cornell University.

제2장

장기주택수요 추정

우리 사회는 늘 주택가격으로 몸살을 앓는다. 1989년 12월 31일 자정에 세입자들의 권리를 보호한다며 주택임대차보호법이 이루어졌으며, 30여 년이 지난 2020년에도 세입자들을 돕기 위해 30년 전의 2년이 아니라 임대차계약의 4년 자동 연장을 보장하는 주택임대차보호법의 개정이 이루어졌다. 두 정책 모두, 그 결과는 전월세가격의 폭등으로 이어졌다. 이러한 난리의 근본적인 처방에 대해 많은 사람들이 장기적이고 안정적인 주택공급정책이 필요하며, 이를 위해서는 장기주택수요 예측이 필요하다고 주장하고 있다. 이 연구는 장기주택수요 추정모형으로 널리 활용되는 Mankiw and Weil(1989)의 장기주택수요 전망모형의 한계를 지적하고 우리나라 실정에 부합하는 장기주택수요 추정방법을 제안한 것이다. 연령대별 1인당 주택수요면적이 고정되어 있으며, 미래 어느 지역의 인구구성추이를 전망할 수 있다면, 장기주택수요 추정이 가능하다는 Mankiw and Weil(1989)의 기본적인 전제가 우리 실정에는 맞지 않는다는 점을 실증적으로 규명하였다. 사회 전반적으로 주택공급이 충분치 않은 우리나라의 경우 소득 증대에 따른 가구 간 또는 가구 내 프라이버시(privacy) 확보 요구가 주택수요를 이끄는 기본 동인이며, 이러한 동인으로 인한 가구 내 방수 확대 욕구가 주택수요 증가로 이루어진다는 사실을 실증적으로 규명하였다.

1. 장기주택수요 추정의 필요성

우리 사회는 늘 주택가격으로 몸살을 앓는다. 1989년 12월 31일 자정에 세입자들의 권리를 보호한다고 개정한 주택임대차보호법으로 1990년 봄 치솟은 전세값 때문에 이사갈 곳을 못 찾은 세입자가 연탄불을 피워 놓고 자살하는가 하면, 당시 평민당 대표였던 고(故) 김대중 전 대통령은 여의도 광장에 컨셋건물을 지어서 쫓겨나는 세입자를 수용하자는 주장도 폈다. 당시 주택임대차보호법의 개정 배경은 "주택임차인의 임차보증금 채권을 보호하기 위하여 일정한 요건을 갖춘 임차인은 경매 등의 절차에 있어서 후순위권리자나 기타 채권자보다 우선하여 임차보증금을 변제받을 수 있도록 하고, 소액보증금제도를 개선하여 보증금 중 일정액을 다른 담보물권자보다 최우선적으로 변제받을 수 있도록 하며, 임차인의 주거생활의 안정을 도모하기 위하여 임대차기간을 2년으로 하도록 하려는 것"이었다. "기간의 정함이 없거나 기간을 2년 미만으로 정한 임대차는 그 기간을 2년으로 보도록" 한다는 대목이 시장에 엄청난 충격을 주었다. 집주인의 입장에서는 1년 단위로 계약하면서 매년 임대료를 올릴 수 있었는데 2년 계약으로 규정화되면서 1년 단위로 임대료 인상이 불가해지자, 2년치를 한꺼번에 올려 받고자 하는 유인이 커지게 되었다. 이로 인해 1990년 봄 전월세가격이 급등하였으며, 오른 전세보증금을 마련하지 못한 수많은 세입자들이 서울을 떠나 경기도 외곽지역으로 대대적인 이주를 하였다. 30년 전의 교훈은 까먹은 것일까? 2020년 여의도 국회는 30년 전의 2년이 아니라 이제 임대차계약의 4년 연장을 보장하는 주택임대차보호법의 개정을 서둘렀고 법 개정이 이루어졌다.

이러한 난리의 근본적인 처방에 대해 많은 사람들이 장기적이고 안정적인 주택공급정책이 필요하며, 이를 위해서는 장기주택수요 예측이 필요하다고 입을 모으고 있다. 장기주택수요에 대한 학계의 연구가 시작된 것은 2000년대 초반부터이며, 1989년에 발표된 Mankiw and Weil(1989)의 방법론이 2000년대 이후 우리 사회에 소개되고, 통계청의 장래가구 추계 자료활용이 가능해지면서 장기주택수요에 대한 연구가 활발하게 전개되었다.

지난 2003년 개정된 주택법은 중장기적 관점에서 주택정책의 목표와 비전을 수립하기 위한 목적으로 10년 단위의 주택종합계획 수립을 명시하여 우리나라에서 장기주택수요에 대한 연구가 본격화되었다. 한국의 주택수요 또는 주택소요를 결정하는 중요변수는 무엇일까? 우선 첫째로 떠오르는 것은 인구구조 변화라 할 수 있다. 인구가 늘거나 소자화와 노령화는 주택수요에 영향을 미친다. 소득이 상승하면 주택수요가 커지며, 주택가격도 주택수요에 영향을 준다. 재개발과 재건축 등으로 주택멸실이 늘어나면 공급 감소에 따른 가격 상승으로 주택수요면적은 줄어들 것이다. 이민이나 이사 등 인구이동도 주택수요에 큰 영향을 미치는 요소이다. 한정된 토지자원을 가진 우리나라의 경우 땅 넓은 나라인 미국이나 호주같이 택지개발이 자유롭지가 않아 늘 수요 초과요인이 존재한다. 주택수요에 영향을 주는 수많은 요소가 있지만, Mankiw and Weil(1989)은 장기적인 관점에서는 인구구조가 주택수요를 결정하는 가장 중요한 요인이라고 주장하였다. 인구구조의 경우 다른 사회경제적 변수와는 달리 변동 폭이 크지 않고 한 번 결정된 인구연령구조는 장기적으로 지속되기 때문에 변덕스런 사회경제적인 변수를 감안하기보다는 인구구조에 초점을 맞추어 장기주택수요를 추정하는 것이 바람직한 방법이라고 이야기하였다. 우리나라에서도 김경환(1997), 건설교통부(2003), 정의철 · 조성진(2005)의 연구들이 Mankiw and Weil(1989)의 연구방법론을 따라 이루어진 바 있다.

2. 맨큐와 웨일의 장기주택수요모형

Mankiw and Weil(1989)은 1970년대부터 급등한 미국 주택 시장의 움직임에 대해 1950년대에 태어난 베이비 붐 세대가 1970년대 주택수요 증가 및 실질주택가격 증가의 원인이었다고 주장하였다. 1990년대에는 베이비 버스트 세대가 주택구매연령에 진입하기 시작하므로 지난 40년간보다 주택수요가 천천히 증가할 것이며, 실질주택가격도 향후 20년에 걸쳐 상당히 하락할 것이라고 추정하여 당시 미국 주택경제학계에 충격을 던졌다. 그들은 장기주택수요의 추정에는 많은 요인들이 영향을 미치게 될 것이므로 그것들을 모두 예측하여 추정한다는 것은 어려운 일이며, 특히 통계적 추정치가 수집자료 이상의 외삽법에 의한 것이라면 그 신뢰성은 더욱 떨어질 수 있다고 주장하였다. 예를 들어 인구의 직접적 영향을 가지고 있는 출산율의 경우에도 과거 예측치와 실제 출산율과의 괴리가 크지만, 출산율의 예측이 어렵다고 하더라도 출산 이후 성년으로서 주택수요가 발생할 때까지의 기간에 대해서는 비교적 예측이 가능하기 때문에 출산 이후 성년까지의 약 20년간의 주택수요 추정은 한정된 자료 내에서 비교적 정확한 예측이 가능하다고 주장한 바 있다. 주택수요량은 소득, 주거비용, 가구원수, 가구원들의 연령 등 가구특성들의 함수라고 할 수 있으나, Mankiw and Weil(1989)은 비교적 예측이 가능한 연령별 인구구조만을 사용하여 주택수요를 분석하였는데, 분석의 궁극적 목표는 주택수요의 총량이므로 개인의 수요에 대한 계수는 중요하지 않으며, 대신 특정 연령의 가구원을 가진 가구의 주택수요 예측치에 의미를 두고, 전 인구의 연령별 분포를 이용하여 주택수요를 추정할 수 있다고 주장하였다.

이를 구체적으로 설명하면 개별가구의 주택수요(D)는 그 가구구성원들의 주택수요의 합으로 구성되며, 각 구성원의 주택수요는 연령에 의해 결정된다고 가정하는 것이다. 여기서 $Dummyi_j$는 j가구원이 i세이면 1, 아니면 0의 값이다. 따라서 α_i는 i세인 가구원의 주택수요량을 의미한다. Mankiw and Weil(1989)은 1970년도 미국의 인구주택센서스 0.1% 표본자료를 이용하여 값을 추정하였으며, 종속변수 D로는 조사가구가 자가가구인 경우 거주하는 주택의 매매가격을 이용하고 임차가구에 대해서는 월 임대료의 100배를 매매가격의 추정치로 가정하였다. 1970년 자료로 추정한 결과 20세와 30세 사이에 주택수요가 급격히 늘어나고, 20세 이전에는 거의 주택수요에 기여하지 못하고 있으며, 40세 이후에는 약 1%씩 감소하는 것으로 나타났다. 1980년 자료를 이용하여 추정한 결과 α_i값이 크게 높아졌는데 Mankiw and Weil(1989)은 이를 실질소득향상에 기인한 주택수요 증가가 반영된 것으로 해석하였다.

$$D = \alpha_0 + \sum_j Dummy0_j + \alpha_1 \sum_j Dummy1_j + \cdots + \alpha_{99} \sum_j Dummy99_j \qquad (2 \cdot 1)$$

이렇게 모형이 구축되면 추정된 α_i값들과 각 연령별 인구를 곱하여 각 연령별 주택수요의 총량을 계산하고 그 결과를 합하여 t년도 주택수요를 추정할 수 있다. t년도에 연령이 i인 인구수를 $N(i,\ t)$라고 하면 t년도의 총주택수요(D_t)를 산정할 수 있다.

한 자녀를 둔 40대 초반 부부를 가정해 보자. 자녀는 초등학생이고 현재 이들 부부는 전용면적 60㎡인 24평 아파트에 살고 있다. 방 3개 60㎡의 공간 중에 아버지가 서재로 10㎡, 어머니가 주로 사용하는 안방이 16㎡, 공부방으로 쓰는 작은 방이 10㎡이고 부엌과 거실, 화장실 등 가족이 공용으로 쓰는 공간이 24㎡라 가정하자. 이 공용공간을 가족별 개인공간으로 균등하게 배분하면 다음과 같다.

아버지(38세) + 어머니(36세) + 초등학생(10세)

18㎡ + 24㎡ + 18㎡ = 합계 60㎡

아이가 성장할수록 더 많은 주거공간이 필요하게 되는데, 만약 10세인 초등

학생이 20세의 대학생이 된다면, 옷과 가전제품도 많아지게 되어

아버지(48세) + 어머니(46세) + 대학생(20세)
25㎡ + 30㎡ + 30㎡ = 합계 85㎡

가 되고 24평 아파트에 살다가 전용면적 85㎡인 32평짜리 아파트로 이사하게 된다.

이런 방식으로 현재 각 연령대별로 사용하고 있는 주거공간이 유사하고 상당 기간 변하지 않으며 일정하게 유지된다고 가정했을 때, 미래 어느 시점의 각 연령대별 인구구성을 알 수 있다면 그 시점의 주택수요면적을 추정할 수 있다.

일반적으로 통계청의 가구표본자료를 이용하여 연령구간별 1인당 주거수요면적을 추정하며, 추정형태는 다음과 같다.

$$h_t = \sum_i \alpha_i \cdot N(i,\ t) \qquad (2\cdot2)$$

h_t : t기의 가구주거면적
α_i : i연령구간 1인당 주거수요면적
$N(i,\ t)$: t기의 i연령구간 가구구성원수

위 모형의 문제점은 구성원의 형태가 동일한 경우 동일한 주택수요면적을 가진다는 것으로 소득과 주거비용의 문제를 고려하지 않고 있다. 소득이 높은 가구는 일반적으로 소득이 낮은 가구보다 주택수요면적이 크며, 단위면적당 주거비용이 높은 주택에 거주하는 가구가 단위면적당 주거비용이 낮은 주택에 거주하는 가구보다 주거수요면적은 작을 것으로 예상할 수 있다. 위 두 추론을 합하면, 소득이 높은 가구는 주거비용이 높은 주택에 거주할 확률이 높다고 할 수 있다. 소득과 주거비용 두 변수를 동시에 모형에 적용할 경우 다중공선성이 발생할 가능성이 있으므로, 소득변수만을 고려한 추정모형을 수정 맨큐-웨일 모형이라고 하며, 형태는 다음과 같다.

$$h_t = \sum_i \alpha_i \cdot N(i,\ t) + \beta i_t \tag{2·3}$$

h_t : t기의 가구주거면적
α_i : i연령구간 1인당 주거수요면적
$N(i,\ t)$: t기의 i연령구간 가구구성원수
β : 가구소득 한계효과
i_t : t기의 가구소득

3. 맨큐-웨일모형을 통해 살펴본 우리나라 장기주택수요

다음의 〈표 2-1〉의 자료는 2010년 통계청의 가구표본자료를 이용해 10세 연령구간별 1인당 주거수요면적을 수정 맨큐-웨일 모형으로 추정한 결과이다. 종속변수는 가구가 살고 있는 주택면적이며, 독립변수는 연령대별 가족구성원수이다. 자료의 수는 10,667개이며, 수정결정계수로 본 모형의 설명력은 0.8645이다.

〈표 2-1〉의 계수값은 연령대별 1인의 주택사용면적을 나타내는 것으로 70대까지는 1인당 주택면적이 증가하다 80대 이후에 줄어드는 것으로 나타난다. 증가율을 보면 20대에서 30대로 가면 사용주거공간이 급격히 늘어나는 현상을 볼 수 있다. 아마도 결혼 전후로 주거면적의 급격한 변화를 반영하는 것이라 사료된다.

이러한 방법으로 Mankiw and Weil(1989)이 1970년 자료로 모형을 추정한 결과 우리나라와는 다르게 20~30세 사이에 주택수요가 급격히 늘어나고, 20세 이전에는 거의 주택수요에 기여하지 못하고 있으며, 40세 이후에는 약 1%씩 감소하는 것으로 나타났다. 1980년 자료를 이용하여 추정한 결과 α_i값이 크게 높아졌는데 Mankiw and Weil(1989)은 이를 실질소득향상에 기인한 주택수요 증가가 반영된 것으로 해석하였다. 추정된 α_i값들과 각 연령별 인구를 곱

| 표 2-1 | 수정 맨큐-웨일모형 추정결과

변수명	계수	표준오차	t 통계량
가구소득	0.000004	0.00	32.28
9세 이하	7.12	0.49	14.62
19세 이하	7.08	0.44	16.24
29세 이하	11.92	0.51	23.54
39세 이하	18.75	0.50	37.50
49세 이하	20.69	0.50	41.67
59세 이하	23.51	0.45	52.39
69세 이하	30.25	0.46	65.67
79세 이하	31.29	0.59	53.05
80세 이상	28.55	1.21	23.65

하여 각 연령별 주택수요의 총량을 계산하고 그 결과를 합하여 t년도 주택수요를 추정할 수 있다. t년도에 연령이 i인 인구수를 $N(i, t)$라고 하면 t년도의 총주택수요(D_t)는 다음과 같다.

$$D_t = \sum_i \alpha_i N(i, t) \tag{2·4}$$

위 식으로 추정된 미국의 주택수요의 증가율은 1950년대에 태어난 베이비붐 세대가 성년이 되기 시작한 1970년대부터 시작하여 1980년대에 정점에 이르는 것으로 나타난다. 또한 1950년대부터 위 식으로 예측한 1970년대 주택수요와 실제 주택수요가 매우 근사하게 나타났으며 실질가격에 있어서도 예측치와 실제 자료가 근사하게 나타났음을 검증한 바 있다.

한편 Mankiw and Weil(1989)은 식 (2·4)에 의해 추정된 D_t값을 총주택수요로 사용하고 총주택스톡 또는 실질(상대)주택가격과 총주택수요를 회귀분석하였다. 분석 결과 총주택수요가 총주택스톡에 미치는 영향은 통계적으로 유의적이지 않았던 반면 주택수요가 실질주택가격에 미치는 효과는 통계적으로 유의하게 나타났다. Mankiw and Weil(1989)은 이를 이용하여 향후 주택가격을 예측하였는데 실질주택가격은 연간 3%씩 감소할 것으로 예측되었으며 따라서 2007년까지 실질주택가격은 47%까지 감소할 수 있다는 것을 보여주었다.

4. 맨큐-웨일모형에 대한 비판과 개량

Mankiw and Weil(1989)의 연구가 발표된 이후 많은 학자들이 그들의 연구에 대해 비판적 견해를 제시한 바 있다. 대부분은 주택수요의 추정 및 예측보다는 실질주택가격의 변화에 집중하고 있으며, Mankiw and Weil(1989) 분석의 일반화가 가능한지의 문제를 제기하고 있다. Engelhardt and Poterba(1991)는 미국과 비슷한 연령별 인구구조를 가진 캐나다의 자료를 같은 방식으로 분석하여, Mankiw and Weil(1989)의 주택수요변수가 주택의 상대가격에 통계적으로 유의한 음(−)의 효과를 미친다는 사실을 발견하였다. 또한 외삽법에 의한 미국 주택가격 추정은 주의를 요하며, 상대적으로 큰 주택가격 변화요인은 인구요소가 아니므로 거시경제적 변수와 정책변수에 의해 영향을 받는다고 주장하였다. Hamilton(1991)은 Mankiw and Weil(1989)의 회귀식은 시간변수의 계수값이 주택가격의 −8.1%로, 이는 다른 모든 것이 동일한 조건에서 시간이 지남에 따라 주택의 매매가격이 8.1%씩 하락하는 것은 받아들일 수 없는 것이라고 전제하며, 수요는 직접적으로 임대료에 영향을 미치고 자산가격은 간접적으로 영향을 미치는 것이므로 만약 임대료를 종속변수로 하여 Mankiw and Weil(1989)의 분석을 한다면 다른 결과가 나올 수 있다고 주장하였다. Hendershott(1991) 역시 Mankiw and Weil(1989)의 주택수요 추정에서 20세 이전의 주택수요가 무시되었다고 지적하였고, 연령별 노동시장 참여율이 시간이 지남에 따라 변화하고 있는데, Mankiw and Weil(1989)은 이 점을 간과하고 있다고 주장하였으며, 또한 주택가격의 추정식에서 추세변수를 제외하면 주택수요변수가 주택의 상대가격에 영향을 주지 않는다는 점을 지적하고 있다. 그는 주택상대가격 변동률을 인구변수의 변동률, 실질금리와 그 변화율, 실질소득에 의해 추정하고 이를 토대로 주택의 상대가격 하락폭이 실질소득 변화율에 의해 크게 달라진다는 결과를 도출한 바 있다. Holland(1991)도 출산율 급증에 의한 주택수요 증가는 주택투자 증가의 원인이 되지만 실질주택가격에는 영향을 미치지 못한다고 주장하였으며, Swan(1995)은 Mankiw and Weil(1989)이 2007년까지 주택가격이 47% 하락할 것이라고 예측한 것은 수요변수에 대한 잘못된 해석 때문이라고 주장하였다. 횡단면 자료를 이용하여 연령별 주택수요를 추정한 것은 성인인구의 측정치이지, 결코 주택서비스의 수요가 아니며, 주택수요를 올바르게 추정하기 위해서는 인구통계학적 변수뿐만 아니라 실질소득, 상대가격 및 이자율 등과 같은 주택수요를 결정하는 중요한 변수를 포함시켜야 하며, 주택가격 예측 시에는 공급측면의 변수도 고려되어야 한다고 주장하였다. 그는 Mankiw and Weil(1989)의 방식을 수정하여 실질소득, 상대가격 및 이자율 등의 추가적인 변수를 도입하여 추정한 결과 인구변수의 효과가 감소하였다고 밝힌 바 있다.

우리나라에서도 Mankiw and Weil(1989)의 방법론을 적용한 다양한 연구가 이루어졌다. 그중 김경환(1997)은 맨큐-웨일의 기본모형에서 각 연령별 인구 대신 연령구간(8세 단위 및 4세 단위)을 정하여 주택수요를 추정하였다. 이 연구는 기존 외국연구에서 주로 이용되었던 주택수요변수(주택가격) 이외에 주거면적을 종속변수로 사용하여 면적에 대한 수요를 추정, 예측하였다는 것이 특징이다. 1993년 대우경제연구소에서 실시한 제1차 한국가구패널 조사자료와 1986년 국토개발연구원 설문조사 결과 중 독채거주 자가보유가구 자료를 이용하여 α_i를 추정하였는데 전세보증금의 경우 자가평가액 환산이 곤란하므로 독채가구만을 대상으로 하여 매매가격 또는 주거면적을 종속변수로 한 2개의 주택수요함수를 추정하였다. 추정결과 대우패널 자료보다 국토개발연구원 자료를 이용한 경우 설명력이 더 높은 것으로 나타났다. 주택수요가 정점에 이르는 연령층은 이용된 자료에 따라 다르게 나타났으며, 연령구간을 8세 단위로 한 경우 대우패널 자료에서는 40~48세에서, 국토개발연구원 자료는 48~56세에 정점에 이르는 것으로 나타났다. 한편 4세 단위의 연령구간으로 동일한 모형을 재추정한 결과 20세 미만의 연령층에 속하는 5개 구간의 α_i값이 매우 작거나 음(-)의 부호를 갖는 것으로 나타나, 우리나라도 미국의 경우와 같이 성인 가구원수에 의해 주택수요가 좌우됨을 알 수 있었다. 김경환(1997)은 추정된 α_i값과 통계청(1996)에서 발표한 1960~95년 연령별 인구와 1996~2030년 인구추계치를 이용하여 총주택수요(D_t)를 추정하였는데 대우패널 자료에 의한 분석결과(8세 단위), 1975년을 정점으로 주택수요 증가세가 둔화되어 왔으며 2000년대에도 증가세 둔화는 지속될 것으로 전망하고 있다. 국토개발연구원 자료를 이용한 분석결과(8세 단위)에서는 대우패널 자료보다 감속추세가 더욱 뚜렷하며, 위와 같은 결과는 베이비붐 세대가 성년이 되면서 주택수요가 정점에 이른 후 출산율 감소에 따라 주택수요 증가세가 둔화되고 있음을 의미한다고 볼 수 있다.

건설교통부(2003)도 주택종합계획 수립의 일환으로 향후 10년간(2003~12)의 지역별 주택수요를 분석하는 과정에서, 맨큐-웨일모형을 이용하여 인구요인의 변화 효과를 파악하고, 전통적인 주택수요함수를 추정한 결과를 이용하여 소득요인을 파악한 바 있다. 주택수요함수를 이용하는 방법은 가구소득 및 가격의 수요탄력성을 구해 소득과 가격변화에 따른 주택수요를 추정하는 방법으로 단기적인 수요전망에 주로 사용되며 장기변화를 반영하는 데는 한계가 있다. 따라서 국토연구원의 가구설문조사(2002) 자료를 이용하여 맨큐-웨일모형을 추정, 인구요인에 대한 수요변동 추정치를 구한 다음, 여기에 주택수요함수 추정 결과로 나타난 소득탄력성을 이용하여 소득요인의 수요변동 추정치를 보완하는 절차를 거쳤으며, 인구의 연령별 분포변동에 따른 주택수요는 기본적인 수요 증가로, 소득변동의 수요는 주거 수준 향상에 따른 수요 증가로 파악하였다. 분석 결과 향후 10여 년 동안 주택수요는 연평균 44만 호 내외의 수준을 보일 것으로 예상되었고 주택수요는 인구요인의 변화에 따라 2008년경을 고비로 감소세로 전환될 것으로 전망하였다. 이는 주택수요의 중심계층인 40~50대 연령의 감소에 기인하며, 2020년경에는 주택수요가 37만 호 전후로 떨어질 것으로 전망하고 있다. 지역별 주택수요는 가구설문조사를 이용하여 지역별, 소득계층별 자가 및 차가 주택수요함수를 추정한 다음, 주택수요의 소득 및 차가주택수요함수를 추정하였고, 주택수요의 소득 및 가격탄력성을 이용하여 수요 변화를 추계한 뒤, 가구구성 및 가구수 변화에 의한 수요를 더하여 전망하였다. 수도권의 경우 중부권(서울, 고양, 의정부, 구리, 하남, 성남, 부천, 광명, 과천), 서부권(인천, 김포, 시흥), 남부권(수원, 안양, 의왕, 군포, 안산, 용인, 오산, 화성, 평택, 안성), 북부권(파주, 연천, 동두천, 양주, 포천), 동부권(가평, 남양주, 양평, 광주, 이천, 여주)으로 구분하여 추정하였다. 지역별 주택수요는 가구소득 및 주택가격(주거비용)에 따른 수요, 가구 증가에 따른 수요, 멸실주택의 대체수요라는 3가지 요인으로 구성하고 있다. 소득 및 주거비용 변동에 따른 주택수요 증가율은 다음과 같이 가정하고 있다.

주택수요 증가율 = 주택가격 탄력성 × 주택가격 변화율 +
소득탄력성 × 소득변화율

주택가격 변화율은 자가의 경우 수도권 연평균 3%, 지방 연평균 1%, 차가의 경우 수도권 연평균 5%, 지방 연평균 3%로 가정하였으며, 소득 변화율은 수도권 연평균 8%, 지방대도시권 연평균 7%, 기타 지방은 연평균 6%로 상정하였다. 소득 및 가격변동에 따른 수요, 가구 증가에 따른 수요, 멸실주택에 대한 대체수요를 합한 주택총수요는 다음과 같은 절차로 전망하고 있다.

총주택수요 = 개별주택수요의 총합 = 평균주택규모 × 가구수
총주택수요의 변화 = 개인주택수요 증가에 따른 증가분
+ 가구 증가에 따른 주택수요 증가분

향후 10년 동안의 주택멸실률은 1995~2000년의 전국 연평균 멸실률 1.7%에 재건축규제, 기존주택관리의 효율화 등을 고려해 연평균 기존주택재고의 1%로 가정하여 추정한 결과 2003~12년의 지역별 주택소요량은 호수 기준으로 약 4,386,000호로 추계되었다. 따라서 이 기간 동안 시장수요를 충족하기 위해서는 전국적으로 연간 439,000호의 신규주택건설이 필요하다고 주장한 바 있었다.

이제 17년 후를 예측한 건설교통부(2003)의 주택수요 전망과 실제 준공량을 비교해 보자. 1장의 〈표 1-3〉 2010년 이후 주택준공실적을 보면 2011년부터 2019년까지 9년 동안 전국적으로 준공된 주택호수는 514만 호 정도로 연평균 57만 호 정도이다. 2017년에 67만 호, 2018년에는 71만 호, 2019년에는 57만 호 정도가 준공되었지만, 전국적으로 집값과 전월세가격이 오르고 있다. 주택공급이 모자란다는 이야기이다. 연간 43만 9천 호의 신규주택수요량보다 더 많은 주택이 공급되었어도 주택가격이 오르고 있다는 것은 장기주택수요모형 구축 시 간과한 요인의 영향력이 크다고 볼 수 있다.

5. 프라이버시 관점에서 본 맨큐-웨일모형의 수정

Mankiw and Weil(1989)의 장기주택수요모형은 추정의 용이성 등 많은 장점을 가지고 있지만, 반대로 많은 한계도 안고 있다고 볼 수 있다. 그중 하나는 주택수요에 있어 프라이버시의 확보라는 요인을 무시한 것이라 할 수 있다. 아이들이 어릴 때는 방 하나에 두 명도 재울 수 있지만, 아이들이 자라면서 자기만의 공간을 요구하게 되는데 이를 주택에 있어서 프라이버시로 인한 주택수요라 할 수 있다. 특히 Mankiw and Weil(1989)이 주장한 "특정 시점에 추정한 각 연령별 주택수요량이 향후에도 일정하다."는 가정은 우리나라 여건—특히 서울을 포함한 수도권—에는 부합하지 않으며, 서울지역의 주택수요를 견인하는 기본적인 동인은 소득증대에 따른 가구 간 또는 가구 내 프라이버시(privacy) 확보를 위한 소요 방수 확대(수요 주택면적 확대)라는 점을 검토해 보자.

연구에 활용한 자료는 통계청『인구주택총조사보고서』자료의 가용시점인 1985~2005년까지의 1인당 방수 증가율 자료이며, 이를 근거로 2020년까지의 수도권 장기주택수요를 전망해 보자. 추정된 모형의 적정성을 검토하기 위해 추정된 수요량과 실제 주택공급량(건축허가면적)과의 차이(Gap)를 독립변수로 하고 주택전세가격지수를 종속변수로 하는 전세가격설명모형을 구축하며, 전세가격설명모형의 시간적 범위는 건축허가면적[01]과 주택전세가격지수[02]를 동시에 이용할 수 있는 1986~2006년까지이다. 공간적 범위는 서울과 인천, 경기지역을 포함한 수도권지역이다. 이 연구에서 활용할 주요 자료와 그 출처는 다음과 같다.

| 표 2-2 | 자료와 출처

구분	가용기간	조사주기	출처
주거용 건축허가면적	1983년 1/4분기~2006년 4/4분기	매 분기	건설산업지식정보시스템, http://www.kiscon.net/
연도별 전세가격지수	1985년 12월~2007년 9월	매월	KB국민은행, 전국주택가격동향조사, 주택가격지수시계열.xls, http://est.kbstar.com
연도별 지역 내 총생산(시장가격)	1985년~2005년	매년	통계청 Kosis, 국민계정 · 지역계정 · 국부 > 지역계정 > 지역소득통계 > 경제활동별 지역 내 총생산(당해 연도 가격)
연도별 추계인구	1970년~2030년	매년	통계청 Kosis, 주제별 > 인구 · 가구 > 추계인구 · 가구 > 추계인구 > 연령별(시도) 추계인구

01 건설산업지식정보시스템, http://www.kiscon.net/

02 국민은행, 전국주택가격동향조사, http://est.kbstar.com

Mankiw and Weil(1989)이 제시한 추정방법은 변덕스러운 주택수요를 추정하기 위해 변하기 쉬운 경제변수에 의존하기보다는 상대적으로 안정적인 연령별 인구변화에 근거해 장기주택수요를 추정한다는 점에서 상대적 우위를 확보하고 있지만, 특정 연령대의 주택수요는 시간의 경과에도 불구하고 고정되어 있다고 전제하고 있다. 이러한 전제는 주택보급률이 높은 사회에서는 타당한 전제일 수 있지만, 우리나라 수도권과 같이 주택보급이 충분치 않은 지역에는 적용할 수 없는 전제가 될 수 있다. 아직 주택 부족에 시달리는 지역의 경우 소득증가에 따라, 시민 1인당, 가구당 주택수요면적은 증가하는 것이 일반적이며, 특히 가구구성원 개인별로 프라이버시 확보를 위한 충분한 방의 수가 확보되지 않은 경우, 프라이버시 확보를 위한 방수 확대 요구가 주택수요를 견인하는 주된 동인이 될 수 있기 때문이다.

장기주택수요 추정모형의 다양한 문제점에 대해 이의를 제기한 연구로 정홍재(2006)의 연구를 들 수 있다. 정홍재(2006)는 Mankiw and Weil(1989) 방법론에 입각한 장기주택수요 추정모형의 문제점으로 주택수요가 부족한 우리나라의 경우 연령대별로 주택수요가 고정되어 있다는 전제는 부합하지 않는 점을 지적하고 이에 대한 대안으로 시간에 따라 일정하게 증가하는 주택수요함수에 근거한 장기주택수요 추정기법을 제시한 바 있다. 하지만 정홍재(2006)의 연구는 주택수요가 시간이 경과함에 따라 왜 일정하게 증가하는가에 대한 원인을 뚜렷하게 제시하지 못하고 있으며, 추정모형의 타당성을 주택수급차를 독립변수로 하는 주택가격함수의 설명력으로 검증하고 있다. 주택가격의 경우 대출규제나 금리 등 다양한 원인에 의해 교란될 수 있기 때문에 주택의 실수요를 반영하는 전세가격지수를 통해 모형의 타당성을 검증할 필요가 있다.

국내외에서 수행되었던 장기주택수요 추정모형의 또 다른 문제점은 수요추정의 결과는 제시되고 있지만, 추정모형 또는 추정결과의 타당성 검증이 이루어지지 않고 있다는 점이다. 이 점은 Mankiw and Weil(1989) 방법론을 원용하고 있는 김경환(1997), 건설교통부(2003), 경기도(2004), 정의철 · 조성진(2005), 한국개발연구원(2004), 서울시정개발연구원(2005)의 연구는 물론, 원단위법이나 추세연장법 등을 원용한 대한주택공사(2001), 변창흠 · 이희정(2002), 이영은 · 안정근(2003) 등의 연구도 마찬가지이다. 수도권지역 장기주택수요에 있어서도 다양한 전망치가 존재하며, 이들 다양한 전망치 때문에 택지공급계획의 수립 등과 같은 중장기적인 정책수립에 혼란이 야기되고 있는 실정이다.

이 연구는 Mankiw and Weil(1989)의 장기주택수요 추정을 위한 접근방법이 우리나라, 특히 주택공급이 미흡한 서울지역의 장기주택수요 추정에는 적합하지 않으며, 오히려 수요면적확대모형이 현실에 더 부합할 수 있다는 사실을 검증하는 것이다. 주택보급이 충분히 이루어진 서구와는 달리 서울지역의 경우 소득 증가에 따라 가구당 또는 시민 1인당 주택수요면적은 계속 증가하고 있으며, 주택의 수요와 공급의 차이가 주택가격변동을 설명하는 주요 동인이라는 점을 규명함으로써 장기주택수요 추정방법의 적정성을 검토하고자 한다.

이 연구에서 채택한 주택수요 추정에 대한 기본적인 전제는 주택수요를 견인하는 동인은 소득수준 증가에 비례한 주택수요면적 증가이며, 이러한 요구가 세대 간, 가구구성원 간 별개로 구분된 방수 확대로 이어져 전반적인 주택수요를 견인하게 된다는 점이다. 소득 수준이 향상된 세입자가 자가주택을 마련하고자 청약저축에 가입하거나, 단칸방에서 전세를 살다가 아이들이 성장함에 따라 아이들에게 독방을 줄 수 있는 더 큰 집으로 이사를 하는 것 등은 주택면적 확대를 위한 주택수요 증가를 보여주는 단적인 예라고 할 수 있다. 다시 말해 사생활 확보를 위한 욕구는 주택 내에 더 많은 방들을 요구하게 되며, 더 많은 방에 대한 욕구의 결과로 주택수요면적이 증가하게 된다. 서울의 경우 전반적인 인구감소추세에도 불구하고 주택수요가 증대되고 있는 현상은 단적으로 세대 간 또는 세대구성원 간 사생활 보호를 위한 더 많은 방에 대한 수요가 소득향상에 따라 꾸준히 진행되고 있다는 방증이 될 수 있다. 다음의 〈표 2-3〉은 1985~2005년까지 5차례에 걸친 인구 및 주택센서스 자료를 정리한 것이다.

| 표 2-3 | 서울 · 인천 · 경기 지역의 가구수와 총방수

지역	연도	가구수	인구수	주택호수	총방수
서울	1985	2,324,219	9,639,110	1,176,162	4,922,083
	1990	2,814,845	10,612,577	1,430,981	6,621,859
	1995	2,965,794	10,231,217	1,688,111	7,819,734
	2000	3,109,809	9,895,217	1,916,537	8,882,163
	2005	3,341,352	9,820,171	2,242,149	10,558,732
인천	1985	338,978	1,386,911	221,817	749,859
	1990	511,892	1,909,616	334,364	1,311,739
	1995	658,818	2,308,188	508,799	2,062,412
	2000	751,130	2,475,139	614,081	2,500,152
	2005	828,012	2,531,280	687,552	2,850,009
경기	1985	1,134,802	4,675,700	691,758	2,344,404
	1990	1,592,668	6,063,935	973,465	3,766,180
	1995	2,168,007	7,649,741	1,542,098	6,440,334
	2000	2,691,510	8,984,134	2,045,173	8,719,804
	2005	3,361,657	10,415,399	2,609,620	11,393,368

출처 : 통계청, 『국가통계포털』(인구 및 주택센서스).

서울과 인천, 경기 3개 지역 공히 가구수 증가에 따라 주택호수 증가가 이루어지고 있으며, 총방수[03] 역시 그에 비례해 증가하고 있음을 볼 수 있다. 총방수를 인구로 나눈 1인당 방수와 각 연도 지역총생산(경상가격 GRDP)을 지역총인구로 나눈 1인당 지역총생산이 〈표 2-4〉에 제시되어 있다. 〈표 2-4〉를 보면 주택당 방수 증가율은 크지 않지만, 1인당 방수 증가율은 상대적으로 매우 크다는 것을 알 수 있다.

1985년 서울 시민 1인당 방수는 0.5106이었으나 90년에는 0.6240, 95년에

03 통계청의 통계자료—총조사 주택총괄(행정구역/주택의 종류/거주가구수/총방수별)—에는 총방수별 주택호수 현황자료가 제시되어 있다. 총방수별 주택호수를 곱하여, 지역 전체의 총방수를 산정하였으며, 총방수 최고값인 경우에는 최고값을 적용해 총방수를 추정하였다.

| 표 2-4 | 1인당 방수와 1인당 지역총생산

지역	연도	주택당 방수	1인당 방수	1인당 지역총생산(만 원)
서울	1985	4.1849	0.5106	539
	1990	4.6275	0.6240	849
	1995	4.6322	0.7643	1,229
	2000	4.6345	0.8976	1,374
	2005	4.7092	1.0752	1,591
인천	1985	3.3805	0.5407	603
	1990	3.9231	0.6869	863
	1995	4.0535	0.8935	1,082
	2000	4.0714	1.0101	1,040
	2005	4.1452	1.1259	1,274
경기	1985	3.3891	0.5014	639
	1990	3.8688	0.6211	899
	1995	4.1763	0.8419	1,108
	2000	4.2636	0.9706	1,222
	2005	4.3659	1.0939	1,467

출처 : 통계청, 『국가통계포털』(인구 및 주택센서스).; 통계청, 『국가통계포털』(지역총생산 현황).

는 0.7643, 2000년에는 0.8976, 2005년에는 1.0752로 연평균 5.1%의 급격한 증가를 보이고 있는 반면, 주택당 방수 증가율은 연평균 0.8%의 미미한 증가율을 보이고 있다. 인천의 경우도 1인당 방수 증가율은 연평균 5.1%, 경기의 경우 연평균 5.5%인 데 비하여, 주택당 방수 증가율은 인천과 경기가 각각 1.4%, 1.7%의 작은 증가율을 보이고 있다. 지난 20년간의 1인당 방수 증가율을 보여주는 [그림 2-1]을 보면, 지난 20년간 서울과 인천, 경기지역이 모두 거의 일직선에 가까운 방수 증가율을 보여주고 있다. 인구구성비율이 다른 서울과 경기가 유사한 1인당 방수 증가율을 보여주고 있다는 점에서 연령대별로 주택수요가 일정하게 고정되어 있다는 전제에 근거한 Mankiw and Weil(1989)

방법론이 우리나라 실정에는 부합하지 않을 가능성이 크다는 점을 시사하고 있다.

| 그림 2-1 | 지역별 1인당 방수 추이

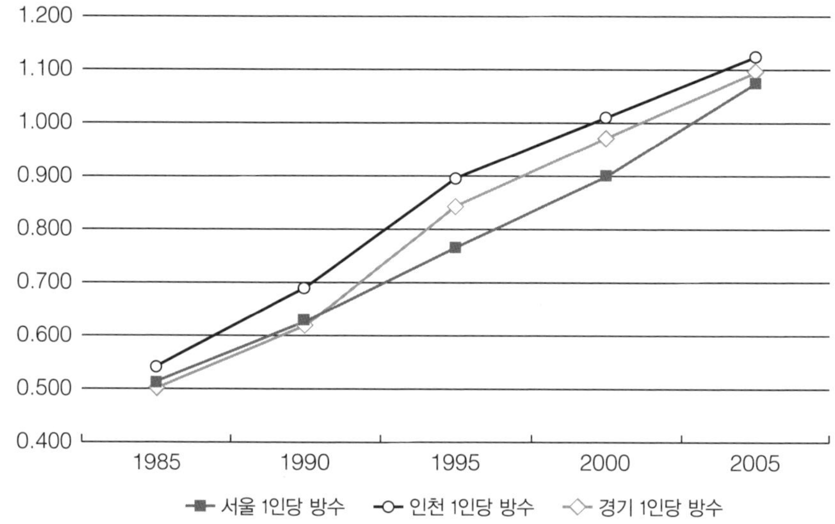

소득증가에 따라 주택수요 역시 증가한다고 가정하면, 1인당 방수 증가 역시 소득 증가에 비례한다고 볼 수 있다. 〈표 2-4〉의 1인당 지역총생산과 1인당 방수 간의 상관관계를 검토하면, 서울의 경우 0.976, 인천 0.960, 경기 0.987로 소득증가와 1인당 방수증가는 1에 가까운 상관관계를 보인다. 소득(1인당 지역총생산)과 1인당 방수 간의 이러한 상관관계를 이용해 미래의 주택수요를 전망하기로 하자.

다음 식은 서울지역의 1인당 방수를 종속변수로 1인당 지역총생산을 독립변수로 하는 간단한 주택수요함수이다. 시계열 자료가 1985~2005년까지 5개에 불과하지만, 1인당 지역총생산과 1인당 소요방수 간의 관계를 명확하게 보여주고 있는 추정식이다.[04] 괄호 안의 수치는 *t*값으로 상수항과 계수항 모두 5%

04 자료의 수가 너무 적어 서울과 인천, 경기의 3개 시도 15개 자료를 활용하여 추정한 회귀방

유의수준에서 유의한 것으로 나타난다.

$$\text{서울시민 1인당 방수} = 0.44437 + 0.03358 \times \text{1인당 지역총생산} \quad (2\cdot5)$$
$$(30.89) \quad (26.77) \quad \text{수정결정계수}(R^2) : 0.9944$$

위에서 도출한 추정식을 주택수요면적으로 변환하기 위해 2005년 인구 및 주택센서스 자료상 방 1개당 평균면적을 도출해 적용하기로 한다.

2005년『인구 및 주택센서스』상 서울의 방 1개당 평균 면적은 6.166평이므로 각 연도별 총소요방수에 방 1개당 평균면적을 적용해 주면, 지역별로 당해 연도의 주택수요면적을 도출할 수 있다. 다음의 〈표 2-5〉는 서울지역의 주택수요를 추정한 표이다. 서울지역 내 총생산액을 서울 추계인구로 나누면, 서울지역의 인구 1인당 지역총생산을 구할 수 있다. 이렇게 구득한 인구 1인당 지역총생산을 위에서 도출한 식 (2·5)에 대입해 각 연도별 1인당 소요방수를 추정할 수 있다. 연도별로 도출된 1인당 소요방수에 방 1개당 평균면적 6.166평을 적용하면, 연도별 주택수요를 추정할 수 있다. 평으로 계산된 주택수요를 1호당 32평으로 나누면 각 연도별로 필요한 주택수요량이 산정된다. 당해 연도 주택수요호수에서 전년도 주택수요호수를 차감한 값이 32평 기준으로 본 연간 신규주택 소요량이다. 〈표 2-5〉를 살피면, 2003년 서울의 신규주택수요는 46,109호, 2004년의 경우 26,084호, 2005년에는 37,647호로 추정된다. 이상의 방식에 따라 추정한 서울의 주택수요와 서울에 실제 공급된 주택호수[05]를 비교하면, 추정 주택수요와 실제 공급 호수 간의 상관계수값은 0.567로 높은

정식은 아래와 같으며, 모형에 의한 추정값은 5개 자료를 활용할 경우에 비해 평균 1.7% 높은 값을 보였다.

$$\text{1인당 방수} = 0.364585 + 0.041704 \times \text{1인당 지역총생산}$$
$$(10.43) \quad (15.53)$$
$$+ 0.139118 \times \text{인천더미변수} + 0.06774 \times \text{경기더미변수}$$
$$(4.26) \quad (2.08) \quad \text{수정결정계수}(R^2) : 0.9457,\ \text{자유도 } 14$$

05 실제 공급 호수는 건설산업지식정보시스템(http://www.kiscon.net/)의 서울시 건축허가면적을 32평 1호 기준(105㎡)으로 나누어 구한 추정값이다.

| 표 2-5 | 서울 주택수요 추정

연도	서울지역 내 총생산 (당해 연도 가격, 백만 원)	서울 추계인구	인구 1인당 지역 총생산 (백만 원)	서울시민 1인당 방수	서울 주택수요	서울 (32평 기준)	연간 신규 주택수요 (호수)
1985	21,943,929	9,725,447	2.26	0.520	31,193,181	974,787	
1986	25,964,133	9,815,245	2.65	0.533	32,271,764	1,008,493	33,706
1987	30,305,904	9,931,649	3.05	0.547	33,489,842	1,046,558	38,065
1988	35,530,230	10,147,107	3.50	0.562	35,162,104	1,098,816	52,258
1989	40,897,580	10,379,344	3.94	0.577	36,909,961	1,153,436	54,621
1990	49,311,848	10,473,252	4.71	0.602	38,909,751	1,215,930	62,493
1991	59,604,405	10,461,122	5.70	0.636	41,007,951	1,281,498	65,569
1992	67,596,201	10,445,852	6.47	0.662	42,621,092	1,331,909	50,411
1993	77,431,819	10,420,119	7.43	0.694	44,587,392	1,393,356	61,447
1994	88,938,841	10,385,314	8.56	0.732	46,874,957	1,464,842	71,486
1995	102,171,454	10,342,224	9.88	0.776	49,497,164	1,546,786	81,944
1996	111,402,509	10,195,352	10.93	0.811	51,006,332	1,593,948	47,162
1997	120,000,485	10,115,551	11.86	0.843	52,568,182	1,642,756	48,808
1998	114,622,434	10,051,236	11.40	0.827	51,278,236	1,602,445	−40,311
1999	125,055,708	10,035,808	12.46	0.863	53,396,538	1,668,642	66,197
2000	138,492,266	10,078,434	13.74	0.906	56,295,852	1,759,245	90,604
2001	149,887,036	10,081,047	14.87	0.944	58,662,701	1,833,209	73,964
2002	168,143,359	10,031,371	16.76	1.007	62,307,198	1,947,100	113,891
2003	175,502,445	10,013,677	17.53	1.033	63,782,672	1,993,209	46,109
2004	179,402,560	10,023,546	17.90	1.045	64,617,371	2,019,293	26,084
2005	185,091,210	10,033,274	18.45	1.064	65,822,062	2,056,939	37,647

상관관계를 보여주고 있다.

Mankiw and Weil(1989)의 주택수요 접근방식은 각 연령대별로 주택수요면적은 일정하며, 인구구성비율이 변동함에 따라 주택수요가 변동한다는 것이다. 경기도(2004)가 펴낸『수도권 성장관리 기본구상』에서 채택하고 있는 방법론은 Mankiw and Weil(1989)의 주택수요 접근방식에 주거비용과 항상소득변수를 추가하여 우리 실정에 맞도록 번안한 것이다.

경기도(2004)의 연구는 통계청의『2002 가구소비실태조사』자료 중 서울에 거주하고 있는 응답가구 2,870가구의 주택수요면적을 종속변수로 5세 단위로 구분한 연령구간변수와 주거비용, 항상소득을 독립변수로 추정한 〈표 2-6〉과 같은 결과를 제시하고 있다. 향후 주택수요를 추정하기 위해 경기도(2004)의 연구는 실질소득 성장률을 3~5%로, 실질주거비용 증가율을 1~3%로 가정한 뒤, 통계청에서 제시한 서울시의 연령대별 추계인구에 위에서 추정한 모형을 적용해 향후 주택수요를 제안하고 있다. 2030년까지의 주택수요 증가율은 낮은 소득 증가율(3%)과 낮은 주거비용 증가율(1%)을 가정할 경우 연간 3% 내외의 증가율을 보이는 것으로 예측되었다. 높은 소득 증가율(5%)과 높은 주거비용 증가율(3%)을 가정할 경우 연간 4~5% 정도의 성장률을 보일 것으로 전망하고 있다.

문제는 이러한 추정치를 어느 정도나 신뢰할 수 있는가라는 점이다. 주택 시장 안정을 희구하는 정책담당자나 택지공급을 담당하고 있는 한국토지주택공사 등의 정부투자기관 종사자, 주택 시장 안정을 주요 정책목표로 추진하고 있는 사람들이 반드시 묻고 확인해야 하는 대목이다. 유감스럽게도 현재까지 다양한 주택수요 추정모형의 적정성을 검토한 연구는 없는 실정이다. 경기도(2004)의 연구 역시 추정모형과 그에 입각한 주택수요 전망치는 제시하였으나 수요 추정방식이나 수요 추정치의 적정성에 대한 특별한 언급이 없는 실정이다.

| 표 2-6 | 서울지역 가구주택수요모형 추정

변수	서울지역 대상 수정 맨큐-웨일모형	
	추정계수	t값
상수항	−84.329	−32.94
age4	0.059	0.19
age9	0.4	1.48
age14	1.59	5.52
age19	1.576	5.57
age24	1.607	5.92
age29	1.268	5.07
age34	1.099	3.68
age39	0.38	1.17
age44	0.333	0.99
age49	0.569	1.66
age54	0.71	2.17
age59	2.693	7.88
age64	4.727	12.21
age69	4.961	9.66
age74	1.585	2.53
age79	4.141	5.15
age84	3.595	2.94
age85	0.361	0.6
ln(주거비용)	−4.322	−17.14
ln(항상소득)	14.196	42.2
R^2	0.535	
표본수	2,870	

출처 : 경기도, 2004, 『수도권 성장관리 기본구상』.

6. 주택수요 추정모형의 적정성 검토

수요 추정방식의 적정성을 검토할 수 있는 한 가지 방법은 제안된 수요 추정모형을 가지고 과거를 복원해 실제값과 비교해 보는 것이다. 수요 추정모형이 적정하다면, 미래의 주택수요만이 아니라, 과거의 주택수요 역시 적절히 설명할 수 있을 것으로 기대할 수 있다. 우선 경기도(2004)의 연구에서 제시하고 있는 주택수요 추정모형에 근거해 과거의 주택수요를 복원해 보기로 한다.

과거의 주택수요를 복원하기 위해 우선 5세 구간별로 파악된 연도별 인구자료, 각 연도별 실질소득 성장률과 주거비용 증가율[06]을 구해 추정계수값을 적용해 주면 된다. 〈표 2-7〉은 위에서 제시한 방식에 따라 도출한 연도별 신규주택수요를 이 연구에서 도출한 신규주택수요와 대비한 것이다. 소득증대에 따른 프라이버시 확보를 위한 수요면적확대모형의 경우 2005년 32평 규모 기준으로 37,928호의 신규주택수요가 발생하지만, 경기도(2004) 방법론에 따라 과거 주택수요를 복원할 경우 54,320세대의 신규주택수요가 산정된다. 수요면적확대모형의 경우 표준편차는 30,647호이며, Mankiw and Weil(1989) 방법론을 개량한 경기도(2004) 모형의 경우는 104,445호로 경기도(2004) 모형의 추정값이 더 큰 분산을 보이고 있다.

두 가지 상이한 결과를 두고 우리가 해결해야 할 문제점은 과연 어떤 모형이 주택수요 추정에 더 적절한 것인가라는 점이다. 이 점에 대해 답하기 위해 수급차 분석을 적용하기로 한다. 시장에서 수요와 공급의 차이가 발생하면 수요와 공급의 균형을 이루기 위해 시장가격이 변동하게 된다. Mankiw and Weil (1989) 방식으로 추정된 수요와 수요면적확대모형을 통해 도출된 수요의 적정성을 검토하기 위한 방안으로 각각의 방식으로 추정된 수요량과 실제 시장공

06 실질소득 성장률은 각 연도별 서울의 가구별 GRDP(당해 연도 가격)를 적용하였으며, 주거비용은 매년 4% 증가한다고 가정하였다. 실질소득 성장률과 주거비용 증가율의 경우 다양한 기준을 적용하였지만, 모형의 설명력을 높일 수 없었다.

급량과의 차이(수급차)와 시장가격의 움직임을 비교하여, 어떤 방식에 의해 도출된 수급차가 시장가격의 움직임을 더 잘 설명할 수 있는가를 검토한다면, 모형의 타당성을 판단할 수 있게 된다.

표 2-7 | 모형차이에 따른 추정결과의 비교

연도	서울 신규주택수요 (32평 기준 호수)	경기도(2004) 방법론에 따른 신규주택수요 (32평 기준 호수)	서울 실제 주택공급 호수 (허가면적 32평 기준 호수)
1986	33,958	127,759	101,761
1987	38,350	125,645	63,207
1988	52,649	123,238	58,852
1989	55,029	106,837	81,582
1990	62,961	218,528	111,887
1991	66,059	119,816	105,735
1992	50,788	168,997	107,055
1993	61,907	176,236	118,945
1994	72,021	177,863	72,616
1995	82,557	351,218	99,659
1996	47,514	−61,546	105,215
1997	49,173	94,132	60,612
1998	−40,612	−86,409	29,920
1999	66,692	119,517	50,563
2000	91,281	272,347	64,140
2001	74,517	−23,337	85,788
2002	114,743	169,158	128,005
2003	46,454	60,538	111,760
2004	26,279	25,326	30,702
2005	37,928	54,320	30,905
평균	54,512	116,009	80,945
표준편차	30,647	105,445	31,104

추정모형의 타당성을 검토하는 과정은 다음과 같다. 우선 각기 다른 방식으로 추정된 주택수요의 각 연도별 수요증가분에서 2년 전 주택허가면적을 감한 수요와 공급의 차이를 계산한다.[07] 이렇게 계산된 수급차를 독립변수로 놓고, 서울지역 주택전세가격지수를 종속변수[08]로 하는 1차 회귀분석의 결과를 비교하면, 수요면적확대모형의 설명력은 수정결정계수로 0.7378이며, Mankiw and Weil(1989)모형의 설명력은 수정결정계수로 0.2112로 큰 차이를 보인다. 괄호 안의 값은 t값으로 수요면적확대모형에서 도출된 수급차모형의 계수가 5% 수준에서 유의한 반면, Mankiw and Weil(1989)모형에 근거한 수급차를 독립변수로 하는 모형의 계수 유의도는 낮은 편이다.

서울 전세가격지수
=7.0643+0.000128608×방수모형 수요 · 공급 차이 (2·6)
(7.86) (7.79) 수정결정계수(R^2) : 0.7584 N=20

서울 전세가격지수
=3.1338+2.5312E−5×맨큐−웨일모형에 의한 수요 · 공급 차이 (2·7)
(2.14) (2.13) 수정결정계수(R^2) : 0.1574 N=20

일반적으로 모형의 안정성을 측정하는 통계량으로 대표적인 평가기준으로 사용하고 있는 RMS 백분율 의태오차(RMSPE)를 계산하면, 방수확대모형의 경우 RMSPE가 19.36임에 반하여 Mankiw and Weil(1989)모형의 경우 40.47로 방수확대모형의 설명력이 높은 것으로 나타난다. 모형의 설명력이 차이를 보이는 근본적인 이유는 서울시의 경우 연령대별 1인당 주택수요면적이 고정

07 2년 전 건축허가면적과 3년 전 건축허가면적을 적용하였으며, 2년 전 건축허가면적의 설명력이 더 높게 나타났다.

08 주택가격지수와 전세가격지수 중 전세가격지수를 선택한 이유는 전세가격이 주택가격에 비해 실질적인 주택수요를 반영하고 있기 때문이다.

되어 있다는 Mankiw and Weil(1989)모형의 기본가정과는 달리 소득 수준 확대에 따른 주택수요면적이 계속 증가하고 있기 때문이다.

| 그림 2-2 | 실제 전세가격지수와 추정치와의 비교

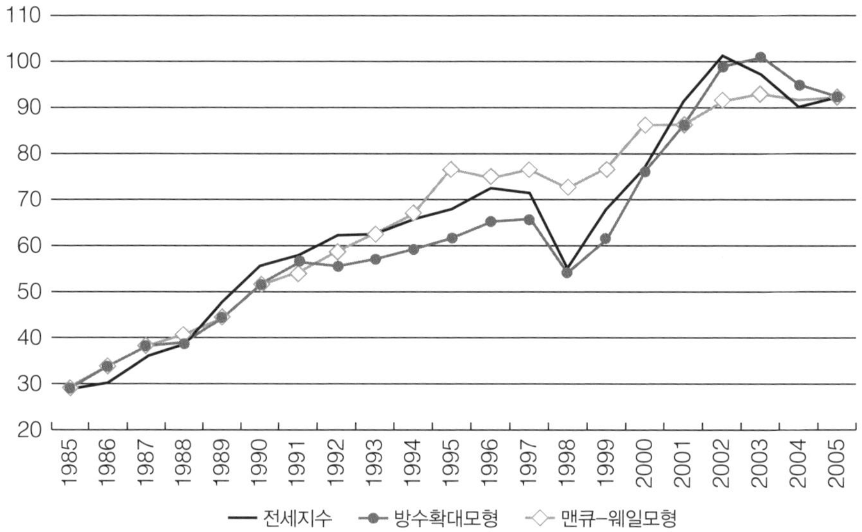

1985~2005년까지 5개 연도의 통계청의 인구 및 주택센서스 자료를 활용해 도출한 수급차를 독립변수로 하는 주택가격설명모형은 소득 수준 증대에 따라 1인당 주택수요면적이 꾸준히 증가하고 있다는 점을 보여주고 있다. 반면, 주거비용과 항상소득을 반영하여 수정한 Mankiw and Weil(1989)모형에 의해 도출된 주택수급차는 모형의 복잡성에도 불구하고 주택가격 설명력이 높지 않은 실정이다. 이 점은 우리나라의 주택수요를 견인하는 기본적인 동인은 소득증대에 따른 가구 간 또는 가구 내 프라이버시 확보를 위한 소요방수 확대라는 점을 강력히 시사하고 있다.

이제 서울의 장기주택수요를 전망해 보자. 우선 1인당 주택수요는 1인당 GDP에 비례하므로 GDP성장률에 대한 가정이 필요하다. 서울지역의 2004~06년까지 3년간 1인당 GRDP 평균 성장률은 3.25%이므로 향후 서울시민의

| 표 2-8 | 서울지역의 주택수급차 산정을 위한 전제조건

연도	서울 1인당 지역 내 총생산 (백만 원)	서울 1인당 방수	서울 추계인구	서울 주택수요 (평)	건축허가면적 (평)
1985	2.256	0.520	9,725,447	31,193,181	1,834,226
1986	2.645	0.533	9,815,245	32,271,764	3,232,181
1987	3.051	0.547	9,931,649	33,489,842	2,007,619
1988	3.502	0.562	10,147,107	35,162,104	1,869,271
1989	3.940	0.577	10,379,344	36,909,961	2,591,238
1990	4.708	0.602	10,473,252	38,909,751	3,553,783
1991	5.698	0.636	10,461,122	41,007,951	3,358,408
1992	6.471	0.662	10,445,852	42,621,092	3,400,319
1993	7.431	0.694	10,420,119	44,587,392	3,777,958
1994	8.564	0.732	10,385,314	46,874,957	2,306,445
1995	9.879	0.776	10,342,224	49,497,164	3,165,396
1996	10.927	0.811	10,195,352	51,006,332	3,341,864
1997	11.863	0.843	10,115,551	52,568,182	1,925,175
1998	11.404	0.827	10,051,236	51,278,236	950,339
1999	12.461	0.863	10,035,808	53,396,538	1,605,996
2000	13.741	0.906	10,078,434	56,295,852	2,037,238
2001	14.868	0.944	10,081,047	58,662,701	2,724,819
2002	16.762	1.007	10,031,371	62,307,198	4,065,756
2003	17.526	1.033	10,013,677	63,782,672	3,549,766
2004	17.898	1.045	10,023,546	64,617,371	975,155
2005	18.448	1.064	10,033,274	65,822,062	981,612
2006	19.073	1.085	10,020,123	67,032,197	842,932
2007	19.682	1.105	10,025,669	68,334,079	n.a.
2008	20.309	1.126	10,031,719	69,679,175	n.a.
2009	20.960	1.148	10,036,377	71,063,649	n.a.
2010	21.636	1.171	10,038,916	72,486,914	n.a.

출처 : 통계청, 『국가통계포털』(국민계정 주요지표).; 통계청, 『국가통계포털』(장래인구추계).; 통계청, 『국가통계포털』(주택건설인허가실적).

| 표 2-9 | 서울지역의 주택 수요와 공급 전망

연도	주택수요 증가분 (32평 호수 기준)	2년 전 주택건축 허가량 (32평 호수 기준)	수급차 (32평 호수 기준)
1986	33,706	49,612	−15,907
1987	38,065	57,320	−19,255
1988	52,258	101,006	−48,747
1989	54,621	62,738	−8,118
1990	62,493	58,415	4,079
1991	65,569	80,976	−15,407
1992	50,411	111,056	−60,645
1993	61,447	104,950	−43,503
1994	71,486	106,260	−34,774
1995	81,944	118,061	−36,117
1996	47,162	72,076	−24,915
1997	48,808	98,919	−50,111
1998	−40,311	104,433	−144,744
1999	66,197	60,162	6,035
2000	90,604	29,698	60,905
2001	73,964	50,187	23,777
2002	113,891	63,664	50,227
2003	46,109	85,151	−39,042
2004	26,084	127,055	−100,971
2005	37,647	110,930	−73,284
2006	37,817	30,474	7,343
2007	40,684	30,675	10,008
2008	42,034	26,342	15,693
2009	43,265	29,164	14,101
2010	44,477	29,164	15,313

1인당 GRDP는 매년 3.25% 성장한다고 가정한다. 위에서 추정한 식 (2·3)을 이용해 서울시민 1인당 소요방수를 추정하며, 추정된 소요방수에 2005년 인구 및 주택센서스상의 서울지역의 방1개당 평균면적 6.1663평을 적용해 1인당 주택수요면적을 계산할 수 있다. 여기에 통계청의 추계인구를 적용하면, 서울지역의 주택수요면적이 도출된다. 주택공급의 경우 주택건축 허가량 자료가 2006년도까지 가용하므로, 2008년의 신규주택공급량은 2006년 주택건축 허가량이라고 상정한다. 2009년과 2010년의 주택공급량은 2005년부터 2006년까지 평균 주택건축 허가면적 933,233평이 공급된다고 가정한다.

이렇게 산정된 서울지역의 연간 신규주택수요면적은 2007년 13만 4,493평, 신규공급면적은 101,407평으로 수요에서 공급을 제한 면적은 33,086평이 된다. 이를 32평 기준 주택호수로 전환하면, 2007년 40,684호의 신규주택수요가 발생하지만, 공급물량은 32평 기준으로 30,675호로 10,008호의 주택공급이 부족한 것으로 추정된다. 같은 방식으로 추정한 2008년의 수급차는 15,693호 공급 부족, 2009년 14,101호 공급 부족, 2010년 15,313호 공급 부족이 예상된다.

| **그림 2-3** | 서울지역의 주택 수요와 공급 전망

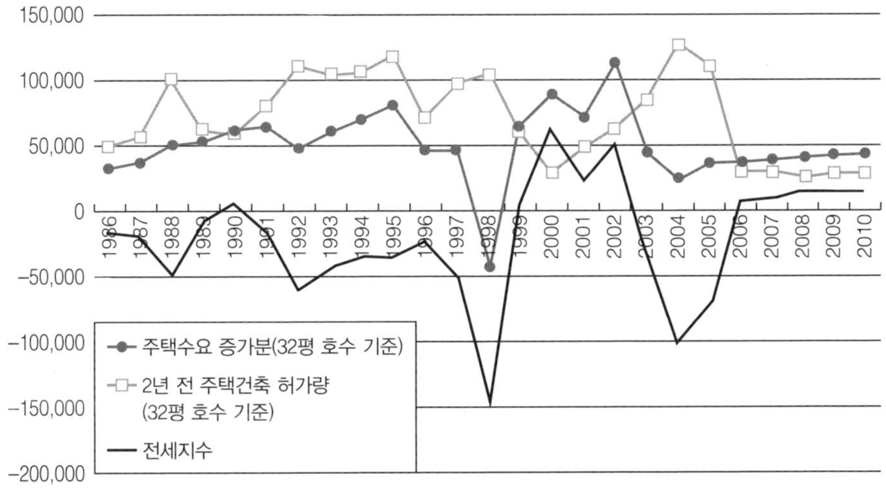

7. 수급차를 이용한 서울 전세가격 전망

수급차와 전세가격지수 간의 관계식 (2·5)를 이용해 전세가격지수를 전망해 보자.

| 그림 2-4 | 서울지역 전세가격 전망

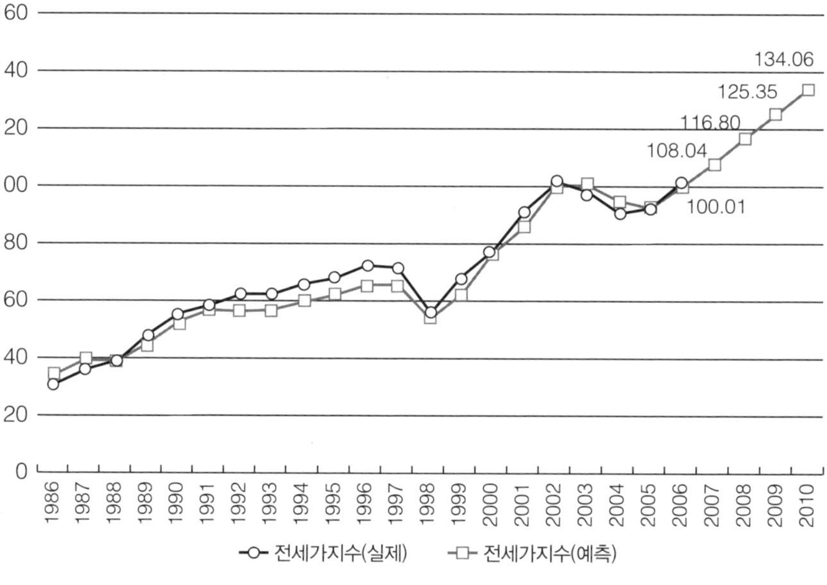

2006년 12월 말 전세가격지수 100.01에서 2007년 말에는 108.04, 2008년 116.8, 2009년 125.35, 2010년 134.06으로 연평균 8% 이상의 전세가 상승이 예상된다. 이러한 가격상승의 원인은 2004~06년까지 주택부문의 건축허가물량이 수요에 비해 충분하지 않았기 때문이라고 할 수 있다.

주택 시장 안정을 통한 서민생활의 안정이 정책의 주요 목표가 되고 있는 상황 속에서 장기주택수요에 대한 적정한 추정과 그에 부응한 택지공급은 주택시장의 안정을 위한 필수불가결한 요소라고 할 수 있다. 이 때문에 미래의 주택수요를 추정하려는 수많은 시도가 있었다. 그럼에도 불구하고 장기주택수요 추정모형 그 자체의 적정성을 검증하려는 시도는 없었다. 오히려, 수많은 장기 주택수요 전망치가 존재하여 정책목표설정에 혼선이 야기되는 경우가 더 많았다. 부처별, 당국자별로 각자의 전망치만을 주장할 뿐, 주장의 진위를 검증할 방법이 없어서, 수많은 전망치 중 하나에 근거한 지방자치단체나 정부투자공사의 택지공급계획 등은 주택 시장 상황과 괴리되는 경우가 빈번하였다.

이 연구는 장기주택수요 추정모형으로 널리 활용되는 Mankiw and Weil (1989)모형의 한계를 지적하고 우리나라 실정에 부합하는 장기주택수요 추정 방법을 제안한 것이다. 연령대별 1인당 주택수요면적이 고정되어 있으며, 미래 어느 지역의 인구구성추이를 전망할 수 있다면, 장기주택수요 추정이 가능하다는 Mankiw and Weil(1989)의 기본적인 전제가 우리 실정에는 맞지 않는다는 점을 실증적으로 규명하였다. 향후 주택공급이 충분히 이루어져 사회 전체적으로 주택재고가 넉넉해질 경우 주택수요면적모형보다는 Mankiw and Weil(1989)모형이 더 타당할 수 있다는 가능성을 배제하기 어렵지만, 사회 전반적으로 주택공급이 충분치 않은 우리나라의 경우 소득 증대에 따른 가구 간 또는 가구 내 프라이버시(privacy) 확보 요구가 주택수요를 이끄는 기본 동인이며, 이러한 동인으로 인한 가구 내 방수 확대 욕구가 주택수요 증가로 이루어진다는 사실을 실증적으로 규명하였다. 또한 이 연구는 주택 수요와 공급의 차이에 수급차와 주택전세가격과의 관계를 조명함으로써 추정모형의 적정성을 검토하였다. 이 연구에서 제시된 주택수요 추정모형에 따라 수요를 추정한 결과 2007~10년까지 32평 기준으로 매년 1만 호에서 1만 5천 호 정도의 주택공급이 부족한 것으로 추정되었으며, 그에 따라 전세가격도 매년 8% 이상 상승하는 것으로 전망되어, 전세가 앙등에 따른 정부당국의 전세시장 안정화 조치가 필요한 것으로 나타났다.

짧은 시계열로 인해 다양한 독립변수를 모형에 추가시키지 못했으며, 수도권 내 세부 주택 시장 간의 상호관계를 분석에 포함시키지 못한 점은 이 연구가 지닌 한계이다. 또한 인플레이션이나 대출규제와 같은 주택 시장의 유동성을 제약하는 다양한 변수들과 정부의 조세정책 등과 같은 정책변수를 포함시키지 못한 점 역시 연구의 미흡한 점이라고 할 수 있다. 그럼에도 불구하고 이 연구는 주택정책분야의 고질적인 숙제로 남아 있었던 장기주택수요 추정에 있어서 주택수요를 창출해 내는 기본 동인이 소득증가에 따른 프라이버시 확보를 위한 방수확대 욕구라는 점을 제시하였으며, 장기주택수요 추정모형의 적정성을 검토할 수 있는 기준을 제공하였다는 점에서 연구의 의의를 찾을 수 있다.

참고문헌

건설교통부, 2003, 『주택종합계획(2003-2012)』.

건설산업지식정보시스템, http://www.kiscon.net/

경기도, 2004, 『수도권 성장관리 기본구상』.

국민은행, 전국주택가격동향조사, http://est.kbstar.com/quics?page=A005328/

김경환, 1997, 『주택수요구조 변화전망에 관한 연구』, 안양: 국토개발연구원.

대한주택공사, 2001, 『가구중심형 주택수요 예측모형 개발』.

박신영 · 최은희 · 진미윤, 2002, "주거빈곤계층의 공공주택소요 규명," 『도시연구』 (8): 12-31.

변창흠 · 이희정, 2002, 『서울시 주택수요 및 공급능력추정에 관한 기초연구』, 서울: 서울시정개발연구원.

유성용, 2000, "주택보급률에 대한 논란 유감," 건교부 행정정보공개, http://www.moct.go.kr/ DataCenter/InfoRoom/data/20001204194147_hsr.hwp

윤대식 · 윤성순, 2004, 『도시모형론(제3판)』, 서울: 홍문사.

이영은 · 안정근, 2003, "수도권 권역별 주택수요분석," 『국토계획』 38(6): 61-74.

장영희 · 정의철 · 박은철 · 유상균 · 이진숙, 2005, 『2003-2012 서울 주택종합계획보고서』, 서울: 서울시정개발연구원.

정의철 · 조성진, 2005, "인구구조 변화에 따른 장기주택수요 전망에 관한 연구," 『국토계획』 40(3): 37-46.

정홍재, 2006, "주택소요추정방법의 적정성 검증에 관한 연구: 수도권을 중심으로," 서울시립대학교 석사학위 청구논문.

통계청, 『국가통계포털』, https://kosis.kr

한국개발연구원, 2004, 『주택시장 분석과 정책과제 연구』, 서울: 한국개발연구원.

Bierman, H. S. and L. Fernandez, 1998, *Game Theory with Economic Applications*, Reading : Addison-Wesley.

Engelhardt, G. V. and J. M. Poterba, 1991, "House Prices and Demographic Change: Canadian Evidence," *Regional Science and Urban Economics* 21(4): 539-546.

Hamilton, B. W., 1991, "The Baby Boom, the Baby Bust, and the Housing Market: A Second Look," *Regional Science and Urban Economics* 21(4): 547–552.

Hendershott, P. H., 1991, "Are Real House Prices Likely to Decline by 47 Percent?," *Regional Science and Urban Economics* 21(4): 553–563.

Holland, A. S., 1991, "The Baby Boom and the Housing Market : Another Look at the Evidence," *Regional Science and Urban Economics* 21(4): 565–571.

Mankiw. N. and D. Weil, 1989, "The Baby Boom, the Baby Bust and the Housing Market," *Regional Science and Urban Economics* 19(2): 235–258.

Swan, C., 1995, "Demography and the Demand for Housing: A Reinterpretation of the Mankiw–Weil Demand Variable," *Regional Science and Urban Economics* 25(1): 41–58.

제3장

아파트 평면구조와 주택가격

많은 사람들이 궁금해하는 의문 중 하나는 소비자들이 좋은 아파트 설계에 대해 더 높은 가격을 지불할 용의가 있는가라는 점이었다. 주택가격을 설명하는 특성가격함수식에 포함되는 주택은 늘 수치라는 속성정보를 지닌 점 자료로만 존재한다. 방 3개, 남향 더미변수, 지하철역으로부터 집까지의 직선거리, 또는 전세가, 매매가, 화장실 2개, 용적률, 층고, 건폐율, 세대수로 표현되는 단지규모 등 특성가격함수에 포함되는 주택관련 자료는 모두 점으로만 존재하는 속성자료이다. 이 연구는 이제까지 무시되거나 간과되었던 공동주택 평면구성을 계량화하여, 주택소비자들이 어떤 평면구성요인을 선호 또는 혐오하는지를 규명한 것이다. 공간구문론에서 제시한 방법론을 적용하여 아파트 평면공간과 단지배치의 형태적 · 공간적 특성이 주택가격에 미치는 영향을 고찰하면, 아파트 평면의 경우, 전체적으로 개방감을 확보할 수 있는 평면이 주택가격에 정의 영향을 미치는 것으로 나타났다. 동시에 개인의 프라이버시가 지켜져야 하는 공간의 경우에는 평균심도가 클수록, 즉 폐쇄적일수록 아파트가격이 상승하는 것으로 나타난다. 아파트 단지의 경우, 접근성이 확보된 주동이 그렇지 않은 주동보다 가격이 상승하는 것으로 나타났으며, 남향으로 배치될 경우 그렇지 않은 경우에 비해 전반적으로 가격이 높은 것으로 나타났다.

1. 헤도닉 주택가격모형

주택가격 예측은 부동산 시장 분석의 꽃이라고 할 수 있다. 시행사나 건설사에서 아파트를 분양할 때 분양가 책정이라든가, 과세를 위한 시가표준액의 결정 등 사회적으로 중요한 의사결정을 위해 동원될 수밖에 없는 중요한 사항이다. 시행사나 건설사가 주택가격 예측에 실패하면 수많은 미분양 물량을 떠안아야 하고 그에 따른 지급이자 부담이 눈덩이처럼 커질 수도 있으며, 주택가치보다 낮게 주택분양가를 책정하면 청약광풍이 일기도 한다. 시가표준액은 부동산 가격공시 및 감정평가에 관한 법률에 따라 공시된 가액이며, 이에 따라 취득세, 등록세 등 각종 지방세의 과세기준이 되는데, 표준지 공동주택의 가격추정에 있어서도 헤도닉 주택가격모형이 사용되기도 한다.

헤도닉 주택가격모형(Hedonic Housing Price Model)이란 주택가격을 구성하는 다양한 특성요소들의 주택가격 기여분을 추정해 주택가격을 예측하는 모형이다. 예를 들어 도심과 가까울수록, 면적이 클수록, 남향에 가까울수록, 지하철역에 가까울수록, 교육환경이 좋을수록 가격이 오른다면, 도심과의 거리, 면적, 남향 여부, 지하철역까지의 거리, 교육환경(특정 지역의 고등학교 졸업생들의 4년제 대학 진학률 등) 등 각각의 개별요소들이 주택가격에 어느 정도 크기로 영향을 미치는가를 측정하는 것이다. 종속변수로 거래가격 또는 단위면적당 가격을 사용하는 것이 일반적이며, 독립변수로는 수치를 계량할 수 있는 변수는 수치변수로, 수치를 계량할 수는 없지만, 있다 없다라는 식으로 구분할 수 있는 명목변수는 더미변수(Dummy variables, 0 또는 1)로 모형추정에 사용할 수 있다.

주택가격에 영향을 주는 수많은 변수들이 있지만, 크게 대별하면 시계열분석일 경우 경제변수(금리, 경기지수, 대미달러 환율, GRDP 등)의 영향력이 크며, 횡단면분석일 경우 경제변수가 아닌 속성변수가 사용된다. 아파트 단지의 경우 개별 아파트 특성변수(평형, 남향, 층수, 화장실의 수, 방수 등등), 아파트 단지변수(전체 세대수, 단지 내 최고층수, 단지 내 평형의 다양성 등), 지역변수(강남, 도심으로부터의 거리, 지하철 역세권, 해당 지역의 교육수준 등) 등으로 대별할 수 있다.

헤도닉 주택가격모형 추정 시 어떤 속성을 독립변수로 활용하는가에 따라 흥미로운 발견을 할 수도 있으며, 엑셀로도 분석이 가능해 많은 사람들이 애용하는 가격 추정모형이기도 하다. 엑셀의 경우 옵션 추가기능으로 분석도구와 분석도구 VBA를 통해 회귀모형을 추가할 수 있으며, 독립변수 16개까지 회귀분석이 가능하다. 표준화계수나 다중공선성을 확인할 수 있는 VIF 출력 등의 옵션이 없지만, 누구나 쉽게 접근하고 활용할 수 있다는 장점을 지니고 있다. 이제 헤도닉 주택가격모형을 통해 주택가격의 구조를 탐구해 보자.

2. 아파트 평면구조와 주택가격에 대한 주요 연구

헤도닉 주택가격모형을 통한 첫 번째 탐구는 필자가 모 건설회사 주택사업부에 근무할 때 가졌던 의문 중 하나이다. 소비자들은 잘된 아파트 평면설계에 대해 더 높은 가격을 지불할 용의가 있는가? 아파트 평면설계를 잘하면 분양이 잘될까? 당시 평면설계를 잘하는 건설회사로는 현대건설(압구정 현대아파트), 우성건설(개포 우성아파트), 대한주택공사(반포 주공아파트) 등이 있었지만, 이를 구체적으로 계량화해서 인수분해하지는 못했었다. 당시만 해도 아파트 평면구조에 대한 이해는 대가나 전문가들의 감각적 영역이었다. "왠지 답답하다", "뭔가 느껴지지 않아", "남북축을 관통하며 미래로의 도약을 상징하는 ○○대로"라는 식의 선문답이 건축과 도시공간의 세계에서 풍미하였다.

주택 시장을 연구하는 사람들에게도 주택의 공간구성은 정량하기 힘든 소재

였기에, 주택가격을 설명하는 특성가격함수식에 포함되는 주택은 늘 수치라는 속성정보를 지닌 점 자료로만 존재하였다. 방 3개, 남향 더미변수, 지하철역으로부터 집이라는 점까지의 직선거리, 또는 도보시간거리, 전세가, 매매가, 화장실 2개, 용적률, 층고, 건폐율, 세대수로 표현되는 단지규모 등 특성가격함수에 포함되는 주택관련 자료는 점으로만 존재하는 속성자료였다. 하지만 주택의 평면구성은 주택가격을 좌우하는 가장 중요한 요인 중 하나이다. 아파트 분양 안내서에 가장 많은 페이지를 차지하고 있는 것이 아파트의 평면이라는 점은 그 사실을 적나라하게 보여주지만, 주택의 평면구성이 주택가격에 어떤 영향을 미치는가에 대한 연구는 거의 시도된 바 없었다. 이제 지금까지 무시되거나 간과되었던 공동주택 평면구성을 계량화하여, 주택소비자들이 어떤 평면구성요인을 선호 또는 혐오하는지를 밝혀 보자.

주택가격 추정모형으로서 헤도닉 가격결정모형을 이용한 많은 연구들은 과거처럼 주택가격에 영향을 미치는 요인을 규명하는 데 초점을 맞추기보다 유비쿼터스, 친환경 등과 같은 특정 설명요인이 주택가격결정에 미치는 영향을 규명하려는 시도가 많았다(김연준 · 성장환 · 안태선, 2004; 김주영, 2003; 양성돈 · 최내영, 2003; 윤숭봉 · 장봉규 · 정창무, 2004). 이러한 경향은 급격한 주택시장환경의 변동에 따라 주택가격결정에 미치는 요인들도 함께 변화하기 때문이다. 일례로 고현 등 3인(2007)은 평촌 신도시의 거주자와 공인중개사 사무소 관계자를 대상으로 아파트가격에 영향을 미칠 것으로 예상되는 친환경 요소를 추출하였고, 이렇게 추출된 요소를 헤도닉 가격결정모형을 이용하여 아파트가격에 내재된 친환경 요소의 가치를 추정한 바 있다. 교육환경이 주택가격에 미치는 영향(정수연, 2006; 진영남 · 손재영, 2005), 어메니티 요소가 주택가격에 미치는 영향을 중심으로 실증연구가 많았다(김진유 · 이창무, 2005; 손철, 2006; 손철 · 신상영, 2007; 손동욱, 2007). 다음의 〈표 3-1〉은 특성가격함수를 이용해 주택가격을 추정한 최근의 실증연구에서 활용된 독립변수들을 적시한 표이다. 분석에 활용된 독립변수들을 살피면, 연구의 목적에 재단된 다양한 독립변수들이 활용되고 있다는 것을 살필 수 있다.

| 표 3-1 | 헤도닉 가격기법을 이용한 주택가격에 대한 주요 실증연구결과

저자		진영남 · 손재영	김진유 · 이창무	손철	이용만
논문발표연도		2005	2005	2006	2007
적용모델		OLS	수정반복매매모형	OLS	ML
결정계수		0.826	0.9213	0.9741	0.813
시간더미			+		
아파트 특성	평형(면적)	+	+	+	+
	분양면적과 전용면적 차이				−
	단지규모	+			
	건축연령	+		−	−
	건축연령의 자승값	+			+
	시공사 도급순위(1~5위) 더미				+
	시공사 도급순위(6~10위) 더미				+
	단지 내 주차장수	+			
	가구당 주차가능 대수				0
	총세대수		+	0	0
	단지 내 동수				+
	단지 내 가장 높은 건물의 층수				0
	단지 내 소형평형(20평 이하) 구성비율				+
	개별난방더미(=1)			−	0
	계단형더미(=1), 복도형(=0)			+	
	저밀도 단지 더미				0
	재건축대상 단지 더미				+
	주상복합단지 더미				−
지역 변수	인근 버스정류장 버스노선수				0
	편의시설수				+
	관공서시설수				0
	반경 1km 내 우수학교수				+

지역변수	반경 500m 내 학원밀집지역수				0
	지하철더미(도보 10분 내)				+
	지하철거리(도보시간)	+			
	지하철거리더미(400m 이하)		+		
	도심거리		+		0
	도심거리의 자승값				+
	강남거리		+		0
	강남거리의 자승값				−
	영등포거리		+		
	근린공원더미(400m 이하)		0		
	자연공원더미(400m 이하)		+		
	한강더미(400m 이하)		+		
	반경 1km 내 공업지역면적 30% 이상 더미			0	
	송전선가지의 최단직선거리			+	
	구별 자가점유비율	+			
	강남더미	+			
	구별학교수	+			
	인문계고 학생비율	+			
	구별 100명당 사설학원수	0			
	구별 100명당 교육예산편성액	+			
	구별 초중고 재학생수	+			
	구별 고학력자 비율	0			
	구별 명문대 진학률	+			
	인문계 고3수능모의고사	+			
자료수		4,873	1,458	57	586
비고			끝시점의 계수값만 수록		결합변수에 대한 내용은 제외

주 : +또는 −는 유의도 10% 이상 변수, '0'의 경우 독립변수로 활용되었으나, 의미가 없는 변수임.

실제 주택을 구매하려는 소비자들이 주호나 단지의 평면배치나 공간특성을 주택구입 시의 주요 검토항목으로 고려하고 있다면(허진선 · 양세화, 2003), 주호나 단지의 공간특성 요인이 가격에 반영되어 있으리라는 것은 자명한 사실이지만, 주호나 단지의 공간특성이 거래가격 또는 가치에 미치는 영향을 실증적으로 규명한 연구는 드문 실정이다. 이는 공간구성특성을 객관적인 방법을 통해 양화하기 어려웠기 때문이다. 공간구문론(Space Syntax)는 주호나 단지의 공간구성특성을 특정 수치로 양화시켜 줄 수 있다는 점에서 공간구성특성과 가격과의 상관관계를 규명할 수 있는 새로운 지평을 제시하고 있는 셈이다.

공동주택의 평면구성이 가격에 미치는 영향은 오랫동안 연구의 사각지대에 머물러 있었다. 헤도닉 가격기법을 이용해 주택특성이 가격에 미치는 영향을 검토한 다양한 연구성과들이 존재하지만, 대부분의 실증연구들은 평형, 향, 층, 방의 수, 욕실의 수, 현관형태(복도식 또는 계단식) 등과 같은 초보적인 평면정보만을 활용하고 있는 실정이다. 거실이나 침실 등의 세장비율, 거실 · 침실 · 화장실 등의 면적비율, 공간의 깊이 등 주거단위의 평면계획적 요소들이 주택가격에 어떤 영향을 미치는가를 검토한 연구사례는 찾아보기 힘들지만, 최근 공간구문론적 입장에서 공동주택의 평면배치를 분석하는 다양한 연구들이 수행되고 있으며, 공동주택의 평면배치에 대한 구매자 선호도를 분석한 연구도 활발히 진행되고 있다. 먼저 헤도닉 가격함수를 이용한 주택가격 분석에 대한 최근의 연구성과를 검토하고, 이어 공간구문론을 이용한 평면연구, 평면배치에 따른 구매자 선호도 분석에 대한 연구동향을 차례로 검토하기로 한다.

3. 공간구문론

헤도닉 가격기법을 이용한 주택가격에 대한 실증연구에서는 환영받고 있지 않지만, 주거단위의 평면계획 요소는 최근 활발히 진행되고 있는 공간구문론 연구의 주제로 등장하고 있다. 건축학계를 중심으로 활발히 논의되고 있는 공간구문론(Space Syntax)은 1984년 영국의 Bill Hillier와 J. Hanson 교수가 제창한 것으로 주거공간을 비롯한 모든 건축 및 도시공간은 공간이 속한 사회의 사회경제적 속성을 그대로 반영하고 있으며, 이러한 공간의 속성을 정량적으로 산출할 수 있다는 내용이다(Hillier and Hanson, 1984). 공간의 계량화를 위해 그들이 제안한 측정지표는 '상대적 공간심도'로 어떤 공간에 도달하기 위해 몇 개의 출입구 또는 개구부를 거치는가를 표준화시킨 값이다. 예를 들어 20평형대 아파트에 7개의 공간(현관, 거실, 부엌 겸 식당, 안방, 작은방, 베란다, 화장실)이 있다고 가정하자. 현관에서 작은 방까지 거쳐야 할 개구부를 보면 현관 → 거실 → 작은 방으로 작은 방의 공간심도 또는 공간깊이는 3이고, 베란다의 경우에는 현관 → 거실 → 안방 → 베란다로 베란다의 공간심도 또는 공간깊이는 4가 된다. 이렇게 20평형대 아파트의 7개 공간 모두의 공간심도를 합한 값을 20평형 아파트가 가진 공간 개수 7에서 1을 뺀 값으로 나누면, 평균공간심도(mean depth)가 계산된다. 비균제율(relative asymmetry)은 이렇게 계산된 평균심도를 다음과 같은 방식으로 다시 계산한 것이다.

$$\text{비균제율(RA : relative asymmetry)} = \frac{2(MD-1)}{K-2} \quad (3 \cdot 1)$$

MD : 평균공간심도
K : 특정 대상의 구분된 공간 개수

$$\text{상대적 공간심도(real relative asymmetry)} = \frac{RA}{D_k} \quad (3 \cdot 2)$$

D_k : K개의 구분된 공간을 지닌 다이아몬드형 구조의 비균제율값

비균제율이 높다는 것은 공간구조가 복잡하다는 것이다. 예를 들어, 다양한 행사가 벌어지는 규모가 크고 복잡한 구민생활체육관의 경우 비균제율이 높게 나타나게 되며, 중정을 지닌 연립주택의 경우는 비균제율이 낮게 나타난다. 격

자형 가로망이 발달해 있는 서울의 강남지역의 비균제율은 골목길이 발달해 있는 강북의 전통시가지의 비균제율보다 낮게 나타난다. 비균제율이 낮다는 것은 그만큼 공간에 대한 접근성이 좋다는 것이고, 높다는 것은 접근성이 떨어진다는 것이다. 보호된 공간 또는 프라이버시를 침해하기 어려운 공간의 비균제율은 당연히 높게 나타난다. 하지만 이러한 비균제율의 명목상의 비교는 공간규모의 차이로 인한 공간구조의 복잡함을 제대로 반영하지 못한다. 예를 들어, 일렬로 늘어선 2000평 규모의 군대막사의 비균제율이 0.5이며, 50평대 공동주택의 비균제율이 0.5라고 해서, 두 공간의 공간구조의 복잡함이 같다고 볼 수는 없기 때문이다. 이러한 수치인식상의 문제를 보정하기 위해, Hillier와 Hanson이 제안한 지표가 통계학에서 흔히 활용하는 표준화지수(Z score)와 유사한 상대적 공간심도(real relative asymmetry) 개념이다. 상대적 공간심도의 기준이 되는 지표는 *k*개로 구분된 공간을 지닌 다이아몬드형 공간구조이다. [그림 3-1]과 같은 10개의 구분공간을 지닌 다이아몬드형 공간의 평균공간심도는 2.2222이며, 위에서 제시된 비균제율 산정공식에 따라 계산된 비균제율은 0.305556이다. *K*개의 구분공간을 지닌 어떤 대상의 공간의 복잡함을 표준화된 값으로 표시하기 위해 특정 대상의 비균제율을 *k*개로 구분된 공간을 지닌 다이아몬드형 공간구조가 가진 비균제율로 나눈 값이 상대적 공간심도 값이

| **그림 3-1** | 10개의 공간을 지닌 다이아몬드형 구조

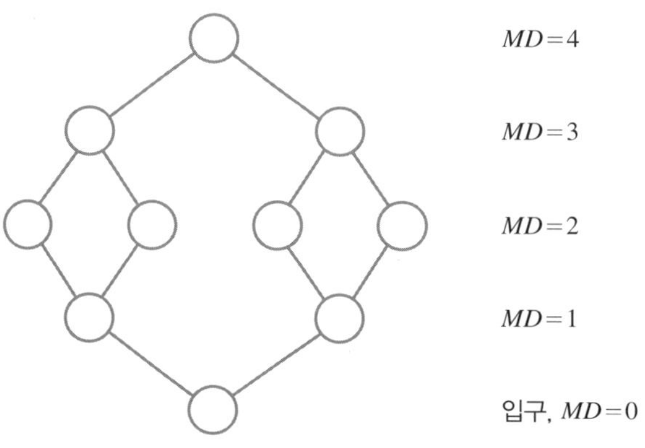

다.[01]

상대적 공간심도는 비균제율과 같은 의미를 지니며 통합도(Integration)와 역수관계를 갖는다. 즉, 상대적 공간심도가 높을수록 통합도가 작아지며 이는 공간구조가 폐쇄된 격리공간임을 의미한다. 연결도(Connectivity)는 임의의 특정 공간에 연결되어 있는 공간의 개수를 의미하며, 이동이 쉬운 공간일수록 연결도값은 증가한다. 즉 동선의 중심이 되는 공공의 공간은 연결도가 가장 높을 것이라고 예측할 수 있다. 통제도(Control Value)는 임의의 특정 공간이 주변의 공간에 미치는 영향력을 의미하는 지표로, 이웃한 공간에서 임의의 특정 공간으로 올 수 있는 확률을 의미한다. 연결도와 통제도는 상대적인 지표로 역수값을 가진다. 국부통합도(Intergration-n)는 국부적인 공간특성을 나타내는 것으로 임의의 특정 공간에서부터 n개의 공간깊이까지만 고려한 통합도를 의미한

표 3-2 공간구문론 지표

<table>
<tr><th>구분</th><th>정의</th><th>비고</th></tr>
<tr><td>Mean Depth
(MD, 평균심도)</td><td>$\sum \frac{d(i, k)}{N-1}$</td><td rowspan="7">$d(i, k)$: i공간에서 k공간까지의 깊이

k : 단위공간 전체의 개수

D_k : K개로 구분된 공간을 지닌 다이아몬드형 구조의 비균제율값</td></tr>
<tr><td>Relative Asymmetry
(RA, 비균제율)</td><td>$\frac{2(MD-1)}{K-2}$</td></tr>
<tr><td>Real Relative Asymmetry
(RRA, 상대적 공간심도)</td><td>$\frac{RA}{D_k}$</td></tr>
<tr><td>Connectivity
(연결도)</td><td>$C_n = n(A)$
단, $A = k \mid d(i, k)$</td></tr>
<tr><td>Control Value
(통제도)</td><td>$\sum \frac{1}{C_n(k)}$</td></tr>
<tr><td>Integration
(통합도)</td><td>$\frac{1}{RRA}$</td></tr>
<tr><td>Integration−n
(국부통합도)</td><td>–</td></tr>
</table>

01 표준화에 대한 보다 심도 있는 논의는 Livesey and Donegan(2003)을 참고.

다. 이러한 공간구문론 지표를 정리하면 〈표 3-2〉와 같다.

이 외에도 통합도와 국부통합도와의 상호관련 정도를 알 수 있는 명료도(Intelligibility)가 있다. 명료도가 큰 지역일수록 일부 공간을 통해 전체 공간을 인지할 수 있으며 공간구조 및 공간이용패턴이 체계적임을 의미한다. 이에 따라 명료도가 높은 지역은 인지도가 좋기 때문에 상권이 생길 가능성이 다른 지역보다 더 높다는 것을 예측할 수 있다.[02]

Hillier and Hanson(1984)이 제안한 상대적 공간심도 개념은 전 세계적으로 폭발적인 반향을 불러일으켰으며, 건축공간의 분석에 주로 활용되었던 공간구문론도 최근 도시공간을 대상으로 그 응용분야를 확대하고 있다. 공간구문론을 응용한 도로의 접근성 평가(Batty, 2004), 보행자 통행량의 추정(Jiang, 1999; Raford, 2003), 역사도시 이스탄불의 공간해석(Asami, Kubat, Kitagawa, and Iida, 2002), 베를린의 도로패턴과 오피스빌딩 임대료와 상관관계 규명(Desyllas, 2000), 복합상가 설계의 적합성검토(Brown, 2001) 등 공간구문론을 활용한 다양한 연구가 수행되고 있다. 최근에는 로봇의 설계 시 동선 분석과 처리에도 공간구문론이 활용되고 있다(Shell and Matari, 2003). 분석프로그램의 개발(Turner, O'Sullivan, and Penn, 2001)이라든가, 공간구문론을 지리정보시스템에 접합시키려는 다양한 시도도 이루어지고 있다(Jiang, Claramunt, and Batty, 1999; Jiang, Claramunt, and Klarqvist, 2000a, 2000b; Jiang and Claramunt, 2002).

공간구문론은 주거공간의 공간특성을 파악하는 대표적인 방법론 중 하나라고 할 수 있다(Hillier and Hanson, 1984). 이현정 · 박선경 · 하재명(2000: 98)은 공간구문론에 대해 "이미 여러 선행연구를 통해 타당성과 신뢰성이 입증되었고, 주거공간 분석에 여러 차례 사용되어 온 정량적인 공간분석도구"라고 언급하고 있으며, 최재필 · 조형규 · 박인수 · 박영섭(2004: 155)은 "공간배치에 사회문화적 질서와 규칙을 내재하고 있다는 관점에서 공간구조를 정량적으로

02 실제로 서울의 경우 명동, 인사동과 같이 상권이 형성된 곳의 명료도는 다른 지역에 비해 높다.

분석하는 대표적인 공간분석기법의 하나"로 규정하고 있다. 이계인 · 이광노(1993) 역시 공간구문론에세 제시하고 있는 특성치(공간의 연결수, 공간의 연결도, RA 등)들이 공간이용자수를 예측할 수 있는 유용한 정량적 지표라는 것을 밝히고 있다. 공간구문론이 활발하게 적용되는 분야는 주거공간 분석으로 공간구문론을 사용한 국내 아파트 단위주호 평면의 시계열적 분석을 시도한 최재필(1996)의 연구를 필두로 공간구문론을 이용해 조선시대 안동지역 상류주택의 공간배치를 분석한 이상은 · 최재필(2002), 1966~2002년까지 서울지역 아파트 평면의 변화를 분석한 최재필 · 조형규 · 박인수 · 박영섭(2004)과 Seo(2006)의 연구를 들 수 있다.

공간구문론의 또 다른 적용분야로 공간구조속성과 공간사용패턴을 검토한 다양한 연구들도 있다. 인사동 지역의 보행자 및 차량통행량 특성 공간구문론을 이용해 분석한 김영욱(2003)의 연구, 대학캠퍼스 보행공간 특성파악을 위해 공간구문론을 적용한 류상규(2003), 박준수 · 김성아 · 서기영 · 박창회 · 이성창(2003), 박인환 · 정보광 · 장갑수(2007)의 연구가 있으며, 도시계획분야에서 전통취락의 공간구성을 공간구문론을 이용해 분석한 양승정 · 김용승 · 박용환(2005)의 연구와 청주시 가로망형태를 분석한 연경환 · 황희연(2008)의 연구, 공간구문론에 의한 청주 원흥이 생태공원 가로망 배치의 적합성을 검토한 황희연 · 윤두원(2007)의 연구, 공간이용패턴을 예측한 장동국(2004b)과 도시공간구조를 해석한 오충원(2004)의 연구도 있다. 공간구문론의 응용분야도 다양하게 전개되고 있다. 공간구문론에 의한 주거지역의 공간침입범죄를 해석한 장동국(2004a)의 연구와 공간구문론을 활용한 아파트 가로조명 계획(최안섭 · 장수정 · 오은숙 · 김영욱, 2005) 등이 그러한 예라고 할 수 있다.

공간구문론을 적용해 아파트 공간구조를 해석한 시도는 국내에서도 활발히 진행되고 있다. 공간구조의 분석도구로서 공간구문의 응용은 주로 건축이나 주거공간 분석에 치중되어 있다(이계인 · 이광노, 1993; 최재필, 1996; 이현정 · 박선경 · 하재명, 2000). 국내에서 공간구문론을 활용한 연구의 효시격인 이계인 · 이광노(1993)의 연구는 다양한 공공공간구성을 가지고 있는 3개 아파트 단지를 선정하고 단지별로 공간구문특성과 이용자수와의 관계를 분석하여, 공간구문 특성치(공간의 연결수, 공간의 연결도, RA 등)가 공간이용자수를 예측할 수 있는 정량적 지표라는 것을 밝히고 있다. 공간구문론을 주거공간에 적용한 최근의 연구로 최재필 · 조형규 · 박인수 · 박영섭(2004)의 연구는 대부분의 아파트 평면에서 안방의 상대적 공간심도가 하락하는 추세를 보이고 있으며, 3LDK는 거실 중심에서 부엌/식당 중심으로 구성이 변화하고 있지만, 4LDK는 거실 중심으로 구성이 계속 유지되고 있다는 것을 밝히고 있다.

공간구문론을 적용하지는 않았지만, 공동주택의 평면배치와 구매자 선호도를 검토한 연구들도 다수 존재한다. 대표적인 연구로 단위주택의 내부환경 요소인 평면구성 · 면적 등에 대한 선호도 조사를 시행한 김선중 · 박경옥(1995)의 연구, 아파트 내부공간 개조 세대를 중심으로 주거의식의 변화를 조사한 배시화(1999)의 연구, 아파트 단위주호가 가지는 특성가치에 대한 선호도를 조사한 허진선 · 양세화(2003)의 연구를 들 수 있다. 김선중 · 박경옥(1995)의 연구는 단위주택의 내부환경 요소인 평면구성 · 면적 · 시설설비 · 마감재 등의 내부환경 요소에 대한 선호도를 설문조사방식에 의해 조사한 것이다. 평면구성에 대한 설문조사는 다양한 평면유형을 제시하고 그중 가장 선호하는 평면을 고르라는 인기투표방식으로 조사가 진행되었으며, 조사결과 전면에 방 1개와 거실이 있고 부엌과 식당이 엇갈린 형이 높은 선호도를 보였다. 거실 · 부엌 · 식당의 연결은 L-DK형을 선호하여, 거실의 독립성을 중요 요소로 생각하고 있다는 것을 밝혔다. 배시화(1999)의 연구는 서울과 분당 지역의 아파트 내부공간을 개조한 100가구를 대상으로 하여 1991년의 주거의식과 1998년의 주거의식의 변화를 검토한 것이다. 선호하는 내부공간에 대한 조사결과를 보면, 거실이 주거 내에서 가장 규모가 커야 한다고 생각하고 있으며, 거실의 향은 남향이 90%의 선호도를 보였다. 안방 위치에 대해서는 부부만의 프라이버시를 보호받을 수 있도록 다른 방과 분리되어 있는 것을 선호하고 있으며(91년 선호도 80%, 98년 선호도 77%), 부엌과 거실의 연결에 대해서는 거실과 부엌 · 식당이 붙어 있는 LDK형에 대한 선호도가 91년에 비해 14%나 증가한 것으로 나타났다. 화장실의 수는 최소한 2개 이상이 97% 이상으로 나타났으며, 발코니에 대한 선호도는 반반으로 나타났다. 허진선 · 양세화(2003)의 연구는 아파트 단위주호가 가지는 특성의 가치에 주목하여, 아파트 구매가격에 반영한 단위주호의 특성 가치를 파악한 연구이다. 단위주호의 특성으로 층수, 향, 조망, 진입방식, 측세대 위치, 유지관리 상태, 마감재(벽지, 장판) 상태, 문의 상태, 부엌과 욕실의 설비 상태, 부엌설비의 메이커 유무, 베란다, 확장 여부, 구조변경 여부 등을 추출하여, 이러한 특성요인들이 가격에 반영되는가를 설문조사를 통해 분석하였다. 분석결과 단위주호의 특성 중 향(남향과 서향)과 층(로얄층), 경관과 개방감, 계단식 등이 설문분석결과 가격에 영향을 미치는 것으로 나타났다.

공간구문론을 활용한 다양한 실증연구가 다방면에 걸쳐 이루어졌으나, 공간구문론에 의한 공간특성이 소비자들의 지불용의금액인 가격과 연계시킨 연구는 정창무(2005)의 연구를 제외하고는 사례를 찾아보기 힘든 실정이다. 정창무(2005)의 연구는 용인시 수지구 일대 146개 아파트 평면을 대상으로 공간구문론에 의한 공간특성이 아파트가격에 미치는 영향을 분석하였으나, 공간구문론에서 활발히 논의되고 있는 상대적 공간심도(RRA)와 평균공간심도(MD) 등이 주택가격에 미치는 영향을 규명하는 데는 실패하였다. 만약 공간구문론에 의한 공간특성이 최재필 · 조형규 · 박인수 · 박영섭(2004: 155)이 주장하듯 "공간배치에 사회문화적 질서와 규칙을 내재하고 있다는 관점에서 공간구조를 정량적으로 분석하는 대표적인 공간분석기법의 하나"라면, 소비자들의 지불용의금액인 주택가격에 반드시 포함되어야 하며, 이를 검증하지 못한 정창무(2005)의 실증분석결과는 재고의 여지가 크다고 판단한다. 또한 정창무(2005)의 연구에서는 검토되지 않았던 단지의 공간특성도 주택가격에 영향을 미칠 수 있으므로, 이 역시 실증분석이 요구되는 분야라고 할 수 있다.

4. 분석자료

분석대상지역으로는 짧은 기간 집중적인 공급이 이루어져 소비자의 공간구성에 대한 기호가 가격에 비교적 예민하게 반영되었을 것으로 기대되는 파주시 신도시지역을 선정하였다. 분석대상연도는 2007년 7월이며, 2000년 이후 분양된 25개 공동주택 단지 318개 동을 분석대상으로 삼았다. 연구대상인 25개 공동주택 단지는 모두 시가지인 금촌동과, 이에 인접한 교하읍 동패리 교하지구 일대에 집중되어 있어 주택가격에 큰 영향을 주는 입지적 특성에 큰 차이가 없으며, 대형 건설사 브랜드가 붙은 단지 역시 3개에 불과하여 브랜드 가치가 아파트 거래가격에 미친 영향도 크지 않다고 판단하였다. 종속변수인 개별주택 기준시가[03]와 각 독립변수들은 단지의 공간구성을 반영할 수 있도록 주동별로 수집되었으며, 개별주택 규모별 평면도와 단지 배치도를 인터넷(부동산 114, 닥터아파트)을 통해 구득한 뒤 Space Syntax 분석프로그램인 Syntax2D 1.2를 이용하여 주동별 공간구문인자를 산출하였다.

공동주택의 가격을 구성하는 다양한 요소를 공동주택 그 자체의 개별특성(평면구성, 면적, 방수, 화장실의 개수, 향, 층, 조망, 건립연도, 계단식 등)과 단지특성(단지규모, 주차대수, 단지 내 편익시설 또는 녹지면적 등)과 공동주택이 위치한 지역의 입지특성(지하철역까지의 거리, 학군, 공공시설, 고용 중심지까지의 거리)으로 구분할 수 있다. 우선 공동주택 가격결정모형을 다룬 기존 연구들을 검토해 독립변수로 유의미한 변수들을 포괄함과 동시에 개별특성과 단지특성에 있어서는 공간심도, 연결도 등의 Space Syntax의 지표를 반영하자.

① **개별특성변수** : 주택규모별 개별특성변수는 평면도를 이용한 실측자료와 공간심도 산출자료를 선정하였다. 먼저 각 호실의 거실, 부부침실 등 단

03 2007년 1월 1일 기준, 건설교통부 공동주택가격열람의 주동별 7층 기준시가를 이용하였다.

위공간별 공간심도(MD)와 상대적 공간심도(RRA)는 볼록공간도(Convex space map) 방식을 통해 산출하였다. 볼록공간도 분석방법은 건축공간을 단위공간, 즉 볼록공간으로 구분하여 공간들 간의 상대적인 위치를 해석하는 방식으로 주로 내부공간의 분석에 이용된다. 여기서 볼록공간(Convex space)이라 함은 시각적으로 공간 내의 모든 곳을 볼 수 있고 접근 가능한 가장 크고 볼록한 공간으로 정의된다(Hillier and Hanson, 1984: 98). 이를 통해 평면 전체와 각 단위공간별 공간심도(MD), 상대적 공간심도(RRA) 등을 산출하였다. 또한 부부침실, 거실 등의 단위공간에 대한 전용면적 대비 비율변수[04]와 세장비, 장방형비,[05] 장방형 모양을 지니고 있는 거실이나 방에 대해서는 정방형에서 벗어난 정도를 측정하여 독립변수로 포함시켰다. 그리고 거주자의 동선을 계량화하기 위해 각 단위공간 간의 거리를 비율변수로 반영하였다. 이로써 개별특성변수로 총 49개 변수를 설정하였으며 세부 내용은 아래의 〈표 3-3〉과 같다.

| 표 3-3 | 개별특성 독립변수

항목	개수	단위
계약면적, 전용면적, 전용면적비율	3	m^2
평형세대수, bay, 방, 발코니수	5	개수
거실, 부부침실, 침실 2, 침실 3, 부부전용 화장실 등 단위공간의 면적비율변수	21	%
현관에서 거실이 보이는지의 여부	1	더미
현관-부엌, 부엌-거실 등 유닛 간 거리비율변수	4	%
전체 및 단위공간들의 MD, RRA	15	-

04 실측자료의 경우 다중공선성의 문제를 해결하기 위해 전용면석이나 장번길이 등으로 나누어 반영하였다

05 장방형비란 '1－세로길이/가로길이'의 절댓값으로 0에 가까울수록 정사각형에 가까워진다. 예를 들어, 부부침실의 '장변의 길이/단변의 길이'의 값이 x라면 장방형비([ ]로 표기된)는 '절댓값$(1-x)$'로 계산하였다.

② **단지특성변수** : 단지단위의 영향요인으로는 각 주동의 향과 조망특성, 공간구문인자 등을 고려하였다. 조망특성은 단지 공간설계에 따라 주동별로 상이한 특성을 가지므로 주동별 가격차에 중요한 영향을 미칠 것으로 판단된다. 주동의 전면발코니 중심점을 기준으로 Syntax2D 1.2의 Isovist 기능을 이용하여 조망가능영역을 산출하였다. 이를 통해 산, 하천, 근린공원에 대한 조망을 조망더미와 개방조망더미변수[06]로 구분하여 반영하였다.

| 그림 3-2 | 블록공간도 예시

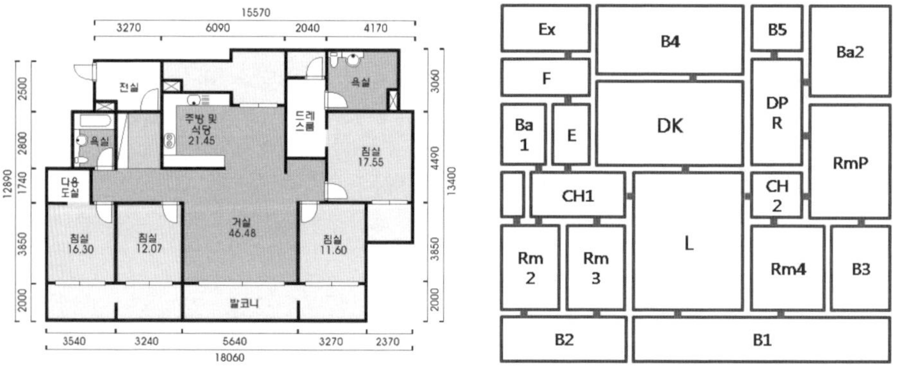

출처 : 네이버부동산, 책향기마을14단지 우남퍼스트빌 단지정보.

| 표 3-4 | 단지특성 독립변수

항목	개수	단위
단지규모, 총동수, 최고층수	3	개수
개별난방 여부	1	더미
산, 하천, 근린공원의 조망 및 개방조망 여부	7	더미
향(남, 남동, 남서, 동, 북동)	5	더미
주동별 연결도, MD, 통제도, RA, RRA, 통합도, 국부통합도	7	–
건설사(대방샤인힐, 현대, 주택공사)	3	더미

06 전면 발코니에서 대상조망영역이 완전히 확보된 경우에만 개방조망으로 간주하였다.

| **그림 3-3** | 조망권 측정예시

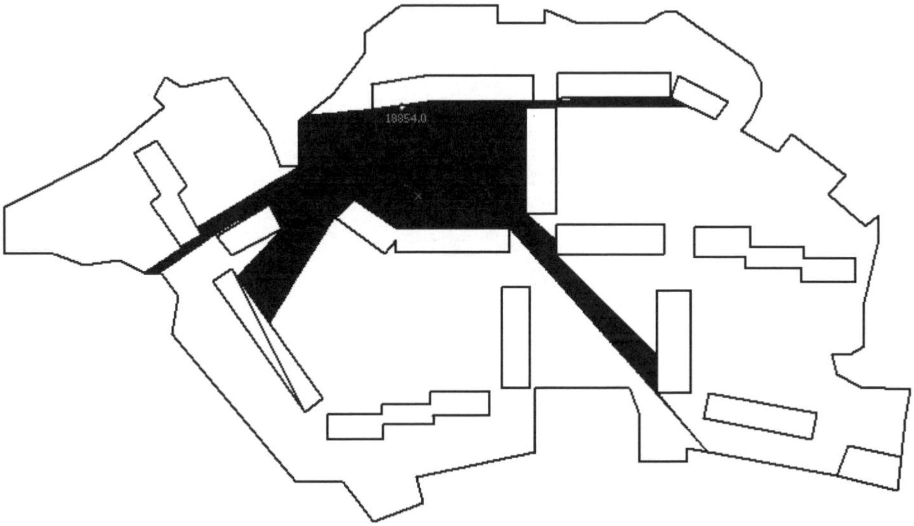

출처 : 네이버부동산, 파주시 가람마을8단지 동문굿모닝힐 단지배치도.

| **그림 3-4** | 축선도 작성예시

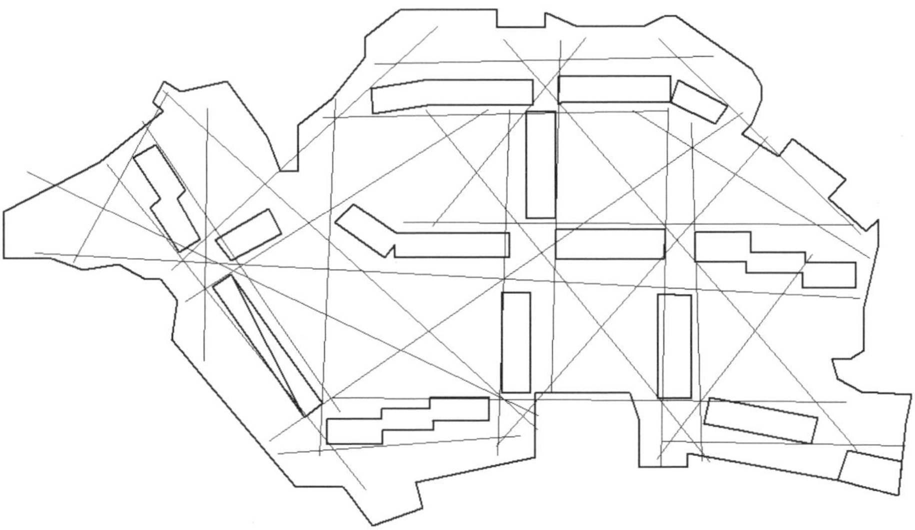

단지 배치에 따른 공간구문인자는 축선도(Axiality map) 분석방법을 이용하여 산출하였다. 축선도는 공간의 물리적 구조를 직선축으로 표현하여 그 연결의 정도를 나타낸 것으로 외부공간의 분석에 용이하다. 축선은 시각적 관찰과 접근이 가능한 모든 공간을 가로질러 가장 길고 가장 적은 수의 직선으로 그려야 한다(Hillier and Hanson, 1984: 98). AutoCAD 2005를 이용하여 단지배치도에 축선도를 나타낸 후 Syntax2D 1.2에 적용하여 각 주동별 전체통합도와 국부통합도, 공간심도, 연결도, 통제도 등을 산출하였다.

③ 입지특성변수 : 대상 공동주택 단지들이 동일지역에 집중분포하고 있으나, 지역 내에서 가격에 영향을 줄 수 있는 단지별 입지특성변수를 선정하여 반영하였다. 변수들은 〈표 3-1〉의 최근 헤도닉 가격기법을 이용한 주택가격에 대한 최근의 실증연구들을 참고하여 입지특성을 나타내는 경전철역, 대형상가, 학교, IC, 광역버스정류장, 산, 하천, 근린공원과의 거리를 변수로 적용하였다. 이상 총 85개의 가격결정요인을 독립변수로 설정하였으며, 종속변수로는 공동주택 기준시가를 적용하였다. 본 연구에 이용된 헤도닉 가격모형은 일반회귀분석모형이다.

단지 구성상의 공간구문인자들을 평형대별로 비교한 결과 전체적으로 평형대가 큰 주동일수록 단지 내에서 연결도가 떨어지는 대신 프라이버시가 존중될 수 있는 위치에 배치되는 것으로 나타났다.

| **표 3-5** | 입지특성 독립변수

항목	개수	단위
교하지구, 시가지 더미	2	더미
경전철역, 대형상가, 학교, IC, 광역버스정류장, 산, 하천, 근린공원과의 거리	8	m

| **그림 3-5** | 단위공간별 RRA 분포

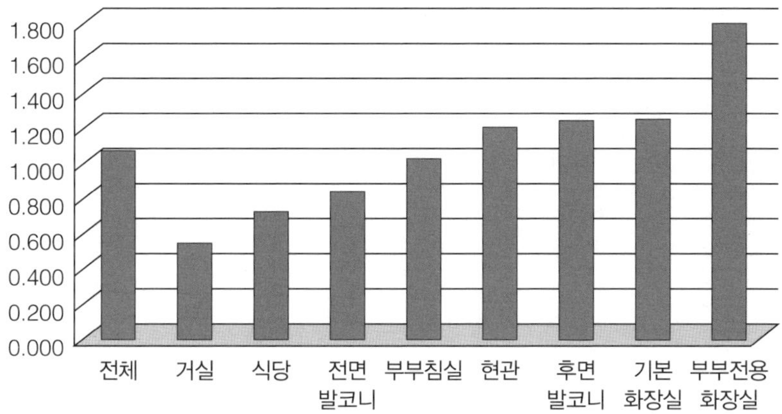

| **표 3-6** | 변수의 측정

연번	변수명	설명	연번	변수명	설명
1	산조망	아파트 전면 발코니에서 부분적이라도 산이 보이면 1, 아니면 0	44	부부침실[ ]	절댓값[1-(부부침실 장변/단변)]
2	하천조망	아파트 전면 발코니에서 부분적이라도 하천이 보이면 1, 아니면 0	45	부부침실/거실	부부침실면적/거실면적
3	근린공원 조망	아파트 전면 발코니에서 부분적이라도 근린공원이 보이면 1, 아니면 0	46	침실 2/전용	침실 2 면적/전용면적
4	산개방 조망	아파트 전면 발코니에서 산에 대한 조망이 완전히 확보된 경우 1, 아니면 0	47	침실 2[ ]	절댓값[1-(침실 2 장변/단변)]
5	하천개방 조망	아파트 전면 발코니에서 하천에 대한 조망이 완전히 확보된 경우 1, 아니면 0	48	침실 2/부부침실	침실 2 면적/부부침실 면적
6	근린공원개방 조망	아파트 전면 발코니에서 근린공원에 대한 조망이 완전히 확보된 경우 1, 아니면 0	49	침실 2/거실	침실 2 면적/거실면적

7	논밭개방 조망	아파트 전면 발코니에서 논밭에 대한 조망이 완전히 확보된 경우 1, 아니면 0	50	침실 3/전용	침실 3 면적/전용면적
8	남서	전면 발코니를 기준으로 남서향이면 1, 아니면 0	51	침실 3[ ]	절댓값[1-(침실 3 장변/단변)]
9	남	전면 발코니를 기준으로 남향이면 1, 아니면 0	52	드레스룸/전용면적	드레스룸면적/전용면적
10	남동	전면 발코니를 기준으로 남동향이면 1, 아니면 0	53	드레스룸/부부침실	드레스룸면적/부부침실면적
11	동	전면 발코니를 기준으로 동향이면 1, 아니면 0	54	드레스룸/부부화장실	드레스룸면적/부부화장실면적
12	북동	전면 발코니를 기준으로 북동향이면 1, 아니면 0	55	전체화장실 면적/전용	전체화장실면적/전용면적
13	산거리	아파트동 출입구로부터 가장 가까운 산 정상까지 직선거리	56	부부전용 화장실/전용	부부전용화장실면적/전용면적
14	하천거리	아파트동 출입구로부터 가장 가까운 하천까지 직선거리	57	기본화장실/전용	기본화장실면적/전용면적
15	근린공원 거리	아파트동 출입구로부터 가장 가까운 근린공원까지 직선거리	58	부엌식당/전용	부엌식당면적/전용면적
16	Connectivity	아파트 단지 전체의 연결도	59	단위평면 장변/단변	단위주호의 장변길이/단위평면의 단변 길이
17	Mean depth	아파트 단지 전체의 평균 공간심도	60	앞 발코니 폭/unit세로	앞 발코니 폭 길이/단위주호의 세로 길이
18	Control	아파트 단지 전체의 통제도	61	거실보이는 여부	현관에서 거실이 보이면 1, 아니면 0
19	Relative asymmetry	아파트 단지 전체의 비균제율	62	현관-부엌 거리	현관 중심에서 부엌 중심까지의 거리
20	Real relative asymmetry	아파트 단지 전체의 상대적 공간심도	63	부엌-거실 거리	부엌 중심에서 거실 중심까지의 거리
21	Integration	아파트 단지 전체의 (전체) 통합도	64	부부침실-침실 2 거리	부부침실 중심에서 침실 2 중심까지의 거리

22	Integration-n	아파트 단지 전체의 국부 통합도	65	부부침실-침실 3 거리	부부침실 중심에서 침실 3 중심까지의 거리
23	단지규모	단지 세대수	66	RRA 값	개별주호(아파트)의 상대적 공간심도
24	총동수	단지 내 동수	67	MD_ave	개별주호(아파트)의 평균 공간심도
25	총층	단지 내 가장 높은 동의 층수	68	현관_MD_ave	현관의 평균공간심도
26	개별난방더미	개별난방일 경우 1, 아니면 0	69	거실_MD_ave	거실의 평균공간심도
27	계약면적평형	단위주호의 계약면적(평)	70	식당_MD_ave	식당의 평균공간심도
28	전용면적평형	단위주호의 전용면적(평)	71	부부침실_MD_ave	부부침실의 평균공간심도
29	평형 세대수	단지 내 해당 평형의 세대수	72	전면 발코니_MD_ave	전면 발코니의 평균공간심도
30	평형 세대수/전체 세대수	단지 내 해당 평형 세대수/전체 세대수	73	부부전용화장실_MD_ave	부부전용화장실의 평균공간심도
31	bay수	단위주호의 bay수	74	기본화장실_MD_ave	기본화장실의 평균공간심도
32	방 개수	단위주호의 방의 개수	75	현관_RRA	현관의 상대적 공간심도
33	발코니 개수	단위 주호의 발코니 개수	76	거실_RRA	거실의 상대적 공간심도
34	전용면적비율	단위주호의 전용면적비율	77	식당_RRA	식당의 상대적 공간심도
35	경전철역까지의 거리	아파트동 출입구로부터 가장 가까운 경전철역까지의 직선거리	78	부부침실_RRA	부부침실의 상대적 공간심도
36	대형상가와의 거리	아파트동 출입구로부터 가장 가까운 대형상가까지의 직선거리	79	부부전용화장실_RRA	부부전용화장실의 상대적 공간심도
37	학교와의 거리	아파트동 출입구로부터 가장 가까운 학교까지의 직선거리	80	기본화장실_RRA	기본화장실의 상대적 공간심도

38	IC거리	아파트동 출입구로부터 가장 가까운 IC까지의 직선거리	81	현대건설더미	시공사가 현대건설이면 1, 아니면 0
39	광역버스거리	아파트동 출입구로부터 가장 가까운 광역버스정거장까지의 직선거리	82	주택공사더미	주택공사 건립 아파트이면 1, 아니면 0
40	거실 장변/단변	거실의 장변 길이/ 거실의 단변 길이	83	대방샤인힐더미	대방 샤인힐 아파트이면 1, 아니면 0
41	거실/전용	거실면적/전용면적	84	교하지구더미	교하지구 내 아파트면 1, 아니면 0
42	부부침실/전용	부부침실면적/전용면적	85	시가지더미	파주시내에 위치하고 있으면 1, 아니면 0
43	부부침실 장변/단변	부부침실 장변 길이/부부침실 단변 길이	86	평당기준시가	공동주택 평당기준시가

5. 분석결과와 해석

헤도닉 주택가격모형을 추정하는 과정에서 변수 간의 다중공선성을 해결하고 독립변수의 수가 너무 많아 해석이 어려워지는 것을 피하기 위해 단계적 선택법(stepwise selection)을 통해 1차적으로 유의미한 변수들을 추출하였다. 그 후 모형의 다중공선성과 유의도를 감안하여 유의미한 변수들의 조합을 찾아 모형을 도출하였다. 모형의 설명력은 수정결정계수로 0.9263이며, 확장자로 본 다중공선성의 가능성은 낮은 것으로 나타났다. SAS 9.1 프로그램을 통한 분석결과, 개별특성과 단지특성 모두에서 공간구성과 관련된 유의미한 변수들을 도출할 수 있었다. 개별주호평면의 상대적 공간심도(RRA)의 경우 공간의 심도가 낮고 각 단위공간 간의 접근성이 좋은 평면을 선호하는 것으로 나타났다. 주호 내 개방감의 확보는 90년대 이후 국내 평면구성의 뚜렷한 경향이다

(최재필 · 조형규 · 박인수 · 박영섭, 2004: 163; Seo, 2006: 25). 국내의 공동주택은 거실을 가운데 배치하여 각 단위공간으로의 공간심도를 감소시키는 동시에 세대 간 영역구분에 유리한 개방적인 평면으로 진화해 왔으며, 이 분석결과 역시 이러한 선호가 반영된 결과라 할 수 있다. 반면 식당의 경우 상대적 공간심도가 높은 평면을 선호하는 것을 알 수 있다. 기본화장실과 부부전용화장실은 모두 생활공간에서 가장 폐쇄적이고 프라이버시가 지켜져야 할 공간으로서 평균공간깊이(MD)가 클수록 가격이 상승하는 것으로 나타났다.[07]

그 외 거실과 침실 2는 전용면적이나 거실면적과 비교해 작은 면적일수록 가격이 높았으며, 부부침실은 정방형에 가까울수록 주택가격이 높아짐을 알 수 있다. 단위평면의 세장비가 작을수록 공간구성에 대한 선호도가 증가하는 것으로 보인다.

| 그림 3-6 | 주택규모별 공간구문인자 분포

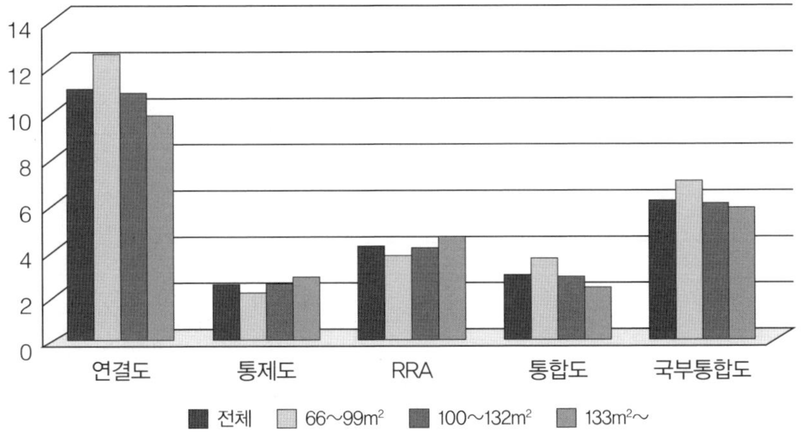

07 기본화장실과 부부전용화장실의 경우 기초통계량 분석결과 다른 단위공간들에 비해 공간심도의 표준오차값이 비교적 크게 나타나 다른 단위공간에 비해 평면별로 공간심도의 변화가 컸다.

| 표 3-7 | 회귀분석결과

변수	계수	t값	Pr> |t|	VIF
상수	25159109	17.77	<.0001	0
개별주호의 RRA	−2711508	−4.01	<.0001	4.213
식당 RRA	1503658	3.78	0.0002	3.292
부부전용화장실 MD_ave	159045	2.61	0.0099	6.155
기본화장실 MD_ave	877430	5.58	<.0001	5.537
부부침실 면적[ ]	−1807282	−2.41	0.0172	1.552
단위주호 장/단변비	−1898790	−5.34	<.0001	1.640
[거실/전용] 면적	−4149856	−3.13	0.0021	2.921
[침실 2/거실]면적	−1072852	−2.42	0.0165	1.723
단지 전체 국부통합도	1494.19	5.2	<.0001	4.807
남향	419131	4.99	<.0001	1.384
산 거리	663.70	6.58	<.0001	2.576
하천 거리	−529.61	−5.84	<.0001	3.467
근린공원 거리	−1199.63	−5.33	<.0001	4.694
학교까지의 거리	−262677	−3.41	0.0008	6.743
인터체인지 거리	−1679394	−18.37	<.0001	2.306
광역버스정거장거리	−152135	−4.26	<.0001	1.588
$Adj.R^2$	0.9268	D.W	2.040	

단지특성의 경우에도 남향과 같이 일반적으로 알려진 영향요인 외에도 단지 전체의 국부통합도 등도 주택가격에 반영되는 것으로 나타났다. 다른 조건이 동일한 경우에 국부통합도가 높은 주동, 즉 접근이 용이하고 단지 내 중심공간에 위치한 주동의 가격이 높은 것으로 분석되었다. 학교, 하천, 근린공원, 고속도로 인터체인지, 광역버스정거장까지의 거리가 가까울수록 가격이 높았지만, 산으로부터의 거리는 멀수록 높은 가격을 보였다. 파주시라는 지역특성상 산으로부터 거리가 멀수록 경관가치가 커지기 때문인 것으로 판단된다.

6. 결론

이 연구는 공간구문론과 주택가격과의 관계에 대해 거칠지만 초보적인 이해를 발전시키려는 탐구(exploration)적 연구이다. 주택가격의 결정요인을 연구하는 데 가장 많이 사용되는 헤도닉 가격결정모형을 이용하여, 그동안 간과되었던 아파트 평면공간과 단지배치의 형태적 특성이 주택가격에 미치는 영향을 고찰했다. 공간구문론을 사용하여 아파트 단위공간의 평면구성과 단지배치의 양태를 정량화한 독립변수로 구성된 가격결정모형의 분석결과는 다음과 같다.

첫째 아파트 평면의 경우, 전체적으로 개방감을 확보할 수 있는 평면이 주택가격에 정의 영향을 미치는 것으로 나타났고 동시에 개인의 프라이버시가 지켜져야 하는 공간의 경우에는 평균심도가 클수록, 즉 폐쇄적일수록 아파트가격이 상승하는 것으로 나타났다. 이 외에도 거실과 전용면적의 상대적인 면적비율, 두 번째 침실과 거실과의 상대적 면적비율, 부부침실의 세장비 등이 가격과 부의 관계를 가지는 것으로 나타났다.

아파트 단지의 경우, 접근성이 확보된 주동이 그렇지 않은 주동보다 가격이 상승하는 것으로 나타났다. 남향으로 배치될 경우 그렇지 않은 경우에 비해 전반적으로 가격이 높은 것으로 나타났다.

마지막으로 실증분석을 통해 도출된 결과를 토대로 지불의사가 높은 평면과 낮은 평면을 구별하면[08] 지불의사가 높은 평면과 그렇지 않은 평면은 다음의 [그림 3-7], [그림 3-8]과 같이 나타났다.

지불의사가 높거나 낮은 평면을 검토하면 소비자들은 자신들이 겪어 온 익숙한 형태의 평면에 더 큰 지불의사를 보이고 있음을 알 수 있다. 본 연구의

08 추정방식은 위의 함수에 아파트 평면결정요인(상대적 공간심도, 부부전용화장실 평균공간심도, 기본화장실 평균공간심도, 거실/전용 면적비율, 침실 2/거실 면적비율, 부부침실 세장비, 단위평면 장변/단변 비율)을 다르게 하고 나머지 결정요인을 동일하게 하였을 때의 가격을 기준으로 선호/비선호를 구별하였다. 본문의 평면은 본 연구에 사용된 표본 중 37평 이상에서 가장 가격이 높은 평면 2개와 낮은 평면 2개를 선정한 결과이다.

| 그림 3-7 | 지불의사가 높은 평면

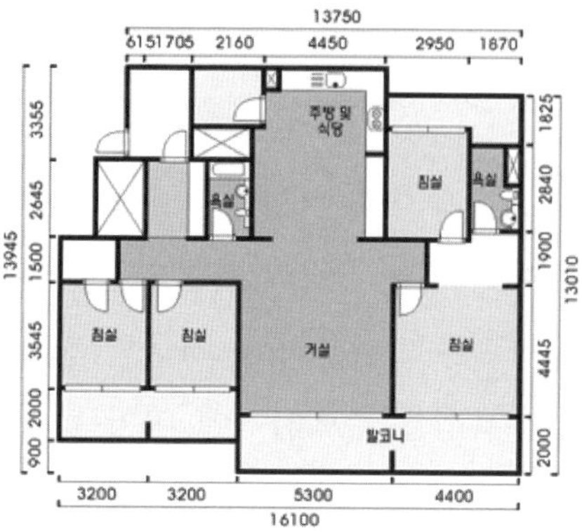

출처 : 네이버부동산, 파주 후곡마을중앙하이츠 162m²

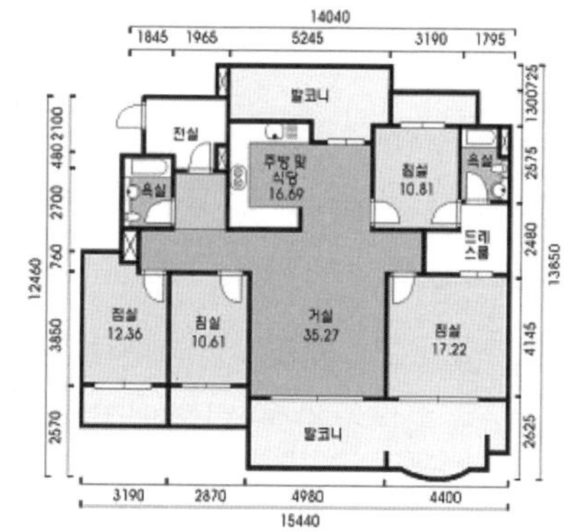

출처 : 네이버부동산, 한빛마을3단지 자유로아이파크 160m²

| 그림 3-8 | 지불의사가 낮은 평면

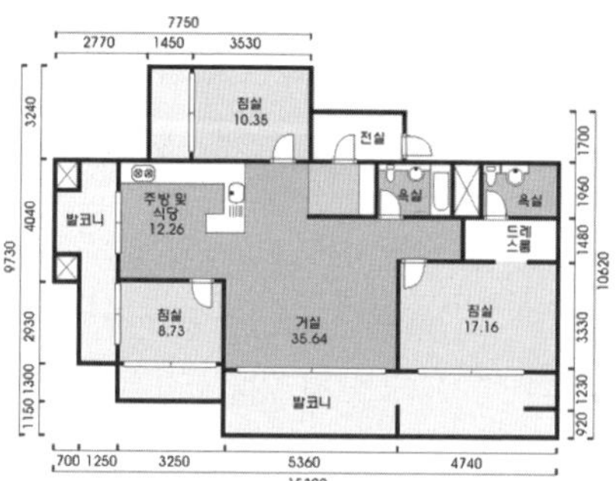

출처 : 네이버부동산, 파주 금촌풍림아이원 단지 내 면적별 정보 124m²

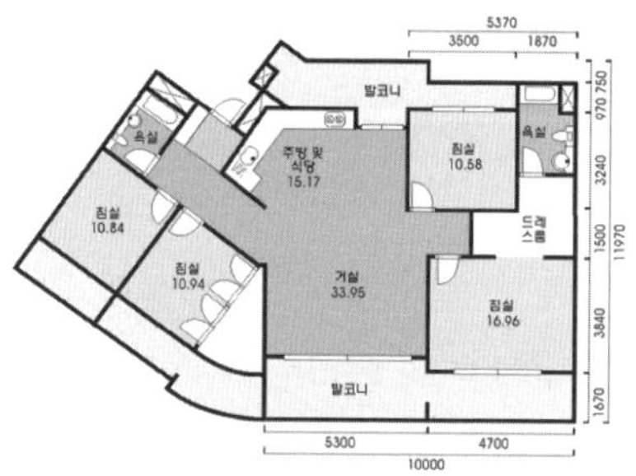

출처 : 네이버부동산, 문산읍 일신건영휴먼빌 156m²

결과모형으로 다른 독립변수들을 통제시킨 조건[09]에서 유효변수만으로 가격을 추정한 결과, 표본 중 평면공간구성의 차이만으로 평당 약 336만 원, 37평형의 경우 1억 2천여 만 원의 시가 차이가 발생할 수 있는 것으로 나타났다. 이는 공간구성의 가치가 공동주택의 시장가격에 의미 있는 영향력을 미치고 있음을 시사한다.

---

09 임의의 입지조건으로서 파주시 야동동 587의 대방샤인힐의 경우에 대입하였다.

참고문헌

강영옥, 2004, "주택가격 결정인자의 공간적 다양성 모델링,"『대한지리학회지』 39(6): 907-921.

고현 · 조건희 · 이윤선 · 김재준, 2007, "아파트 가격에 내재된 친환경 요소의 가치 측정에 관한 연구: 평촌 신도시를 대상으로,"『대한건축학회논문집(구조계)』 23(12): 173-180.

김선중 · 박경옥, 1995, "울산시 중소형 아파트 구매예정자의 주거선택행동 예측모델 II: 물리적 주거요구를 중심으로,"『대한가정학회지』 33(1): 223-235.

김연준 · 성장환 · 안태선, 2004, "주택가격분석을 통한 친환경인증단지 실효성 연구: 수도권 공동주택을 중심으로,"『대한건축학회논문집(계획계)』 20(12): 71-78.

김영욱, 2003, "Space Syntax를 활용한 공간구조속성과 공간사용패턴의 상호관련성 연구: 인사동 지역의 보행자 및 차량 통행량을 중심으로,"『국토계획』 38(4): 7-17.

김주영, 2003, "아파트가격에 내재한 개발밀도 가치의 차이에 관한 연구,"『주택연구』 11(2): 5-24.

김진유 · 이창무, 2005, "어메니티요소가 주택가격에 미치는 영향력의 시계열적 변화,"『국토계획』 40(1): 59-74.

김창석 · 김주영, 2002, "아파트 용적률이 주택가격에 미치는 영향에 관한 연구: 주택재개발아파트를 중심으로,"『국토계획』 37(4): 123-132.

김충홍, 2007, "공간구문론을 이용한 대구지역 브랜드 아파트 단위평면의 변화특성에 관한 연구," 대구한의대 대학원 석사학위논문.

류상규, 2003, "캠퍼스내의 보행공간 확보 방안에 관한 연구: 공간구문이론을 적용한 충주대학교의 사례,"『국토계획』 38(6): 99-111.

박인환 · 정보광 · 장갑수, 2007, "공간구문론과 eram 모델을 활용한 대학 캠퍼스 내 '소로' 특성 분석,"『한국조경학회지』 35(4): 32-39.

박준수 · 김성아 · 서기영 · 박창회 · 이성창, 2003, "대학 캠퍼스 건물 내부휴게공간의 공간적 특성에 관한 연구,"『교육시설』 10(3): 37-43.

손동욱, 2007, "부동산 가치의 공간자기상관성이 보행친화적인 근린 주거환경과 공동주택 가격과의 관계 분석에 미치는 영향,"『국토연구』 54: 119-37.

손철, 2006, "고압 지상 송전선이 공동주택가격에 미치는 영향에 대한 헤도닉 분석,"『부동산학연구』 12(2): 73-82.

손철 · 신상영, 2007, "자원회수시설이 공동주택가격에 미치는 영향의 공간적 범위에 대한 연구," 『부동산학연구』 13(3): 117-127.

신행우 · 김영욱, 2001, "공간구문론(Space Syntax)을 활용한 도시 공간구조 분석: 강릉시, 나주시, 분당시, 일산시를 대상으로," 『대한건축학회논문집(계획계)』 21(1): 427-430.

양성돈 · 최내영, 2003, "한강시민공원이 주변 아파트가격에 미치는 영향에 관한 연구," 『국토계획』 38(3): 275-285.

양승정 · 김용승 · 박용환, 2005, "전통취락 공간구성의 공간통사론적 해석에 관한 연구," 『대한건축학회논문집(계획계)』 21(10): 41-49.

연경환 · 황희연, 2008, "공간구문론을 이용한 청주시 가로망 형태 분석," 『국토계획』 43(1): 27-42.

오충원, 2004, "GIS와 공간구문론(Space Syntax)을 이용한 도시 공간 구조 분석," 『지리학연구』 38(4): 573-583.

윤승봉 · 장봉규 · 정창무, 2004, "서울시 분양 아파트 시장의 평형별 분화에 관한 연구," 『국토계획』 39(1): 235-250.

윤정중 · 유완, 2001, "도시경관의 조망특성이 주택가격에 미치는 영향," 『국토계획』 36(7): 67-83.

이계인 · 이광노, 1993, "공동주택단지 공공공간의 공간구조분석 및 계획방안에 관한 연구," 『대한건축학회논문집(계획계)』 9(2): 107-115.

이번송 · 정의철 · 김용현, 2002, "아파트 단지특성이 아파트 가격에 미치는 영향 분석," 『국제경제학회』 8(2): 21-45.

이상은 · 최재필, 2002, "공간구문론(Space Syntax)을 이용한 조선시대 안동지역 상류주택 공간배치 분석," 『대한건축학회논문집(계획계)』 18(10): 123-130.

이용만, 2007, "특성가격함수를 이용한 주택가격지수 개발에 관한 연구: 시간변동계수모형에 의한 연쇄지수," 『부동산학연구』 13(1): 103-125.

이행우 · 김석태, 2007, "볼록공간도를 이용한 군산의료원 외래부의 공간분석," 『Journal of Digital Interaction Design』 6: 29-38.

이현정 · 박선경 · 하재명, 2000, "주거공간 분석도구의 개발에 관한 기초적 연구: 공간구문론을 중심으로," 『한국주거학회학술발표논문집』 11: 97-102.

장동국, 2004a, "공간구문론에 의한 주거지역의 공간침입범죄 해석에 관한 연구," 『대한건축학회논문집(계획계)』 20(3): 57-65.

______, 2004b, "도시공간구조와 공간이용: 공간구문론을 이용한 공간이용패턴 예측을 중심으로," 『국토계획』 39(2): 35–46.

장동국 · 박강철, 2000, "공간구문모델에 의한 한국전통마을 공간구조분석: 낙안, 하회, 양동마을을 중심으로," 『대한건축학회논문집(계획계)』 16(1): 33–43.

정수연, 2006, "교육요인이 서울아파트 가격에 미치는 영향에 관한 연구," 『국토계획』 41(2): 153–166.

정영환, 2006, "대규모 개발에 따른 도시공간의 구조적 특성 변화에 관한 연구: 대전광역시를 대상으로," 『한국주거학회논문집』 17(5): 137–146.

정창무, 2005, "아파트 평면구성과 가격과의 상관관계에 관한 연구," 『도시설계』 6(2): 27–40.

진영남 · 손재영, 2005, "교육환경이 주택가격에 미치는 효과에 관한 실증분석: 서울시 아파트 시장을 중심으로," 『주택연구』 13(3): 125–148.

최안섭 · 장수정 · 오은숙 · 김영욱, 2005, "공간구문론을 활용한 아파트 가로조명 계획에 관한 연구," 『대한건축학회논문집(계획계)』 21(5): 189–196.

최재필, 1996, "공간구문론을 사용한 국내 아파트 단위주호 평면의 시계열적 분석: 수도권 4LDK 아파트 단위주호 평면계획을 중심으로," 『대한건축학회논문집(계획계)』 12(7): 15–27.

최재필 · 구본옥, 2001, "도시 가로의 물리적 배치에 따른 상업시설의 생성과 확산에 관한 연구: 공간구문론(space syntax theory)을 이용한 도시가로 체계분석," 『대한건축학회논문집(계획계)』, 17(6): 127–136.

최재필 · 조형규 · 박인수 · 박영섭, 2004, "국내 아파트 단위주호 평면의 공간분석: 1966년~2002년의 서울 지역 아파트를 대상으로," 『대한건축학회논문집(계획계)』, 20(6): 155–164.

허진선 · 양세화, 2003, "아파트 단위주거 특성의 가격반영 여부에 대한 울산시 구매자의 인식조사 연구," 『대한건축학회논문집』 19(6): 105–111.

황희연 · 윤두원, 2007, "공간구문론에 의한 청주 원흥이 생태공원 가로망 배치의 적합성 분석," 『국토계획』 42(5): 177–196.

Batty, Michael, 2004, "A New Theory of Space Syntax," http://www.casa.ucl.ac.uk/working_papers/paper75.pdf.

Brown, M. Gordon, 2001, "Design and Value: Spatial Form and the Economic Failure of a Mal," in Proceedings of 3rd International Space Syntax Symposium

Atlanta 2001.

Desyllas, Jake, 2000, "The Relationship Between Urban Street Configuration and Office Rent Patterns in Berlin," Ph. D. Thesis Submitted in Partial Fulfillment of the Requirements of University College London, http://www.intelligentspace.com/news/desyllasthesis.htm.

Hillier, B and J. Hanson, 1984, *Social Logic of Space*, Cambridge, UK: Cambridge University Press.

Jiang, Bin, 1999, "SimPed: Simulating Pedestrian Crowds in a Virtual Environment," *Journal of Geographic Information and Decision Analysis* 3: 21–30.

Jiang, Bin and C. Claramunt, 2002, "Integration of Space Syntax into GIS: New Perspectives for Urban Morphology," *Transactions in GIS* 6(3): 295–309.

Jiang, Bin, C. Claramunt, and B. Klarqvist, 2000, "An Integration of Space Syntax into GIS for Modelling Urban Spaces," *International Journal of Applied Earth Observation and Geoinformation* 2: 161–171.

Jiang, Bin, C. Claramunt, and M. Batty, 1999, "Geometric Accessibility and Geographic Information: Extending Desktop GIS to Space Syntax," *Computers, Environment and Urban Systems* 23: 127–146.

Livesey, Gillian E. and Anthony Donegan, 2003, "Addressing Normalisation in the Pursuit of Comparable Integration," in Proceedings 4th International Space Syntax Symposium London 2003.

Raford, Noah, 2003, "Space Syntax: An Innovative Pedestrian Volume Modeling Tool for Pedestrian Safety," Proceedings of TRB 2004 Annual Meeting.

Seo, Kyung Wook, 2006, "The Law of Conservation of Activities in Domestic Space," *Journal of Asian Architecture and Building Engineering* 5(1): 21–28.

Shell, Dylan and Maja J. Matari, 2003, "Human Motion–Based Environment Complexity Measures for Robotics," in Proceedings of the IEEE International Conference on Intelligent Robots and Systems(IROS) Las Vegas, Nevada, USA

Turner, A, M. Doxa, D. O'Sullivan, and A. Penn, 2001, "From Isovists to Visibility Graphs: A Methodology for the Analysis of Architectural Space," *Environment and Planning B: Planning and Design* 28(1): 103–121.

Yasushi, Asami, Ayse Sema Kubat, Kensuke Kitagawa, and Shin-ichi Iida,

2002, "Introducing Third Dimension on Space Syntax: Application on the Historical Istanbul," CSIS Discussion Paper No.44, Center for Spatial Information Science, University of Tokyo.

제4장

주택가격과 출산율

이번 4장에서는 정부가 추진 중인 신혼부부를 위한 특별주택공급정책의 이론적 · 실증적 기반을 검토하고 그 정책효과를 전망한다. 15개 시도의 17년간의 횡단 시계열 자료를 대상으로 혼인과 출생률에 영향을 미치는 사회경제적 변수를 통해 분석한 결과 전세가격과 월세가격 등의 주택가격 상승은 혼인율에 긍정적인 영향을 미치지만, 출생률에는 별다른 영향을 미치지 않은 것으로 나타났다. 이 연구결과는 잉글랜드와 웨일즈의 혼인율을 검토한 Ermisch(1981)나, 미국 청년층을 대상으로 한 설문조사 자료를 분석한 Haurin 등 2인(1993)의 실증분석과는 상반되는 결과로 혼인과 주택가격 사이에는 우리나라 고유의 특수성이 존재한다는 사실을 보여준다. 정부가 추진 중인 신혼부부를 위한 특별주택공급정책의 정책목표가 저렴한 주택을 공급해 혼인과 출산을 촉발시키는 것이었다면, 이는 정확한 현실인식에 근거한 정책이라고 보기 어려우며, 그 정책효과 역시 예상과는 다르게 나타난다. 15개 시도 17년간의 혼인관련 자료를 대상으로 한 분석결과, 기존의 실증연구와는 달리 여성의 취업 여부는 혼인율과 출산율에 유의미한 영향을 미치지 않으며, 사회 전반적인 실업률(남녀 합계 실업률)이 혼인이나 출산에 부정적인 영향을 미치는 것으로 나타난다.

1. 서론

우리나라를 비롯한 미국, 일본, 프랑스 등 4개국의 합계출산율의 변화를 보면, 최근 들어 4개국 모두 합계출산율의 하락추세를 보이고 있다. 변화의 폭은 우리나라가 가장 커서, 1965년 5.63명에서 1985년 2.23명, 2005년 1.24명으로 급격한 변화를 보이고 있다. 미국과 프랑스의 경우 1980년대 이전까지는 합계출산율의 하락을 보이다가 80년대 중반 이후 합계출산율의 완만한 증가를 보이고 있어, 우리나라나 일본과는 대조적인 모습을 보이고 있다. 2006년 현재 미국의 합계출산율은 2.05명으로 4개국 중 가장 높고, 프랑스는 1.89명, 일본은 1.27명, 우리나라는 1.21명으로 가장 낮은 수준을 보이고 있다.

급격하게 위축된 출산율이 사회문제로 등장하면서 국토교통부는 지난 2008년 3월 24일, 대통령 업무보고에서 신혼부부 주거복지 강화대책의 일환으로 "저소득 신혼부부를 중심으로 연 5만 가구를 특별공급"한다는 계획을 밝혔다. 이들 신혼부부를 위한 주택으로 임대주택 3만 5천 가구, 분양주택 1만 5천 가구 등 연간 5만 가구를 공급키로 하였으며,[01] 기존 청약통장 가입자 중 결혼 5년 이내인 신혼부부로서 첫 출산을 한 신혼부부들을 대상으로 결혼 3년 이내인 경우 1순위 자격을 부여하기로 하였다.

| 표 4-1 | 4개국 합계출산율의 변화

구분	1965	1970	1975	1980	1985	1990	1995	2000	2005	2010
한국	5.63	4.71	4.28	2.92	2.23	1.6	1.7	1.51	1.24	1.21
일본	2.02	2	2.07	1.81	1.76	1.66	1.49	1.39	1.29	1.27
미국	3.31	2.55	2.02	1.79	1.83	1.92	2.03	1.99	2.04	2.05
프랑스	2.85	2.61	2.31	1.86	1.87	1.81	1.71	1.76	1.88	1.89

출처 : 통계청, 『국가통계포털』(국제통계 > 주제별통계 > 인구).

01 매일경제, 2008년 3월 25일, "신혼부부 주택 年 5만 가구 공급."

| 그림 4-1 | 4개국 합계출산율의 변화

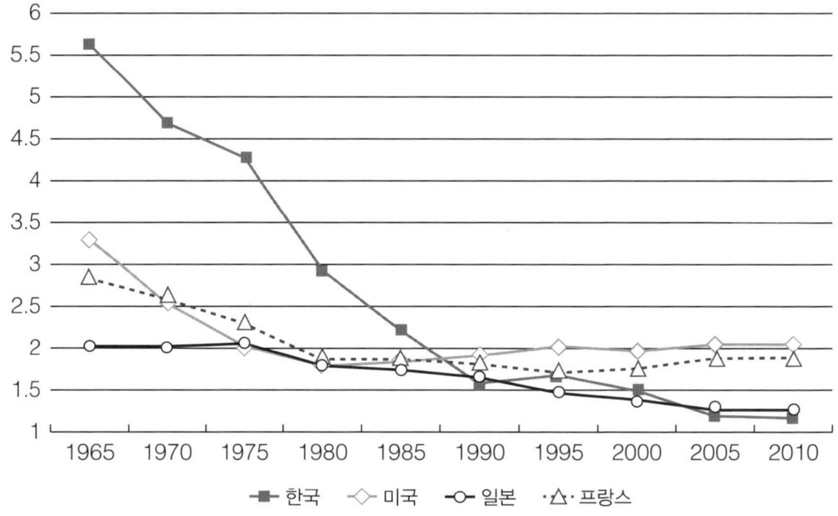

출처 : 통계청, 『국가통계포털』(국제통계 > 주제별통계 > 인구).

신혼부부를 위한 특별주택공급방안은 2008년 3월 10일 기획재정부가 작성한 "7% 성장능력을 갖춘 경제(2008년 실천계획(Action Plan))"에 포함된 내용이다. 이미 대통령직 인수위원회에서 1순위 부동산정책 추진과제로 꼽힌 이 제도[02]는 매년 12만 채의 새 주택을 수도권과 광역시에 사는 무주택 가구로서 출산 후 1년 이내인 신혼부부에게 공급하자는 것이었다.[03] 당초의 계획에 비하여 청약조건과 공급규모가 합리적으로 조정되기는 했지만 장기 무주택 서민과의 형평성 문제 등이 여전히 남아 있어 사회적 논란이 일고 있다.[04] 저렴한 주택공급을 통해 출산을 장려하자는 의도[05]에서 출발한, 출산한 신혼부부를 대상으로 한 특별주택공급제도는 주택가격의 앙등이 만혼과 저출산 현상을 방조하고 있다는 세간의 인식을 적실하게 반영하고 있다고 할 수 있다.

---

02 머니투데이, 2008년 2월 5일, "집, '사는 것'에서 '사는 곳'으로 확 바꾼다."

03 한겨레, 2008년 3월 11일, "'신혼부부 주택공급안' 재정부-국토부 혼선."

04 이데일리, 2008년 3월 31일, "MB정부 부동산 10대 이슈 - 재건축 규제완화, 지분형, 신혼부부, 강북 집값 강세 등."

05 파이낸셜뉴스, 2008년 3월 24일, "결혼 5년 내 아이 낳아야 신혼부부 주택 청약."

미혼 남성이 집값 때문에 결혼을 미루고,[06] "집 살 돈이 없어 장가도 못가겠다."[07]라는 하소연은 세간에 널리 퍼져 있는 인식이지만, 실제로 주택가격의 앙등이 결혼을 미루고 아이를 덜 낳게 만드는 원인인가? 한국보건사회연구원(2005: 32)에서 수행한『2005년도 전국 결혼 및 출산 동향조사』에 따르면, 25~29세까지의 미혼남성이 결혼하지 않은 가장 큰 이유는 주택마련과 같은 결혼비용 부담(18.6%)이며, 이어 소득부족(18.0%), 실업 또는 고용불안정(16.5%)의 순서를 보이고 있다. 30~34세 사이의 미혼 남성을 대상으로 한 설문조사결과 역시 주택마련과 같은 결혼비용 부담(21.6%)이 현재까지 결혼하지 않은 이유 중 가장 높은 응답비율을 보이고 있어, 주택가격의 앙등이 출산을 미루는 주된 원인이라는 것을 방증하고 있다. 주택가격만이 아니라, 주택의 점유형태에 따라서도 출산율의 차이가 발생한다. 한국보건사회연구원(2005)이 수행한『2005년도 전국 결혼 및 출산 동향조사』에 따르면, 주택가격과 주택 점유형태는 세간의 인식과 마찬가지로 출산율에 영향을 미치는 것으로 나타났다. 한국보건사회연구원(2005: 391)의 설문조사분석에 따르면, 25~29세 연령구간에 속한 기혼여성의 경우 평균 출생자녀수는 자가주택에 거주하는 경우 1.17명, 전세인 경우 0.94명으로 0.21명의 출생자녀수 차이를 보이고 있다. 이러한 사실에 근거해 판단할 때, 정부의 '신혼부부 보금자리 주택'과 같이 저렴한 주택의 공급이 실제 출산율 상승으로 이어질 수 있을까? 그렇다면 그 영향력은 어느 정도일까? 유감스럽게도 현재 정부가 추진 중인 신혼부부를 위한 저렴한 주택공급정책이 젊은 사람들의 혼인을 얼마나 촉발시킬 수 있으며, 아이를 가지는 일을 얼마나 용이하게 하는가에 대한 연구는 전무한 상태이며, 정책집행의 효과를 판단할 수 있는 준거 역시 연구의 사각지대로 남아 있는 실정이다. 이 연구의 목적은 국토교통부 주거복지기획과 관계자의 말처럼, '사회복지정책과 저출산 대책에 주거복지를 결합시킨 정책인 신혼부부 보금자리 주택공급'의 정

06 한국경제, 2006년 6월 13일, "[저출산 함께 풀어갑시다] (3) 미혼 남성 '집값 때문에 결혼 미뤄.'

07 한국일보, 2006년 11월 22일, "(아파트 값 내리자!) 네티즌들, 재경부 홈피에 사이버 시위."

책효과를 검증하는 것이다.[08] 1순위 조건이 '결혼 3년 이내(혼인신고일 기준), 첫 출산을 한 후 청약한 신혼부부'이며, 2순위는 결혼한 지 3~5년 이내에 첫 출산을 한 후에 청약한 신혼부부로 정해, 불임부부는 아예 공급대상에서도 제외되어 형평성 논란에 휩싸여 있긴 하지만, 정부의 신혼부부 보금자리 주택정책은 사회복지정책과 저출산대책을 결합시킨 획기적인 정책이며 성공한다면 저출산에 대응한 주거복지정책이라는 새로운 영역을 개척하게 될 것이다. 하지만 예산활용의 합리성 확보라는 측면에서 그 정책효과는 반드시 사전에 검증할 필요가 있다. 연구의 진행은 저출산으로 인한 사회경제적 문제를 검토한 후, 저출산에 대한 기존 연구결과를 정리하도록 한다. 기존 연구성과에 근거해 저출산에 영향을 줄 수 있는 변수를 선정한 뒤, 다른 조건을 통제하였을 경우 주택가격이 저출산에 어떤 영향을 미치는가를 15개 시도 17년간의 횡단면 시계열 자료를 분석하기로 한다.

2. 저출산으로 인한 사회경제적 문제

우리나라의 가임 여성 1인당 합계출산율은 2005년 기준으로 세계에서 가장 낮은 1.19명의 수준을 보이고 있다(정현숙, 2006: 2). 이러한 추세가 지속된다면, 현재 5,000만 명에 이르는 우리나라의 인구가 100여 년 후에는 3,400만 명이 줄어든 1,600만 명 수준으로 떨어질 것으로 전망되고 있다(정현숙, 2006: 2). 이렇듯 저출산으로 인구의 절대수준이 줄어든다는 사실보다 더 큰 문제는

08 공급원칙에 '첫 출산'이라는 문구가 사용되어, "심할 경우 청약일과 출산일 조건이 맞지 않아 자연분만을 포기하고 제왕절개를 통해 조기출산을 하는 웃지 못할 '촌극'이 빚어질 가능성"도 있으며, 입양의 경우에는 어떻게 처리해야 하는가에 대한 대책 부재로 힐난 받고 있는 실정이다(문화일보, 2008년 3월 25일, "'맞벌이 신혼부부' 내집마련 부글부글-결혼 후 3년 내 출산 · 年소득 2500만 원 이내만 '청약 1순위'").

인구감소에 따라 발생할 수 있는 사회경제적 폐해라고 할 수 있다. 인구감소사회의 종말에 대해 손정목(2002)은 "인구감소화 사회와 국토 · 도시정책"이라는 글에서 "산부인과나 소아과를 희망하는 의학도가 없어져서 산부인과 · 소아과 개업의를 찾아보기 힘들게 되었다. 유치원이 문을 닫고 많은 수의 초등학교가 폐교 · 합병되었다. 대학은 앞으로의 20년 내에 약 4분의 1정도가 문을 닫아야 한다."고 설파하면서, "전후의 일본 경제가 눈부신 고도성장을 지속한 데는 인구증가 · 토지부족 · 물가상승이라는 성장신화"가 있었으며, 그 말로가 버블경제였지만 버블이 붕괴된 지 10년이 지나도록 불황의 늪에 빠져 있는 원인은 "소자화(少子化)현상, 인구증가사회에서 인구감소사회로의 전환"에 있다고 주장하고 있다. 김만재 · 최정민(2006) 역시 "저출산 · 고령화시대의 도시계획"이라는 글을 통해 저출산으로 노동력 부족이 야기되며, 노동력의 고령화가 진전되면서, 생산가능인구의 감소와 평균 근로연령 상승으로 경제활력저하와 국가경쟁력의 약화를 초래할 것으로 전망하고 있다. 평균수명의 지속적인 상승으로 의료수요가 큰 노인인구의 부양비용은 커지는 반면, 저출산으로 인한 생산가능인구의 감소는 생산연령층 개인당 사회보장부담을 과도하게 만들며, 젊은 세대 스스로의 노후부담비용 역시 커지게 되어, 사회 전반적으로 경제적 어려움이 가중될 것으로 예측하고 있다(김만재 · 최정민, 2006: 4). 일례로 우리나라의 경우 2005년에는 생산가능인구 8.2명이 노인 1명을 부양하였으나, 2020년에는 4.6명, 2050년에는 1.4명이 노인 1명을 부양하게 된다는 것이다(김만재 · 최정민, 2006: 4). 생산가능인구의 감소는 경제성장의 저하로 이어져 소득불안정을 야기시킬 것이며, 부족한 노동력을 확보하기 위해 촉발된 외국인 노동자의 유입은 사회불안정으로 이어져 우리 사회 전반적으로 삶의 질 저하가 심각하게 우려되고 있는 실정이다(김만재 · 최정민, 2006: 4).

3. 기존 연구의 검토

출산율[09]에 대한 국내의 실증연구들은 주로 외환위기 이후 출산율 하락현상의 원인규명에 초점을 맞추고 있다. 이삼식(2006a)은 저출산의 원인과 정책방향을 논의하면서 최근의 저출산현상은 여성의 교육수준이 높아지면서 경제활동 참여정도가 확대됨에 따라 결혼 및 출산이 여성에게 높은 기회비용으로 작용하고 있기 때문이며, 외환위기 이후 출산율 하락 추이를 경제학적 관점에서 분석한 최경수(2004) 역시 최근의 출산율 하락현상의 원인을 고학력 여성의 취업률 증가에 따른 출산시기 지연으로 풀이하고 있다.

이삼식(2006a)과 최경수(2004)가 자녀양육에 따른 여성의 기회비용 확대에서 저출산의 원인을 찾고 있다면, 일반적인 경기침체와 소득하락에서 저출산의 근본원인을 규명하려는 연구들도 진행된 바 있다. 김두섭(2007)의 경우 2003년 전국 출산력조사 자료분석을 통해 출산 수준 저하의 원인으로 경기침체와 실업률의 상승과 같은 노동시장 불안에 따른 젊은이들의 결혼 또는 출산기피현상을 들고 있다. 그는 경기침체가 계속되고 우리 사회의 사회경제적 불평등이 심화되는 상황에서 사회경제적 지위가 낮은 부부들에게 자녀수를 줄이고자 하는 동기가 매우 절실해졌으며, 직업안정성이 낮을수록 출산 수준이 낮아졌다고 주장한다. 실증분석에 근거해 김두섭(2007)은 출산 수준을 높이기 위해서는 자녀양육비에 대한 심적 부담을 줄일 수 있는 교육제도의 개선과 경기회복을 통한 직업안정성의 제고가 선결과제라고 언명하고 있다.

이성용(2006)의 연구 역시 1997년 IMF 경제위기를 계기로 출산행태가 급격

---

09 완결출산율과 합계출산율, 조출생률로 구분할 수 있다. 합계출산율은 어떤 여성이 평생의 가임기간(15~49세) 동안 몇 명의 자녀를 출산할 것인가를 나타내는 통계이며, 완결출산율은 출생연도집단(Cohort)별로 여성 한 명이 몇 명의 자녀를 출산하였는가를 사후적으로 집계하는 통계이다. 반면 조출생률은 특정 인구집단의 출산 수준을 나타내는 기본적인 지표로서 1년간의 총출생아수를 당해 연도의 연앙인구로 나눈 수치를 1,000분비로 나타낸 것이다. 이 논문에서 실증분석하고 있는 출산율은 조출생률이다.

히 변모하였다는 것을 지적하면서 외환위기 이후에 혼인한 여성은 그 이전에 혼인한 여성에 비해 자녀를 원하지 않는 비율이 매우 높으며, 외환위기 이전과 비교하여 더 짧은 기간 내에 두 명 이상의 자녀 출산을 마무리하려는 유형의 여성들이 증가하였다는 사실을 규명하고 있다. 이성용(2006)은 로지스틱분석을 통해 외환위기 이전에는 첫 번째 아이 출산에 유의미한 영향을 미치지 않았던 남편의 안정적인 직업과 부인의 안정적인 직업, 노후의 경제적 보장 등이 외환위기 이후에는 초출산에 유의미한 영향을 미치는 것으로 출산에 영향을 주는 변수들이 외환위기 전후로 바뀌었다는 사실을 실증하고 있다. 그는 그 원인으로 예전에는 첫 아이의 출산은 여자들이라면 마땅히 해야 할 보편적인 일로 간주되었던 반면 외환위기 이후에는 첫 아이의 출산이 선택할 수 있는 일로 자녀 출산에 대한 가치관의 변화가 일어났다고 주장하고 있다. 그는 외환위기 이후 남편의 안정적인 직업은 첫 아이의 출산에 긍정적인 영향을 미치는 반면, 부인의 안정적인 직업은 부정적인 영향을 미치며, 영향력의 크기는 남편의 안정적인 직업이 더 큰 것으로 나타나, 출산장려를 위한 여성 취업 우호적인 출산장려정책은 한계를 안고 있다고 지적하고 있다.

저출산의 원인으로 여성의 기회비용 확대와 직업안정성의 침해가 주요 원인으로 언급되고 있다면, 일부 실증연구들은 취업률과 주택가격 등의 주거시장 환경변화를 그 원인으로 지적하기도 한다. 최경수(2004)는 젊은이들의 취업률이 높은 영미계 국가와 북유럽 등의 출산율이 높은 반면 실업률이 높은 남유럽 국가들의 출산율이 낮으며, 결혼 적령기의 젊은이들이 부모와 동거하는 비율이 높은 나라일수록 출산율이 저조한 것을 보면, 소득과 주거행태가 출산율과 혼인에 영향을 미친다고 주장한다(최경수, 2004: 45-6). 이삼식(2006b) 역시 『2005년도 전국 결혼 및 출산 동향조사』 자료를 분석하면서, 고소득층보다는 저소득층이 소득 부족을 이유로 추가 출산을 중지하는 경향이 높으며, 주거환경이 상대적으로 열악한 무주택 부부들이 출산을 연기하거나 포기하는 경향이 높다는 점을 지적하고 있다(이삼식, 2006b: 10-11).

정부의 '신혼부부 보금자리 주택정책'의 실효성을 짐작할 수 있게 해 주는 높은 주택가격이 출산율에 미치는 영향을 검토한 연구는 국내외를 통틀어 보아도 흔치 않다. 외국의 출산행태를 검토한 장혜경(2005)은 출산율이 높은 덴마크나 네덜란드의 경우 주거비 부담이 낮은 반면에 독일, 스페인, 이탈리아 등 저출산 국가에서는 주거비 부담이 높다는 사실을 지적한 바 있으며, 잉글랜드와 웨일즈의 혼인율을 검토한 Ermisch(1981)는 주택공급량은 혼인율에 별다른 영향을 미치지 않지만, 주택가격 상승은 여성의 혼인시기를 늦추는 원인 중 하나라는 사실을 검증한 바 있다(Ermisch, 1988). 주택가격 상승이 혼인시기를 늦춘다는 실증결과는 한국보건사회연구원에서 수행한 『2005년도 전국 결혼 및 출산 동향조사』에서도 확인할 수 있는 대목이다. 즉 25~29세까지의 미혼 남성이 결혼하지 않은 가장 큰 이유로 주택마련과 같은 결혼비용 부담(18.6%)을 들고 있기 때문이다(한국보건사회연구원, 2005: 32). 주택비용이 혼인의 장애요소로 작용하고 있다는 것은 Haurin 등 2인(1993)의 미국 청년층 조사(the National Longitudinal Survey of Youth)자료 분석에서도 확인할 수 있다. 2,573명의 샘플을 분석대상으로 삼아, 주택임대료가 가구형성에 미치는 영향을 실증적으로 분석한 Haurin 등 2인(1993)의 연구결과에 따르면 주택임대료가 조사집단 평균의 두 배인 경우 조사집단 평균값의 절반인 경우에 비해 독립가구형성 비율이 12%나 떨어지며, 높은 주택임대료 수준은 히스패닉 여자들의 혼인율을 낮추는 것으로 나타났다.

이상의 문헌연구를 정리하면 여성의 취업률 증가에 따른 기회비용 증대, 경기침체에 따른 직업안정성의 하락, 실업률 상승, 주거비 부담 등이 최근 우리나라의 혼인과 출산율에 부정적인 영향을 미치며, 남자의 직업안정성이 여자의 직업안정성보다 출산에 더 큰 영향을 준다는 사실을 검토할 수 있었다. 하지만 이러한 독립변수들이 출산율에 미치는 영향력을 검증한 실증연구는 수행된 바 없다는 사실도 확인할 수 있다.

4. 변수의 선정과 자료수집

이 연구의 목적이 '신혼부부 보금자리 주택정책'의 실효성 검증이므로, 주택가격의 변동이 출산율에 어떤 영향을 미치는가를 살펴볼 필요가 있다. 이 분야의 연구는 국내외를 통틀어 거의 연구된 바가 없기 때문에 통상적인 실증분석과 같이 사전에 여러 독립변수들이 종속변수에 미치는 영향—예를 들어 시장금리나 남자의 초혼연령 등이 출산율에 미치는 영향 등—에 대하여 기존의 이론체계에 근거한 가설설정이 어려운 실정이다. 실증연구의 단계를 탐구(exploration)와 묘사(description), 가설검증을 위한 설명(explanation)적 연구로 구분한다면(Babbie, 2004: 87-90), 이 연구는 출생률과 주택가격 등을 포함한 다른 사회경제적 변수들 간의 관계에 대해 거칠지만 초보적인 이해를 발전시키려는 탐구(exploration)적 연구라 할 수 있다. 이러한 관점에서 기존의 실증연구에서 제시되었던 단서를 토대로 출산율에 영향을 미칠 수 있는 사회경제적인 변수들을 취합하였다.

우선 김두섭(2007)과 이성용(2006)의 연구에서 출산율에 부정적인 영향을 미치는 것으로 나타났던 경기침체관련 변수를 반영하기 위해 1인당 국민총소득(실질), 총통화량, 연평균 주가지수, 시장금리, 수출에 영향을 주는 대미달러환율, 물가지수, 1인당 지역총생산액(2000년 기준가격) 등을 포함시켰으며, 실업률 변수로서 시도별 남녀 경제활동참가율, 실업률과 취업률 변수 등을 포함시켰다. 주택시장관련 변수로 Ermisch(1981, 1988)와 Haurin 등 2인(1993), 그리고 한국보건사회연구원(2005)의 연구에서 제시된 출산율에 영향을 미치는 것으로 나타난 주택공급량과 주택가격 변수를 반영하기 위해 시도별 주거용 건축허가면적 변수와 전세가격지수, 월세가격지수, 전세가격 상승률과 월세가격 상승률 변수를 포함시켰다. 독립변수로 주택매매가격(지수)을 포함시키지 못한 이유는 현재로서 가용한 시계열 자료를 구할 수 없기 때문이다. 주택가격의 경우 KB국민은행에서 제공하고 있는 『전국주택가격조사』 자료가 있지만, 광역시도 단위의 시계열 자료가 제공되기 시작한 시점은 2003년 9월이어서 현재 시점에서 활용할 수 있는 연간단위의 시계열 자료는 5개년에 불과한 실정이다. 반면, 통계청에서 제공하고 있는 주택가격관련 자료는 소비자물가지수 중 품목별 물가지수의 집세항목에서 전세와 월세지수 자료가 있으며, 전월세가격지수의 경우 서울, 부산, 대구, 인천, 광주, 대전의 경우 1975년부터 연간 자료로써 활용이 가능하지만, 경기도 등 다른 광역시도의 전월세가격지수는 1990년부터 연간 자료로 제공되고 있다. 마지막으로 출산율에 직접적인 영향을 주는 독립변수군으로 인구관련 변수군이 있다. 출산율 저하의 중요한 원인으로 지목되고 있는 초혼연령 증가현상(김만재 · 최정민, 2006: 3)이 저출산의 원인일 수 있다는 세간의 상식을 검증하기 위해 남편과 처의 초혼연령과 남편과 처의 초혼연령 차이를 독립변수로 포함시켰으며, 시도별로 25세 이상의 인구를 대상으로 한 일반 혼인율과 이혼율, 혼인율에 영향을 미치는 남녀 성비 변수를 포함시켰다.

'신혼부부 보금자리 주택정책'의 실효성을 검증하기 위해 필요한 독립변수군에 대한 수집자료는 1990~2006년도까지 15개 시도의 연별 횡단면 시계열 자료이다(255개). 15개 시도단위 자료를 활용한 이유는 전국단위의 자료를 토대로 분석을 할 경우, 시계열의 길이가 충분치 않아, 분석에 필요한 충분한 자유도 확보가 용이하지 않기 때문이다. 월별 자료를 확보할 수 있다면, 전국단위의 시계열 자료로도 분석이 가능하나, 통계청에서 제공하는 출생률과 혼인율 등의 인구동태 자료의 가용범위가 2004년 1월부터 현재까지로 한정되어, 시계열로서 자료의 길이가 충분치 않은 실정이다. 울산광역시 자료가 제외된 이유는 울산이 광역시로 승격된 해가 1997년으로 울산광역시의 대부분의 기초통계자료 확보가 그 이후부터 가능하기 때문이다. 또한 통계청에서 제공하고 있는 인구동태통계 중 조출생률과 시도별 초혼연령에 관한 통계는 1990~2006년까지 17년간의 자료가 제공되어 시계열 범위를 1990~2006년으로 한정하였다. 건설산업지식정보시스템[10]의 주거용 건축허가면적을 제외한 모든 자료의 출처는 통계청[11]이다. 이상의 과정을 거쳐 선정한 26개 변수의 종류와 설명은 〈표 4-2〉와 같으며, 시도별 자료가 아닌 전국 자료는 총통화량, 연평균주가지수, 시장금리, 대미달러환율, 1인당 국민총소득 등 5개이며, 나머지 지표는 모두 광역시도별 지표이다. 종속변수가 조출생률이라고 할 때 기존 연구의 검토를 통해 제시된 실증분석결과[12]를 토대로 설정한 각 독립변수들의 예상부호는 〈표 4-3〉과 같다. 총통화량과 남녀 초혼연령 차이의 경우 기존 실증연구로는 예상부호를 사전에 결정하기 어려운 실정이다.

| 표 4-2 | 시계열 변수명과 설명

연번	변수	설명
1	조출생률	시도별 조출생률
2	1인당 국민총소득 (실질, 만 원)	1인당 국민총소득(명목, 원화표시)(만 원)/GDP 디플레이터(2000=100)
3	1인당 GRDP	당해 연도 지역총생산(2000년 기준가격)/당해 연도 인구
4	총통화량	M2(십억 원 평균 잔액기준)
5	연평균주가지수	연평균주가지수(80.1.4=100)
6	시장금리	회사채(장외 3년, AA-등급) 수익률(%)
7	대미달러환율	대미달러환율 매매기준율
8	시도별 물가지수	시도별 연간 평균물가지수
9	남경제활동참가율(%)	남성 경제활동인구/남성 15세 이상 인구=남성(취업자수+실업자수)/남성 15세 이상 인구

10 http://www.kiscon.net/sta/con_economy.asp

11 http://www.kosis.kr/

12 기존의 연구결과들은 주로 방증형태라고 볼 수 있다. 예를 들어 『2005년도 전국 결혼 및 출산 동향조사』에서 25~29세까지의 미혼 남성이 결혼하지 않은 가장 큰 이유로 주택마련과 같은 결혼비용 부담(18.6%)이 제시되었다면 이를 근거로 주택가격이 혼인율에 부정적인 영향을 주며, 혼인율 저감에 따라 출산율 역시 낮아졌다는 추론이 가능하지만, 이 설문조사결과를 가지고 주택가격 상승이 출산율 하락의 원인이라고는 이야기할 수 없다. 그런 의미에서 『2005년도 전국 결혼 및 출산 동향조사』에서 제시된 실증분석결과는 직접적인 증거가 아니라 방증의 하나라고 볼 수 있다.

10	실업률(%)	남녀 합계 실업자수/남녀 합계 경제활동인구
11	남실업률(%)	남성 실업자수/남성 경제활동인구
12	남취업률(%)	남성 취업자수/남성 15세 이상 인구
13	여경제활동참가율(%)	여성 경제활동인구/여성 15세 이상 인구=여성(취업자수+실업자수)/여성 15세 이상 인구
14	여실업률(%)	여성 실업자수/여성 경제활동인구
15	여취업률(%)	여성 취업자수/여성 15세 이상 인구
16	주거용 건축허가면적	지역별 주거용 건축허가면적지수(1983~2007년까지 연평균 주거용 건축허가면적 대비)
17	전세	연간 평균전세가지수/연간 평균물가지수
18	월세	연간 평균월세가지수/연간 평균물가지수
19	전세가 상승률	전기 대비 전세가지수 변화폭/전기 전세가지수
20	월세가 상승률	전기 대비 월세가지수 변화폭/전기 월세가지수
21	남편의 초혼연령	시도별 남편의 평균초혼연령
22	처의 초혼연령	시도별 처의 평균초혼연령
23	남녀 초혼연령 차이	시도별 남편과 처의 평균초혼연령 차이
24	남/여성비(25)	당해 연도 25세 이상 남자인구/당해 연도 25세 이상 여자인구
25	일반이혼율(25)	1년에 발생한 총이혼건수/당해 연도의 25세 이상 인구
26	일반혼인율(25)	1년에 발생한 총결혼건수/당해 연도의 25세 이상 인구

표 4-3 | 조출생률에 미치는 영향(예상)

연번	변수	조출생률에 미치는 영향(예상)	
1	1인당 국민총소득(실질, 만 원)	+	소득 증가에 따라 출산경향 상승 예상
2	1인당 GRDP	+	소득 증가에 따라 출산경향 상승 예상
3	총통화량	?	명확하지 않음
4	연평균주가지수	+	경기활황으로 주가 상승, 출산율 상승
5	시장금리	−	고금리 시 생활고 가중, 출산율 하락
6	대미달러환율	+	수출 증가로 경기활황, 출산율 상승
7	물가지수	−	물가 상승으로 생활고 가중, 출산율 하락
8	남경제활동참가율(%)	+	소득 증가로 출산율 상승

9	실업률(%)	−	소득 감소로 출산율 하락
10	남실업률(%)	−	소득 감소로 출산율 하락
11	남취업률 (%)	+	소득 증가로 출산율 상승
12	여경제활동참가율(%)	+	소득 증가로 출산율 상승
13	여실업률(%)	−	소득 감소로 출산율 하락
14	여취업률 (%)	+	소득 증가로 출산율 상승
15	주거용 건축허가면적	+	주택공급 확대로 주거환경 상승, 출산율 상승
16	전세	−	전세가격 상승, 주거비 부담, 출산율 하락
17	월세	−	월세가격 상승, 주거비 부담, 출산율 하락
18	전세가 상승률	−	전세가격 상승, 주거비 부담, 출산율 하락
19	월세가 상승률	−	월세가격 상승, 주거비 부담, 출산율 하락
20	남편의 초혼연령	+	남편의 초혼연령이 높을수록 출산선호, 출산율 상승
21	처의 초혼연령	−	처의 초혼연령이 높을수록 출산가능성 저하, 출산율 하락
22	남녀 초혼연령 차이	?	명확하지 않음
23	남/여성비(25)	+	남녀 성비 상승에 따라 혼인율 상승, 출산율 상승
24	일반이혼율(25)	−	이혼율 증가에 따른 출산율 하락
25	일반혼인율(25)	+	혼인율 증가에 따른 출산율 증가

이 연구에서 사용할 자료들은 모두 시계열 자료이므로, 이들 시계열 자료들을 모두 평균이 안정적인 시계열로 전환해 줄 필요가 있다. 방법으로는 분석대상 시계열 자료 중 단위근을 가지고 있어 안정적이지 못한 시계열 자료들을 대상으로 단위근을 제외시키는 것이다. 시계열 자료의 단위근 존재 여부를 파악하기 위해 일반적으로 널리 활용하고 있는 ADF 검정법을 적용하였으며, ADF 검정기준식은 절편항과 시간추세가 없는 모형식($\Delta X_t = \delta^* X_{t-1} + \beta_j \Delta X_{t-j} + \upsilon_t$)을 이용하였다. 여기서 ΔX_t는 시계열변수 X의 t기 값에서 $t-1$기 값을 뺀 차분값이며, δ^*와 β_j는 계수, υ_t는 오차항을 의미한다.[13] 분석결과 거의 대부분의 시계

13 검정을 위한 최대차수는 6차로 하여 단위근검정을 수행하였으며, AICC값이 가장 적은 차수를 선택하였다.

열 자료들이 단위근을 포함하고 있었으며, 이 경우 차분을 통해 시계열 자료들의 안정화를 도모하였다. 안정화된 횡단 시계열 자료를 대상으로 분석할 경우 일반적으로 횡단 시계열 분석기법(예를 들어 SAS의 TSCS 또는 Panel procedure)을 적용하지만, 횡단면 자료와 시계열 자료 간의 결합적 교란요인—개별특성효과—이 없다면, 횡단면 또는 시계열 별로 더미변수를 부여한 뒤 통합된 횡단면 자료로 활용할 수 있게 된다.[14] LM 검정과 하우스만 검정을 수행한 결과 출생률관련 횡단면 시계열 자료들은 횡단면과 시계열 별로 개별효과는 존재하지만, 횡단면과 시계열 자료 간의 결합적 교란요인은 없는 것으로 나타났다.[15] 따라서 출생률관련 횡단면 시계열 자료들을 횡단면별로 또 시계열별로 더미변수를 부여한 뒤 하나의 통합된 자료로 활용하는 것이 가능해진다.

| 그림 4-2 | 분석과정 개요

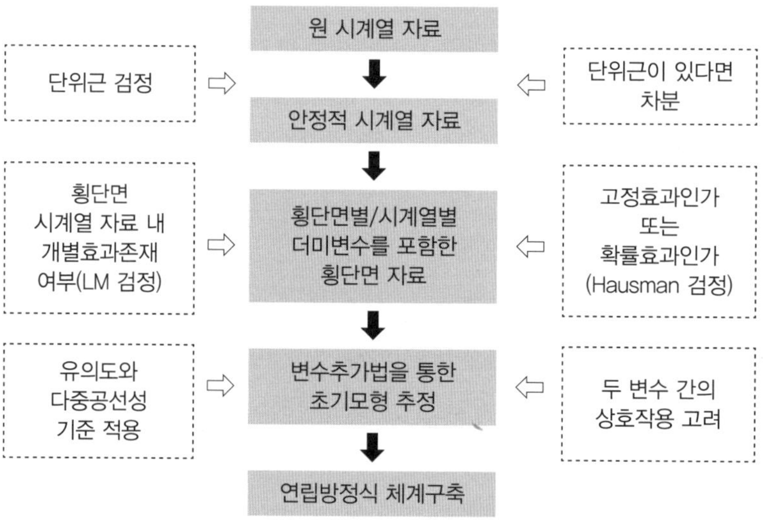

14 자료통합(data pooling)에 대한 보다 자세한 사항은 정창무(2008)의 3절 '자료와 분석방법'을 참고하라. 자료통합의 기본적인 개념은 횡단 시계열 자료라 하더라도, 자료계열 간의 결합적 교란요인—개별특성효과—이 없다면, 횡단면 또는 시계열별로 더미변수를 부여하여 통합된 횡단면 자료로 활용할 수 있다는 점이다.

15 이 연구에서는 LM 검정과 Hausman 검정 결과를 별도로 제시하지 않았다. 이 점에 대한 자세한 분석결과는 정창무(2008)의 3절 '자료와 분석방법'을 참고하라.

5. 분석과정과 분석결과

출생률과 혼인율은 불가분의 관계이므로, 두 변수 간의 관계를 검토하기 위해 두 변수 각각을 종속변수로 하는 회귀모형을 구축하기로 한다. 변수추가법(stepwise)을 적용해 유의미한 독립변수들을 추출한 뒤, 독립변수의 유의도와 독립변수들 간의 다중공선성을 감안해 모형을 구축하였다. 이렇게 구축된 초기모형(〈부표 1〉, 〈부표 2〉 참조)을 보면 혼인율에 영향을 미치는 사회경제적 변수로는 전년도 이혼율, 전년도 출생률 및 실업률, 전년도 전세가격, 월세 상승률, 남녀 성비 등이었으며, 출생률에 영향을 미치는 사회경제적 변수로는 전년도 처의 나이, 남편과 처의 연령 차이, 남자의 취업률, 전년도 혼인율 등이 유의미한 영향을 미치는 것으로 나타났다. 두 회귀모형을 비교 · 검토하면 출생률 회귀모형의 경우 독립변수로 혼인율이 포함되어 있으며, 혼인율 회귀모형의 경우 출생률이 독립변수로 포함되어 있다는 점을 살필 수 있다.

두 회귀모형에서 보듯 혼인율과 조출생률은 상호작용하는 변수라 할 수 있다. 혼인율이 증가하면 출생률이 증가하며, 출생률이 증가하면 혼인율 역시 증가할 수 있다. 예를 들어, 주변의 많은 사람들이 결혼해서 아이를 낳게 되면, 혼인하고자 하는 동기를 촉발하는 전염확산이 발생할 수 있으며, 아이를 낳았다면 아이를 호적에 올리기 위해 혼인신고를 하게 되는 경우도 있다. 따라서 두 변수 간의 상호작용을 감안하여 혼인율과 출생률을 종속변수로 하는 두 개의 연립방정식 체계를 구축할 필요가 있다.[16]

2단계 최소자승법(two stage least square)을 적용해 모형을 추정한 결과가 다음의 〈표 4-4〉에 제시되어 있다. 수정결정계수로 본 모형의 설명력은 혼인율의 경우 0.8322, 출생률의 경우 0.8229이며, 계수의 추정값은 조출생률의 경

16 연립방정식모형의 경우 구조방정식모형에서 기본적으로 전제해야 하는 인과적 흐름의 순서를 고려할 필요가 없으며, 변수 간 인과관계에 대한 일방성의 가정을 전제할 필요가 없게 된다(이순묵, 1990).

| 표 4-4 | 조출생률 연립방정식모형

변수명	계수	T값	$Pr > \|t\|$
상수	0.680127	10.17	<.0001
전년도 처의 초혼연령	−1.18151	−4.60	<.0001
남편과 처의 평균 연령 차이	−1.79357	−6.24	<.0001
남자 취업률	0.055041	3.14	0.0019
전년도 혼인율(25세 이상 인구)	0.186663	5.12	<.0001
혼인율(25세 이상 인구)	0.347124	7.45	<.0001
인천 더미	−0.38726	−4.16	<.0001
경기 더미	−0.17637	−1.96	0.051
전남 더미	0.249914	2.76	0.0062
93년 더미	−0.46117	−4.58	<.0001
96년 더미	−1.16133	−10.1	<.0001
2000년 더미	0.717567	6.35	<.0001
2001년 더미	−1.23285	−11.99	<.0001
2002년 더미	−0.95844	−9.03	<.0001
2003년 더미	0.261688	2.60	0.0101
2005년 더미	−0.45366	−4.23	<.0001
인천 91년 더미	1.954101	5.55	<.0001
경남 91년 더미	1.092278	3.25	0.0014
제주 91년 더미	1.676335	4.81	<.0001

주 : 수정결정계수 : 0.8229; DW 통계량 : 1.7094

기 지역 더미변수를 제외하고는 0.05 유의수준에서 모두 유의미한 것으로 나타났다.[17] 분석결과를 보면, 출생률에 영향을 미치는 변수는 남자의 취업률을

17 연립방정식모형의 잔차에 대한 정규성 검정결과를 보면 혼인율의 경우 Shapiro−Wilk의 w통계량이 0.991197로서 P값은 0.1925, Kolmogorov−Smirnov의 D통계량이 0.055515로 P값은 0.0893으로 정규성 검정을 만족하고 있으며, 조출생률의 경우도 Shapiro−Wilk의 w통계량 0.991336, P값은 0.167, Kolmogorov−Smirnov의 D통계량 0.047763, P값은 0.150으로 정규성 검정을 만족하는 것으로 나타났다.

제외하고는 주로 인구학적 변수들이다. 처의 전년도 초혼연령이 높을수록, 남편과 처의 연령 차이가 많을수록 출생률이 떨어지며, 전년도 혼인율과 당해 연도 혼인율이 높을수록 출생률이 올라간다. 처의 초혼연령이 높을수록 자녀양육에 따른 기회비용이 커질 확률이 크며, 남편과 처의 나이 차이가 많은 경우 생애소득과 자녀양육에 따른 비용측면에서 아이를 덜 낳는 것이 합리적일 경우가 많기 때문이라고 해석할 수 있다.

Becker(1973, 1974)는 여성의 노동시장 참여는 자녀양육에 따른 여성의 기회비용을 증가시킴으로써 여성의 출산율을 떨어뜨리는 것으로 분석하고 있지만, 15개 시도를 대상으로 한 분석결과 여성의 경제활동 참여는 예상과는 달리 출산에 유의미한 영향을 미치지 않는 것으로 나타났다. 우리나라 여성들이 결혼배우자의 조건으로 삼은 가장 중요한 요건은 남성의 경제력이며(김승권 등 4인, 2004), 남성의 경제력은 선행연구(이성용, 2006)가 지적하는 바와 같이 여성의 혼인과 출산을 촉진하는 중요한 요소이다. 15개 시도를 대상으로 한 분석에서 남자의 취업률은 출산을 촉진하는 유의미한 변수로 나타났다. 반면 혼인의 경우는 사회 전반적인 실업률(남녀 합계실업률)이 혼인에 부정적인 영향을 미치는 것으로 나타나, 여성의 취업 여부가 남성의 결혼 여부에 유의미한 영향을 미치지 않는다는 이수진(2005)과 이삼식(2006a)의 연구결과와는 다르다고 할 수 있으며, 이는 우리 사회에서는 남자가 가족의 생계를 책임진다는 전통적인 의식이 변모하고 있다는 방증이라고 할 수 있다.

혼인율에 유의미한 영향을 주는 변수로 전년도 남녀 성비는 혼인을 촉발시키는 것으로 분석되었다. 이는 1954~84년까지 호주인의 결혼행태를 분석한 Withers(1979)와 미국의 100대 SMSA지역을 대상으로 혼인율에 대한 연구를 수행한 Preston and Richards(1975)의 실증연구, 미국의 이민 2세대의 혼인자료를 분석한 Angrist(2002)의 실증분석결과와 일치하는 내용이다. 남녀 성비가 높을수록 혼인율이 올라가는 이유는 Guttentag and Secord(1983), Trent and South(1989)가 주장한 여자가 희소한 사회의 여자의 협상력 강화에 따른 자연스런 현상으로 받아들일 수 있다. 즉 여성에 비해 남자가 많은 남녀 성비가 높은 사회에서는 여성의 가치가 높아져 여성의 발언권이 향상되며, 평생의 반려자로 여성을 생각하는 남자들이 많아져 혼인율은 증가하며, 여자의 경우도 반려자를 탐색하는 비용이 줄어들어, 혼인이 보다 용이하게 되기 때문이다.[18]

전년도 이혼율은 혼인율에 부정적인 영향을 미치는 것으로 나타났다. 주변 사람들의 이혼이 증가하면, 혼인을 망설이는 젊은이들은 혼인에 부정적인 의

| 표 4-5 | 혼인율 연립방정식모형

변수명	계수	*T*값	*Pr*> | *t* |
상수	−0.09465	−2.03	0.0441
전년도 이혼율(25세 이상)	−0.15243	−2.07	0.0399
전년도 조출생률	0.183781	3.11	0.0021
실업률	−0.08301	−3.27	0.0013
전년도 전세가격지수	1.130012	2.39	0.018
월세 상승률	0.027559	2.60	0.0099
전년도 남녀 성비(25세 이상)	34.66058	3.75	0.0002
91년 더미	0.371421	3.30	0.0012
93년 더미	−1.02133	−10.4	<.0001
94년 더미	−0.7209	−7.63	<.0001
96년 더미	1.091268	12.05	<.0001
97년 더미	−1.59589	−16.84	<.0001
99년 더미	−0.31406	−2.23	0.0266
2000년 더미	−0.95263	−7.04	<.0001
2001년 더미	−0.43275	−3.88	0.0001
2002년 더미	−0.47394	−4.60	<.0001
2004년 더미	0.30282	2.85	0.0048

주 : 수정결정계수 : 0.8322, DW 통계량 : 2.1193

18 남녀의 임금격차가 커질수록 짝을 탐색하기 위한 여성의 탐색비용 증가로 여자의 혼인연령이 높아진다(Loughran, 2002). 남녀의 임금격차가 클수록 여성의 탐색기간이 길어져 혼인율이 하락한다. 이러한 남녀의 임금격차는 1980년대 초반 혼인율 감소의 25%를 설명하고 있다(Gould and Paserman, 2003).

견을 지니기 쉽고, 혼인 이후의 가족생활의 지속성에 대해서도 의구심이 커지게 된다. 자연스럽게 주변의 이혼이 흔해지면 혼인율이 떨어지게 되는 것은 혼인과 이혼 역시 분위기로 전염된다는 Todd, Billari, and Simao(2005)의 분석과 일치한다. 전년도 출생률이 혼인율에 미치는 영향은 유의미하며 긍정적인 것으로 나타났다. 표준화 계수로 본 변수의 영향력은 0.16231로, 아이 출산 후 뒤늦게 혼인신고를 하는 경우가 많거나,[19] 아이들의 출생이 주변에 있는 젊은이들의 결혼동기를 촉발시킨다는 두 가지의 행태적 해석을 가능하게 한다. 분석에 활용된 자료가 집계 자료이기 때문에 분석결과만 가지고는 정확한 해석이 어려우며, 향후 설문조사 자료를 대상으로 분석할 경우 보다 명확한 해석이 가능할 것으로 본다.

혼인과 출생에 영향을 미치는 변수로 검토한 주택가격관련 변수로는 전세가지수, 월세가지수, 전년도 전세가지수, 전년도 월세가지수, 전세가 상승률, 월세가 상승률 등 모두 여섯 개의 변수를 검토하였다. 상승률을 제외한 지수변수들은 차분값들로서 정확하게 말하면 전세가지수의 증분값들이다. 이 중 혼인율에 영향을 미치는 변수는 전년도 전세가지수와 월세 상승률이며, 출생률에

19 〈부표 1〉의 출력결과를 참조.

부표 1 혼인율 일반회귀모형 추정결과

변수명	계수	표준화계수	T값	확장자
상수	−0.09465	0	−2.03	0
전년도 이혼율(25세 이상 인구)	−0.15243	−0.08332	−2.07	2.16793
전년도 조출생률	0.18378	0.16231	3.11	3.63703
실업률	−0.08301	−0.13483	−3.27	2.27475
전년도 전세가격지수	1.13001	0.07867	2.39	1.45241
월세 상승률	0.02756	0.09880	2.60	1.92239
전년도 남녀 성비(25세 이상 인구)	34.66058	0.11482	3.75	1.25374
91년 더미	0.37142	0.12250	3.30	1.84474
93년 더미	−1.02133	−0.33685	−10.4	1.39935
94년 더미	−0.7209	−0.23777	−7.63	1.29491
96년 더미	1.09127	0.35992	12.05	1.19113
97년 더미	−1.59589	−0.52635	−16.84	1.30422
99년 더미	−0.31406	−0.10358	−2.23	2.87083
2000년 더미	−0.95263	−0.31419	−7.04	2.66048
2001년 더미	−0.43275	−0.14273	−3.88	1.81049
2002년 더미	−0.47394	−0.15631	−4.60	1.54267
2004년 더미	0.30282	0.09988	2.85	1.63463

* 수정결정계수 : 0.8322; DW : 2.044

영향을 미치는 주택가격변수는 없는 것으로 나타났다. 분석결과를 보면 전년도 전세가지수가 상승할수록, 당해 연도 월세 상승률이 높을수록 혼인율이 증가하는 것으로 나타나, 결혼 적령기의 젊은이들이 결혼을 통해 비용을 줄이려는 경향이 크다는 것을 확인할 수 있었다. 계수의 영향력을 보면 전년도 전세가격지수의 표준화 계수는 0.07867로 개략적으로 전세가격지수가 10% 상승할 경우 혼인율은 0.787% 상승하는 것으로 나타났으며, 월세가격 상승률의 경우 표준화계수는 0.0988로 월세가격이 10% 상승할 경우 혼인율은 0.988% 상승하는 것으로 나타났다.[20] 이상의 실증분석결과는 집 살 돈이 없어 장가를 못 간다거나 미혼 남성이 집값 때문에 결혼을 미룬다는 세간의 인식과는 다르며, 오히려 집값이 뛰면 결혼을 통해 집값을 줄이려는 비용절감 노력이 경주되고 있다는 사실을 보여준다. 따라서 저렴한 주택공급을 통해 혼인과 출산을 증진시키려는 정부의 신혼부부를 위한 특별주택공급정책은 젊은이들의 혼인행태에 근거한 정책이라고 할 수 없으며, 정책효과 달성 역시 불투명한 정책이라고

20 〈부표 1〉과 〈부표 2〉의 출력결과를 참조.

부표 2 | 조출생률 일반회귀모형 추정결과

변수명	계수	표준화계수	*T*값	확장자
상수	0.66123	0	10.67	0
전년도 처의 초혼연령	−1.15866	−0.17649	−5.06	1.67221
남편과 처의 평균 연령 차이	−1.84356	−0.26069	−6.89	1.96845
남자 취업률	0.05948	0.12217	3.55	1.63116
전년도 혼인율(25세 이상 인구)	0.18089	0.17818	5.30	1.55699
혼인율(25세 이상인구)	0.29674	0.29434	8.17	1.78537
인천 더미	−0.37503	−0.12055	−4.29	1.08658
경기 더미	−0.19176	−0.06164	−2.27	1.01355
전남 더미	0.25062	0.08056	2.96	1.02079
93년 더미	−0.49591	−0.15469	−5.15	1.24024
96년 더미	−1.09729	−0.34228	−10.76	1.39349
2000년 더미	0.66375	0.20704	6.19	1.53772
2001년 더미	−1.25207	−0.39056	−12.65	1.31151
2002년 더미	−0.97356	−0.30369	−9.58	1.38447
2003년 더미	0.27003	0.08423	2.80	1.24573
2005년 더미	−0.42363	−0.13214	−4.28	1.31479
인천 91년 더미	1.90664	0.15827	5.61	1.09676
경남 91년 더미	1.14028	0.09465	3.49	1.00968
제주 91년 더미	1.67520	0.13906	4.99	1.07038

* 수정결정계수 : 0.8264; DW : 1.955

판단된다.

6. 결론

이 연구는 최근 정부가 추진 중인 신혼부부를 위한 특별주택공급정책의 이론적 · 실증적 기반을 검토하고 그 정책효과를 전망하기 위해 수행된 것이다. 15개 시도의 17년간의 횡단 시계열 자료를 대상으로 혼인과 출생률에 영향을 미치는 사회경제적 변수를 규명하였다. 분석결과 전세가격과 월세가격 등의 주택가격 상승은 혼인율에 긍정적인 영향을 미치지만, 출생률에는 별다른 영향을 미치지 않은 것으로 나타났다. 이 연구결과는 잉글랜드와 웨일즈의 혼인율을 검토한 Ermisch(1981)나, 미국 청년층을 대상으로 한 설문조사 자료를 분석한 Haurin 등 2인(1993)의 실증분석과는 상반되는 결과로 혼인과 주택가격 사이에는 우리나라 고유의 특수성이 존재한다는 사실을 보여준다. 결혼이라는 인간행태를 경제학적으로 해석한 Becker(1973, 1974)의 해석이 맞다면, 생활비를 줄이기 위해 결혼을 선택하는 것 역시 합리적인 행위라고 할 수 있다. 정부가 추진 중인 신혼부부를 위한 특별주택공급정책의 정책목표가 저렴한 주택을 공급해 혼인과 출산을 촉발시키는 것이었다면, 이는 정확한 현실인식에 근거한 정책이라고 보기 어려우며, 그 정책효과 역시 예상과는 다를 것으로 판단된다.

15개 시도 17년간의 혼인관련 자료를 대상으로 한 분석결과, 기존의 실증연구와는 달리 여성의 취업 여부는 혼인율에 유의미한 영향을 미치지 않으며, 사회 전반적인 실업률(남녀 합계 실업률)이 혼인에 부정적인 영향을 미치는 것으로 나타난 것은 남자만이 아니라, 혼인의 당사자인 남녀 모두가 경제적 능력을 우선시하는 우리 사회의 의식변화의 한 단면이라고 판단되며, 추후 개인별 설문조사 등을 통해 확인해야 할 검토과제이다. 또 다른 흥미로운 결과는 '2000년 한국 인구주택 총조사' 2% 샘플 데이터를 이용하여 한국 여성들의 저출산 결정요인들을 분석한 이번송 · 김상신(2008)의 "대도시 거주 여성들과 높은 교육수준의 여성들은 결혼을 연기하며, 출산율이 상당히 낮고 노동시장에 참여할 가능성은 더 높다."는 실증분석결과가 시사하는 노동시장 참여율과 출산율과의 관계와는 다르게 여자의 취업률이나 경제활동 참가율이 출생률에 영향을 미치지 않으며, 오히려 남자의 취업률이 출생률에 영향을 미치는 것으로 나타난 사실이다. 향후 추가연구를 통해 출생률 결정요인에 대한 보다 명확한 규명이 필요하리라 판단한다. 전년도 출생률, 전년도 남녀 성비, 처의 초혼연령과 남편과 처의 초혼연령 차이가 혼인율과 출생률에 미치는 영향에 대한 명확한 인과관계를 제시하지 못한 점 역시 집계 자료 분석의 한계임과 동시에 이 연구의 한계로 남겨두고자 한다.

참고문헌

김두섭, 2007, "IMF 외환위기와 사회경제적 차별출산력의 변화," 『한국인구학』 30(1): 67-95.

김만재 · 최정민, 2006, "저출산 · 고령화시대의 도시계획," 『도시정보』 296(2006-11): 3-9.

김병곤 · 김동욱, 2007, "소유경영자지분율과 자본구조: 외환위기 이후 기간 패널자료 분석," 『재무관리연구』 24(2): 81-111.

김승권 · 김유경 · 박세경 · 이건우 · 조애저, 2004, 『2003년 전국 출산력 및 가족보건실태조사』, 서울: 한국보건사회연구원.

김정인 · 오경희, 2005, "한국의 환경쿠즈네츠 곡선에 관한 고찰," 『통계연구』 10(1): 119-144.

손정목, 2002, "[시론]인구감소화 사회와 국토 · 도시정책," 『도시정보』 (2002-12): 17-18.

이번송 · 김상신, 2008, "한국여성의 저출산 결정요인 분석," 『한국경제학회 경제학 공동학술대회 자료집』, pp.1-24.

이삼식, 2006a, "저출산 원인과 정책방향-초점 1: 저출산 원인구조와 정책방향," 『보건복지포럼』 111: 5-17.

_____, 2006b, "가치관의 변화가 결혼 및 출산행태에 미치는 영향," 『보건사회연구』 26(2): 95-140.

이성용, 2006, "경제위기와 저출산," 『한국인구학』 29(3): 111-137.

이수진, 2005, "젠더 관점에서 본 결혼선택의 규정요인," 『노동정책연구』 5(1): 131-156.

이순묵, 1990, 『공변량 구조분석』, 서울: 성원사.

장혜경, 2005, "외국의 저출산 대응 정책사례," 『국회도서관보』 42(12): 13~23.

정창무, 2008, "이혼율에 영향을 주는 사회경제적 변인연구," 『국토계획』 43(3): 81-90.

정현숙, 2006, "혼인율 특성, 변화요인 분석과 가족정책 제언," 『한국가정관리학회지』 24(6): 177-193.

최경수, 2004, "출산율 하락 추이에 대한 분석," 『한국인구학』 27(2): 35-59.

한국보건사회연구원 · 보건복지부 · 저출산고령화위원회, 2005, 『2005년도 전국 결혼 및 출산 동향조사』, 한국보건사회연구원 연구보고서 2005-30(1) 저출산 실태조사 및 종합대책 연구(3-1).

Angrist, Josh, 2002, "How Do Sex Ratios Affect Marriage and Labor Markets? Evidence from America's Second Generation," *The Quarterly Journal of Economics* 117(3): 997-1038.

Babbie, Earl R., 2004, *The Practice of Social Research* 10th ed., Belmont, CA: Thomson Wadsworth, pp.87-90.

Becker, Gary S., 1973, "A Theory of Marriage: Part I," *The Journal of Political Economy* 81(4): 813-46.

______________, 1974, "A Theory of Marriage: Part II," *The Journal of Political Economy* 82(2): S11-S26.

Ermisch, J., 1988, "Econometric Analysis of Birth Rate Dynamics in Britain," *The Journal of Human Resources* 23(4): 563-576.

Ermisch, J. F., 1981, "Economic Opportunities, Marriage Squeezes and the Propensity to Marry: An Economic Analysis of Period Marriage Rates in England and Wales," *Population Studies* 35(3): 347-356.

Gauthier, Anne Helene and Jan Hatzius, 1997, "Family Benefits and Fertility: An Econometric Analysis," *Population Studies* 51(3): 295-306.

Gould, Eric D. and M. Daniele Paserman, 2003, "Waiting for Mr. Right: Rising Inequality and Declining Marriage Rates," *Journal of Urban Economics* 53(2): 257-281.

Greene, W. H., 1993, *Econometric Analysis*, New York : Macmillan.

Guttentag, Marcia and Paul Secord, 1983, *Too Many Women? The Sex Ratio Question.* Beverly Hills, CA: Sage.

Haurin, Donald R., Patric H. Hendershott, and Dongwook Kim, 1993, "The Impact of Real Rents and Wages on Household Formation," *The Review of Economics and Statistics* 75(2): 284-293.

Hausman, J. A., 1978, "Specification Tests in Econometrics," *Econometrica* 46(6): 1251-1271.

Loughran, David S., 2002, "The Effect of Male Wage Inequality on Female Age at First Marriage," *The Review of Economics and Statistics* 84(2): 237-250.

Preston, Samuel H. and Alan Thomas Richards, 1975, "The Influence of Women's Work Opportunities on Marriage Rates," *Demography* 12(2): 209–222.

Todd, Peter M., Francesco C. Billari, and Jorge Simao, 2005, "Aggregate Age-at-Marriage Patterns From Individual Mate-Search Heuristics," *Demography* 42(3): 559–574.

Trent, Katherine and Scott J. South, 1989, "Structural Determinants of the Divorce Rate: A Cross-Societal Analysis," *Journal of Marriage and the Family* 51: 391–404.

Withers, Glenn A., 1979, "Economic Influences upon Marriage Behaviour: Australia, 1954–1984," *The Economic Record* 55(June): 118–126.

제5장

재개발 입주권 가격형성요인에 관한 연구

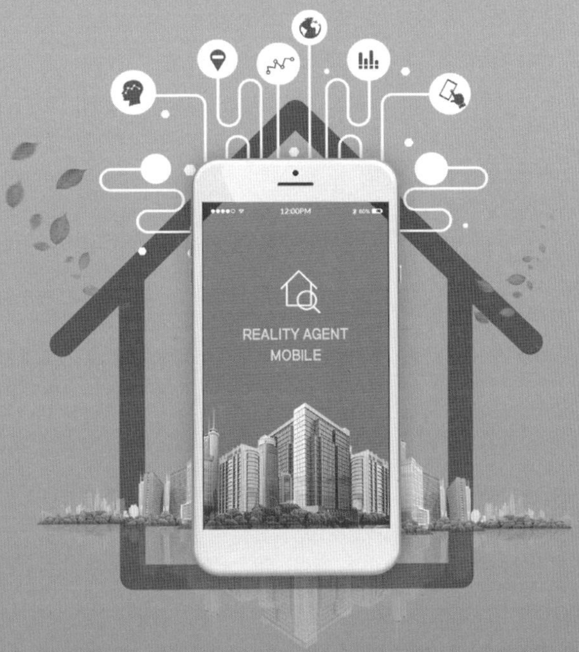

세간에서 흔하게 통용되는 소위 '딱지'라는 것은 "지방자치단체가 공공개발사업으로 집이 헐리는 사람들에게 나눠주는 공영아파트의 특별분양분에 입주할 수 있는 권리(입주권)를 증명하는 문서"를 말한다. 서민들이 입주권(딱지)에 관심을 갖는 이유는 입주권(딱지)을 사면, 싼 분양가로 입주할 수 있다는 장점 때문이다. 입주권(딱지)의 가격에는 매입자의 위험 프리미엄도 포함되어 있다. 공공 개발지역 내 입주권(딱지) 거래는 일단 불법이며, 적발되면 입주권(딱지)은 무효 처리됨과 동시에 2년 이하의 징역이나 2천만 원 이하의 벌금형을 받기 때문이다. 이와 같이 입주권(딱지)을 매입한 사람에게 다양한 재산손실상의 위험이 존재하기 때문에, 입주권(딱지)의 거래가격에는 옵션상품과 같이 위험프리미엄이 반영되어 있다. 이 연구는 인근 지역 주택가격 상승률과 전세가 상승률이 입주권(딱지) 가격에 미치는 영향(크기와 방향)은 재개발사업 추진단계별로 다르다는 것을 위험율을 반영한 차익거래모형 구축을 통해 이론적으로 설명하고 분석하였다. 재개발구역 내 국공유지의 경우 매입면적과 매입가격을 둘러싼 불확실성은 입주권(딱지)의 가격에 부정적인 영향을 미치지만, 불확실성이 줄어들 경우 긍정적인 영향을 미치며, 세입자가 많을수록 입주권(딱지) 가격을 하락시키는 것으로 나타났다. 또한 준공 이후 재건축 아파트의 임대료 수입 역시 재개발 아파트 입주권(딱지)의 가격에 영향을 미치는 것으로 나타났다. 도심이나 부도심 지역에 가까울수록, 대상구역이 높지 않을수록 재개발 입주권(딱지)의 가치는 상승하지만, 국민주택규모 이하 아파트의 비중이 높을수록 입주권(딱지)의 가치는 하락하는 것으로 나타났다.

1. 시작하며

세간에서 흔하게 통용되는 소위 '딱지'는 "지방자치단체가 공공개발사업으로 집이 헐리는 사람들에게 나눠주는 공영아파트의 특별분양분에 입주할 수 있는 권리(입주권)를 증명하는 문서"를 말한다.[01] 서민들이 입주권(딱지)에 관심을 갖는 이유는 입주권(딱지)을 사면, 싼 분양가로 입주할 수 있다는 장점 때문이다. "장지지구 33평형 8천만 원에 입주 가능"[02]이라든가, "큰 돈 없이 집도 사고 돈도 버는 재개발투자"와 같은 광고 문구는 입주권(딱지)에 대한 서민들의 인식을 여과 없이 보여준다.[03] 이주민에게 공급되는 특별분양분의 분양가가 일반인을 상대로 하는 분양가격보다 훨씬 낮기 때문에 이 입주권(딱지)을 사서 아파트를 분양받은 뒤, 되팔면 높은 시세차익을 남길 수 있으며, 그 차익의 크기에 비례하여 입주권(딱지)의 거래가격이 형성된다. 일례로 서울 상암동 상암지구 33평형 아파트의 입주권(딱지)의 경우 1억 7천만 원이 넘는 가격에 거래된 바도 있다.[04]

입주권(딱지)의 가격에는 매입자의 위험프리미엄도 포함되어 있다. 공공개발지역 내 입주권(딱지) 거래는 일단 불법이며, 적발되면 입주권(딱지)은 무효 처리됨과 동시에 2년 이하의 징역이나 2천만 원 이하의 벌금형을 받는다. 입주권(딱지)을 받을 수 없는 건물을 입주권(딱지)을 받을 수 있는 것처럼 속여 팔거나, 한 번밖에 팔 수 없는 입주권(딱지)을 복사해 서너 명에게 파는 경우도 비일비재하며, 막상 입주를 앞두고 아파트가격이 상승하면 매도자가 불법거래를

---

01 동아일보, 2004년 4월 22일, "'입주권 주겠다' 물딱지 사기 경보."

02 한겨레신문, 2004년 3월 1일, "불법 '딱지'와 합법 입주권."

03 http://www.kyobobook.co.kr/product/detailViewKor.laf?ejkGb=KOR&mallGb=KOR&barcode=9788990966278

04 서울 상암지구의 경우 상암지구 이주민에게 특별공급한 아파트는 공급당시 평당 분양가격이 560~587만 원에 불과했다. 그런데 일 년이 지난 뒤, 상암지구 아파트는 평당 가격이 1,400만 원을 웃돌아, 33평형에 입주한 사람은 2억 원 정도의 시세차익을 남겼다(한겨레신문, 2004년 3월 1일, "불법 '딱지'와 합법 입주권").

악용해 소유권 이전을 거부할 경우도 있다. 이와 같이 입주권(딱지)을 매입한 사람에게 다양한 재산손실상의 위험이 존재하기 때문에, 입주권(딱지)의 거래 가격에는 옵션상품과 같이 위험프리미엄이 반영되어 있다. 반면, 합법적으로 거래할 수 있어 위험프리미엄의 크기가 작은 재개발지역의 조합원 입주권(딱지)도 존재한다.

재개발구역 아파트 입주권(딱지)의 시장거래 관행에 비추어 보면, 재개발 아파트 입주권인 딱지란 재개발구역의 토지 및 건축물의 소유자인 조합원이 재개발 시 건축될 건축물에 대하여 분양을 신청할 수 있는 권리로 선물시장의 콜옵션(call option)과 유사하다.[05] 부동산 투자 옵션상품으로 입주권(딱지)에 대한 세간의 관심은 "재개발 딱지 미끼 66명에 49억 챙긴 부동산업자 기소"[06], "장지 · 발산지구 딱지거래 기승"[07]과 같은 언론기사에서 보듯 일상에서 흔히 관찰할 수 있는 보편적인 현상이며, 최근에는 '물딱지', '조개딱지' 등 입주권(딱지) 거래의 관행과 범위가 급속히 확대되고 있지만, 정작 연구의 대상으로 입주권(딱지)의 행태와 역할은 늘 사각지대에 놓여 있었다. 도시주택 시장에서의 주택상품의 하나로서 입주권(딱지)은 부동산 투기와 결부되어, 사회병리현상으로 치부되고 있을 뿐, 입주권(딱지)의 역할과 기능에 대한 실증적인 연구는 무시되어 왔다. 이 연구는 이제까지 탐구의 대상으로 방기되었던 재개발 아파트 입주권인 '딱지'의 행태에 대한 연구이다. 재개발 입주권인 딱지의 가격의 형성요인을 규명함으로써, 딱지가격 역시 주택시장이라는 큰 틀에서 기능하는 합리적인 시장선택의 결과라는 것을 밝히려 한다.

본 연구는 다음과 같이 구성된다. 제2절에서는 재개발 입주권(딱지)과 관련된 기존 연구들을 소개하고, 제3절에서는 차익거래모형을 구축하여, 재개발 아파트 입주권(딱지)의 균형가격에 대한 이론적 모형을 구축한다. 제4절에서

05 재개발 입주권(딱지)은 선물시장 콜옵션의 한 변형에 불과하다는 멋진 아이디어는 "양봉진 칼럼"(한국경제신문, 1997년 10월 22일)에서 인용하였음.

06 한겨레신문, 2005년 2월 14일, "재개발 딱지 미끼 66명에 49억 챙긴 부동산업자 기소."

07 헤럴드경제, 2004년 6월 3일, "장지 · 발산지구 딱지거래 기승-위험크고 양도세 대납 부담 메리트 없어."

관련 자료와 변수들에 대한 설명에 이어 추정결과를 제시하며, 마지막으로 제5절에서는 연구결과를 요약하고 연구의 시사점을 제시하고자 한다.

2. 기존 연구의 검토

그동안 학계를 중심으로 재개발사업에 대한 다양한 연구가 진척되었다. 주택재개발사업과 관련하여, 많은 연구들이 주목하였던 분야 중 하나로 개발밀도가 가격에 미치는 영향(김주영, 2003; 김창석 · 김주영, 2002; 이창무, 2004, 정의철, 2003, 정의철 · 이창무, 2004, 조주현, 1998, 최막중, 2001)을 들 수 있다. 이창무(2004)와 최막중(2001)의 연구는 재개발사업의 동력은 기존 주거지에 비해 토지를 집약적으로 사용하면서 생기는 개발이익이라는 점을 용적률 변화에 따른 주민지분가치의 변화를 보여주는 수리모형을 통해 보여주고 있다. 정의철(2003)의 연구는 개발밀도 상승으로 발생하는 자본이득효과가 주거환경효과보다 크다는 점을 실증분석을 통해 규명하고 있으며, 주거환경효과에 초점을 맞춘 김주영(2003)과 김창석 · 김주영(2002)의 연구는 용적률 상승으로 인한 부정적인 주거환경효과를 실증분석하고 있다.

재개발 · 재건축 사업의 동력을 규명한 연구들이 개발밀도 변화에 주목한 반면, 재개발 · 재건축 아파트들의 가격 변화를 주목한 연구들은 주로 재개발 · 재건축 사업의 시간경과에 따른 가치 상승 양상에 초점을 맞추고 있다. 노후 아파트 매매가를 대상으로 분석한 이상경 · 신우진(2001)과 최열 · 공윤경(2003)의 실증연구는 건축년수 16~17년을 기점으로 하락하던 아파트가격이 상승하여, 재건축가능성 상승에 따른 자산가치 변화를 보여주고 있으며, 구인효(2001)와 오동훈 · 이민석(2004)의 연구는 가격 변화단계를 재건축사업의 진행단계별로 구분하여 분석하고 있다.

주택재개발사업을 선물시장에서 투자행태모형으로 근접한 연구로 임창호·이종현(1996)의 연구와 고덕균·김홍규(2004)의 연구가 있다. 임창호·이종현(1996)의 연구는 재개발사업구역 내, 토지 및 가옥의 소유자들의 의사결정을 전매와 분양신청 등으로 구분한 뒤, 각각의 선택에 따른 기대이익의 크기가 전매시기에 영향을 준다는 것을 의태분석과정을 통해 밝히고 있다. 고덕균·김홍규(2004)의 최근 연구는 주택재개발 관리처분 권리유형에 따른 재입주 특성을 분석한 연구로, 재개발구역 거주민들의 입주부담금이 적을수록 재입주율이 높게 나타나기 때문에, 재입주율을 제고하기 위한 방편의 하나로 조합원 분양가격의 절감을 제안하고 있다. 이상의 두 연구는 재개발 또는 재건축 시장 참여자들을 기대이익에 반응하는 행위자로 전제하고는 있지만, 주택 시장에서의 선물로서의 입주권(딱지)의 역할과 기능에 대한 고려는 하지 않았다. 두 연구의 관심은 재개발 시장 참여자들의 전매 여부에 머물렀지만, 재개발사업 진행단계로 변화하는 기대이익에 부응하는 재개발 시장 참여자들의 동태적 의사결정이 집약된 입주권(딱지)의 가격에 주목하지 못함으로써 재개발사업 진행을 둘러싼 시장 참여자들의 동태적 의사결정과정과 그에 영향을 주는 요인들을 규명하지 못하였다.

입주권(딱지)에 대한 희귀한 연구로 남미희(2005)에 의해 수행된 실증연구가 있다. 개발이익의 환수방안의 한 방법으로 입주권(딱지)의 존재에 주목한 이 연구는 재개발사업 시행단계별로 입주권(딱지)가격에 영향을 미치는 요인이 달라진다는 것을 실증적으로 검토하였지만, 사업단계로 입주권(딱지)가격에 영향을 미치는 요인이 왜 달라지는가를 이론적으로 규명하지 못하고 있다. 일반적으로 재개발 입주권인 딱지는 새로 지을 아파트의 기대가격이 높을수록, 입주부담금(행사가격)이 낮을수록 그 가격이 비싸진다는 측면에서 선물시장에서의 콜옵션과 유사한 성격을 지니고 있다. 그런 의미에서 Black and Scholes(1973)에 의해 제안된 차익거래모형은 재개발 딱지의 가격 변화를 설명할 수 있는 유용한 단서를 제공하고 있다.

3. 이론의 전개와 가설

재개발사업구역의 토지와 건물을 지니고 있는 전형적인 조합원을 상정하자. 조합원은 그가 지니고 있는 입주권(딱지)을 그대로 지니고 있든가, 아니면 그가 가진 재개발 입주권인 '딱지'를 전매할 것인가라는 두 가지 선택을 가지고 있다. 입주권(딱지)을 계속 지니고 있다면, 그는 재개발사업 진행에 따른 추가비용을 부담한 뒤, 새 아파트를 분양받을 수 있다. 만약 전매한다면, 그가 선택할 수 있는 대안은 매매대금을 은행에 예입하거나, 또는 재개발구역 인근에 위치한 주택에 재투자하는 것이다. 재개발구역이 위치한 지역에서 매각대금을 은행에 예입하는 것보다 주택에 투자하는 것이 보다 더 높은 수익률이 기대되는 것이 일반적이라고 가정하면, 전형적인 조합원의 투자대안은 지분을 그대로 가지고 있든가, 아니면 인근 지역 주택을 매입하는 두 가지 안으로 한정될 수 있다. 입주권인 딱지를 전매한 금액으로 재개발구역 인근에 위치한 다른 주택을 매입해 임대할 경우 n년 후의 그의 재산가치는 t년까지의 주택을 임대해 얻게 되는 임대료 소득과 t년 후 주택을 매각할 경우 주택매각가격이 될 것이다. 그가 구입한 주택가격이 상승한다면 매각하였을 경우 얻게 될 주택가격 상승분인 자본차익 역시 그의 재산목록에 포함되게 된다.

지분을 그대로 가지고 있을 경우의 조합원이 가진 입주권인 딱지의 가격을 C라고 하면, 차익거래모형 구축을 통해, 딱지의 가격 C를 다음과 같이 표현할 수 있다. 딱지의 가격은 사업준공 후 n년차에 분양받은 아파트를 매각할 경우의 현재가치에서 미래의 사업추진단계별로 발생할 비용의 현가를 빼고, 철거 이전 임대차계약 만료일까지 세입자로부터 받은 월세의 현금흐름, 준공 이후 t년도까지 세입자로부터 받을 임대료 현가로 구성된다. 재개발구역 내 주택을 임대할 경우 철거가 임박한 시점까지 주택을 임대할 수 있지만, 철거가 임박해 임대차계약이 종료된 이후부터 준공시점까지는 임대소득을 얻을 수 없게 된다.

사업추진단계별로 발생하는 비용으로는 입주부담금과 국공유지 청산대금, 세입자 주거이전비 등을 들 수 있다. 모형 전체적으로 각 단계별 가격결정요인들의 변동성에 따른 선택위험도를 포함시켜야 하지만, 모형의 단순화를 위해 국공유지 매입대금의 변동에 대한 불확실성을 제외하고는 다른 변수들의 선택위험도는 고려하지 않기로 하자.

C=분양아파트를 T기 말에 매각할 경우의 현가

－지분소유에 따른 비용 현가(입주부담금, 국공유지 청산대금, 세입자 주거이전비 등)

＋철거 이전 임대차계약 만료일까지의 세입자로부터 수취한 임대소득 현가

＋준공 이후 t년도까지 임대소득 현가

$$
\begin{aligned}
&= V(1+\Delta P)(1+\alpha)e^{-rt} - \bar{P}(1+\alpha)e^{-rk} \\
&\quad - [\alpha(E(L)+\delta Var(L)) + \beta S]e^{-rj} + \sum_{n=1}^{i}(1+\Delta R)\cdot R\cdot e^{-rn} \\
&\quad + \sum_{n=k}^{t}(1+\Delta R)(1+\alpha)\cdot R\cdot e^{-rn}
\end{aligned}
\qquad (5\cdot1)
$$

C : 1단위 지분 면적의 딱지의 현재가격

V : 분양(예정)아파트의 (딱지 지분 1단위에 상응하는) 단위면적당 현재시점 시장거래가격

T : 사업종료기간

r : 할인율

i : 세입자의 임대차계약 만료일

j : 재개발구역 내 아파트 철거시기, 단 $j \geq I$

k : 준공시점

ΔP : 일정 기간 중 재개발구역과 인근의 주택매매가격 상승률

$\bar{P}$: 딱지 1단위 지분에 상응하는 아파트 단위면적에 대한 현재시점 입주자 부담금

α : 1단위 지분면적 대비 국공유지 면적비율

L : 1단위 지분면적과 동등한 국공유지 면적에 대한 매입대금

$E(L)$: 1단위 지분면적과 동등한 국공유지 면적 매입대금의 기댓값

δ : 국공유지 매입대금의 변동에 대한 불확실성(가격환산) 계수, $\delta \geq 0$

$Var(L)$: 국공유지 매입대금의 분산정도
β : 구역 내 지분 소유자수 대비 세입자비율
S : 세입자당 주거이전지원비
R : 1단위 지분소유자의 평균 임대료 수입
$\varDelta R$: 일정 기간 중 재개발구역과 인근의 주택임대가격 상승률

| 그림 5-1 | 재개발사업의 시점 분류

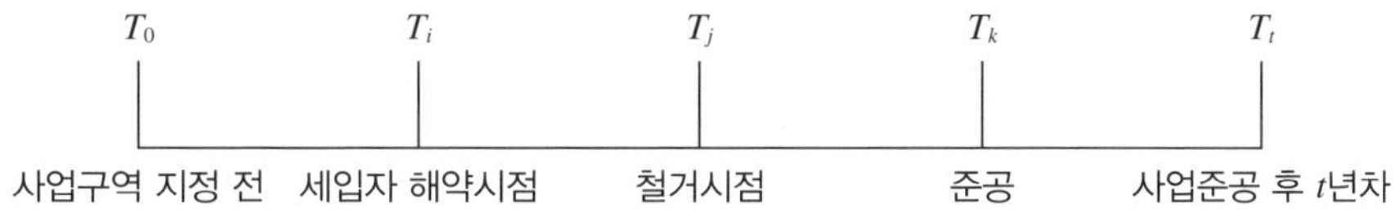

재개발 아파트 입주권인 딱지를 구입한 사람의 지분은 자신이 원래 소유하고 있는 지분에 국공유지 매입에 따른 추가지분의 합으로 구성된다$(1+\alpha)$. 재개발사업 완료 후 t년차 분양아파트의 시장가격이 기존 아파트가격 상승률에 비례한다면, 지분보유자의 지분가치는 $V(1+\alpha)(1+\varDelta P)$가 된다. 지분보유에 따른 추가비용은 신규아파트 분양에 따른 입주부담금$(\bar{P})$, 국공유지 매입대금과 세입자 주거이전비 등이다. 재개발구역 지정 시에 국공유지 매입면적이나 매입대금이 확실하게 결정되어 있지 않으므로, 국공유지 매입대금은 1단위 지분면적과 동등한 국공유지 면적(L)에 대한 매입대금의 기댓값$[\alpha \cdot E(L)]$과 매입대금의 불확실성에 비례한 위험비용$[\alpha \cdot \delta \cdot Var(L)]$의 합으로 구성된다. 구역 내 지분소유자 대비 세입자의 비율(β)이 높아질수록 지분소유자가 부담해야 할 세입자 주거이전비$(\beta \cdot S)$의 크기도 증가한다. 재개발구역 내 지분소유자는 구역 내 주택철거 전까지 그가 소유한 주택을 임대할 수 있으며, 그에 따른 임대수입이 발생한다. 철거시기가 임박해지면, 임대의 재계약이 이루어지지 않으므로 세입자의 임대차계약 만료일 i는 재개발구역 내 아파트 철거시기 j보다 앞선다. 세입자 임대차계약 만료일 이후 아파트가 준공되어 임대를 개시하기 전까지의 임대소득은 발생하지 않지만, 준공 이후에는 다시 그가 소유한 아파트를 임대할 수 있게 된다. 이 경우 지분소유자의 임대가능 면적은 그가 추가

로 매입한 국공유지 면적 지분만큼 증가한다.

재개발구역 내 조합원이 딱지를 매매해 수령한 금액 C를 재개발 인근 구역 주택에 투자해 임대한다고 가정할 경우, 이 조합원의 이윤함수는 재개발사업 후 C금액으로 매입한 주택을 t기 말에 매각했을 때의 현가와, 사업완료시점까지의 임대료 수입의 현가로 구성된다.

$$W=C(1+\Delta P)e^{-rt}+\sum_{n=1}^{t}(1+\Delta R)\cdot R\cdot e^{-rn} \qquad (5\cdot2)$$

W : 조합원의 재산가치 현가

조합원이 딱지를 보유하거나, 딱지를 매각할 경우 차익거래(差益去來, arbitrage trading)에 따른 이득이 없는 균형상태는 딱지 매각 시 조합원의 재산가치 현가 W와 딱지의 현재가격 C가 같아야 하므로 다음 식이 성립한다.

$$\begin{aligned}&C(1+\Delta P)e^{-rt}+\sum_{n=1}^{t}(1+\Delta R)\cdot R\cdot e^{-rn}\\&=V(1+\Delta P)(1+\alpha)e^{-rt}-\overline{P}(1+\alpha)e^{-rj}\\&\quad-[\alpha(E(L)+\delta Var(L))+\beta S]e^{-rj}+\sum_{n=1}^{i}(1+\Delta R)\cdot R\cdot e^{-rn}\\&\quad+\sum_{n=k}^{t}(1+\Delta R)(1+\alpha)\cdot R\cdot e^{-rn}\end{aligned} \qquad (5\cdot3)$$

따라서 차익거래에 따른 이득이 없는 균형상태에서 딱지의 가격 C는 다음과 같이 정리된다.

$$C=\left(\begin{aligned}&V(1+\Delta P)(1+\alpha)e^{-rt}\\&-\overline{P}(1+\alpha)e^{-rj}\\&-[\alpha(E(L)+\delta Var(L))+\beta S]e^{-rj}\\&-\sum_{n=i}^{t}(1+\Delta R)\cdot R\cdot e^{-rn}\\&+\sum_{n=k}^{t}(1+\Delta R)(1+\alpha)\cdot R\cdot e^{-rn}\end{aligned}\right)\Big/(1+\Delta P)e^{-rt} \qquad (5\cdot4)$$

지분가격 C에 영향을 미치는 요인을 차례로 살펴보기로 하자. 우선 지분면적 대비 국공유지 면적비율 α가 증가할 경우 지분소유자의 지분의 크기를 증가시키지만, 지분 증가에 따른 추가비용(입주부담금)의 증대를 초래한다(식(5·5) 참조). 일반적으로 국공유지 추가매입에 따라 지분소유자의 지분가치 증대효과가 입주부담금 증대효과보다 크므로, $\partial C/\partial\alpha$는 +로 예상되지만, 국공유지 매입에 따른 불확실성($\delta Var(L)$)이 크다면, 지분면적 대비 국공유지 면적비율 α의 증가가 지분가치에 부정적인 영향을 미칠 수도 있다. 예를 들어, 구역이 지정되어 재개발사업이 시작될 시점에서 조합이 매입해야 할 국공유지 면적과 가격이 불확실할수록 입주권(딱지)의 가치는 떨어지지만, 조합결성 후 사업승인이 이루어지는 시점에서는 국공유지 매입에 따른 불확실성이 줄어들어 지분가격에 대한 국공유지 매입가격의 불확실성이 미치는 영향이 줄어들게 된다.

$$\frac{\partial C}{\partial \alpha}=\frac{\left(\begin{array}{l} V(1+\Delta P)e^{-rt}-\bar{P}e^{-rj} \\ -[E(L)+\delta Var(L)]e^{-rj} \\ +\sum_{n=k}^{t}(1+\Delta R)\cdot R\cdot e^{-rn} \end{array}\right)}{[(1+\Delta P)\cdot e^{-rt}]} \qquad (5\cdot5)$$

구역 내 지분소유자 대비 세입자비율(β)은 지분가치에 부정적인 영향을 미친다. 다른 조건이 동일할 경우 세입자가 많아질수록 지분소유자들의 세입자 주거이전비(βS) 비용부담액이 증가하므로 지분소유자의 지분가치는 하락하게 된다(식 (5·6)). 입주자부담금의 상승 역시 지분소유에 따른 비용을 증가시켜 지분가치를 하락하는 요인으로 작용한다(식 (5·7)).

$$\frac{\partial C}{\partial \beta}=\frac{-S\cdot e^{-rj}}{(1+\Delta P)\cdot e^{-rt}}<0 \qquad (5\cdot6)$$

$$\frac{\partial C}{\partial \bar{P}}=\frac{-(1+\alpha)\cdot e^{-rk}}{(1+\Delta P)\cdot e^{-rt}}<0 \qquad (5\cdot7)$$

재개발구역과 인근지역의 임대료 상승은 시기별로 지분가치에 미치는 영향이 달라진다. 지분을 소유한 소유주가 임대소득을 올릴 수 없는 기간—세입자의 임대차계약 만료일로부터 준공시점까지— 중의 임대료 상승은 지분의 가치를 감소시키지만, 준공이 가까워질수록 준공된 새 아파트의 기대임대소득의 크기가 커질 경우 지분가치에 긍정적인 영향을 미치게 된다(식 (5·8)).

$$\frac{\partial C}{\partial \Delta R}=\frac{-\sum_{n=i}^{k} R \cdot e^{-rn}+\alpha \sum_{n=k}^{t} R \cdot e^{-rn}}{(1+\Delta P)e^{-rt}} \tag{5·8}$$

재개발구역 인근의 주택매매가격 상승률이 지분의 가치에 미치는 영향은 간단하지 않다. 구역지정을 전후로 한 사업 초기 인근지역 주택매매가격의 상승률은 지분가치에 긍정적인 영향을 미치지만, 재개발사업이 진행되어 사업의 완료시점에 가까워지면, 인근 지역 주택매매가격의 상승률은 지분가치에 부정적인 영향이 커지게 된다. 이는 지분가치에 미치는 여러 요소 중 재개발 아파트 준공 이후 임대수입의 현가($\sum_{n=k}^{t}(1+\Delta R)(1+\alpha)\cdot R \cdot e^{-rn}$)비중이 커지게 되기 때문이다(식 (5·9)). 이 점은 주변 주택가격이 상승하면 재개발 입주권인 딱지의 가격도 오를 것이라는, 일반의 상식과 배치되는 가설 중 하나이다.

$$\frac{\partial C}{\partial \Delta P}=\frac{e^{rt}}{(1+\Delta P)^2}\left(\begin{array}{l}\bar{P}(1+\alpha)e^{-rj}\\ +[\alpha(E(L)+\delta Var(L))+\beta S]e^{-rj}\\ +\sum_{n=i}^{t}(1+\Delta R)\cdot R \cdot e^{-rn}\\ -\sum_{n=k}^{t}(1+\Delta R)(1+\alpha)\cdot R \cdot e^{-rn}\end{array}\right) \tag{5·9}$$

4. 실증분석

이 연구에 활용된 자료는 「부동산114」에서 재개발 딱지매물에 대한 자료를 게재하기 시작한 2002년 4월부터 2004년 9월까지의 38개 구역 67,544개의 매물자료이다.[08] 매물자료를 사업단계별(구역지정단계 이후 1, 조합설립인가단계 이후 2, 사업시행단계 이후 3, 관리처분단계 이후 4)로 구분하여, 구역별 월별 평균 거래가격을 도출하였다. 수집된 자료는 시계열 자료이긴 하지만, 패널 자료는 아니며, 자료수집기간 중의 사업단계별로 구분된 자료이므로, 약간의 시계열 정보가 포함된 횡단면 자료적인 성격이 강하다.

가설을 검증하기 위해 회귀분석을 활용하였으며, 독립변수로 개발 전 구역특정 변수인 구역면적, 사업구역에서 국공유지가 차지하는 면적비율, 조합원수, 구역주민 중 세입자가구비율, 구역 내 인구, 개발 후 구역특성 자료로 총사업기간, 건립가구수, 인근 지하철역과 비교한 사업대상지의 고도 차이, 임대주택비율, 전체 재개발 건립 가구 중 전용면적 60㎡ 이하인 소형주택 분양비율, 건폐율, 용적률 증가율, 더미변수로 시공사변수를 포함시켰다. 지역특정 자료로는 재개발사업구역이 위치한 동 지역 전체 아파트매물의 비교대상기간 중 월평균 아파트 매매가 상승률과 전세가 상승률, 동 지역 전체의 신규아파트 평균 분양가, 비교대상기간 중 동 지역 월평균 인구증가율과 공시지가 상승률, 구역중심과 최근접 지하철역까지의 거리를 선정하였다. 시공사의 경우 현대건설, 삼성물산, 대우건설의 경우는 더미변수로 1을 부여하였으며, 그 외의 경우는 0으로 처리하였다.[09]

08 이 연구를 위해 재개발 입주권(딱지) 가격 시계열 자료를 기꺼이 제공해 준 부동산114 김희선 전무님과 박은주 과장님, 그리고 자료를 정리해 준 남미희 공인감정평가사에게 깊은 감사를 드린다.

09 삼성물산, 현대건설, 대우건설 등 3개 시공사의 사업참여가 조합설립인가 이후 지분(딱지)의 가치에 부정적인 영향을 준다는 것은 흥미로운 사실이다. 아파트 가격결정모형을 다룬 다른 연구에서도 현대건설이나 대우건설 등의 시공사 더미변수는 아파트가격에 부정적인 영향을

| 표 5-1 | 분석대상구역과 사업시행단계

구역명	자료수	구역 지정일	조합설립 인가	사업시행 인가	관리처분 계획인가	사업완료 예정일	소요기간(개월)				
							1 단계	2 단계	3 단계	4 단계	합계
정릉6	3,317	2001-2-10	2002-06-14	2004-08-04	-	-	16	25			
종암5	1,581	2003-3-8	2003-05-30	2004-03-13	-	2007-03-08	2	9			48
공덕3	2,094	1999-9-17	2000-05-04	2002-12-27	2003-04-30	2005-12-27	7	31	4	31	75
구로8	1,472	2000-3-25	2001-06-05	2002-12-17	-	2006-12-17	14	18			80
금호11	6,110	2001-1-15	2001-07-04	2002-09-30	2004-04-08	2006-12-30	5	14	18	32	71
길음5	3,283	1999-11-4	2001-09-24	2002-03-21	2003-12-24	2007-03-21	22	5	21	38	88
남가좌 8	396	2000-7-24	2001-05-08	2002-01-10	2003-06-23	2006-01-09	9	8	17	30	65
답십리 13	617	2000-5-24	2001-06-25	2002-11-22	2003-09-20	2007-11-22	13	16	9	50	89
답십리 15	33	2001-8-1	2001-08-22	2002-10-16	2003-05-23	2006-10-07	0	13	7	40	62
돈암1	67	2000-3-21	2001-03-10	2003-02-21	-	2007-02-21	11	23			83
미아10	1,425	2001-2-23	2002-02-04	2002-11-29	-	2007-11-29	11	9			81
봉천10	250	1999-10-4	2000-10-04	2003-01-30	2003-09-30	2007-01-30	12	27	8	40	87
봉천11	91	2000-4-27	2001-06-19	2002-04-06	2002-10-25	2006-04-06	13	9	6	41	71
불광2	862	2001-9-10	2001-11-30	2004-03-08	-	2009-03-08	2	27	0	0	89

주는 것으로 나타난다(정창무, 2006 참조). 왜 그런가에 대한 보다 심층적인 연구가 필요하지만, 이 연구에서는 별도로 검토하지 못했다.

삼선1	621	2001-5-28	2002-01-08	2003-04-07	2004-05-22	2007-04-07	7	14	13	34	70
삼선2	58	2001-5-28	2001-10-05	2002-09-25	2004-02-09	2007-09-25	4	11	16	43	75
숭인4	572	2001-11-1	2002-01-29	2003-12-02	-		2	22			
신공덕4	568	1999-1-26	1999-12-24	2001-09-15	2004-07-30	2004-09-14	10	20	34	1	67
신림7	276	1999-12-9	2000-09-25	2002-09-10	-	2006-09-10	9	23			81
안암1	550	2000-2-11	2000-08-09	2001-10-31	2002-11-06	2006-10-30	5	14	12	47	80
오류3	69	1999-5-24	2001-05-29	2003-10-28	2004-07-09	-	24	28	8		
월곡2	756	1999-6-10	2002-04-02	2003-08-30	-	-	33	16			
정릉2	462	1998-8-19	2000-11-20	2001-10-12	2003-05-26	2005-10-08	27	10	19	28	85
효창3	2,408	1999-4-30	1999-09-09	2003-05-21	-	2007-05-21	4	44			96
구로7	1,680	2000-5-24	2001-07-05	2003-06-30	2004-03-20	2007-06-30	13	23	8	39	85
길음6	4,490	2001-11-12	2002-03-12	2003-01-30	2004-02-12	2008-01-30	4	22	12	47	74
미아2	1,037	2003-6-25	-	-	-	-					
신림1	6,372	1995-5-11	-	2001-10-09	-	2006-09-27	30	47			136
흑석5	3,382	2003-12-30	-	-	-	-					
충정로냉천	2,937	2003-6-16	2003-06-20	-	-	-	0				
행당4	5,893	2003-12-15	-	-	-	-					

월곡1	6,549	2002-6-24	2003-06-30	–	–	–	12				
월곡3	7,266	1999-11-17	2001-03-17	2001-12-24	–	2006-12-23	16	9			85
고척2	707	2001-10-27	2002-03-07	–	–	–	4	–	–	–	–
노량진1	1,152	2002-3-12	2002-10-23	–	–	–	7	–	–	–	–
신공덕5	2,747	2001-2-24	2002-07-15	–	–	–	16	–	–	–	–
석관1	604	2003-5-22	2003-06-26	–	–	–	1	–	–	–	–
정릉1	665	2002-3-15	2003-02-23	–	–	–	11	–	–	–	–

출처 : 남미희, 2005, "주택 재개발구역의 부동산가격 결정요인에 관한 연구," pp. 41-42의 내용을 참고로 재작성.

표 5-2 | 다중회귀분석을 위한 변수설정

구분		변수	단위	설명
종속변수		구역별 월별 평당 평균매매가격	만 원	재개발매물자료, 부동산114
독립변수	개발 전 구역 특성	구역면적	m^2	서울시재개발통계자료 (2004.8.30. 기준)
		국공유지 면적 비율	%	서울시재개발통계자료 (2004.8.30. 기준)
		조합원수/구역 내 인구	명	서울시재개발통계자료 (2004.8.30. 기준)
		세입가구비율	%	서울시재개발통계자료 (2004.8.30. 기준)
	개발 후 구역 특성	총사업기간	월	서울시재개발통계자료 (2004.8.30. 기준)
		건립 가구수	호	서울시재개발통계자료 (2004.8.30. 기준)

독립변수	개발 후 구역 특성	임대주택 건립비율 (임대호수/총건설호수)	%	서울시재개발통계자료 (2004.8.30. 기준)
		전용 60㎡ 이하/전용 85㎡ 이상 주택분양비율	%	서울시재개발통계자료 (2004.8.30. 기준)
		건폐율/용적률 증가율	%	서울시재개발통계자료 (2004.8.30. 기준)
		시공사(현대, 대우, 삼성)	더미	서울시재개발통계자료 (2004.8.30. 기준)
	지역적 특성	동별 월평균 주변아파트 매매가 상승률	%	조사기간별 아파트가격자료, 부동산114
		동별 월평균 주변아파트 전세가 상승률	%	조사기간별 아파트가격자료, 부동산114
		동별 분양아파트 평당 평균가격	만 원	서울시 동시분양자료
		월평균 동별 인구 증가율	%	서울시 해당구청 인터넷사이트
		월평균 동별 공시지가 상승률	%	구역 내 대표지번의 공시지가자료
		구역중심과 최근접 지하철역까지의 거리	m	지도상 직선거리 실측
		구역중심과 최근접 지하철역 간의 높이 차이	m	Google Earth 좌표추적을 통한 높이 차이

출처 : 남미희, 2005, "주택 재개발구역의 부동산가격 결정요인에 관한 연구," p.37의 내용을 참고로 재작성.

다중회귀분석을 이용해 재개발사업단계별로 재재발 입주권(딱지)의 구역별 월별 평당 평균매매가격으로 하는 회귀분석결과는 다음의 〈표 5-3〉에 제시되어 있다. 모형의 설명력은 수정결정계수로 0.68에서 0.84의 범위를 보이고 있다. 제시된 4가지 가격모형의 계수값이 표시된 변수들의 유의도(α값)는 모두 0.05 이하이며, 변수들 간의 다중공선성은 존재하지 않는다.[10]

10 〈표 5-3〉의 음영부분은 포함시키지 못한 변수들이다. 구역지정단계 전후로 조합원수도 확정되지 않았으며, 구역 내 세입가구비율에 대한 정보도 확인할 수 없는 것이 일반적이다. 조합도 결성되지 않았고, 시공사 역시 결정되지 않았으므로 조합원수나 분양예정면적, 국민주택규모 이상 분양아파트 비율 등에 대한 정보 역시 가용하지 않다. 따라서 가격결정모형에 이들 변수들을 포함시키지 않았다. 조합설립인가 이후 가격결정모형에서 행정동 내 신규분

구역준비(지정)시기부터 조합설립인가 전까지의 입주권(딱지)의 가격은 구역면적, 2002년 대비 2003년 아파트 매매가 월별 증가율, 해당 동의 월별 인구증가율, 구역과 지하철역과의 거리, 구역지정 이후 경과월수 등의 영향을 받는 것으로 나타났다. 구역지정 전후로 재개발 아파트 입주권(딱지)의 가격은 인근지역의 가격이 상승할수록 사업구역에 포함될 국공유지 면적비율이 클수록, 구역지정 이후 시간이 경과할수록 상승하는 것으로 분석되었다.

조합설립인가가 이루어지면 재개발 아파트 입주권(딱지) 가격에 영향을 미치는 변수들이 구체화되기 시작한다. 예를 들어 세입가구비율이나 평형대별 아파트 면적비율(국민주택 또는 국민주택규모 이상 아파트의 세대수 비율), 시공사 등과 같이 사업시행에 관련된 변수들이 유의미해진다.

| 표 5-3 | 사업단계별 입주권(딱지) 가격결정모형 추정결과

변수명(단위)		구역지정 단계 (추진위 구성)	조합 설립인가	사업승인	관리처분 계획인가
종속변수 : 월평균 평당가격(만 원)					
x1	재개발구역 면적(㎡)	−0.01426		0.01976	0.00621
x2	국공유지 비율(%)	3.29243	−2.62351	5.68231	0.058725
x3	조합원수(명)			−0.77005	
x4	세입가구 비율(%)		−10.29364	−13.01236	−10.84658
x5	분양면적(전용 60㎡ 이하)비율(%)		−12.31701		
x6	용적률 증감률(%)		−0.94945		
x7	시공사더미(삼성, 현대, 대우 1)		−260.355		
x8	2002년 대비 2003년 아파트 매매가 월별 변동률(%)	107.36019			−336.8615
x9	2002년 대비 2003년 아파트 전세가 월별 변동률(%)		−16.91648	−175.3543	320.91933

양아파트의 평균분양가와 조합원수 변수를 제외한 것은 변수를 포함할 경우 다중공선성이 발생하기 때문이다. 사업단계별 가격모형 추정결과는 〈표 5-3〉과 같다.

x10	행정동 내 신규분양아파트의 평균분양가(만 원/평)			−1.26468	
x11	해당 동 인구 월별 증감률(%)	369.92614		−162.7775	
x12	지하철 거리(m)	−0.48701			
x13	도심/부도심 거리(km)		−0.05577		
x14	분양면적(전용 61~85㎡ 이하) 비율(%)			−21.00681	−14.53361
x15	분양면적(전용 85㎡ 초과) 비율(%)		−17.95444		
x16	지하철역과의 높이 차(m)			−1.46925	
x17	딱지의 매매시기(200401과 같이 표시) 월별 더미변수		1.20262		
x180	재개발단계별 경과월수(개월)				14.43468
x1921	구역지정 이후 누적경과월수(개월)	17.32661		5.79068	−12.0891
x20	조합설립시점(년월)		−0.62365		
수정결정계수(*Adj*. R^2)		0.8431	0.7148	0.6888	0.7873
자료수		84	199	221	156

주 : 1) 계수값이 표시된 모든 변수들의 유의도는 0.05 이하임.
2) 음영표시부분은 회귀모형 구축 시 포함시키지 않은 변수들임.

| 표 5-4 | 구역지정단계 이후 입주권(딱지) 가격결정모형

변수명	계수	*t*값	Tolerance	VIF
상수항	1727.10724	29.09	.	0
x1	−0.01426	−5.51	0.29246	3.41927
x2	3.29243	3.22	0.44868	2.22877
x8	107.36019	5.00	0.3116	3.20929
x11	369.92614	12.22	0.36683	2.72606
x12	−0.48701	14.79	0.63709	1.56963
x19	17.32661	7.83	0.66990	1.49276

| 표 5-5 | 조합설립인가 이후 입주권(딱지) 가격결정모형

변수명	계수	t값	Tolerance	VIF
상수항	−112954	−3.08	.	0
x2	−2.62351	−4.72	0.68187	1.46654
x4	−10.29364	−9.45	0.70822	1.41199
x5	−12.31701	−9.07	0.45801	2.18338
x6	−0.94945	−6.87	0.36215	2.76130
x7	−260.35498	−8.42	0.57126	1.75052
x9	−16.91648	−3.68	0.36840	2.71446
x13	−0.05577	−7.00	0.24875	4.02003
x15	−17.95444	−5.30	0.45673	2.18950
x17	1.20262	6.68	0.67084	1.49068
x20	−0.62365	−3.97	0.58162	1.71934

| 표 5-6 | 사업승인 이후 입주권(딱지) 가격결정모형

변수명	계수	t값	Tolerance	VIF
상수항	1965.76799	10.75	.	0
x1	0.01976	11.55	0.19151	5.22157
x2	5.68231	5.82	0.29250	3.41884
x3	−0.77005	−7.17	0.24930	4.01130
x4	−13.01236	−11.84	0.45378	2.20373
x9	175.35432	12.50	0.17494	5.71620
x10	−1.26468	−8.75	0.66299	1.50831
x11	−162.77749	−3.47	0.13411	7.45672
x14	−21.00681	−10.73	0.17159	5.82785
x16	−1.46925	−2.00	0.40925	2.44348
x19	5.79068	3.78	0.33423	2.99195

| 표 5-7 | 관리처분계획인가 이후 입주권(딱지) 가격결정모형

변수명	계수	t값	Tolerance	VIF
상수항	1767.10640	8.21	.	0
x1	0.00621	4.79	0.56156	1.78076
x2	3.62416	6.17	0.74298	1.34592
x4	−10.84658	−7.94	0.40259	2.48392
x8	−336.86153	−10.26	0.44193	2.26282
x9	320.91933	9.21	0.37608	2.65899
x14	−14.53361	−8.58	0.76531	1.30665
x18	14.43468	5.06	0.68240	1.46541
x19	−12.08910	−7.38	0.70458	1.41928

식 (5·6)의 결과와 같이 세입자가구비율이 높을수록 입주권(딱지)의 가격은 하락하며, 도심 또는 부도심과의 거리가 멀수록, 구역 내 국공유지 면적비율이 높을수록 가격이 떨어진다. 구역지정단계와는 달리 국공유지 면적비율이 입주권(딱지)의 가격에 부정적인 영향을 미치는 것으로 나타나는데 이는 식 (5·5)의 구성요소 중 국공유지 매입에 따른 매입가격의 불확실성($\delta Var(L)$)이 조합설립인가 이후 사업승인 이전단계에서 지분가치에 부정적인 영향을 미칠 정도로 크다는 것을 시사하고 있다. 재개발구역 주변지역의 전세가 상승률은 재개발 아파트 입주권(딱지) 가격에 부정적인 영향을 미치는 것으로 나타나는데 이는 식 (5·8)에서 재개발구역 내 지분을 소유한 소유주가 임대소득을 올릴 수 없는 기간—세입자의 임대차계약 만료일로부터 준공시점까지— 중의 임대료 상승분이 준공 이후 기대임대료 소득의 현가보다 더 커서 주변지역 임대료 상승분들이 입주권(딱지) 소유자의 기회비용으로 작용하는 것을 시사한다.

사업승인 이후 관리처분계획인가 전까지의 재개발 아파트 입주권(딱지)의 가격은 구역 내 국공유지 면적비율이 높을수록, 세입가구비율이 낮을수록, 인근지역의 전세가격 상승률이 낮을수록, 인근지역 분양아파트 분양가격이 낮을수록, 지하철역과의 높이 차이가 낮을수록, 구역지정 이후 경과월수가 길수록 높은 것으로 나타났다. 구역 내 국공유지 면적비율이 재개발 아파트 입주권(딱지) 가격에 미치는 영향이 긍정적으로 바뀐 것은 사업승인으로 인해 국공유지 매입에 따른 매입가격의 불확실성($\delta Var(L)$)이 대폭 감소되어 식 (5·5)의 부호가 +로 변하였다는 점을 나타내고 있다. 식 (5·6)과 같이 세입가구비율이 높을수록 주거이전비(S) 등의 부담이 증가하므로 지분소유자의 지분가치는 하락하게 되며, 식 (5·7)에서 밝혔듯이 인근지역 분양아파트의 평균분양가의 상승 역시 지분소유에 따른 비용을 증가시켜 지분가치를 하락시키는 요인으로 작용한다. 해당동 인구 월별 증감률 변수의 경우 구역지정단계 이후 가격결정모형에서는 양의 값을 가지지만, 사업승인단계 이후 가격결정모형에서는 음의 값을 가지는 이유는 다음과 같이 추론할 수 있다. 일반적으로 어떤 구역 내 인구증가는 부동산 가치를 증가시키지만[구역지정단계 이후 가격결정모형에서 지분(딱지)소유자의 지분가치 역시 상승시킴], 사업승인 이후에는 재개발구역 주변에 위치한 주택가격의 상승이 지분(딱지)의 상대적 가치를 하락시킴으로써 지분(딱지)가치에 부정적 영향을 미치는 것으로 판단할 수 있다.

관리처분계획인가 이후 단계의 재개발 아파트 입주권(딱지)의 가격은 구역 내 공유지 면적비율이 높을수록, 세입가구비율이 낮을수록, 주변지역 주택가격 상승률이 낮을수록, 주변지역 전세가격 상승률이 높을수록 상승하는 것으로 나타난다. 구역지정 이후 조합설립 이전의 입주권(딱지) 가격행태모형과는 달리 주변지역 주택가격 상승률이 입주권(딱지) 가격에 부정적인 영향을 미치는 것은 식 (5·9)의 재개발 아파트 준공 이후 임대수입의 현가($\sum_{n=k}^{t}(1+\Delta R)(1+\alpha)\cdot R\cdot e^{-rn}$)비중이 커지게 되기 때문이다. 주변지역 전세가 상승률이 이전 단계와는 달리 입주권(딱지) 가격에 긍정적인 영향을 미치는 것은 식 (5·8) 중 준공 이후 임대료소득의 현가부문($\alpha\sum_{n=k}^{t}R\cdot e^{-rn}$)이 철거기간 중 입주권(딱지) 소유자의 기회비용부문($-\sum_{n=k}^{t}R\cdot e^{-rn}$)보다 커지게 되어 나타나는 자연스러운 귀결이다. 구역지정 이후 누적경과월수는 일반적으로 물가 상승률이나 시간 흐름에 따른 주택가격 상승률을 반영해 양의 값을 지니지만, 철거가 시작되는 관리처분계획 인가 이후에는 멸실에 따른 지분(딱지)소유자의 임대료 소득 상실기간을 반영해 지분의 가치에 음의 영향을 주는 것으로 해석된다.

5. 결론

이 장은 재개발 아파트 입주권(딱지) 가격변화를 설명하기 위해 차익거래모형을 구축한 뒤 이를 실증적으로 규명한 것이다. 인근지역 주택가격 상승률과 전세가 상승률이 입주권(딱지) 가격에 미치는 영향(크기와 방향)은 재개발사업 추진단계별로 다르다는 것을 차익거래모형 구축을 통해 이론적으로 설명하였으며, 이를 실증분석을 통해 확인하였다. 재개발구역 내 국공유지의 경우 매입면적과 매입가격을 둘러싼 불확실성은 입주권(딱지)의 가격에 부정적인 영향을 미치지만, 불확실성이 줄어들 경우 긍정적인 영향을 미치며, 세입자가 많을수록 입주권(딱지) 가격을 하락시키는 것으로 나타났다. 또한 준공 이후 재건축 아파트의 임대료 수입 역시 재개발 아파트 입주권(딱지)의 가격에 영향을 미치는 것으로 나타났다. 도심이나 부도심 지역에 가까울수록, 대상구역이 높지 않을수록 재개발 입주권(딱지)의 가치는 상승하지만, 국민주택규모 이하 아파트의 비중이 높을수록 입주권(딱지)의 가치는 하락하는 것으로 나타났다.

이제까지 고려되지 않았던 미지의 세계에 대한 이 연구는 탐구적 연구가 지니는 많은 한계를 안고 있다. 첫 번째 한계는 분석이 시간의 흐름에 따른 동태적 분석이 아니라, 각 단계별로 정태적인 분석에 머물렀다는 점이다. 두 번째로는 재개발 아파트 단지의 평형분포 비율이 입주권(딱지) 가격에 미치는 영향을 명확하게 규명하지 못하였다는 점을 들 수 있다. 67,544개에 이르는 자료의 구득과 정리(data cleaning)에 많은 시간을 투여했지만, 자료의 정확성과 대표성에 대한 의문은 실증연구의 한계를 고스란히 안고 있다. 세 번째 한계로는 이 연구를 통해 사업단계별로 입주권(딱지)의 가격에 영향을 주는 변수들이 다르며, 그 크기와 방향 또한 다르다는 점을 규명하였지만, 차익거래모형 속에 포함되어 있지 않은 다른 변수들(시공사더미변수, 해당 동 인구 월별 증감률, 구역지정 이후 누적경과월수, 조합설립시점 등)에 대한 명확한 인과관계를 규명하지 못하였다는 점을 들 수 있다. 그럼에도 불구하고 이 연구는 이제까지 미지의 영역으로 남아 있었던 재개발 아파트 입주권(딱지)의 가격행태에 대한 최초의 이론적 접근이며, 세간의 상식과는 달리 주변지역 주택가격 상승률이나 전세가 상승률이 재개발 사업단계별로 상이한 영향을 미친다는 것을 규명할 수 있었다는 점에서 그 의미를 찾고자 한다.

참고문헌

고덕균 · 김홍규, 2004, "주택재개발 관리처분 권리유형에 따른 재입주 특성분석: 도시내 주택소유자의 재입주와 지역균형발전간의 관계를 기초로,"『국토계획』 39(7): 139-158.

구인효, 2001, "재건축 아파트 시장의 수익률 변동요인에 관한 연구," 서울시립대학교 대학원 석사학위논문.

김근용 · 윤주현, 2001, "옵션이론을 이용한 MBS의 가치결정,"『주택연구』 9(1): 161-184.

김주영, 2003, "아파트가격에 내재한 개발밀도 가치의 차이에 관한 연구,"『주택연구』 11(2): 5-24.

김창석 · 김주영, 2002, "아파트 용적률이 주택가격에 미치는 영향에 관한 연구,"『국토계획』 37(4): 123-132.

남미희, 2005, "주택 재개발구역의 부동산가격 결정요인에 관한 연구," 서울시립대학교 대학원 석사학위논문.

오동훈 · 이민석, 2004, "주택재건축사업의 진행단계별 가격상승규모 추정에 관한 실증연구,"『국토계획』 39(6): 143-155.

이상경 · 신우진, 2001, "재건축 가능성이 아파트 가격에 미치는 영향,"『국토계획』 36(5): 101-110.

이창무, 2004, "재건축 가능성이 아파트 가격형성에 미치는 영향,"『국토계획』 39(1): 93-107.

임창호 · 이종현, 1996, "주택개량재개발사업에서의 의사결정정보가 전매시기에 미치는 영향에 관한 연구: 의사결정모형을 이용한 분배의 형평성 제고방안,"『국토계획』 31(3): 67-83.

장윤배 · 이성용 · 안건혁, 2000, "아파트 단지의 용적률 결정요소에 관한 연구,"『국토계획』 35(4): 119-126.

정의철, 2003, "개발밀도가 아파트가격에 미치는 효과 분석: 주거환경효과와 자본이득효과,"『국토계획』 38(5): 127-138.

정의철 · 이창무, 2004, "잠재개발밀도가 지가에 미치는 영향,"『국토계획』 39(2): 117-130.

정창무, 2006, "아파트 평면구성과 가격과의 상관관계에 관한 연구," 『도시설계』 6(2): 27–40.

조주현, 1998, "주거 밀도가 주택가격에 미치는 영향에 관한 연구," 『사회과학논총』 3: 157–169.

최막중, 2001, "용적률 및 개발용도규제의 변화가 주택가격과 지가에 미치는 영향에 관한 이론적 분석," 『국토계획』 36(3): 1–13.

최열 · 공윤경, 2003, "재건축특성과 공동주택 가격과의 관계," 『국토계획』 38(5): 103–113.

한국경제신문, 1997, "양봉진 칼럼: 노벨상과 재개발 딱지."

Black, F. and M. Scholes, 1973, "The Pricing of Option and Corporate Liabilities," *Journal of Political Economy* 81: 637–659.

제6장

오피스텔 거래가격 추정

1. 오피스텔의 정의와 공급현황
2. 오피스텔에 대한 기존 연구들
3. 오피스텔가격 추정을 위한 컨조인트 분석과 조사설계
4. 분석결과
5. 분석결과의 활용
6. 마치면서

■ 참고문헌

오피스텔의 보편적인 정의는 “간단한 주거시설을 갖춘 업무시설”이다. 통계청에서는 통계조사 목적에 따라 용어를 정의하는데 여성가족부가 시행한 한부모가족실태조사에서는 오피스텔을 “사무실과 호텔을 겸한 복합빌딩으로 낮에는 사무 또는 작업 등 다목적으로 사용하고, 밤에는 숙식까지 할 수 있도록 건축된 주거 형태”로 규정하고 있으며, 한국청소년정책연구원이 수행한 청년사회 · 경제실태조사에서는 오피스텔을 “건축법상 업무시설로 분류된 건축물로 주거시설을 갖춘 사무실”이라고 정의하고 있다. 이 연구는 부동산 투자상품으로서 오피스텔의 부분효용가치를 컨조인트 분석을 이용해 추정한 것이다. 분석결과 평당 분양가가 저렴할수록, 대형평형보다는 소형평형이, 평당 관리비가 적을수록, 전용면적비율과 분양가 대비 전세가 비율이 높을수록, 지하철역으로부터 가까울수록 오피스텔의 부분 효용가치는 증가하는 것으로 분석되었다. 속성들의 단위 수준당 추정 효용가치를 근거로 속성 한 단위당 지불용의금액과 단위들 간의 한계대체율도 추정하였다. 이러한 분석을 토대로, 오피스텔이라는 상품 구성요소의 최적 또는 적정 조합을 가능할 수 있도록 하였으며, 주어진 조건하에서 적정 분양가를 추정할 수 있는 방법을 제시하였다.

1. 오피스텔의 정의와 공급현황

오피스텔의 보편적인 정의는 "간단한 주거시설을 갖춘 업무시설"이다. 통계청에서는 통계조사목적에 따라 용어를 정의하는데 여성가족부가 시행한 한부모가족실태조사에서는 오피스텔을 "사무실과 호텔을 겸한 복합빌딩으로 낮에는 사무 또는 작업 등 다목적으로 사용하고, 밤에는 숙식까지 할 수 있도록 건축된 주거 형태"로 규정하고 있으며, 한국청소년정책연구원이 수행한 청년사회 · 경제실태조사에서는 오피스텔을 "건축법상 업무시설로 분류된 건축물로 주거시설을 갖춘 사무실"이라고 정의하고 있다.

오피스텔의 효시에 대해서는 다양한 설이 있지만, 국내에서는 고려개발(주)이 1985년 서울 마포구에서 분양한 성지빌딩을 효시로 하는 것이 다수설이다. 오피스텔이라는 용어는 오피스(Office)와 호텔(Hotel)을 합성한 용어로 「건축법 시행령」 제3조의 4 및 별표 1 제14호 나목에 따른 오피스텔에 대한 건축기준은 다음과 같다.

① 각 사무구획별 노대(발코니)를 설치하지 아니할 것

② 다른 용도와 복합으로 건축하는 경우(지상층 연면적 3천제곱미터 이하인 건축물은 제외한다)에는 오피스텔의 전용출입구를 별도로 설치할 것. 다만, 단독주택 및 공동주택을 복합으로 건축하는 경우에는 건축주가 주거기능 등을 고려하여 전용출입구를 설치하지 아니할 수 있다.

③ 사무구획별 전용면적이 85제곱미터를 초과하는 경우 온돌 · 온수온돌 또는 전열기 등을 사용한 바닥난방을 설치하지 아니할 것

④ 전용면적의 산정방법은 건축물의 외벽의 내부선을 기준으로 산정한 면적으로 하고, 2세대 이상이 공동으로 사용하는 부분으로서 다음 각목의 어느 하나에 해당하는 공용면적을 제외하며, 바닥면적에서 전용면적을 제외하고 남는 외벽면적은 공용면적에 가산한다.

가. 복도 · 계단 · 현관 등 오피스텔의 지상층에 있는 공용면적

나. 가목의 공용면적을 제외한 지하층 · 관리사무소 등 그 밖의 공용면적

제3조(오피스텔의 피난 및 설비기준) 오피스텔은 화재 등 유사시 피난을 위하여 다음 각 호의 기준에 적합하여야 한다.

① 주요구조부가 내화구조 또는 불연재료로 된 16층 이상인 오피스텔의 경우 피난층외의 층에서는 피난층 또는 지상으로 통하는 직통계단을 거실의 각 부분으로부터 계단에 이르는 보행거리가 40미터 이하가 되도록 설치할 것

② 각 사무구획별 경계벽은 내화구조로 하고「건축물의 피난 · 방화구조 등의 기준에 관한 규칙」제19조 제2항에 따른 벽두께 이상으로 하거나 45dB 이상의 차음성능이 확보되도록 할 것

제4조(재검토기한) 국토교통부장관은「훈령 · 예규 등의 발령 및 관리에 관한 규정」에 따라 이 고시에 대하여 2017년 7월 1일 기준으로 매 3년이 되는 시점(매 3년째의 6월 30일까지를 말한다)마다 그 타당성을 검토하여 개선 등의 조치를 하여야 한다.

오피스텔의 건축기준은 시대별로 변화하였는데, 2006년 국토교통부의 오피스텔 건축기준을 보면, 각 사무구획별 전용면적 중 업무부분이 70퍼센트 이상이어야 하며, 욕실은 1개 이하로서 3제곱미터를 초과하지 아니하여야 하며, 욕조와 발코니가 없어야 한다고 규정한 바 있었다. 2010년 6월 9일 국토교통부 고시 제2010-351호에서는 전용면적 중 업무부분 면적 비율과 욕조 설치 금지 규정이 삭제되었으며, 바닥난방의 경우는 2006년 사무구획별 전용면적이 50제곱미터를 초과하는 경우 온돌 · 온수온돌 또는 전열기 등에 의한 바닥난방 설치가 금지되었지만, 2009년 1월에는 60제곱미터를 초과하는 경우로 바뀌었으며, 2009년 9월부터는 85제곱미터를 초과하는 경우로 변경되어 현재에 이르고 있다. 오피스텔 건축기준의 변경으로 오피스텔과 공동주택 간의 경계가 희미해졌다고 볼 수 있지만, 발코니가 없고 전용면적이 85제곱미터 이상일 경우

바닥난방이 안 된다는 점이 오피스텔과 공동주택을 가르는 경계라 할 수 있다.

오피스텔과 유사한 시설로는 도시형 생활주택과 주상복합아파트가 있다. 도시형 생활주택이란 1인가구의 증가에 대응해 2009년부터 시작한 새로운 형태의 주거유형으로 국토의 계획 및 이용에 관한 법률상의 도시지역에 300세대 미만으로서 국민주택규모 이하로 건립하는 공동주택의 하나로 기반시설의 부

| 표 6-1 | 도시형 생활주택, 오피스텔, 주상복합아파트의 구분

구분	도시형 생활주택	오피스텔	주상복합아파트
규모	도시지역에서 300세대 미만, 전용면적 85㎡ 이하	특별한 규정 없음	300가구 이상이거나 주거비율 90% 이상은 주택법에 의한 사업승인, 그 미만인 경우 건축법 규정에 따라 인허가
용도	주거시설	업무용과 주거용으로 구분하며 통화량, 전기료 등 공과금 영수증으로 종합판단	주거시설
관련법규	주택법	건축법	건축법
취득세	6억 원 이하일 경우 1.1%	4.6%	공동주택과 동일
임대사업자 등록	가능	가능	가능
발코니	있음	없음	있음
주차공간	가구당 0.6대(전용 30㎡ 미만인 경우 0.5대)	가구당 1대	공동주택과 동일
전용률	70~80%	50~60%	공동주택보다 다소 낮음
주택수	포함(전용 20㎡ 이하는 포함이 안 되지만, 전용 20㎡ 이하라도 두 채 이상이면 주택으로 포함됨)	주거용일 경우 포함됨(2020년 7월 10일 부동산대책 중 하나로 2020년 8월 12일 이후 취득한 오피스텔이 주거용으로 사용될 경우 주택수에 포함됨)	포함

족으로 난개발이 우려되는 비도시지역에는 건설이 불가한 건설기준이 대폭 완화된 소형 공동주택이다. 오피스텔과 달리 발코니 설치와 규모와 관계없이 바닥난방이 가능하지만, 주차공간에 대한 규정이 완화되었다는 점에서 일반 아파트 또는 주상복합아파트와 차이를 보인다.

| 표 6-2 | 도시형 생활주택 관련 규정

<table>
<tr><th>구분</th><th colspan="3">내용</th></tr>
<tr><td>주택법 제2조</td><td colspan="3">300세대 미만의 국민주택규모(전용 85㎡ 이하)에 해당하는 주택</td></tr>
<tr><td rowspan="4">시행령
제3조</td><td colspan="3">국토의 계획 및 이용에 관한 법률에 따른 도시지역에 건설하는 다음 각 호의 주택</td></tr>
<tr><td colspan="3">– 건축법 시행령 별표1에 의거 건축법상 공동주택(아파트, 연립주택, 다세대주택)</td></tr>
<tr><td>단지형 연립주택</td><td>단지형 다세대</td><td>원룸형</td></tr>
<tr><td>• 1개 동 바닥면적 660㎡ 초과하고 층수가 4개 층 이하이며 원룸형 주택을 제외한 주택</td><td>• 1개 동 바닥면적 660㎡ 이하이고 층수가 4개 층 이하이며 원룸형 주택을 제외한 주택</td><td>• 건축법상 공동주택(아파트, 연립, 다세대)에 해당하는 주택으로서
– 세대별 독립주거(욕실, 부엌 설치)
– 욕실(보일러실)을 제외한 하나의 공간으로 구성 전용 30㎡ 이상 시 두 개의 공간으로 구성
– 세대별 전용면적 14~50㎡ 이하
– 지하층에 설치 불가</td></tr>
</table>

오피스텔 공급량에 대한 통계는 비교적 최근의 일이다. 통계청 「인구총조사」의 일환으로 시행되고 있는 주택(오피스텔 포함)의 종류 및 주거면적별 가구(일반가구)에 2015년부터 주거용 오피스텔에 대한 통계가 본격적으로 제공되고 있는 실정이다. 업무용을 포함한 오피스텔 전체공급량에 대한 통계는 공식적으로 없는 실정이어서 실제로 업무용을 포함한 전체오피스텔 공급량이 얼마나 되는지는 분명하지 않다. 2019년 말 기준 전국적으로 53만 4,311호가 주거용 오피스텔로 사용되고 있으며, 이는 전체주택의 2.68% 수준이다. 전국적으로

표 6-3 | 광역시도별 오피스텔 현황(2019년과 2015년 비교)

행정구역별 (시군구)	2019 일반가구 (가구)	2019 가구원 (명)	2019 가구당 주거 면적 (㎡)	2019 1인당 주거 면적 (㎡)	일반 가구/ 총가구 (%)	가구원/ 총가구원 수 (%)	가구당 가구원 수	2015 일반가구 (가구)	2015 가구원 (명)	2015 가구당 주거 면적 (㎡)	2015 1인당 주거 면적 (㎡)	2019/ 2015 일반가구 (%)	2019/ 2015 가구원 (%)
전국	534,311	821,449	41.8	27.2	2.68	1.71	1.54	320,194	538,311	43.7	26	166.87	152.60
서울특별시	180,944	252,586	33.4	23.9	4.75	2.81	1.40	115,000	183,164	37.3	23.4	157.34	137.90
부산광역시	53,759	81,416	44.8	29.6	3.96	2.55	1.51	37,072	61,998	48.3	28.9	145.01	131.32
대구광역시	9,821	14,146	39.3	27.3	1.03	0.61	1.44	4,783	7,694	42.1	26.2	205.33	183.86
인천광역시	59,119	115,021	52.8	27.2	5.37	4.15	1.95	26,890	51,445	50	26.1	219.85	223.58
광주광역시	7,407	10,046	40.6	30	1.28	0.72	1.36	4,770	6,770	38.9	27.4	155.28	148.39
대전광역시	6,515	9,440	50.3	34.7	1.08	0.67	1.45	5,473	8,736	51.9	32.5	119.04	108.06
울산광역시	6,203	9,369	45.8	30.4	1.44	0.87	1.51	2,918	5,326	59.1	32.4	212.58	175.91
세종시	1,633	1,842	26.5	23.5	1.28	0.58	1.13	855	1,008	26	22	190.99	182.74
경기도	154,816	245,490	44.7	28.2	3.23	2.00	1.59	86,538	153,421	47.3	26.7	178.90	160.01
강원도	2,582	3,427	35.4	26.7	0.42	0.24	1.33	999	1,713	47.5	27.7	258.46	200.06
충청북도	4,399	5,811	37.4	28.3	0.69	0.39	1.32	2,236	3,452	46.7	30.3	196.74	168.34
충청남도	11,678	19,605	56.8	33.8	1.39	1.00	1.68	6,793	9,868	40.8	28.1	171.91	198.67
전라북도	1,781	2,991	48.7	29	0.25	0.18	1.68	1,271	2,233	47.8	27.2	140.13	133.95
전라남도	5,586	7,620	36	26.4	0.78	0.47	1.36	4,564	7,094	37.1	23.9	122.39	107.41
경상북도	5,245	7,932	42.6	28.2	0.49	0.33	1.51	2,851	5,066	55.7	31.4	183.97	156.57
경상남도	17,047	25,235	44.2	29.9	1.32	0.81	1.48	14,061	23,999	46.7	27.4	121.24	105.15
제주도	5,776	9,472	48.1	29.3	2.38	1.56	1.64	3,120	5,324	45.6	26.7	185.13	177.91

출처 : 통계청, 『국가통계포털』(주택(오피스텔 포함)의 종류 및 주거면적별 가구(일반가구)) https://kosis.kr/statHtml/statHtml.do?orgId=101&tblId=DT_1JC1521&conn_path=I3

전체주택 중 연립주택의 수가 43만 4,300호로 주거용 오피스텔은 연립주택보다 1.23배 많은 편이다. 오피스텔은 서울이 가장 많은 18만 944호, 경기 15만 4,816호, 인천 5만 9,119호로 수도권 전체로는 전국 오피스텔의 73.9%인 39만 4,879호에 이른다. 전국적으로 오피스텔의 평균 주거면적은 41.8㎡이며, 오피스텔 한 가구당 가구원수는 1.54명 수준이다. 2015~19년까지 4년 동안 전국적으로 오피스텔 수는 66.87% 증가하였으며, 증가율이 가장 높은 광역시도는 인천, 강원, 충남, 대구, 세종, 제주 순이다. 오피스텔에 거주하는 4년 동안의 가구수 증가율은 오피스 증가율보다 낮은 52.6%이다. 오피스텔 거주 가구원보다 오피스 증가율이 더 높다는 사실은 오피스텔 거주인구의 대다수가 1인가구임을 시사하고 있다.

2. 오피스텔에 대한 기존 연구들

사무실과 주거의 중간 정도에 위치해 있는 오피스텔의 속성 때문에 오피스텔의 거래가격은 주택가격이나 사무실 임대료의 영향을 받으며, 매물거래빈도가 많지 않아 일반적인 아파트와 달리 적정 거래가격의 추정이 쉽지 않은 편이다. 또 과거에는 주택으로 간주되지 않아 부동산 투자상품으로서의 가치도 거래가격에 반영되어 있으며, 부동산 세제의 영향도 주택에 비해 큰 편이다.

오피스텔에 대한 일반의 관심과는 달리, 오피스텔에 대한 연구자들의 관심은 오랫동안 냉담하였다. 오피스텔과 인척이라 할 만한 주상복합(양동양, 1999; 임국택, 1996)이나 사무실에 대한 연구(김경환 · 손재영, 2000; 손재영 · 김경환, 2000; 송미령, 1997)는 많았지만, 오피스텔은 연구자들에게 오랫동안 외면 받아온 주제였다. 오피스텔은 일반에 알려진 대로 부동산 투자시장의 동향을 예시하고 도시개발의 방향을 선도하는 대상이지만, 오피스텔에 대한 어떤 공적인 통계자료도 구축되어 있지 않으며, 공공분야의 정책적 관심도 찾아보기 힘들다. 하지만 향후 핵가족화에 따른 독신세대의 증가는 오피스텔에 수요 증대로 나타나, 오피스텔은 미래의 보편적인 주거공간으로의 지위를 획득하게 될 것으로 보이며 더 큰 영향력을 행사하게 될 것이다.

오피스텔에 대한 통계자료의 부족과 기존에 존재하는 미진한 실증연구로 이 연구는 오피스텔의 분양가격에 영향을 미치는 다양한 요소들의 영향력을 컨조인트 분석기법을 적용해 분석하기로 한다. 경영학의 마케팅기법의 일종인 컨조인트 분석이란 특정 상품이나 서비스에 대한 소비자들의 선호도에 근거해 소비자들이 가장 중요하게 생각하는 속성이 무엇이며, 속성의 수준이 주어졌을 때 어떤 수준을 어느 정도나 더 좋아하는지를 계량적으로 파악하는 방법이다. 이 때문에 컨조인트 분석기법은 비단 상품개발만이 아니라, 사용자 선호의 측정이 중요한 어떤 분야에도 적용이 가능하다고 할 수 있다.

최초의 컨조인트 분석이 수리 심리학분야에서 시도된 이후, 이 새로운 연구방법론은 마케팅분야에서 광범위하게 활용되기 시작하였다(Gustafsson, Ekdahl, and Bergman, 1999; San Miguel, Ryan, and Mcictosh, 2000: 823). 우리나라에 있어서도 신제품의 개발, 가격산정, 시장세분화, 광고, 유통전략 수립 등에 대한 광범위한 적용사례가 있다는 것은 놀라운 일이 아니다. 예를 들어 청바지 제품개발(오정미 · 허갑섬, 1995; 한상만 · 곽영식, 1997), 상표자산 측정(김용준 · 박유식, 1996), 쌀의 품질평가(Huh, Seo, and Kim, 2000), 쇠고기에 대한 도시가계 선호(신용광 · 이상영 · 박민수, 2001) 등 헤아릴 수 없이 다양한 연구가 수행되었다. 최근에는 유형의 상품만이 아니라 행정서비스의 품질평가(신종화, 1999)나, 대학급식소의 전략적 운영방안 강구(양일선 등 4인, 2000) 또는 볼링장 운영전략 수립(김용만, 1995; 오현환, 1995) 등에 대해서도 컨조인트 분석을 적용하려는 다양한 시도가 이루어졌다.

컨조인트 분석이 어떤 제품 또는 서비스가 가지고 있는 속성(attribute) 하나하나에 소비자가 부여하는 효용을 추정함으로써 소비자가 선택할 제품이나 서비스를 예측하는 것이라면, 도시환경분야에서도 적용이 가능하다고 할 수 있다. 도시생태계 보존에 대한 시민들의 지불용의금액의 추정이라든가(Farber and Griner, 2000), 주거단지의 쾌적성에 대한 시민선호도 조사(이강희 · 박영기, 1999; Earnhart, 2001), 실내조경요소에 대한 선호도 조사(현중영 · 유지현, 1999) 등은 컨조인트 분석이 도시환경분야에서 적용이 가능하며, 다양한 정책적 시사점을 도출할 수 있음을 보여주고 있다. 컨조인트 분석을 도시환경분야에 적용한 국내연구는 관광분야에서 많은 사례를 찾아볼 수 있다. 컨조인트 분석을 이용해 주제공원 이용자들의 선택행동에 대한 연구(김덕기 · 엄서호, 2000; 홍성권, 1995, 2000; 홍성권 · 이용훈, 2000), 해외여행상품에 대한 소비자선호도 조사(신상헌, 2000) 등은 컨조인트 분석기법을 이용해 공간이나 장소 선택에 대한 소비자들의 선호를 규명한 연구들이라고 할 수 있다.

컨조인트 분석기법을 적용한 도시환경분야의 기존의 연구들이 주로 소비자들의 이용행태(교통수단 선택, 할인요금 시간대, 거리 등)나 입지조건에 초점을 맞추었다면, 이강희 · 박영기(1999)의 연구는 아파트 단지라는 공간속성에 초점을 맞춘 연구라고 할 수 있다. 그들은 신도시 주택소비자들의 아파트 단지에 대한 효용특성을 규명하기 위해 987매의 설문조사결과에 의거해 1단계로 주택소비자의 기호를 설명하는 10개의 변인을 추출한 뒤, 다음 단계로 추출된 변인을 설명하는 주택의 속성을 대상으로 한 컨조인트 분석을 적용하였다. 컨조인트 분석결과를 토대로 공간속성의 효용을 계량화하였을 뿐만 아니라, 아파트 단지와 평면설계 시의 구성요소들을 소비자효용에 근거해 조합할 수 있는 방법을 제시할 수 있었다(이강희 · 박영기, 1999: 17–21). 하지만 각 속성의 효용점수를 시장가치로 환산할 수 있는 기제가 연구설계에 반영되지 않아, 각 속성별 효용의 지불용의금액을 도출할 수 없었다.

3. 오피스텔가격 추정을 위한 컨조인트 분석과 조사설계

컨조인트 분석은 2개 이상의 독립변수들이 종속변수의 순위나 가치를 부여하는 데 어느 정도의 영향을 미치는가를 규명하는 것이다. 그러나 종속변수에 대한 측정이 어려운 경우가 많아서(다양한 값이나 디자인, 맛이 다양한 라면제품들에 대한 소비자들의 선호순서 측정을 가정해 보라), 이와 같은 종속변수의 측정문제를 해결하고 종속변수의 값을 합성하는 방안으로 제시된 계량방법론이 컨조인트 분석이다.

컨조인트 분석의 첫 단계는 상품이나 서비스의 효용을 결정하는 속성과 수준을 선정하는 것이다. 응답자들의 선택이 선호순서라는 종속변수라면, 응답자의 선택에 영향을 미치는 독립변수들을 속성(attribute)이라고 하며, 이 속성이 취하는 값을 수준(level)이라고 한다. 예를 들어, 오피스텔의 가치를 결정하는 중요한 요소들이 분양가, 전용면적비, 분양가 대비 전세가 비율, 월 평당 관리비, 지하철역으로부터의 거리 등이라면, 이들 요소들이 오피스텔의 효용을 결정하는 속성이 된다. 만약 어떤 오피스텔 빌딩의 전용면적비가 45%, 50%, 55%로 각각 다르다면, 이러한 각각의 값들이 전용면적비라는 속성의 각각 다른 수준들이라고 할 수 있다. 월관리비의 경우도 평당 월 8,000원에서 15,000원까지 다양할 수 있으므로, 월관리비라는 상품속성의 수준은 평당 월 8,000원에서 15,000원까지 변하게 된다.

오피스텔의 가치를 결정하고 소비자들의 선택에 영향을 주는 많은 속성들이 있지만, 오피스텔의 효용을 결정하는 중요한 속성들은 모두 모형에 포함되어야 한다. 속성과 수준의 결정방법으로는 전문가의 견해, 집단면접, 예비조사 등이 있으며, 속성과 수준의 수가 너무 많은 경우 응답자들이 너무 지쳐 신뢰성 있는 조사결과를 얻기 어려우나,[01] 속성과 수준의 수가 너무 적으면 조합

01 http://www.spss.co.kr/software/spss/modules/con1.htm

(combination)의 추정오차가 커지게 된다(김용만, 1995: 393). 또 각 속성들의 수준범위는 실제 시장에서 경쟁하는 제품이나 서비스의 범위와 비슷하여야 하며, 속성 내 수준들의 개수는 2~3개 내외로 속성별 수준의 개수가 비슷해야 좋은 추정결과를 얻을 수 있다. 여기서 속성별로 각각의 수준은 다른 수준과 명백히 구분되어야 한다.

속성과 수준이 결정되면, 이를 근거로 응답자에게 제시할 자극을 작성해야 한다. 자극을 제시하는 방법으로는 문장으로 제시하는 방법, 카드로 제시하는 방법, 그림 또는 실물을 제시하는 방법, 말로 설명하는 방법, 모델이나 모조품을 제시하는 방법 등이 있다(김용만, 1995: 394). 응답자로부터 자료를 수집하는 방법으로는 선호도를 결정하는 속성이 2개일 때 사용하는 2요인 접근방법(two-factor at a time approach)과 속성의 수가 3개 이상일 경우 사용하는 다요인 접근방법(full-profile approach)이 있다. 다요인 접근방법을 사용할 때 직면하는 문제점은 응답자에게 제시할 자극의 수가 너무 많아진다는 점이다. 오피스텔의 가치를 결정하는 속성이 분양가격, 월관리비 수준, 분양가 대비 전세가격 비율, 전용면적비, 지하철역으로부터의 거리, 평형 등 6개이고 각 속성별로 4개의 수준이 가능하다고 할 경우 조합이 가능한 자극의 수치는 4의 6승인 4,096개가 된다. 이들 4,096개의 조합(프로파일)에 대해 응답자들의 선호대로 순서를 정하는 일은 현실적으로 불가능하므로, 이들 프로파일의 수를 적절한 방법으로 축소할 수 있어야 한다. 응답자들이 순서를 구분할 수 있는 적절한 프로파일의 수는 대체로 16~32개 사이라고 알려져 있으므로(박찬수, 1997b: 130-1), 실험설계기법 중 하나인 직교설계법(orthogonal design)이나 부분요인설계기법(fractional factorial design method)을 적용하여 전체프로파일 중에서 응답자에게 제시한 작은 수의 프로파일을 선정해야 한다(양종열, 1994: 284-7).[02]

02 프로파일의 수를 줄이는 것은 수작업으로도 가능하다. 가장 많이 활용되는 것이 아델만(Addelman)이 제시한 직교디자인 표를 이용하는 것이다(자세한 내용은 양종열(1994: 285) 참조). 통계 프로그램을 이용해 프로파일의 수를 줄이는 방법으로 SAS/QC 프로그램을 이용한 부분요인설계기법, MInitab에서 제시하는 팩토리얼 디자인, SPSS 10.0 버전의 직교계획 프로그램 등을 이용할 수 있다.

이때 속성들 간의 상관관계가 있다면, 회귀분석을 적용할 경우 다중공선성의 문제를 야기시킬 수 있다.[03]

컨조인트 분석은 종속변수와 독립변수들 간의 관계를 어떤 방식으로 가정하는가에 따라 벡터모형, 이상점모형, 부분가치함수모형, 혼합모형으로 구분할 수 있다. 부분가치함수모형은 속성의 수준과 선호도가 일정한 관계가 아니라, 개별적으로 대응하도록 한 모형[04]이며, 벡터모형은 속성의 수준에 따라 부분가치(선호도)가 선형으로 증가 또는 감소한다는 1차 선형 제약조건을 부과한 것이다. 이상점모형은 속성의 수준과 부분가치 간의 관계에 대해 2차 함수관계라는 제약을 부여한 모형이다. 마지막으로 혼합모형은 부분가치함수모형이나 벡터모형 이상점 모형들을 합성한 것이다. 각각의 모형에 따라 사용되는 프로그램으로는, 수준과 부분가치 간에 선형 제약이 존재할 경우 적용할 수 있는 다중회귀분석기법, 비선형 제약의 경우에는 LINMAP, MONANOVA, PREFMAP을 적용할 수 있으며, 부분가치함수모형의 경우에는 선택확률이용방법으로 Logit이나 Probit 모형 등을 적용할 수 있다. 부분가치함수모형이 속성의 수준과 부분가치 간의 관계에 대해 어떤 제약도 가하지 않아, 모형의 설명력을 높이는 효과는 있지만, 프로파일의 수에 비해 상대적으로 많은 수의 계수를 추정해야 하므로, 추정된 계수값의 신뢰도가 떨어질 수 있다는 단점을 안고 있다(박찬수, 1997b: 135). 반면, 속성의 수준과 부분가치 간의 관계에 대해 1차 선형제약을 가한 벡터모형의 경우 부분가치모형에 비해, 추정해야 할 모수의 수가 줄어듬으로써 예측타당성을 증가시킬 수 있다는 장점이 있다.[05]

03 속성들 간의 상관계수는 작을수록 좋지만, 대체로 0.20보다 작으면 무난한 것으로 간주할 수 있다(양종열, 1994: 281).

04 속성의 각 수준을 더미변수로 변환시켜, 각 수준별 효용가치를 추정하는 방법이다. 수준과 효용가치 간에 어떤 제약도 부과하지 않은 모형이다.

05 예를 들어, 평당 관리비가 낮은 오피스텔이 높은 오피스텔보다 선호된다고 가정하고, 월 평당관리비가 8천 원, 9천 원, 10천 원, 11천 원, 12천 원, 13천 원, 14천 원 등 7가지 수준으로 구분된다면, 부분가치함수모형의 경우 독립변수로 사용되는 더미변수가 6개가 되어야 하지만, 소비자들의 선호와 평당 관리비 수준 간의 관계가 1차 선형관계라고 가정하면, 독립변수는 평당 관리비 하나면 된다. 따라서 부분가치함수모형에 사용되었던 더미변수 6개 대신에 추정해야 할 모수의 수는 1개로 줄어들게 된다.

| 표 6-4 | 오피스텔 부분효용가치 추정을 위한 속성과 수준 일람

속성	각 수준			
	수준 1	수준 2	수준 3	수준 4
평당 분양가격	750만 원	700만 원	670만 원	630만 원
평형	20평	30평	40평	50평
관리비	평당 8천 원	평당 1만 원	평당 1만 2천 원	평당 1만 4천 원
전용면적비율	분양면적의 45%	분양면적의 50%	분양면적의 54%	분양면적의 58%
전세가격/ 분양가격 비율	분양가의 40%	분양가의 55%	–	–
거리 (지하철역에서)	5분 거리	10분 거리	–	–

| 표 6-5 | 오피스텔 부분효용가치 추정을 위한 프로파일 개요

구분	가격	평형	관리비	전용면적	임대료	거리
1번 카드	1	1	1	1	1	1
2번 카드	1	2	2	3	2	2
3번 카드	1	3	3	4	1	2
4번 카드	1	4	4	2	2	1
5번 카드	2	1	2	2	1	2
6번 카드	2	2	1	4	2	1
7번 카드	2	3	4	3	1	1
8번 카드	2	4	3	1	2	2
9번 카드	3	1	3	3	2	1
10번 카드	3	2	4	1	1	2
11번 카드	3	3	1	2	2	2
12번 카드	3	4	2	4	1	1
13번 카드	4	1	4	4	2	2
14번 카드	4	2	3	1	1	1
15번 카드	4	3	2	3	2	1
16번 카드	4	4	1	2	1	2

주 : 각 란의 번호는 〈표 6-4〉의 속성별 수준을 의미.

오피스텔의 가치를 결정하는 속성과 수준을 정하기 위해 이 연구가 채택한 방법은 전문가 의견조사와 예비설문조사이다. 전문가 의견청취를 위해 1998년 4월 한 달 동안 강남과 분당의 오피스텔 분양사무소를 들러 분양업무를 수행하는 담당자들의 의견을 취합하였으며, 여기에 근거해 예비설문을 작성하였다. 오피스텔의 가치를 결정하는 속성으로는 평당 분양가격(또는 평당 매매가격), 평형(오피스텔의 크기), 평당 월관리비, 전용면적비율, 분양가 대비 전세가격 비율, 지하철역으로부터의 거리, 무료주차면적 등 7개 항목으로 정리되었고, 속성에 따른 수준은 무료주차면적(3수준)만을 제외하고는 모두 4개로 구분하였다.

7개의 속성과 4개의 수준(무료주차면적의 경우 3수준)으로 조합된 49,152개의 프로파일의 수를 부분요인설계기법(fractional factorial design method)을 적용하여 16개로 축소한 뒤 상품카드를 만들었다. 20여 명의 예비조사결과, 제시된 프로파일이 너무 복잡하여 설문응답이 어렵다는 의견을 참고하여 유의도가 떨어지는 무료주차면적을 항목에서 제외하였으며, 임대료와 지하철역으로부터의 도보거리의 수준을 4개에서 2개로 축소하였다. 이런 과정을 거쳐 다음과 같은 최종적인 프로파일이 정리되었다.

표 6-6 | 완성된 카드의 일례

가상 오피스텔 6	이 카드의 등수를 표시해 주십시오 →(　　)등
□ 평당 분양가	평당 700만 원, 총 2억 1천만 원
□ 평형	30평
□ 관리비	평당 8천 원
□ 전용면적비율	분양면적 대비 58%
□ 임대료	전세임대 시 전세가는 분양가의 55% 수준
□ 지하철역으로부터의 거리	지하철역에서 도보로 5분 이내

설문조사는 1998년 5월 한달 중, 오피스텔 분양사무소들을 방문하여 오피스텔 예비계약자를 대상으로 시행하였다. 설문조사는 조사자가 설문응답자에게 응답요령을 미리 알린 후 16개의 카드를 나눠주고, 카드에 선호하는 순서대로 등수를 기입하는 방법을 채택하였다. 설문응답자의 질문이 있을 경우 응답자의 선호에 영향을 주지 않는 범위 내에서 우선순위선정방법과 관련한 설명을 하였다. 한 응답자당 설문기입에 걸린 시간은 대략 15~20분 정도였으며, 설문응답이 불성실하다고 판단되는 경우 설문조사자의 직권으로 설문결과를 무효처리하였다. 이런 방식에 의해 최종적으로 통계처리된 설문조사결과는 모두 50부였다.

응답자의 인구통계적 특성을 보면, 남자가 전체 50명 중 36명, 여자가 14명이며 응답자의 평균연령은 32.88세이다. 응답자의 88%가 대졸 이상의 학력을 지니고 있으며, 20대가 전체의 44%, 30대 36%, 40대 이상이 20%이다. 거주지역은 응답자의 88%가 서울에 거주하고 있으며, 서울의 강남구, 서초구, 송파구 거주자의 비율은 전체응답자의 34%이다. 생활 수준을 보면 대개의 응답자가 중산층 이상이라고 답하였으며, 구간중앙값으로 계산한 응답자들의 가구당 월수입 평균값은 293만 원으로 나타났다. 아파트 거주자가 전체응답자의 40%로 가장 많으며, 직업으로 보면 사무/기술직이 36%, 전문/자유직이 26%, 판매/서비스직이 20% 순으로 나타났다.

4. 분석결과

다중적 속성을 가지는 오피스텔에 대한 효용은 각 속성이 가지는 부분가치(part-worth)의 효용으로 분해할 수 있다. 이를 식으로 나타내면 다음과 같이 표현할 수 있다.

$$U_{ij} = \Sigma\Sigma\ W_{ik}\ X_{jkl} \quad (6 \cdot 1)$$

i = 개인(i=1, 2, …, I)
j = 오피스텔 프로파일(j=1, 2, …, J)
k = 속성의 수준(k=1, 2, …, K)
U_{ij} = 오피스텔 j에 대한 개인 i의 전체적 효용
W_{ik} = 속성 k에 대한 개인별 가중치
X_{jkl} = 오피스텔 j의 속성 k의 수준 l에 대한 표준화된 부분효용가치

속성 k에 대한 개인별 가중치(W_{ik})와 오피스텔 프로파일 j의 속성 k의 수준 i에 대한 부분효용가치(X_{jkl})를 추정하기 위해 수준과 효용 간의 관계를 선형으로 가정하고[06] Nonmetric Procedure를 적용하였다.[07] 〈표 6-7〉은 표준화된 수준별 부분효용가치와 개인별 가중치, 속성의 상대적 중요도가 정리된 것이다.

표준화된 수준별 부분효용가치에서 개인별 가중치를 곱하면 개인별 속성 수준에 대한 부분효용가치를 산정할 수 있지만, 여기서는 전체응답자의 가중치 평균을 곱해 응답자 전체의 수준별 평균 부분효용가치를 추정한 결과만을 제시하였다.[08] 수준별 평균 부분효용가치를 보면, 평당 분양가가 상승할수록 오피스텔의 효용은 떨어지는 것으로 나타나며, 평형이 작을수록, 평당 관리비가

06 추정결과 이상점모형보다는 벡터모형이 더 적합하게 나타났다.

07 컨조인트모형의 추정에는 Metric Procedure와 Nonmetric Procedure의 두 가지 방법이 가능하다. Metric Procedure는 응답자가 선호도에 따라 각 프로파일에 점수를 부여한 경우에 적합하며, Nonmetric Procedure는 응답자가 선호도에 따라 각 프로파일에 순위를 부여한 경우에 적합한 방법이다(박찬수, 1997b: 155). 여기서는 Nonmetric Procedure의 하나인 크루스컬 이차 최소자승 단조변환(Kruskal secondary least-squares monotonic transformation)방식을 적용해 종속변수(선호순위)를 변환시킨 다음, SAS 8.01 버전의 TRANSREG MORALS Algorithm을 적용해 계수를 추정하였다.

08 컨조인트 분석은 부분가치들을 전체시장 수준이나 세부시장 수준에서가 아니라, 각 개인 수준에서 추정하는 것을 특징으로 하고 있으므로, 개인별로 부분가치를 추정하는 것이 바람직하지만, 이 경우 결과를 종합하기가 어려워진다. 이러한 어려움을 해소하기 위해 응답자들을 군집화시켜, 각 집단을 하나의 응답자로 취급하여 컨조인트 분석을 실시할 수 있다(박찬수, 1997b: 174-7). 집단별 수준에서 모형의 추정치는 각 응답자들을 개별적으로 분석한 후 각 응답자의 추정치를 합성하여 모형의 추정치로 삼거나, 또는 응답자들의 선호도를 하나의 값으로 합성한 뒤, 그것을 분석하여 모형의 추정치를 구하는 방법이 있다(양종열, 1994: 23). 여기서 제안된 계수값은 각 응답자의 추정치를 합성(평균값을 이용하여)하여 도출한 것이다.

| 표 6-7 | 출력결과 요약

속성	수준	표준화된 수준별 부분효용 가치	개인별 가중치 평균	수준별 평균 부분효용 가치	부분효용 가치 차이	속성의 상대적 중요도
평당 분양가	750만 원	62.5	-0.03495	-2.18413	4.19352	27.6%
	700만 원	12.5		-0.43683		
	670만 원	-17.5		0.61156		
	630만 원	-57.5		2.00940		
평형	20평	-15.0	-0.12399	1.85979	3.71959	24.5%
	30평	-5.0		0.61993		
	40평	5.0		-0.61993		
	50평	15.0		-1.85979		
평당 관리비	8천 원	-3.0	-0.37287	1.11860	2.23721	14.7%
	10천 원	-1.0		0.37287		
	12천 원	1.0		-0.37287		
	14천 원	3.0		-1.11860		
전용면적비	45%	-6.8	0.19389	-1.30873	2.52051	16.6%
	50%	-1.8		-0.33930		
	54%	2.3		0.43624		
	58%	6.3		1.21179		
분양가 대비 전세가 비율	40%	-7.5	0.08378	-0.62838	1.25676	8.3%
	55%	7.5		0.62838		
지하철역으로부터의 거리	도보 5분	-2.5	-0.25697	0.64242	1.28485	8.4%
	도보 10분	2.5		-0.64242		
합계					15.21243	100.0%

저렴할수록, 전용면적비가 높을수록, 분양가 대비 전세가 비율이 높을수록, 지하철역으로부터의 거리가 가까울수록 효용가치가 증가하는 것으로 나타나 일반투자가들의 상식과 부합하는 결과가 도출되었다.

속성의 상대적 중요도는 각 속성 수준의 차이가 전체차이에서 차지하는 비중으로 표시할 수 있다(김용준 · 박유식, 1996: 79–80). 6개의 속성 중 가장 중요한 속성은 평당분양가로 27.6%의 중요성을 가지고 있으며, 이어서 평형, 전용면적비, 평당 관리비의 순서를 보이고 있다. 여기서 특기할 만한 사항은 오피스텔은 평형이 클수록 효용이 떨어진다는 점이다. 이는 오피스텔을 선호하는 계층이 소형평형을 선호하는 독신 또는 부부 2인으로 구성된 핵가족들이며, 투자가들 입장에서도 임대가 용이한 소형평형에 대한 선호도가 높다는 사실에서 기인한다고 볼 수 있다.

컨조인트 분석을 실시한 다음에는 반드시 개인별 수준과 집단적 수준에서 그 결과를 검토하여 추정된 모형의 적합성을 평가하여야 한다. 적합성 검증은 다양한 방식으로 이루어질 수 있는데, 가장 보편적으로 사용하는 방법이 모형의 추정치인 부분가치를 이용하여 예측된 선호도와 각 응답자가 평가한 원래의 선호도와 어느 정도 일치하는가를 검토하는 것이다. 순위자료를 사용한 경우에는 입력선호순위와 추정선호순위 사이에 스피어만의 상관계수(Spearman's ρ)나 또는 켄달의 타우(Kendall's τ)를 모형의 신뢰도 검증을 위해 사용하고 있다(김덕기 · 엄서호, 2000: 240–1 양일선 등 4인, 2000: 55).[09] 또한 개인별로 속성 수준에 대한 부분가치를 추정하기 위해 회귀분석을 사용하였다면, 회귀모형의 설명력을 결정계수값(R^2)으로 검토할 수도 있다. 여기서 추정한 모형은 응답자 개개인에 대한 컨조인트 추정이기 때문에, 스피어만의 상관계수, 켄달의 타우, 회귀모형의 결정계수에 대해서 응답자 전체의 평균추정치와 표준편차를 제시한다.[10] 각 개인의 부분효용을 설명하는 회귀모형의 경우 결정계수 평균값은 0.95, 피어슨 상관계수는 0.97, 켄달의 타우값은 0.87로 모형의 적합도

09 Full Profile 방법을 사용하는 전형적인 컨조인트 분석에서는 main profile과 hold-out profile 두 가지를 응답자에게 나눠준다. hold-out profile의 선호도 순서와 main profile 자료에서 추정된 계수값을 적용해 추정한 선호도 순서가 어느 정도 일치하는가를 검토하는 것을 교차타당성 검토라고 하며, 이 경우 log-likelihood ratio test로 속성의 중요도를 검증할 수 있다(홍성권 · 이용훈, 2000: 25).

10 보다 자세한 설명은 박찬수(1997b: 154–7)를 참조할 것.

| 표 6-8 | 적합성 검증 요약

항목	*N*	평균	표준편차	최댓값	최솟값
결정계수(R^2)	50	0.95011	0.06466	1.00000	0.74022
Pearson 상관계수	50	0.97413	0.03431	1.00000	0.86036
Kendall Tau b 상관계수	50	0.86951	0.10824	1.00000	0.50709

가 매우 높게 나타났다.

5. 분석결과의 활용

추정된 모형은 평당 분양가격을 포함하고 있으며, 다양한 척도로 측정된 다른 속성 수준들이 부분효용가치로 측정되기 때문에 속성 수준에 대한 지불용의가격(willingness to pay)을 측정할 수 있다. 이를 위해 우선 속성별 단위 수준에 대한 부분효용가치를 구해 보자. 각 속성들의 수준과 부분효용가치 간에 1차선형제약을 부과하였으므로, 보간법을 이용해 속성별 단위 수준에 대한 부분효용가치를 계산한 결과가 〈표 6-9〉와 [그림 6-1]에 제시되어 있다.

| 표 6-9 | 단위수준당 효용가치

항목	효용가치	평당 분양가 만 원 대비
평당 분양가 만 원당 효용	−0.03495	−1.000
규모 1평 증가당 효용	−0.12399	−3.548
월평균 관리비 천 원당 효용	−0.37287	−10.670
전용면적 1%당 효용	0.19389	5.548
전세금 비율 1%당 효용	0.08378	2.398
거리 1분당 효용	−0.25697	−7.353

| **그림 6-1** | 단위 수준당 효용가치

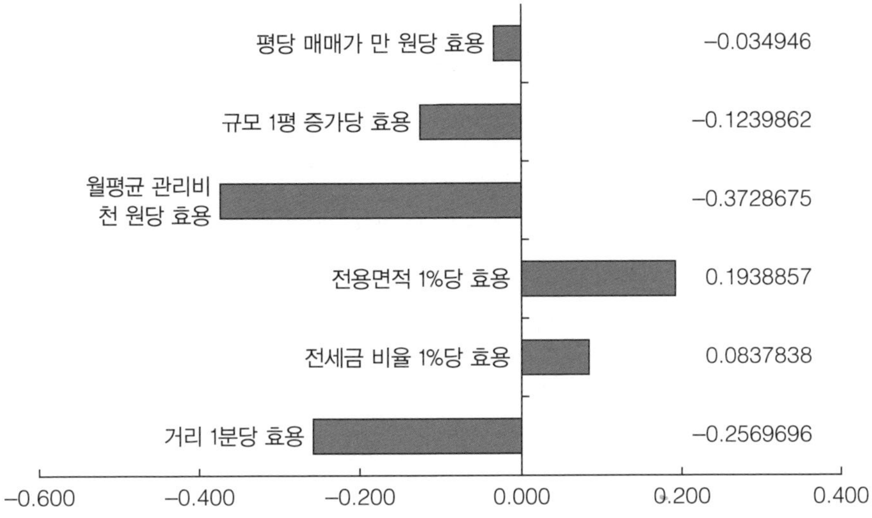

〈표 6-8〉을 근거로 속성 간 한계대체율(Marginal rate of Substitution)[11]을 구해 보도록 하자. 평당 분양가가 만 원 인상될 경우 단위효용은 0.03495 감소하며, 오피스텔 분양규모 1평 증가당 효용은 -0.12399이므로, 이를 평당 분양가 만 원의 효용을 기준으로 지불용의금액으로 환산하면, 오피스텔 규모가 1평 증가할 때마다(효용 감소) 평당 분양가는 3.548만 원 감소(효용 증가)해야 동일한 효용 수준을 유지할 수 있게 된다. 즉, 평당 분양가의 효용가치의 오피스텔 규모의 효용가치에 대한 한계대체율은 3.55가 된다. 같은 방식으로 분양가 대비 전세가의 비율 1% 증가는 2.39만 원, 지하철역으로부터 도보 거리 1분 증가는 7.35만 원으로 나타난다. 일례로 전용면적 50%, 지하철역으로부터 도보 거리 5분인 거래가격이 1억 2천만 원인 20평 규모의 오피스텔이 있다고 가

11 상품 X의 한계단위로 그 상실을 보상하는 상품 Y의 수량을 나눈 비율을 X의 Y에 대한 한계대체율이라고 한다. 즉 $X \cdot Y$ 두 재화가 있고, X의 한계단위를 Δx, 그 상실을 보상하여 소비자를 같은 만족도에 머물게 하기 위한 Y의 증가분(한계단위)을 Δy로 한다면, 양자 간의 비율 $\Delta y/\Delta x$가 X의 Y에 대한 한계대체율이다. Δx를 무한히 작게 해 나가서 그것이 O에 접근하면 이 비율은 무차별곡선의 경사를 나타내는데, 이는 X의 한계효용과 Y의 한계효용의 비율과 같다.

정하자. 현재 분양가 대비 전세가의 비율이 50%이지만, 최근 강남의 소형평수 아파트 매물부족으로 전세난이 지속되고 이로 인해 전세보증금의 비율이 분양가 대비 60% 수준으로 상승하였다면, 이 오피스텔의 분양가는 1억 2천만 원에서 1억 2,480만 원으로 480만 원(2.398×20(평)×10(%)=480만 원)의 가격 상승이 기대된다. 관리비의 경우 월 평당 관리비 1천 원이 상승할 경우, 동일한 효용을 유지하기 위해서는 평당 분양가가 10만 6,700원 정도 하락해야 하는데, 이를 근거로 오피스텔 수요자들의 할인율을 검토하면, 11.256%(=12,000원/106,700원)로 계산된다. 98년 조사시점 당시 예금은행의 가중평균 여신금리(신규취급액 기준)가 11.33%[12]이므로 오피스텔 수요자들의 할인율은 시중 여신금리 수준을 반영하고 있다고 볼 수 있다.

6. 마치면서

이 연구는 부동산 투자상품으로서 오피스텔의 부분효용가치를 컨조인트 분석을 이용해 추정한 것이다. 분석결과 평당 분양가가 저렴할수록, 대형평형보다는 소형평형이, 평당 관리비가 적을수록, 전용면적비율과 분양가 대비 전세가 비율이 높을수록, 지하철역으로부터 가까울수록 오피스텔의 효용가치는 증가하는 것으로 분석되었다. 속성들의 단위 수준당 추정 효용가치를 근거로 속성 한 단위당 지불용의금액과 단위들 간의 한계대체율도 추정하였다. 이러한 분석을 토대로, 오피스텔이라는 상품 구성요소의 최적 또는 적정 조합을 가능할 수 있도록 하였으며, 주어진 조건하에서 적정 분양가를 추정할 수 있는 방법을 제시하였다. 이 연구는 향후 아파트나 사무실 건물 등의 계획 시, 설계요소들 간의 상충관계를 지불용의금액에 근거해 해결할 수 있는 방안을 제시하

12 한국은행 통계DB 참조, http://www.bok.or.kr/bokis/bokis/m_statis_sub

였다는 점에서 연구의 독창성을 인정받고자 한다.

오피스텔이라는 상품구성요소를 지불용의가격에 입각해 분해하고 조립한 이 연구는 많은 한계를 안고 있다. 우선 분석에 활용된 설문의 수가 너무 적어 연구결과의 신뢰도가 손상을 입을 수 있다는 점을 들고 싶다.[13] 모형의 적합도 검정값은 만족할 만하지만, 추정된 계수들을 일반화하기에는 역부족으로 보인다. Hold-out 프로파일을 만들지 않아, 컨조인트 분석에 감초처럼 활용되는 교차타당성을 검토하지 못한 점도 아쉬운 점이다. 조사 대상자수가 많지 않아, 응답자들을 군집화시켜, 인구통계적 변수들이 오피스텔 속성에 대한 선호도가 어떻게 달라지는가를 분석하지 못한 것(시장세분화)도, 또 추정된 모형과 투자가들의 오피스텔의 구매의사결정이 어느 정도 부합하는가도 향후 심층 연구가 필요한 부분이다.

13 상업적 컨조인트 분석에서의 표본크기는 보통 300개 내외이다. 적정 응답자수에 대한 자세한 내용은 박찬수(1997b: 144-5)와 홍성권(1995: 9)의 연구를 참고하라.

참고문헌

김경환 · 손재영, 2000, "서울시 오피스 시장의 시계열분석," 『주택연구』 8(2): 5-20.

김덕기 · 엄서호, 2000, "주제공원의 수요함수 추정: 컨조인트 분석기법 적용," 『관광학연구』 23(2): 227-245.

김용만, 1995, "체육학 연구를 위한 컨조인트 분석기법의 적용," 『한국체육학회지』 34(3): 391-400.

김용준 · 박유식, 1996, "컨조인트 분석을 이용한 상표자산의 측정에 관한 연구," 『경영학연구』 25(2): 61-96.

박찬수, 1997a, "상호작용효과의 이질성이 컨조인트 분석의 예측타당성에 미치는 영향에 관한 연구," (고려대학교 경영대학)『경영논총』 41: 373-388.

_____, 1997b, "컨조인트 분석(Conjoint Analysis)," 유필화 편, 『현대의 마케팅과학』, 서울: 법문사, pp.121-185.

손재영 · 김경환, 2000, "서울시 오피스 임대료의 횡단면 분석," 『국토계획』 35(5): 279-295.

송미령, 1997, "서울 공간구조의 변화와 특징: 1980~1990 고용과 사무실공간의 분포를 중심으로," 『국토계획』 32(4): 209-228.

신상헌, 2000, "컨조인트 분석을 이용한 해외여행상품의 부분가치 추정," 『관광학연구』 24(2): 157-175.

신용광 · 이상영 · 박민수, 2001, "쇠고기에 대한 도시가계 선호분석: 컨조인트 분석을 이용하여," 『농업경제연구』 42(2): 17-42.

신종화, 1999, "행정서비스 품질에 관한 고객욕구조사: 컨조인트 분석을 사용해서," 『한국행정학보』 33(1): 35-46.

양동양, 1999, "대형 주상복합단지 및 주상복합건물에 관한 연구," 『고려대학교 공학기술연구소 공학논문집』 37: 29-38.

양일선 · 신서영 · 이해영 · 이소정 · 채인숙, 2000, "컨조인트 분석과 다차원척도법을 이용한 대학급식소의 전략적 운영 방안 모색," 『한국식생활문화학회지』 15(1): 51-58.

양종열, 1994, "컨조인트 분석 기법의 마아케팅 활용," 『전북대학교 산업경제연구소 논문집』 24: 275-300.

오정미 · 허갑섬, 1995, "컨조인트 분석을 이용한 청바지 제품개발에 관한 연구,"『한국의류학회지』 19(3): 448–462.

오현환, 1995, "컨조인트 분석(Conjoint Analysis)을 통한 볼링장의 마케팅 전략 수립에 관한 연구,"『한국체육학회지』 34(1): 96–104.

이강희 · 박영기, 1999, "신도시 주택소비자의 효용특성분석,"『대한건축학회논문집』 15(11): 13–24.

임국택, 1996, "주상복합건물의 입지특성분석에 관한 연구: 서울시를 중심으로,"『국토계획』 31(1): 109–122.

최영문 · 진영근, 1999, "유럽배낭여행상품 선호구조에 따른 최적상품개발에 관한 연구: 컨조인트 분석을 중심으로,"『관광정책학연구』 5(2): 185–201.

한상만 · 곽영식, 1997, "2단계 결합분석과 Logit Model을 이용한 시장경쟁구조분석: 한국 청바지 시장의 경우,"『경영학연구』 26(3): 567–595.

현중영 · 유지현, 1999, "아파트 실내 조경요소에 대한 선호의 컨조인트 분석,"『한국정원학회지』 17(3): 43–51.

홍성권, 1995, "주제공원의 경쟁력 제고방안에 관한 연구: Hybrid Conjoint Analysis의 적용,"『한국조경학회지』 23(2): 1–16.

______, 2000, "Conjoint Choice Model을 이용한 주제공원 이용자들의 선택행동 연구,"『한국조경학회지』 28(1): 19–28.

홍성권 · 이용훈, 2000, "주제공원 이용자들의 선택행동 연구: Constraints–Induced Conjoint Choice Model의 적용,"『한국조경학회지』 28(2): 18–27.

Earnhart, Dietrich, 2001, "Combining Revealed and Stated Preference Methods to Value Environmental Amenities at Residential Locations," *Land Economics* 77(1): 12–29.

Farber, Stephen and Brian Griner, 2000, "Using Conjoint Analysis to Value Ecosystem Change," *Environmental Science & Technology* 34(8): 1407–1412.

Gustafsson, Anders, Fredrik Ekdahl, and Bo Bergman, 1999, "Conjoint Analysis: A Useful Tool in the Design Process," *Total Quality Management* 10(3): 327–343.

Huh, Moo Yul, Se Wook Seo, and Sang-Sook Kim, 2000, "The Evaluation of Rice Quality Based on Consumer Utility in Korea : Conjoint Model Approach,"『농업경제연구』 41(4): 45–58.

San Miguel, Fernando, Mandy Ryan, and Emma Mcintosh, 2000, "Applying Conjoint Analysis in Economic Evaluations: An Application to Menorrhagia," *Applied Economics* 32(7): 823–833.

제7장

상권 분석의 기초

부동산 시장 분석에서 상권 분석은 주택 시장 분석만큼이나 흥미로운 주제이다. 상권 분석의 범위와 깊이는 다양하며, 분석하고자 하는 상권의 성격에 따라 검토하고자 하는 요소들도 판이하다. 예를 들어 잡화를 파는 백화점이나 편의품을 주로 판매하는 상점의 입지 분석 시에는 매출액은 품질이나 가격경쟁력, 매장의 매력도에 비례하며, 거리에 반비례하는 허프모형을 그대로 적용할 수 있지만, 비교구매가 필수적인 선매품의 경우 허프모형과 같은 중력모형 외에도 집적효과와 혼잡효과를 별도로 고려해 주어야 한다. 분석기법도 유추법과 같은 간단한 분석기법에서부터 통행량 자료를 사용하는 다항로짓모형에 이르기까지 다양한 기법들이 활용된다. 우선 이 장에서는 상권 분석과 관련된 기본적인 개념과 기초이론을 검토한다. 상점이 위치할 지역/시장을 결정할 때 고려해야 할 사항, 상권(trade area)이란 무엇이며 소매업자가 하나 이상의 상권을 선택해야 하는 이유, 소매업자가 현재의 상권과 새로운 상점을 위한 상권을 정의하는 방법, 소매업자가 새로운 상점 입지의 판매액을 예측할 수 있는 방법, 향후 상권의 변화전망 등을 중심으로 살펴보았다.

1. 시작하며

부동산 시장 분석에서 상권은 주택 시장 분석만큼이나 흥미로운 주제이다. 상권 분석의 범위와 깊이는 다양하며, 분석하고자 하는 상권의 성격에 따라 검토하고자 하는 요소들이 판이하다. 예를 들어 잡화를 파는 백화점이나 편의품을 주로 판매하는 상점의 입지 분석 시에는 매출액은 품질이나 가격경쟁력, 매장의 매력도에 비례하며, 거리에 반비례하는 허프모형을 그대로 적용할 수 있지만, 비교구매가 필수적인 선매품의 경우 허프모형과 같은 중력모형 외에도 집적효과와 혼잡효과를 별도로 고려해 주어야 한다. 분석기법도 유추법과 같은 간단한 분석기법에서부터 통행량 자료를 사용하는 다항로짓모형에 이르기까지 다양한 기법들이 활용된다. 우선 이 장에서는 상권 분석과 관련된 기본적인 개념과 기초이론을 중심으로 내용을 검토하기로 한다. 집중적으로 검토할 내용은 상점이 위치할 지역/시장을 결정할 때 고려해야 할 사항, 상권(trade area)이란 무엇이며 소매업자가 하나 이상의 상권을 선택해야 하는 이유, 소매업자가 현재의 상권과 새로운 상점을 위한 상권을 정의하는 방법, 소매업자가 새로운 상점 입지의 판매액을 예측할 수 있는 방법, 향후 상권의 변화전망 등을 중심으로 내용을 서술하기로 한다.

2. 우리나라 유통업의 실태

우리나라에는 모두 2018년 현재 170만 개 가량의 도매 및 상품중개업, 소매업(자동차업종 제외), 음식점 및 주점업체가 있다. 종사자수는 525만 명 정도이며, 유통업 전체매출액은 연간 1,334조 원 가량이다. 매출액에서 영업비용을 뺀 매출이익률은 연간 3.75% 정도이다. 이들 170만 개의 유통업체가 차지하고 있는 건물연면적은 7,428만 평 정도로 1개 업체당 평균 44평 규모이다. 도매업체가 32만 개, 소매업체가 68만 개, 음식점 및 주점업체가 71만 개로 음식점 및 주점업체가 가장 많은 것으로 나타났다.

| 표 7-1 | 전국 유통업 현황

2018년 전국 산업별	사업체수 (개)	종사자수 (명)	매출액 (백만 원)	영업비용 (백만 원)	매출이익률 (%)	매출원가 (백만 원)
도매 및 상품중개업	319,208	1,285,190	795,093,553	765,274,149	3.75	615,638,222
소매업 (자동차 제외)	676,718	1,830,865	401,211,772	382,442,998	4.68	274,409,159
음식점 및 주점업	709,014	2,138,772	138,183,129	125,645,072	9.07	0
계	1,704,940	5,254,827	1,334,488,454	1,273,362,219	4.58	890,047,381

2018년 전국 산업별	판매비와 관리비 (백만 원)	인건비 (백만 원)	임차료 (백만 원)	기타경비 (백만 원)	연간급여액 (백만 원)	건물연면적 (평)
도매 및 상품중개업	149,635,927	49,928,088	5,843,119	93,864,721	41,309,735	22,635,359
소매업 (자동차 제외)	108,033,839	25,674,618	12,696,072	69,663,148	20,831,263	27,704,451
음식점 및 주점업	0	20,165,406	8,970,499	96,509,167	17,999,831	23,941,441
계	257,669,766	95,768,112	27,509,690	260,037,036	80,140,829	74,281,251

출처 : 통계청, 『국가통계포털』(서비스업조사), http://kosis.kr/statHtml/statHtml.do?orgId=101&tblId=DT_1KB9001&conn_path=I3

사업체당 현황을 보면, 도매업종의 경우 종사자수가 가장 많아 업체당 4.03명인 데 반하여 소매업체는 2.71명, 음식 및 주점업은 3.02명으로 나타났으며, 월 매출액은 도매업체의 경우 월 2억 원 이상인 데 비하여 소매업체는 4,941만 원, 음식점 및 주점업은 1,624만 원으로 일 매출로 치면 54만 원에 불과한 실정이다. 건물규모는 도매업체의 경우 71평, 소매업체 41평, 음식점 및 주점업의 경우 34평 정도로 음식점 및 주점업의 평균면적규모가 가장 작은 것으로 나타났다. 월 임차료를 보면, 가장 큰 면적을 사용하고 있는 도매업체의 경우 건물 1평당 2.15만 원, 소매업종의 경우 3.82만 원, 음식점 및 주점업의 경우 3.12만 원으로 소매업종이 가장 비싼 단위당 임차료를 지출하고 있는 것으로 나타났다.

| 표 7-2 | 전국 유통업 사업체당 현황

2018년 전국 산업별	사업체수 (개)	종사자수 (명)	월 매출액 (만 원)	월 영업비용 (만 원)	매출이익률 (%)	월 매출원가 (만 원)
도매 및 상품중개업	1	4.03	20,757	19,978	3.75	16,072
소매업 (자동차 제외)	1	2.71	4,941	4,710	4.68	3,379
음식점 및 주점업	1	3.02	1,624	1,477	9.07	0

2018년 전국 산업별	월 판매비와 관리비 (만 원)	월 인건비 (만 원)	월 임차료 (만 원)	월 기타 경비 (만 원)	월 연간 급여액 (만 원)	건물연면적 (평)
도매 및 상품중개업	3,906	1,303	153	2,450	1,078	71
소매업 (자동차 제외)	1,330	316	156	858	257	41
음식점 및 주점업	0	237	105	1,134	212	34

출처 : 통계청, 『국가통계포털』(서비스업조사), http://kosis.kr/statHtml/statHtml.do?orgId=101&tblId=DT_1KB9001&conn_path=I3

3. 상권의 기초이론 : 입지결정[1)]

어떤 상점의 입지결정은 세 가지 수준, 즉 지역(region), 상권(trade area), 그리고 구체적인 입지(specific site) 차원으로 나눌 수 있다. 여기서 지역이란 영남지역, 호남지역과 같이 나라의 일부분으로 지방, 도시 또는 도시통계 단위를 이른다. 상권(trade area)이란 상점의 판매액과 소비자들의 대다수가 발생하는 연속적인 지리적 영역을 말하며 이는 상점의 형태와 잠재수요자들의 밀도에 따라서 도시의 일부분이 되기도 하고 도시의 경계를 넘어서기도 한다. 예를 들어 비디오 대여점의 상권은 주요 도시지역 안에 있는 한두 개의 동네가 될 수 있는 반면 이마트와 같은 상점의 상권은 반경 4~5㎞를 넘기도 한다. 입지(specific site)란 상점이 입지하게 되는 위치 또는 부지를 일컬으며, 상점 입지를 결정함에 있어 소매업자는 위의 세 가지 수준 모두를 동시에 검토해야 한다.[01]

1) 상품의 구분

마케팅 분야에서는 소비재를 편의품, 선매품, 전문품으로 구분하는 것이 일반적이다. 편의품은 주로 편의점이나 자동판매기에서 판매하는 제품으로 저렴하고 표준화되어 품질차이가 크지 않은 공산품이나 배추나 콩나물과 같은 썩기 쉬운, 그래서 보관이 어려운 농산품을 지칭한다. 소액이며 구매빈도가 높고, 고도로 표준화되어 있어 전국적으로 자주 광고가 되는 품이다. 소비자들이 편의품을 구매할 경우 특별한 입지를 선택할 유인이 없으며, 그저 눈에 보이는 대로 가까운 가게에서 편의품을 구매하게 된다. 따라서 소비자 입장에서는 편의품을 구매할 경우 시간이나 노력이 거의 들지 않기 때문에 생산자 쪽에서는

01 '3. 상권의 기초이론 : 입지결정'부터 '5. 수요의 측정' 부분까지는 다음 참고자료의 내용을 발췌 · 번역한 글이다. Levy, Michael and Barton A. Weitz, 1998, *Retailing Management*, London : Irwin/McGraw-Hill, pp. 259-261.

전국적인 광고를 통해 높은 수준의 브랜드 인지도를 굳혀야 한다.

선매품은 비교선택하여 구매하는 상품이다. 자동차, 가구, 가전제품 등이 대표적이다. 소비자는 제품의 사양, 용도, 가격 및 가치를 판단하는 기준을 설정하여 품질을 비교하므로, 선매품을 파는 상점들은 비교선택의 폭을 넓혀 주기 위해 군집하는 경향이 크다. 일산 가구거리나 사당동 가구거리가 선매품의 상품특성 때문에 형성된 것이다. 선매품 시장의 또 다른 특징 중 하나는 판촉을 위한 할인 및 가격인하 행사이다. 편의품과 달리 제품 회전율이 느리기 때문에 판촉행사를 통해 재고를 줄이려는 시도가 빈번한 편이다. 선매품 상가군들은 선매품 상가군들끼리 경합한다. 예를 들어 서울만 하더라도 녹번동 가구거리, 논현동 가구거리, 동교동 가구거리, 아현동 가구거리, 왕십리 가구거리, 을지로 가구거리, 사당동 가구거리, 신당동 가구거리, 중곡동 가구거리 등이 있어 군집을 이룬 가구거리별로 다른 가구거리들과 경합한다. 새로 형성된 가구가게가 사당동 가구거리에 생긴다면, 사당동 가구거리 내 가구상가들끼리는 고객확보를 둘러싼 경합이 발생하지만, 사당동 가구거리는 추가로 진입한 가게로 인해 상품구색의 수를 늘릴 수 있으며, 다른 가구거리들에 비교하여 상대적 비교우위를 확보할 수 있게 된다.

전문품은 상품의 구매동기가 개인적 취향, 선호 등에 근거한 브랜드 충성심이라고 할 수 있다. 개인적 취향이나 선호가 주된 구매동기이므로 가격은 결정적인 요소는 아니며, 대신에 품질, 스타일, 희소성 등이 구매에 큰 영향을 미친다. 전문품 구매자는 전문품을 구매하기 위해 상당한 노력을 기울이기 때문에 편리한 위치에 상점이 입지할 필요는 없으며, 구매빈도가 높지 않아 교통비 지출이 적은 가까운 곳에 입지할 이유도 없다, 전문품의 예로는 디자이너 의류, 고급 자동차, 이국적인 향수, 유명한 그림, 멋진 음식, 하이파이 부품, 스포츠 장비, 사진 장비, 남성복 등이 있다. 또 다른 예로는 특정 헤어스타일리스트나 유명 전문의에 대해 느끼는 강한 애착일 수도 있다. 이 경우 소비자는 그 헤어스타일리스트에게 머리를 손질 받거나 그 전문의에게 진료를 받기 위해 오랜 시간을 이동하거나, 대기할 수 있다.

2) 지역/시장(region/market area)

일반적인 경제적 여건과는 관계없이 특정 지역 또는 시장은 특정 소매업자에게 좀 더 매력적일 수 있다. 시장의 규모가 경제적으로 크거나 성장한다고 해서 그것이 단순하게 모든 소매업자에게 매력이 있는 것은 아니다. 예를 들어 월마트의 성장은 거대한 대도시 시장으로부터 온 것이 아니라 작은 도시지역에서 이루어졌다. 이처럼 작은 도시에서는 잠재적인 판매액이 크지는 않지만 반대로 경쟁은 느슨하다.

몇몇 상점들은 특정한 지역에 모이기도 한다. 선매품업종이 대표적이지만, 이종업종끼리도 군집 또는 집적의 효과 때문에 특정 지역, 예를 들어 명소길 등에 모이는 경우도 빈번하다. 이렇게 집적하는 이유는 더 큰 규모의 상점들과 경쟁하게 될 수도 있지만, 그 지역이 지닌 상권력을 이용할 수도 있기 때문이다. 특정한 지역에 모이는 것은 지역적 연결고리를 유지함으로써 고급 소비자 기반을 유지할 수 있고 훌륭한 시각적 효과를 가지며 그 지역 전체적으로 인지도가 높아진다는 것을 의미한다. 또한 상품, 가격, 그리고 판촉전략이 구체적으로 전국시장보다는 지역시장의 수요를 겨냥하게 되는데 이는 결국 경영팀이 좀 더 나은 중앙통제를 할 수 있게 된다는 것을 의미한다. 즉 경영자는 쉽게 점포를 방문할 수 있고 경쟁적인 상황들을 평가할 수 있게 되는 것이다.

3) 상권(trade area)

상권은 상점의 판매액 대부분이 발생하는 또는 구매자들의 대다수가 입지한 연속적인 지리적 영역이다. 상권은 2개 또는 3개 지역으로 나눌 수 있으며 이는 동심원의 다각형으로 그릴 수 있다. 그러한 상권을 소위 다각형(polygons)이라고 부른다. 왜냐하면 그들의 경계가 거리로 경계된 다각형 모양을 띠기 때문이다. 어떤 지역의 정확한 범위와 경계를 명확하게 설정하기는 어려운 일이다. 상권 설정 시 종종 사용되는 주먹구구식 규칙은 다음과 같다.

1차 상권(primary zone)

상점이나 쇼핑센터 소비자의 60~65%를 차지하는 지리적 영역이다. 이 권역은 대도시지역의 경우 보통 상점으로부터 반경 500m 거리나 그 입지로부터 도보로 10분 이내의 거리에 해당한다.

2차 상권(secondary zone)

상점 판매액의 약 20%를 차지하는 두 번째로 중요한 지리적 영역이다. 이는 보통 상점으로부터 반경 1km 내외, 차로 5~10분 거리 이상에 해당된다.

3차 상권(tertiary zone)

상점이나 쇼핑센터에 가끔 찾아오는 손님을 포함하는 영역이다. 3차 권역이 설정되는 데는 다음과 같은 몇 가지 이유가 있다.

첫째, 이러한 손님들은 자신의 주변에 적절한 소매시설이 부족할 수 있기 때문이다.

둘째, 상점이나 쇼핑센터로 들어오는 훌륭한 도로체계가 형성되어 소비자가 쉽게 접근할 수 있기 때문이다.

셋째, 소비자가 직장에 오갈 때 상점 또는 쇼핑센터 주변을 운전할 수 있기 때문이다.

넷째, 소비자들이 관광지역 안 또는 근처에 있기 때문에 상점 또는 쇼핑센터에 오게 될 수 있기 때문이다.

이러한 상권의 실제적인 경계는 상점의 접근성, 자연적 · 물리적 경계, 쇼핑영역의 형태, 상점 형태, 그리고 경쟁에 의해 결정된다.

상권의 규모는 상점이나 쇼핑영역의 형태에 의해 영향을 받는다. 예를 들어 7-Eleven 편의점의 상권은 200~300m 내외가 되지만, '전자랜드'와 같은 카테고리 킬러(category killer)의 경우는 20~30km 떨어진 지역으로부터도 소비자들을 끌 수 있다. 이러한 차이는 상품의 성격과 상품구색수에 의해 결정된다. 편의점은 소비자들이 껌과 과자를 쉽고 빠르게 살 수 있는 위치에 입지했기 때문에 성공한 것이다. 만일 소비자들이 먼 거리를 이동해야 한다면 그 상점은 더 이상 편리하지 않다. 카테고리 킬러(category killer)는 많은 선매품을 판매하므로 소비자들이 편의점 구매 시보다 훨씬 더 먼 거리를 이동하게 된다.

상점의 형태가 상권의 규모에 어떻게 영향을 미치는가를 살펴보기 위한 또 다른 방법은 목적 상점(destination store)인지 기생형 상점(parasite store)인지를 알아보는 것이다. 목적 상점은 상품, 선택, 표현, 가격 또는 다른 특이한 특징들이 소비자를 위한 매력으로써 작용하는 상점이다. 일반적으로 목적 상점은 기생형 상점보다 커다란 상권을 가진다. 기생형 상점은 그 자체로 교통을 유발할 수 없는 상점이며 그것의 상권은 쇼핑센터나 소매지역의 지배적인 소매업자에 의해 결정된다. 이마트 안에 설치된 세탁소와 같이 세탁소는 잡화점에 기생하는 상점이라고 할 수 있다. 사람들은 잡화점이나 다른 상점에 가는 도중에 세탁소에 들리기 때문이다.

경쟁의 수준 또한 특정 상점에 대한 상권 규모와 모양에 영향을 준다. 만일 두 개의 편의 음식점들이 가깝게 모여 있다고 하면 두 개의 식당은 같은 상권 내 고객을 두고 경합하지만, 두 개의 음식점에서 파는 음식의 종류가 다르다면, 소비자 선택의 폭을 넓히는 효과도 있어 상권력의 경계를 확대시킬 수도 있다.

4. 지역/시장권과 상권의 매력에 영향을 미치는 요인들

지역/시장과 상권은 높은 수요나 판매액이 발생하는 곳이다. 지역/시장 분석과 상권 분석이 구별되기는 하지만 이들을 매력 있게 하는 요인들은 같다고 할 수 있다. 특정한 지역/시장과 상권에서의 수요를 평가하기 위해서 우리는 동일지역의 다른 업자들과의 경쟁뿐만 아니라 인구와 사업환경도 고려하여야 한다.

1) 인구통계

대부분의 경우 인구가 쇠퇴하는 지역보다 성장하는 지역을 선호하지만 인구의 성장만으로 전체상권구도를 판단할 수는 없다. 예를 들어 어떤 상점이 안정된 인구를 가진 근린지구에 있을 수 있는데 이 상점이 성공했다면 이 상점의 성공요인은 상권 내에 있는 가구수입이 상대적으로 높다는 것을 의미한다고 할 수 있다.

가구의 크기 또한 성공의 결정요인이다. 예를 들어 코인세탁소는 1인가구가 많은 곳에 입지한다. 어린이들이 많은 30대 거주 인구수가 많은 곳에서는 장난감 가게들이 입지할 유인을 갖는다.

결국 인구통계학과 인구의 라이프스타일의 특성은 매우 상대적이며 소매상점이 어떤 목표시장을 추구하는가에 따라 다르다.

2) 사업환경

시장 내의 고용인구 추세를 검토하는 것은 매우 중요하다. 왜냐하면 흔히 높은 고용 수준은 높은 구매력을 의미하기 때문이다. 또한 어떤 지역이 빠르게 성장할 것인가 왜 성장할 것인가를 결정하는 것이 유용하다. 예를 들어 첨단 IT기업이 많이 입주한 판교지역의 경우 훌륭한 소매 입지가 될 수 있다. 상권 분석 전문가들은 얼마나 오랫동안 그러한 성장이 계속될 것인가 그리고 어떻게 상품에 대한 수요를 끌어낼 것인가를 결정해야 한다.

고용의 성장은 미래의 강한 소매환경을 확실하게 하는 데 그 자체로 충분하지는 않다. 만일 성장이 여러 산업으로 분산되지 않는다면 그 지역은 한 산업의 경기하향추세로 불황을 탈 수 있다. 예를 들어 조선산업 기반이 많은 동남

해안 도시들은 조선산업 불황과 더불어 거주인구나 유동인구가 감소함과 동시에 소매업종 역시 매출 불황을 겪기도 한다.

3) 타 업자와의 경쟁

지역 내 경쟁 수준 또한 소매상품의 수요를 끌어들인다. 경쟁 수준은 포화된, 미포화된, 과포화된 상태로서 정의될 수 있다.

포화된 상권(saturated trade area)

포화된 상권에서는 상품과 서비스에 대해 소비자의 합리적인 의사결정을 두고 경쟁이 치열하다. 소비자들은 선택의 폭이 넓은 이러한 지역으로 끌리게 되므로 소비자에게 상품, 가격 또는 서비스에 따른 보다 나은 소매형태를 제공할 수 있다고 믿는 소매업자들은 이러한 지역들이 매력 있다고 생각할 것이다. 카페베네나 엔제리너스, 버거킹, 교촌치킨과 같은 음식점들은 그들의 주된 경쟁업자인 스타벅스, 맥도날드, BBQ 등의 장사가 잘되는 지역을 찾는다. 그들은 경쟁자들과 함께 성공적으로 경쟁할 수 있도록 방법과 체제를 개발하여, 그들의 가장 강력한 경쟁자들과 함께 모여 매출을 두고 싸우는 것이 중요하다고 믿는다. 그들은 이들보다 약한 체인경쟁자들이 위치한 곳에 점포를 낸다는 것에 대해 부정적이다.

미포화된 상권(understored trade area)

인구에 따른 수요를 만족하는 특정한 상품이나 서비스를 팔 상점들이 너무 적은 지역에 해당한다. 일찍이 성공을 거둔 월마트는 상대적으로 덜 포화된 작은 소도시에서 열린 상점들의 입지전략에 기초하였다. 이제 이러한 상점들은 그곳에서 높은 시장공유를 경험하게 된다. 그리고 주변의 지역사회로부터 끌어온다.

과포화된 상권(overstored trade area)

결과적으로 이러한 지역들은 이마트나 홈플러스, 롯데마트 등이 밀집하게 되며, 과포화된 상권(overstored trade area)으로 변모하게 된다. 어떤 상권지역에서 특정 상품과 서비스를 파는 상점들이 너무나 많아서 어떤 상점은 매출을 올리지 못해 경쟁에서 도태하게 된다. 그 첫 단계는 가격이나 선택의 폭에 있어서 이마트와 맞대어 경쟁할 수 없는 이 지역의 많은 가족경영 소매점포들로 이들은 품목이나 서비스를 변경하지 않으면 경쟁에서 도태되어 폐업의 운명을 맞게 된다.

5. 수요의 측정

소매업자들은 소비자들의 인구통계 상황과 라이프스타일의 특성을 이해할 수 있도록 새로운 점포의 입지에 대한 수요를 평가하는 데 이용가능한 자료를 많이 가지고 있다.

1) 인구주택 센서스(5년 단위)

인구주택 센서스는 입지를 결정하는 데 가장 완벽한 정보의 원천이다. 그러나 이름이 암시하는 바와 같이 매 5년 단위로 갱신되므로 자료가 쉽게 시대에 뒤떨어지게 된다. 따라서 추가적인 보고서가 정부기관이나 민간업체에 의해 갱신되어야 한다. 이 센서스에는 나라 전체 구성가구별로 가구당 인원수, 가구관계, 성별, 국적, 연령, 소득 등이 수치화된다. 추가적으로 주거에 대한 보고서는 그 주소에 해당하는 주택의 수를 확인하고 정확한 편의시설의 상태, 방의 개수, 거주형태가 소유인지 임대인지, 주택가격, 임대료, 그리고 공가 상태를 확인한다.

2) 구매력지수(BPI)

우리나라에서는 보편화되지 않았지만, 미국의 경우 소매업자는 새로운 상점에 대한 수요를 예측하고 현 상점의 성과를 평가하기 위해 연차적으로 발간되는 구매력지수(Buying Power Index: BPI)를 종종 사용한다. BPI는 한 지역의 전반적인 소매수요를 미국 전체의 전체수요에 대한 비율로 표현된다. BPI의 계산 방법은 다음과 같다.

$$
\begin{aligned}
BPI = &.5 \times (\text{전체소득 수준에 대한 비율}) \\
&+ .3 \times (\text{소매 총판매액에 대한 비율}) \\
&+ .2 \times (\text{전체인구규모에 대한 비율})
\end{aligned}
$$

구매력지수가 높으면 높을수록 한 지역에 상점이 집중되어 있다는 것을 의미한다. 이러한 가중평균에 대한 원리는 지역의 소득 수준이 소매에 가장 영향을 많이 미치고(.5), 연간 소매 총판매액이 두 번째로 영향을 미치며(.3), 인구규모가 마지막으로 영향을 미친다는(.2) 것이다.

한 지역이나 나라에 대한 BPI는 특정 입지결정에 충분히 영향을 미친다. 그럼에도 불구하고 다행인 것은 BPI는 주, 대도시, 도시에서도 이용가능하다. 또한 BPI 보고서는 다른 종류의 상품에 대한 지수도 제공한다.

BPI는 입지결정을 하는 데 도움을 주기 위해 다른 것과 결합되는 정보 중의 하나이다. 일반적으로 소매업자는 높은 구매력을 가진 위치에 상점을 갖길 원한다. 그러므로 다른 요인들이 일정하다면 높은 BPI를 가진 지역의 경우 낮은 BPI를 가진 지역에 비해 선호도가 높다.

3) 인구통계 자료의 제공자

인구통계학적 자료의 주된 제공자는 통계청이지만, 소상공인진흥원이나 서울시의 소상공인진흥공단, 나이스비즈맵과 같은 많은 정보유통기관들이 자료를 이해하기 쉽고, 빠르며, 값싸게 이용할 수 있도록 센서스 자료 등을 재가공하여 제공함으로써 인기를 얻고 있다. 이 자료에 포함되는 정보는 상세한 가구소득 수치뿐만 아니라 예측치까지 포함한다.

6. 경쟁의 측정

소매상품의 수요를 추정하는 것은 주요한 성공요소이다. 그러나 그것만으로는 반밖에 보여주지 못한다. 상권 내에서 경쟁의 수준을 결정하는 것이 같은 비중으로 중요한 것이다. 세븐일레븐과 같은 소매업자가 잠재적인 새로운 입지에 대해 어떻게 상권 포화의 수준을 결정할 수 있는가? 다시 말해 상권 경쟁의 수준은 무엇인가?

경쟁을 어떻게 측정할 것인가를 검토하기 위해 의약분업에 따른 약국의 입지문제를 예시로 들어보자. 현재 지리정보시스템을 위한 상권 분석은 유사사례분석법, 중회귀분석법, 중력모형 등이 활용되고 있지만, 이러한 기존 모형들은 약국상권에 영향을 주는 사회경제적 충격 등은 설명하지 못하고 있다. 일례로 의약분업에 따라 약국상권이 어떻게 변모할 것인가는 약국업계의 현안사항이었지만, 적절한 분석알고리즘이 없었다. 지리정보시스템을 이용한 상권분석의 새로운 과제는 사회경제적 충격에 따른 상권의 변화를 설명하는 새로운 알고리즘을 구축하는 것이라고 할 수 있다. 지리정보시스템을 이용해 상권분석이 수행되기 위해 이 새로운 알고리즘은 공간구조에 대한 정보(상권범위나 약국분포 밀도 등)를 포함하여야 하며, 사회경제적 충격을 설명할 수 있는 변수들(약국의 재고비용, 소비자들의 약품구매에 소요되는 비용 등)이 모형에 포함되어야 한다. DiPasquale and Wheaton(1996)이 제안한 소매입지와 시장경쟁설명모형을 이용해 의약분업이라는 사회경제적 충격을 설명할 수 있는 약국상권분석을 위한 분석논리를 검토해 보기로 한다.

의약분업이란 충격을 지리정보시스템에 통합하기 위해서는 우선 소비자의 의약품 구매행태에 대한 가정이 필요하다. 이를 위해 표본면접자료(개별행태의 특성에 관한 자료의 수집)가 수집되어야 하며, 이 경우 가장 중요한 정보는 약국을 방문하는 횟수와 약국통행 거리가 되어야 한다. 약국의 입지형태는 소비자가 다양한 약품을 구입하기 위해 통행해야 하는 거리를 결정한다. 그러나 약국에 대한 이용 정도가 주어진다면 소비자들의 구매빈도와 각 통행당 구입량을 고려하여 공급자들이 다르게 입지할 것이다. 즉 소비자들의 행태에 따라 공급자인 약국의 입지형태가 결정될 것이다.

약의 종류는 다양하다. 조제약의 경우는 오랫동안 보존이 힘든 반면, 비타민제나 영양제는 보존이 용이하다. 보존이 용이한 약품의 경우 소비자는 한 번의 통행으로 다량의 약품을 구매하며, 보존이 어려운 약품의 경우는 여러 번에 걸쳐 소량의 약품을 구입할 것이다. 따라서 약품의 형태, 사용빈도, 통행비용에 따라 의약품의 구매빈도는 다르게 나타난다. 이러한 전제와 가정을 근거로 우선 소비행태에 대한 모형을 설정하기로 하자.

• 변수의 정의

u : 연간 소비되는 약품의 양

u : 연간 소비되는 약품의 양

P : 단위당 구입가격

i : 연간 보관비용

k : 구매통행당 교통비

v : 연간 통행빈도

Q : 통행당 구매량

약품의 연간 총소비액=구입비용(Pu), 통행비용(kv), 그리고 저장비용 $\left[i\left(\frac{Pu}{2v}\right)\right]$이다. 저장비용은 재고품을 구입하는 데 드는 자본의 기회비용을 포함한다. 그러므로 이 약품의 총소비액 CC는 다음과 같이 나타낼 수 있다.

$$CC=Pu+kv+i\left(\frac{Pu}{2v}\right) \tag{7·1}$$

- 연간 의약품의 총소비량 : 통행빈도와 통행당 구매량의 곱($u=vQ$)
- 평균적으로 저장되는 양은 연간 의약품의 총소비량보다 적다.
- 매 통행 시 의약품 Q만큼 구입한다.
- 통행 간 시간간격은 연간 통행빈도의 역수$\left(\frac{1}{v}\right)$
- 시간간격 사이에 소비자는 원래 구입한 Q단위의 재고품을 0이 될 때까지 소비할 것이다. 그러므로 평균재고품은 항상 $\frac{Q}{2}$가 되며 이는 다시 $\frac{u}{2v}$로 나타낼 수 있다.
- 평균재고품의 가격은 $\frac{Pu}{2v}$가 된다.

소비자는 총소비액이 최소화되도록 통행빈도를 선택할 것이라고 가정했으므로 식 (7·1)을 최소화하는 조건인 통행빈도에 관하여 편미분한 값이 0이 되어야 한다.

$$\frac{\partial CC}{\partial v}=k-\frac{iPu}{2v^2}=0$$

v에 관해서 풀면 $v=\left(\frac{iPu}{2k}\right)^{\frac{1}{2}}$ **(7·2)**

(7·2)식을 통해 우리는 소비자의 총비용을 최소화하는 통행빈도가 가격과 비용변화에 따라 어떻게 변화할 것인가에 관한 정태분석이 가능하게 된다.

- 의약품이 자주 소비된다면 더 많은 통행을 유발할 것이며 더 많은 의약품이 필요할 것이다(식 (7·2)의 u값). 이와 같이 만일 의약품이 비싸거나 저장비용이 크다면 소비자는 재고비용을 낮추고 더 자주 구매를 함으로써 최적화될 수 있다. 결국 의약품을 구입하기 위한 통행이 길고 가격이 비싸다면, 즉 k값이 높다면 그때 구매빈도 v는 적을 것이다.

이 모형은 동네약국은 보관하기 어려운 조제약품과 같이 높은 구매빈도를 가진 의약품들을 팔며, 주거지에서 먼 지역 중심지에 위치한 대형약국이나 전문약품의 경우 보관하기 쉬운 낮은 구매빈도의 의약품을 팔 것이라는 점을 함의하고 있다. 의약분업으로 인해 예전과는 달리 특정 의약품의 구매 시 의사의 처방전이 있어야 살 수 있기 때문에 소비자의 입장에서는 구매통행당 교통비 k가 증가한다는 것을 의미한다. k가 증가할 경우 구매빈도인 약국이용횟수 v는 감소하게 된다.

약국들의 분포는 소매약국 설립 시 소요되는 고정비용과 소비자들의 통행에 대한 저항에 영향을 받는다. 즉 보다 적은 수의 대형약국이나 전문약국들이 낮은 가격을 유지할 수 있다면 소비자들이 더 긴 통행을 하도록 유인할 수 있을

| 그림 7-1 | 약국의 입지경쟁

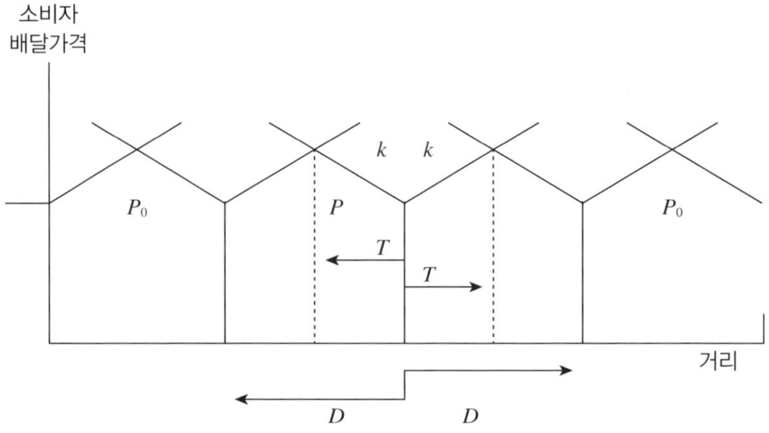

것이며 약국은 상권 이익이 증가할 수 있게 가격과 입지의 선택을 조정할 것이다. 이와 같이 의약품의 형태에 따라 구매하는 약국의 위계가 다르다면, 우리는 공급 측면에서 약국의 상권을 설명할 수 있는 간략한 고전적인 모형을 구축할 수 있다.

• 변수의 정의

v : 의약품 구매 통행빈도

k : 단위거리당 통행비용

mc : 소매약국의 한계비용(전체비용에서의)

C : 소매약국의 고정운영비용

F : 도로를 따라 존재하는 구매자의 밀도

P : 의약품의 단위가격

D : 소매약국 간의 거리

T : 상권의 경계거리(한 측면에서)

S : 개별약국의 판매량

모형의 단순화를 위해 우선 소비자들은 일정 밀도로 하나의 선상에 위치하고 약국은 등간격(D)으로 같은 직선상에 위치하며 동종의 표준의약품을 판다고 가정하자. 기준 약국의 의약품 가격이 P이고 경쟁업체의 가격이 P_0이며, 모든 경쟁 소매약국들은 같은 소매비용(판매단위당 한계비용 mc와 고정운영비용 C로 구성)에서 만난다. 또한 소비자들의 의약품 구매를 위한 연간 통행빈도는 v통행이며, 한 번의 통행에서 소비자들은 한 단위의 의약품을 구매한다고 가정하자.

각 의약품이 균등한 품질을 갖는다면 소비자들은 배달가격이 가장 낮은 약국에서 구매할 것이며, 배달가격은 약국에 도달하는 데 드는 통행비용과 의약품의 구매가격(P 또는 P_0)으로 구성될 것이다. 통행비용은 소비자와 약국 간 거리의 k배이기 때문에, 각각의 약국까지 소비자들이 가야 할 거리를 나타내는 배달가격선(delivered price ray)은 k의 기울기로 그려진다. 이 배달가격선이 다른 경쟁약국들의 가격선과 교차할 때 그 약국의 소매상권이 결정된다. 즉 앞의 [그림 7-1]에서 거리 T는 약국상권의 크기를 나타낸다. 이상과 같은 전제하에서 특정 약국의 상권경계와 판매가격은 다음과 같이 결정될 수 있다.

① 가격 P로 판매하는 소매약국의 판매량 S는 상권의 규모(T)와 구매자의 밀도(F)에 비례한다. 상권은 소비자의 배달가격과 경쟁약국의 배달가격이 같은 거리 T로 확장할 것이다. 각 약국들은 대칭적으로 한쪽 측면에서 판매하기 때문에 전체상권은 이 경계선의 두 배가 된다. 약국들이 D만큼 떨어져 있을 때 상권의 경계는 배달가격이 같아지는 T값을 구함으로써 결정된다.

$$P+kT=P_0+k(D-T),\ \ T=\frac{P_0-P+kD}{2k} \tag{7·3}$$

② 소비자들이 통행당 한 단위의 의약품을 구매한다면 연평균 판매량 S는

$$S=2TvF=vF\frac{(P_0-P+kD)}{k} \tag{7·4}$$

③ 소매경쟁에서 각각의 개별약국은 그 의약품에 대한 수요곡선과 만난다. 즉 판매량은 다른 경쟁약국들의 의약품가격 대비 개별약국들의 의약품가격에 의존한다. 결과적으로 지역약국들은 price-taker가 아니라(전통적인 경쟁산업에서처럼) 이윤을 극대화하기 위해 가격을 조절한다. 높은 가격은 단위의약품당 이익을 증가시키지만 상권과 단위판매량을 감소시킨다. 이윤(π)은 가격과 총판매비용의 차이($P-mc$)에다가 판매량을 곱하고 소매시설의 고정비용(C)을 빼면 구해진다.

$$\pi=(P-mc)vF\frac{(P_0-P+kD)}{k}-C \tag{7·5}$$

④ 공급자는 이윤을 극대화하므로 이윤함수를 최대화할 때의 가격을 구하면

다음과 같다. 즉 π와 P에 관하여 유도하여 이윤이 극대화되는 조건, 즉 가격에 대해 이윤을 1계 편미분한 값이 0인 점을 구하면,

$$\frac{\partial \pi}{\partial P}=\frac{P_0vF-2PvF+vFDk+(mc)vF}{k}=0$$

이를 P에 관하여 풀면 $P=\frac{P_0+kD+mc}{2}$ (7·6)

⑤ 식 (7·6)은 하나의 약국에 의해 설정된 가격이 경쟁약국에 의해서 높게 설정된 가격에 반드시 반응함을 나타낸다. 그러나 각각의 다른 약국들은 이러한 규칙들을 따르고 그것의 가격은 경쟁약국들의 가격에 근거를 둔다. 이러한 가격의 결정은 경쟁적인 가격게임에 관한 이론에 따라 모든 약국의 가격이 결국 같다는 조건을 부여함으로써 이루어진다. 결국 $P=P_0$의 조건을 부여하고 식 (7·6)을 조합한다면 우리는 식 (7·7)과 같은 가격에 대한 마지막 식을 얻는다. 이 가격을 가지고 우리는 식 (7·3)을 이용하여 상권거리 T와 식 (7·4)를 이용하여 각 약국의 총판매량 S를 얻을 수 있다.

$$P=kD+mc; \qquad T=\frac{D}{2}, \qquad S=DvF \qquad (7·7)$$

⑥ 식 (7·7)에 나타난 경쟁가격은 판매비용보다 많은 가격 인상분을 포함한다. 가격 인상분은 약국들이 보다 멀리 떨어져 있을 때(D값이 클 때) 증가하고 통행비용이 많이 들 때(k 값이 클 때) 증가할 것이다. 이유는 약국들 사이의 거리와 비싼 통행비용 사이의 공간이 더욱 커지는 것이 개별소매시설에서 보다 큰 독점력의 정도를 가지게 하기 때문이다. 개별약국들이 주어진 양에서 가격을 올릴 때 그들의 상권의 감소비율은 경쟁자들이 더 멀리 있을 때보다 작다. 결과적으로 약국의 수요곡선은 약국의 경쟁자가

더 멀리 떨어져 있거나 접근하기 어려워질 때 더욱 비탄력적이 된다. 다시 말해 식 (7·4)의 $2vFT$로부터 가격에 대하여 판매량 변화율(수요탄력성)은 $\frac{\partial S}{\partial P}\frac{P}{S}=\frac{-p}{(P_0-P+kD)}$이므로, 수요탄력성은 명백히 kD가 증가함에 따라 작아진다.

⑦ 경쟁에 의한 균형가격이 주어지면 약국의 손익은 가격인상분이 약국의 고정운영비용을 충당할 수 있는가에 달려 있다. 과도하게 모여 있는 약국은 손실을 가져오는 반면에 만약 약국이 충분히 멀리 떨어져 있다면 초과이윤을 가져올 것이다. 결국 이윤이 0이 될 때까지 약국들의 진입과 진출이 일어날 것이다(식 (7·7)의 가격규칙하에 있다면). 주어진 가격하에 이윤이 0이 되는 조건은 식 (7·8)과 같다.

$$(P-mc)vFD-C=0 \tag{7·8}$$

⑧ 식 (7·7)과 식 (7·8)을 이용해 연립방정식을 풀면 소매약국 간 상권거리를 구할 수 있다. 식 (7·8)은 약국밀도가 주어진 상태에서 가격을 결정하는 반면에 식 (7·7)은 주어진 가격에서 약국밀도를 결정하는 것으로 나타난다. 식 (7·7)로부터 $P-mc=kD$, $P-mc$를 식 (7·8)에 대입하면

$$(kD)vFD-C=0,\quad kD^2vF=C,\quad D=\left(\frac{C}{kvF}\right)^{\frac{1}{2}}$$

이 정의에서 D를 $P=mc+kD$에서 P에 관하여 정리하면 식 (7·9)로 주어진다.

$$D=\left(\frac{C}{kvF}\right)^{\frac{1}{2}} : P=mc+\left(\frac{kC}{vF}\right)^{\frac{1}{2}} \tag{7·9}$$

식 (7·9)는 의약분업 시 약국상권의 크기와 판매가격의 변화를 예상할 수 있게 해 준다. 우선 의약분업은 소매약국의 의약품재고를 증가시킨다. 처방에

의한 의약품판매가 의무화되었으므로 다양한 처방전에 부합하는 의약품을 구비하려면 필연적으로 의약품의 재고를 증가시키지 않을 수 없다. 이로 인해 소매약국의 고정비용 C가 증가한다. 반면 식 (7 · 2)에서 분석한 바와 같이 구매빈도인 소비자들의 약국이용빈도 v는 감소하므로 약국 간 거리 D와 의약품 가격 P는 식 (7 · 9)에 의해 증가하게 된다. 결국 의약분업은 예전에 자주 구입해야 하는 조제약을 판매하던 조밀한 분포의 소매약국들을 높은 고정비용과 높은 이윤폭을 가지는 소수의 대형약국들로 재편시키게 되는 계기로 작동하게 된다.

소비자효용과 배달가격에 입각해 추정된 이러한 상권분석모형을 1차원 직선이 아니라 2차원 평면으로 확장시킬 수 있다면, 특정 지역의 상권에 대한 사회경제적 영향을 평가하고 검토할 수 있다. 1차원 직선상의 상권 경계거리 T 또는 약국 간 거리 D는 허프모형의 통행시간 $(T_{ij})^{\lambda}$를 통해 변용되며, 의약품 가격 P는 허프모형의 약국의 효용 S_i로 변환될 수 있다. 이러한 통합모형은 의약분업 등의 사회경제적 충격에 따른 기존 약국상권의 변화를 전망할 수 있으며, 또한 인근 대형약국의 입점으로 인한 기존 소매약국의 상권변화와 매출액 변화를 예측할 수 있게 해 줄 것이다.

참고문헌

통계청, 『국가통계포털』(서비스업조사), http://kosis.kr/statHtml/statHtml.do?orgId=101&tblId=DT_1KB9001&conn_path=I3

DiPasquale, D. and W. Wheaton, 1996, *Urban Economics and Real Estate Market*, Elglewood Cliffs: Prentice Hall, pp.124-148.

Levy, Michael and Barton A. Weitz, 1998, *Retailing Management*, London : Irwin/McGraw-Hill, pp. 259-261.

제8장

상가의 수급과 임대료

제8장에서는 상가의 수급결정요인과 임대료 형성요인을 검토한다. 상가수급결정모형은 경제학의 수요 · 공급 이론을 바탕으로 상업시설의 수급상황이 마샬적 균형을 이루는 것으로 가정하고 그 공급의 결정 요인과 상가 임대료 수준을 검토하는 것이다. 상업시설의 공급결정요인을 소비자 수요, 임차인 수요, 공급업자의 공급에 영향을 미치는 요인들로 나누어 분석하고 각각의 요인들이 어느 정도의 시차를 두고 어떠한 영향을 주는지를 분석하였다. 수급에 영향을 주는 요인들은 금리요인과 건설경기, 과거와 현재의 상가공급물량, 소비자들의 가구집기 가사용품 소비지출액이 큰 영향을 미치는 것으로 나타났다. 금리와 과거 건설경기, 과거 상가 공급물량은 상가 공급에 모두 부(-)의 영향을 미치며, 가구집기 가사용품 소비지출과 도소매업 판매액지수(판매액)는 일정 시차를 두고 수급에 영향을 미치는 것으로 나타났다. 정책변수로는 상가 후분양제와 기반시설부담금제가 상가 공급에 부정적인 영향을 미친 것으로 분석되었다. 상가거래가격에 영향을 미치는 독립변수들을 크게 분류하면, 건물요인, 단지요인, 지역요인, 접근성요인 등으로 구분할 수 있다. 상가의 건물요인은 전용면적이나 층수, 노후도, 출입구 또는 에스컬레이터나 엘리베이터로부터의 거리, 모서리 입지 여부 등이며 접근성요인의 경우 버스정거장이나 지하철역으로부터의 물리적 거리나 시간거리, 도심으로부터의 거리, 대로로부터의 거리, 유동인구수, 공간구문론에 등장하는 공간심도나 통합도 등으로 나타났다.

1. 시작하며

상가의 수급과 가격은 부동산 시장 분석에서 가장 어려운 대상 중 하나이다. 상가의 수요와 공급에 대한 별도의 공식통계도 없으며, 상가의 가격변동에 대한 공식적인 통계도 없는 실정이다. 상가의 매출액이나 업체당 종사자수, 사업체 면적 등 상권 분석을 위해 필요한 자료를 갖춘 통계는 2016~18년까지 3년 동안 발표된 제10차 서비스업조사가 유일하다고 할 수 있다. 3년간의 '서비스업조사'조차 상가면적 자료는 2017년과 2018년 2개 연도만 조사되어 있다. 상가면적의 증감을 살펴보면, 도매와 소매업체는 줄어들고, 음식점 및 주점업은 5.66% 증가한 것으로 나타난다.

| **표 8-1** | 2017년과 2018년 상가 사업체수와 건물연면적

산업별	2017		2018		면적 증감률(%)
	사업체수(개)	건물연면적(㎡)	사업체수(개)	건물연면적(㎡)	
도매 및 상품 중개업	320,770	75,014,339	319,208	74,827,971	−0.25
소매업 (자동차 제외)	672,216	97,863,357	676,718	91,585,374	−6.42
음식점 및 주점업	691,751	74,905,021	709,014	79,145,616	5.66

출처 : 통계청, 『국가통계포털』(서비스업조사), https://kosis.kr/statHtml/statHtml.do?orgId=101&tblId=DT_1KB9001&conn_path=I3

상가시설의 중장기적인 수급을 결정하는 요인들로는 홈쇼핑이나 인터넷 판매 등 전자상거래의 영향도 있을 것이고, 소득이나 시장경쟁상황, 임대료 등도 상가시설의 중장기적인 수급에 영향을 줄 것이다. 온라인공간이 아닌 실제공간으로서 상업시설은 지역민의 소비를 이끌어 가는 시설로 다양한 소비문화와 소비계층의 변화로 인해 소비자의 선호를 중심으로 변모해 간다.

2. 상업시설 수급의 의미

상업시설은 주민들이 필요로 하는 상품을 원활히 공급하는 역할을 함으로써 주민들의 삶의 질을 증진시키며 일자리를 제공하는 역할도 가진다. 아울러 상업시설을 이용하는 소비자들의 소비활동이 활발해짐에 따라 상품의 공급도 활발해져 간접적으로는 제조업과 서비스업의 발달을 촉진시키는 역할도 한다. 상업시설이 수요에 비해 부족할 경우 소비자는 원하는 상품을 구입하기 위해 먼 곳까지 이동하는 불편을 감수해야 하며, 장기적으로는 상품의 수급이 원활히 이루어지지 못해 제조업과 서비스업의 발전을 저해하는 요소로 작용한다. 반대로 상업시설이 수요에 비해 지나치게 많이 공급될 경우 분양이 제대로 이루어지 않아 이를 공급한 민간사업자나 이를 계획한 지자체, 정부가 예상치 못한 손해를 보기도 하며, 주택이나 업무시설이 공급되는 것에 대한 기회비용으로 작용하여 도시민들의 삶의 만족도를 저해하는 역할을 한다. 따라서 우리나라의 사회 · 경제적 상황에 맞는 적정 수준의 상업시설을 공급하는 것은 주택공급만큼 중요하다고 볼 수 있다.

우리나라에서 대부분의 상업시설 연구는 대상지의 특성을 반영한 상권 분석이나 개별상업시설의 입지에 관한 연구에 중점이 맞춰져 있으며, 시계열 분석을 통한 상업시설 공급의 거시경제적 결정요인을 분석하는 연구는 찾기가 어렵다.

3. 기존 연구의 검토

우리나라에서 상업시설 공급의 시계열 분석에 관한 연구는 찾기 어려운 실정이다. 미시적 관점에서 접근한 상권 분석이나 입지 분석관련 논문들에서는 상업시설의 입지에 영향을 미치는 요인들을 검토한 연구가 대부분으로, 타업종과의 연관관계(이창수 · 정규섭, 1998), 지가(김민정 · 양동우 · 정창무, 2003), 교통의 편의성, 주차의 용이성(최열 · 석혜주, 2004), 임대료, 층수(김찬호 · 송지수, 2000) 등을 들 수 있다. 이들 요인들 중 소득이 입지에 미치는 영향(손상락, 2002; 정승영 · 김진우, 2006)과 상권 지지인구에 대한 연구(주종원 · 김현수 · 백인길, 1989)에서 제시한 가구당 소비지출 소득변수를 대상지역의 전 가구로 확장한다면, 상업시설의 수요를 결정하는 변수로 활용이 가능할 것이다.

해외의 연구들을 살펴보면 국가 전체의 상업시설 공급 결정요인에 관한 시계열 분석 연구가 이루어진 바 있다. Benjamin, Jud, and Winkler(1998)는 상업시설 시장을 수요함수와 공급함수, 임대료함수로 나누어 접근한 후 임대료, 판매액, 건설비용, 공실률 등을 설명변수로 둔 연립방정식모형을 구축하여 수요와 공급에 관한 실증분석을 하였다. Hendershott, Macgregor, and White (2002)의 경우는 공급에 영향을 미치는 임대료에 대하여 소비지출 등의 설명변수와 오차수정항을 둔 패널 분석을 시행하여 균형공급량으로의 조정계수를 도출하기도 하였다. 상업시설의 직접적인 공급 결정요인은 아니나 전반적인 부동산의 공급에 영향을 미치는 요인을 검토한 유사한 연구로 손창백 · 오차돈(2006)의 연구를 들 수 있다. 손창백 · 오차돈(2006)에 의하면 건설경기는 건설취업자수, 건설용 중간재 물가지수 등과 높은 상관관계가 있는 것으로 나타났으며, 이는 곧 건설경기가 상업시설 공급의 용이성에 영향을 미쳐 공급요인으로 작용할 수 있음을 알 수 있다. 또한 상업시설 건설 시 사업단계별로 자금이 필요하며 이를 충당하기 위해 대출을 받을 경우 금리가 높으면 사업을 시행하기 위한 자금을 확보하기 어려워 공급이 둔화될 것이며, 반대로 금리가 낮으면 공급이 활발해질 것이라고 주장하였다(이중희, 1997: 34). 이외에도 정경환(2009)은 상가용 부동산은 임대되는 경우가 대부분이기 때문에 다양한 업종을 수행하는 임차인이 중요한 구성요소임을 지적하며 상가용 부동산 시장의 참여자는 일반 주거용 부동산과 다르다는 점을 주장하였다.

국내에는 상업시설 공급의 거시경제적 요인을 규명한 실증연구는 없지만 Benjamin, Jud, and Winkler(1998)와 Hendershott, Macgregor, and White(2002)의 연구를 중심으로 전술한 선행연구들에서 제시한 미시적 관점의 요인들을 인구, 판매액, 소비지출 등의 거시적 관점으로 확장하여 우리나라 상업시설의 공급 결정요인을 규명할 수 있다면, 부동산 시장의 한 축을 형성하는 상업시설 수급을 결정하는 인과관계를 파악할 수 있을 것이다.

4. 이론적 배경

정경환(2009)에 의하면 상업시설 수급시장의 시장참여자는 공급자와 이용자로만 이루어진 주거용 부동산과 달리 임차인과 고객, 공급자로 구성되며, 상업시설 수급시장 분석 시 이들 각각의 특성을 연구할 필요가 있다고 주장하였다.[01] 실제로 상업시설 수급시장의 주체는 상업시설에서 상품을 구매하는 소비자와 상업시설을 임대하여 상품을 판매하는 임차인, 상업시설을 공급하는 공급업자로 구성되며 이들의 상호작용에 의해 시장이 균형을 이루게 된다. 구체적으로 살펴보면 소비자의 소비지출 증감에 따라 상품의 구매량이 변하면 상품을 판매하는 임차인의 수도 변하며, 공급업자는 임차인의 수의 증감으로

01 상가용 부동산은 수익형 부동산의 일종으로 일반인에게 상품이나 서비스를 제공하는 업체들이 입주하며, 일반 이용자들이 상가용 부동산을 많이 이용할수록 임차인의 수요가 증가하는 것으로 분석하였다.

인한 시장의 변화를 파악한 후 상업시설의 공급을 결정하게 된다. 따라서 소비자의 수요, 임차인의 수요, 공급자의 공급여건에 따라 전체 상업시설의 공급이 결정되며, 이는 곧 각 주체에 영향을 미치는 요인에 따라 공급이 결정됨을 의미한다.

각 주체에 영향을 미치는 요인을 살펴보면 다음과 같다. 소비자의 상품 구매력은 일반적으로 인구가 증가하고 소비지출이 증가할 경우 증가한다. 임차인의 수요는 도소매업이나 음식점 및 숙박업과 같은 상업과 서비스업의 판매액이 증가할 경우 증가하며, 임대료가 증가할 경우 감소할 것이다. 공급업자는 임대료가 증가할수록 공급을 늘리고, 거시적 관점에서 임차인의 증감을 판단하기 위해 도소매업이나 음식점 및 숙박업 등의 내수시장 상황을 보고 결정하며 금리가 높을 경우 사업시행에 따른 기회비용이 커져 공급이 감소할 것이다. 또한 내수시장의 상황이 좋을지라도 건설자재의 가격 상승 등으로 건설경기가 안 좋을 경우 공급이 원활히 이루어지기 어려우며, 임차인이나 공급업자에게 영향을 미치는 정부의 정책이나 IMF 구제금융과 같은 사회적 영향력이 큰 사건도 수급의 결정요인으로 작용하기도 한다. 이를 정리하면 다음의 〈표 8-2〉와 같다.[02]

상업시설 수급시장 역시 여타의 상품 시장과 마찬가지로 경제학 이론인 수요와 공급의 균형에 의해 균형가격과 균형공급량이 결정된다. 특정 시점에서의 상업시설 시장은 고정된 공급량만이 존재하는데, 이 공급량이 상업시설의 수요보다 많을 경우 일부만 분양 또는 임대되어 공실이 발생하거나 임대시장

02 선행연구에 따르면 공실률도 상업시설의 수요와 공급에 영향을 미치나 현재 우리나라에서는 아직까지 상업시설의 공실률을 조사하는 공식 기관이 없는 관계로 자료 구득이 어려운 실정이다. 오피스 공실률을 상업시설 공실률의 대리변수로 사용할 수 있으나 일반적으로 오피스 공실률은 서울시 내 3대권역(도심권, 강남권, 여의도권)과 기타 권역, 분당, 일산 등 서울시와 경기도 일부 신도시의 오피스만을 대상으로 집계하기 때문에 이를 전국을 대표하는 변수로 적용하기 어렵다. 즉 우리나라 전체의 평균 오피스 공실률이 아닌 서울시와 일부 경기도 내 신도시의 오피스 공실률만을 반영하므로 지역적 특성이 강하게 반영된 미시적인 자료로 볼 수 있으며 본 연구에서 대상으로 하는 거시적 차원의 국가 전체 상업시설의 공실률 대리변수로 적용하기 어려워 배제하였다.

| 표 8-2 | 상업시설 수급시장 주체와 영향 요인

주 체	영향 요인
소비자	인구, 소비지출
임차인	판매액, 임대료, 정책 및 사건
공급자	임대료, 도소매업, 음식점 및 숙박업의 내수시장 상황, 건설경기, 금리, 정책 및 사건

에 공급물량으로 출회된다. 반대로 특정 시점의 상업시설 공급량이 수요보다 적을 경우에는 시장에 출회된 대부분의 상업시설이 임대되고, 임대료는 지속적으로 증가하게 된다.

이 연구에서는 상업시설의 수요와 공급이 균형상태에 있는 것으로 가정하여 공급요인과 수요요인을 모두 포함하는 균형공급량에 대한 모형을 구축하고 이를 추정하였다.[03] 균형공급함수를 도출하기 위해서는 먼저 수요함수와 공급함수를 도출하고 이들 각각의 설명변수들을 선정해야 한다. 앞서 분석한 상업시설 수급시장 주체들의 관계를 나타내면 [그림 8-1]과 같다.

| 그림 8-1 | 상업시설 수급구조

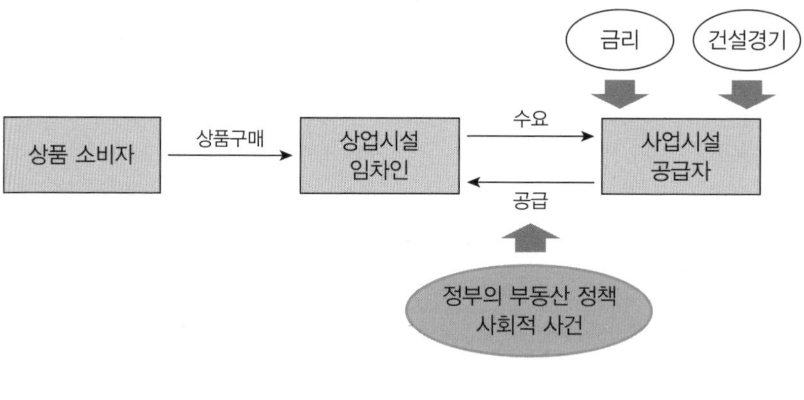

03 실제로는 (공급)−(공실)=(수요)인 균형상태로 가정하는 것이 좀 더 현실적이나, 앞서 언급하였듯이 자료의 한계로 공실률을 반영할 수 없어 (공급)=(수요)인 균형상태로 가정한다.

상업시설의 직접적인 수요는 임차인의 수요이나, 이는 소비자의 상품구매력에 일부 영향을 받는다. 즉, 소비자의 소비지출도 상업시설 수요의 일부를 반영하므로 수요함수의 변수 선정에 있어 이들도 포함되어야 한다. 본 연구에서는 상업시설 수요함수의 변수로 소비자와 임차인의 영향요인인 인구, 소비지출, 판매액, 임대료, 정부의 정책 및 사회적 사건 등을 선정하였다. 한편, 상업시설 공급함수는 공급자의 영향요인인 임대료, 도소매업, 음식점 및 숙박업의 내수시장 상황, 건설경기, 금리, 정부의 정책 및 사회적 사건 등을 변수로 선정하였다.

공급하는 데 소요되는 시간이 짧은 상품은 시장이 불균형상태에 있을 때 가격의 변동에 의하여 초과수요나 초과공급이 해소되어 가며 이러한 균형의 안정성을 왈라스적 안정성이라고 한다(이준구, 1989: 45–49). 반면 주택과 같은 부동산의 경우 공급하는 데 오랜 시간이 걸리기 때문에 공급량이 변화하는 시간은 수요량과 일정한 시간 간격이 존재하게 된다. 즉, 수요량과 가격은 시장의 변화에 순간적인 반응을 보이지만 공급량은 일정 시간이 지난 다음에야 반응한다. 이런 성격을 갖는 시장은 불균형이 생길 때 가격이 아닌 생산량의 변화에 의해 조정이 이루어지며 이러한 과정을 거쳐 안정을 이루게 되면 이를 마샬적 안정성이라고 한다(이준구, 1989: 49–51).

상업시설의 시장 균형도 마샬적 균형이라고 볼 수 있다. 즉, 현재 공급되는 상업시설의 공급량은 현재의 공급요인들에 의해 결정되는 것이 아니라 상업시설의 건설기간만큼의 시간 전 공급요인들에 의해 결정된다. 따라서 대부분의 공급요인들은 현재의 값이 아닌 일정 시간 이전의 값들이 공급에 영향을 주는 것으로 나타날 것이므로 앞서 도출한 상업시설 수요함수와 공급함수의 변수들도 일정 시차[04]를 두도록 한다.

---

04 상업시설의 건설기간은 그 규모와 방식에 따라 다르며 각 요인들이 공급에 영향을 미치는 시기가 다르므로 정확한 시차를 적용하기는 어려운 실정이다. 오피스의 경우 김경환 · 손재영(2000)의 연구에 의하면 수급요인과 신규공급까지 6년이라는 긴 시차가 발생하며, 김상일 · 박희석 · 박은경(2005)에 의하면 2~6년의 시차가 발생하는 것으로 나타났다. 일반적으로 오피스보다 상업시설의 건설규모가 작다는 점을 반영하면 상업시설의 시차는 이보다 짧을 것

상업시설의 수요함수는 앞서 설명한 소비자와 임차인의 영향요인으로 구성되며, 이 중에서 도소매업 내수시장규모, 소비지출은 상업시설의 수요에 정(+)의 영향을 줄 것이고 가격은 부(−)의 영향을 줄 것이다. 이를 식으로 나타내면 다음과 같다.

$$Q_D = a_0 + a_d P^d + a_1 X_1 + a_2 X_2 \quad (8 \cdot 1)$$

Q_D : 상업시설의 수요
P^d : 상업시설의 가격(−)
X_1 : 도소매업 내수시장 GDP(+)
X_2 : 소비지출액(+)

한편, 공급함수는 앞서 설명한 공급자의 영향요인으로 구성되며, 이 중에서 상업시설의 가격, 금리, 건설경기 등에 영향을 받을 것이다. 이 중 금리의 경우는 부(−)의 영향을 줄 것이다. 건설경기는 상가공급비용의 대리변수로서 건설경기가 좋다는 것은 건자재 등의 재료비나 토지, 건설임금이 저렴하다는 것을 의미한다고 상정할 수 있어 상가공급에 긍정적인 영향을 준다고 가정하였다. 이를 식으로 나타내면 다음과 같다.

$$Q_S = b_0 + b_S P^s + b_3 X_3 + b_4 X_4 \quad (8 \cdot 2)$$

Q_S : 상업시설의 공급
P^s : 상업시설의 가격(+)
X_3 : 금리(−)
X_4 : 건설경기(+)

Beals(1972)는 수요함수와 공급함수를 도출한 후 각 함수의 공통변수이자 내생변수인 가격을 매개변수로 이용하여 균형공급함수를 도출하였으며 그 과정은 다음과 같다.

으로 예상된다.

$$Q_i = \alpha_1 + \beta_1 P_i + \gamma_1 Y_i + u_{1i}$$

$$Q_i = \alpha_2 + \beta_2 P_i + u_{2i}$$

$$P_i = \frac{\alpha_1 - \alpha_2}{\beta_2 - \beta_1} + \frac{\gamma_1}{\beta_2 - \beta_1} Y_i + \frac{u_{1i} - u_{2i}}{\beta_2 - \beta_1}$$

$$Q_i = \frac{\beta_2 \alpha_1 - \beta_1 \alpha_2}{\beta_2 - \beta_1} + \frac{\beta_2 \gamma_1}{\beta_2 - \beta_1} Y_i + \frac{\beta_2 u_{1i} - \beta_1 u_{2i}}{\beta_2 - \beta_1}$$

본 연구의 상업시설 균형공급함수도 이와 같은 과정으로 도출될 수 있으며, 식 (8 · 1)과 식 (8 · 2)의 공통변수인 가격변수를 매개변수로 이용하여 균형공급함수의 식을 도출하면 다음과 같다.[05]

$$Q^* = Q_D = Q_S \tag{8·3}$$

$$a_0 + a_d P^d + a_1 X_1 + a_2 X_2 = b_0 + b_s P^s + b_3 X_3 + b_4 X_4 \tag{8·4}$$

균형조건에서 P^d와 P^s가 같고 Q^d와 Q^s가 같다면

$$P^* = \frac{(b_0 - a_0)}{(a_d - b_s)} - \frac{a_1 X_1 + a_2 X_2 - b_3 X_3 - b_4 X_4}{(a_d - b_s)} \tag{8·5}$$

$$Q^* = \frac{(a_0 b_s - a_d b_s)}{b_s - a_d} + \frac{b_s (a_1 X_1 + a_2 X_2)}{b_s - a_d} - \frac{a_d (b_3 X_3 + b_4 X_4)}{b_s - a_d} \tag{8·6}$$

05 일반적으로 대부분의 수요 · 공급함수에서 가격(본 연구에서는 분양가(임대료))은 내생변수로 이용되므로 본 연구에서도 내생변수로 선정하였으며, 이로 인해 균형공급량을 외생변수만으로 구성된 축약방정식 형태로 변환할 경우 가격은 매개변수로 이용되기 때문에 추정식에서는 설명변수로 사용되지 않는다. 즉, 가격이 직접적인 설명변수로 사용되는 것이 아니라 가격을 설명하는 다른 변수들로 대체되어 모형을 추정하는 것이므로 본 연구의 모형에서는 가격이 생략된 형태이다.

식 (8·6)에서 도출된 바와 같이 상업시설의 균형공급량은 도소매업 내수시장규모, 소비지출액, 금리와 건설경기에 영향을 받을 것이다. 균형공급량에 대한 개별외생변수의 부호는 도소매업 내수시장규모와 소비지출액, 건설경기는 '+'로 예상되며, 금리는 '−'로 예상된다.[06]

5. 실증분석

본 연구를 통해 도출하고자 하는 상업시설 공급모형의 종속변수는 우리나라 전체상업시설의 공급량이며 설명변수들은 전술하였듯이 도소매업 내수시장규모, 소비지출액, 금리와 건설경기 등과 함께 관련 정책 및 사회적 사건을 더미변수로 포함하고자 하였다. 상업시설 공급량 자료는 연 단위로 분석을 할 경우 2000~08년까지 시계열 길이가 9개년에 불과하므로 분기 자료를 구해 분석을 하였다. 종속변수인 상업시설의 분기별 공급량 자료는 아파트, 주택 공급과 달리 국토교통부 등과 같은 공식기관에서 제공하지 않아 본 연구에서는 '상가114' 홈페이지에서 제공하는 분기별 상가 공급량 자료를 집계하여 자료로 활용하였으며, 설명변수들 중 수준변수는 통계청, 정책 및 사회적 사건 더미변수는 한국언론재단 홈페이지의 자료를 이용하였다. 최종 선정된 자료들의 출처는 〈표 8−3〉과 같다.

이상의 자료들을 이용하여 본 연구의 공간적 범위는 우리나라 전체로 선정하고, 시간적 범위는 2000년 2/4분기부터 2008년 4/4분기까지 35분기로 설정한 후 시계열 분석을 수행하였다.

---

06 예를 들어 식 (8·6)의 3번째 항을 보면 분모는 $(b_s - a_d)$이므로 공급방정식상의 가격계수 b_s는 '+', 수요방정식상의 가격계수 a_d는 '−'이므로 분모 전체적으로 양수가 된다. X_4변수의 분자부분의 계수는 $-a_d \cdot b_4$이므로, '− − +'로 전체적으로는 '+'가 되므로 균형량에 대한 X_4의 부호는 '+'이다.

| 표 8-3 | 자료의 출처

자료		출처
공급량	분양물량(근린상가, 단지 내 상가, 테마쇼핑몰, 주상복합, 기타의 합계)	상가 114 홈페이지 (www.sangga114.co.kr)
건설경기	비주거용 건물건설 GDP(명목, 계절조정)	통계청 홈페이지 (www.kostat.go.kr)
도소매업 총생산	도소매업 GDP(명목, 계절조정)	
음식점 및 숙박업 총생산	음식점 및 숙박업 GDP(명목, 계절조정)	
금리	회사채(장외 3년)	
식료품 소비지출	가구당 월평균 가계수지(식료품)	
가구집기 가사용품 소비지출	가구당 월평균 가계수지(가구집기 가사용품)	
의류 및 신발 소비지출	가구당 월평균 가계수지(의류 및 신발)	
도소매업 판매액	도소매업 판매액지수(계절조정)	
인구(의 대리변수)	주거용 건물건설 GDP(명목, 계절조정)	
물가[07]	소비자물가지수(2005=100)	
정책 및 사회적 사건	각 분기별 부동산 관련 정책 및 부동산 시장에 영향을 미친 사건	한국언론재단 홈페이지 검색 (www.kinds.or.kr)

시계열 분석을 수행할 때 발생하는 허구적 회귀문제를 해결하고 시계열 변수들의 안정성을 확보하기 위해 단위근 검정을 실시하였으며, 단위근이 없는 안정된 시계열 변수임을 확인하고 분석을 하였다. 또한 변수들 간의 상관관계로 야기될 수 있는 통계학적 오류를 피하기 위해 VIF 검정을 실시하여, 변수들 간의 다중공선성을 확인하였다. 전체 연구과정은 [그림 8-2]와 같다.

본 연구의 실증분석에 이용된 종속변수와 설명변수들 중 더미변수를 제외한 수준변수들의 기술통계량은 〈표 8-4〉와 같다.

07 주요 설명변수들이 실질자료가 아닌 명목자료이므로 물가변동을 고려하기 위해 '소비자물가지수'를 포함하였다.

| **그림 8-2** | 연구 흐름

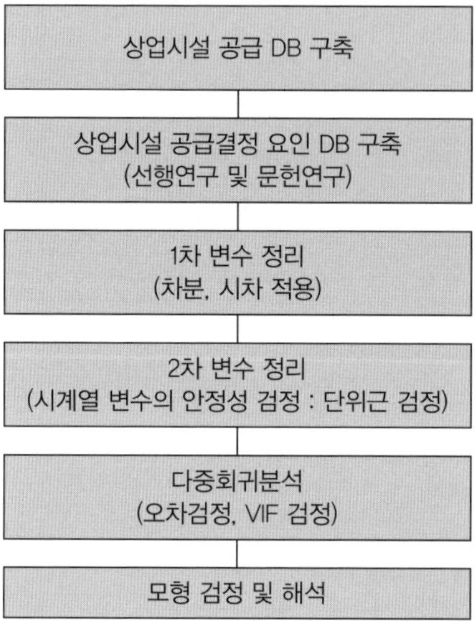

| **표 8-4** | 기술통계량

변수	자료수	평균값	표준편차	최솟값	최댓값
공급량(y)	35	547,215.55	300,312.98	93,897.20	1,026,126.80
건설경기($x1$)	35	4,270.22	1,096.65	2,234.60	5,650.40
도소매업 내수시장($x2$)	35	15,834.47	2,067.65	12,879.00	20,298.30
음식점 및 숙박업 내수시장($x3$)	35	4,615.34	506.50	3,694.60	5,556.00
금리($x4$)	35	6.08	1.36	3.87	9.87
식료품 소비지출($x5$)	35	528,974.74	54,395.33	427,846.00	635,101.00
가구집기 가사용품 소비지출($x6$)	35	82,373.11	14,490.12	54,995.00	111,241.00
의류 및 신발 소비지출($x7$)	35	108,456.89	16,253.28	78,544.00	139,046.00
판매액($x8$)	35	126.81	17.70	100.10	164.04
인구대리변수(주거용 건물건설 GDP)($x9$)	35	3,368.41	676.00	2,064.50	4,180.30
물가($x10$)	35	97.25	7.53	84.13	111.10

35분기 동안 상업시설은 분기당 평균 547,216㎡ 분양되었으며, 도소매업 GDP는 평균 15조 8,345억 원, 음식점 및 숙박업 GDP는 평균 4조 6,153억 원, 회사채 장외 3년은 평균 6.08%였다. 가구당 월평균 소비지출 중 식료품 소비지출은 528,975원, 가구집기 가사용품 소비지출은 82,373원, 의류 및 신발 소비지출은 108,457원 등으로 식료품 소비지출이 가장 높았다. 도소매업 판매액지수는 2000년 2/4분기 100.1에서 2008년 4/4분기 158.9로 59%증가하였다.

종속변수와 설명변수들에 대해 단위근 검정을 수행한 결과 〈표 8-5〉와 같이 의류 및 신발의 소비지출은 대부분의 변수가 단위근을 갖는 것으로 나타났다.[08] 단위근을 없애기 위해 각 변수들을 차분하였으며, 차분값을 대상으로 단위근 검정을 수행한 결과 〈표 8-6〉과 같다.

| 표 8-5 | 단위근 검정결과(τ값)

구분	평균이 '0'일때(zero)	평균이 '0'이 아닐 때(single)	추세항 포함(trend)
y	−0.58	−1.68	−1.84
$x1$	1.41	−2.17	−0.65
$x2$	2.38	0.22	−2.16
$x3$	2.35	−0.63	−1.88
$x4$	−0.31	−1.71	−0.36
$x5$	0.84	−1.26	−7.41***
$x6$	1.53	−0.69	−3.69**
$x7$	0.36	−3.16**	−5.65***
$x8$	3.66	0.92	−1.56
$x9$	0.4	−2.07	0.79
$x10$	4.33	0.24	−2.68

주 : ***, **, * : 각각 1%, 5%, 10% 수준에서 유의.

08 단위근 검정방법으로는 ADF 검정을 이용하였다.

| 표 8-6 | 차분값의 단위근 검정결과(τ값)

구분	평균이 '0'일때(zero)	평균이 '0'이 아닐 때(single)	추세항 포함(trend)
y	-4.4^{***}	-4.32^{***}	-4.37^{***}
$x1$	-2.58^{**}	-3.18^{**}	-3.91^{**}
$x2$	-2.44^{**}	-3.71^{***}	-3.72^{**}
$x3$	-2.52^{**}	-3.82^{***}	-3.72^{**}
$x4$	-2.37^{**}	-2.19	-3.66^{**}
$x5$	-11.67^{***}	-13.92^{***}	-13.68^{***}
$x6$	-5.16^{***}	-5.66^{***}	-5.58^{***}
$x7$	-5.7^{***}	-5.65^{***}	-5.53^{***}
$x8$	-2.75^{***}	-4.64^{***}	-5.41^{***}
$x9$	-2.21^{**}	-2.14	-3.22^{*}
$x10$	-1.85^{*}	-4.79^{**}	-4.72^{**}

주 : ***, **, * : 각각 1%, 5%, 10% 수준에서 유의.

단위근을 없앤 차분값을 가지고 상가균형공급량을 종속변수로 하며, 앞에서 제시한 독립변수 외에 분기별 정책 및 사건 더미변수를 포함시킨 다중회귀모형을 구축한 결과가 다음의 〈표 8-7〉에 제시되어 있다.

분석결과를 보면 1기 전 금리는 상가균형공급량에 부의 영향을 미치며, 1기 전 도매시장 GDP와 소비지출 중에서는 4분기 전 가구집기 가사용품 소비지출액에 상가균형공급량에 긍정적인 영향을 주는 것으로 나타났다. 흥미로운 점은 식료품 소비나 의류 및 신발류에 대한 소비지출은 상가수요에 큰 영향을 미치지 않은 것으로 나타났으며, 장기 전망에 입각해 소비지출이 좌우되는 내구재 소비지출만이 유의미한 영향을 미치고 있다는 점이다. 금리의 경우 금리가 높을수록 상가공급투자의 기회비용이 커지기 때문에 상가균형공급량에 부정적인 영향을 주며, 건설경기를 상가공급 시 건설비용 측면에서 유리한 환경이 조성되었다는 의미로 해석하면 건설경기는 상가공급에 긍정적인 영향을 미친다.

| 표 8-7 | 분석결과

변수[09]	추정계수	t값	유의도	분산확대지수
Y절편	−132844.01	−3.86	0.0010	0
D_200201*	223109.916	1.80	0.0863	1.40206
D_200302	−456964.37	−3.88	0.0009	1.26812
D_200304	345239.922	3.16	0.0049	1.09547
D_200504*	−211951.99	−1.83	0.0820	1.22768
D_200603*	−207722.49	−1.92	0.0694	1.0739
1기 전 금리	−249240.86	−4.67	0.0001	1.54684
2분기 전 건설경기	431.998234	3.19	0.0046	1.42475
1기 전 도소매업 GDP	404.5519	3.77	0.0012	1.65904
4분기 전 가구집기 가사용품 소비지출	9.32677619	3.76	0.0012	1.12882

주 : 1) 수정결정계수 : 0.6949
2) * : 10% 수준에서 유의, 나머지는 모두 5% 수준에서 유의함.

정책더미변수의 경우 뚜렷한 인과관계 해석이 어렵지만, 당시 시장환경에 비추어 설명하면, 정부의 부동산 시장 안정화 대책은 늘 상가균형공급량이 부정적인 영향을 미치는 것으로 나타났으며, 부동산 시장을 주택 부문과 상가 부문으로 구분하면, 주택 시장에 대한 수요억제정책은 대체투자로서 상가에 대한 수요 확대를 불러오는 것으로 나타났다. 예를 들어 2002년 1월과 3월 연달아 발표된 주택시장 과열억제정책은 상가 시장으로 자금의 흐름을 유도해 공급량 확대에 기여한 것으로 보인다. 2003년 2/4분기의 경우 정부의 5·23 부동산대책이 상가시장에 부정적인 영향을 미친 것으로 보이며, 2003년 4/4분기의 경우 상가 부문은 정부의 10·29 대책을 계기로 상가 시장으로 투자자들이 몰리면서 반사이익을 얻은 것으로 보인다. 2005년 4/4분기는 2005년 중순에 상가 후분양제가 도입되면서 3,000㎡ 이상 규모의 상업시설 건설 시 시행사의 자

09 종속변수와 모든 설명변수들은 차분변수이며, 차분된 더미변수는 충격변수(...0001000...)이므로 실제 공급량에는 수준변수(...00011111...) 형태로 영향을 미친다.

금 부담이 늘어나 그 공급이 둔화된 것으로 보인다.[10] 2006년 3/4분기는 1년 9개월 만에 폐지된 기반시설부담금제가 시행된 시기로, 제도 시행에 앞서 2006년 상반기에 대대적인 밀어내기 상가분양이 이루어졌지만, 제도 시행 이후 급격한 물량 감소가 일어나 상가공급에 부정적인 영향을 미친 것으로 보인다.

모형의 설명력은 수정결정계수로 0.6949지만, 추정된 모형의 신뢰도를 검토하기 위해 통계분석을 위한 기본 조건을 충족하고 있는가를 검토해 보자.

추정된 회귀모형의 다중공선성을 판단하기 위해 분산확대지수(VIF: variance inflation factors)와 공차(tolerance)를 분석한 결과, 모든 변수들의 VIF 값이 10 이하, Tolerance 값이 0.1 이상으로 변수들 간의 다중공선성문제는 존재하지 않은 것으로 나타나(김충련, 1997: 250) 모형의 해석상 큰 이상이 없음을 알 수 있다. 다중공선성의 가능성은 크지 않지만, 시계열 잔차항 간의 자기상관의 가능성도 검토해야 한다. 만약 잔차항 간의 자기상관이 존재한다면, 추정된 계수값들을 신뢰하기 어렵기 때문이다. 추정된 모형의 잔차를 가지고 잔차 검정을 실시한 결과 Durbin-Watson 통계량은 1.304로 1차 자기상관계수는 0.266으로 나타난다. [그림 8-3]의 잔차산점도를 보면, 시계열 잔차 분포상의 특정 패턴 존재 여부를 결정하기 어렵다.

| 그림 8-3 | 잔차산점도

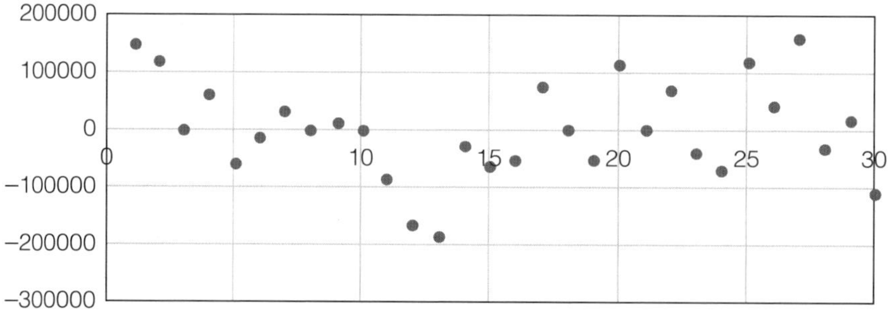

10 상가 후분양제가 실시되기 이전인 2004년 상가분양면적은 3,854,480㎡였으나 상가 후분양제가 실시된 직후인 2005년 상가분양면적은 2,739,317㎡로 그 공급량이 29% 감소하였다.

빈–왓슨 통계량 값을 자세히 검토해 보기로 하자. 더빈–왓슨의 *D*통계량의 가장 큰 문제점 중 하나는 미결정영역이 존재한다는 점이다. 더빈–왓슨의 *d*통계량은 자유도와 독립변수의 크기에 따라 통계량의 임계치인 *dL*과 *dU*가 결정된다. 이들 임계치에 대해서는 계량경제학이나 통계학 책 부록에 대개 실려 있어 참고할 수 있다. 미결정영역은 *d*통계량이 *dL*에서 (4–*dU*) 구간 또는 *dU*에서 (4–*dL*) 구간에 있을 경우 자기상관에 대한 가설(귀무가설은 양 또는 음의 자기상관이 없다)을 채택할지 기각할지 결정할 수 없는 영역을 일컫는다. 위 회귀분석에서 더빈–왓슨 *d*통계량은 1.304이며, 자유도는 30, 상수를 뺀 독립변수의 수는 9개이므로 유의도 5% 수준에서 *dL*은 0.782, *dU*는 2.251이다. 1.304는 *dL*(=0.782)와 (4–*dU*)(=1.7493) 구간 내에 위치하므로 귀무가설(계열 간 자기상관이 없다)을 기각하기 어려운 미결정영역에 속한다.

더빈–왓슨 검정법은 1차 계열상관성만을 확인할 수 있기 때문에 자기상관 여부를 결정하기 어려울 경우 2차, 3차 등 다차에 걸친 계열상관성도 검증할 또 다른 방법이 필요하다. 다양한 여러 방법 중 하나가 시차를 자유롭게 정할 수 있는 Breusch–Godfrey *LM* 검정법이다. *LM* 검정을 통해 앞서 추정한 다중회귀분석모형 잔차항간의 자기상관관계를 다시 검정해 보면, 1차 자기상관의 경우 귀무가결이 맞을 가능성은 7.62% 수준으로 귀무가설은 유의도 5% 수준에서 간신히 기각할 수 있어 위에서 추정된 다중회귀모형 분석결과를 신뢰할 수 있는 추정모형으로 간주할 수 있다.

| 그림 8–4 | 더빈–왓슨 통계량의 미결정영역

양의 상관관계	미결정영역	계열 간 자기상관성 없음	미결정영역	음의 상관관계
0.782	1.747		2.251	3.218
0 *dL*	(4–*dU*)	2	*dU*	(4–*dL*)

| 표 8-8 | *LM* 검정결과

구분	*LM*	*Pr*>*LM*
AR(1)	3.1443	0.0762
AR(2)	5.0018	0.0820
AR(3)	5.3874	0.1455
AR(4)	6.743	0.1501
AR(5)	7.3645	0.1949
AR(6)	7.8124	0.2522

마지막으로 Shapiro-Wilk의 *W*-검정통계량(0.977488)의 유의확률은 0.7556으로 알파 0.05보다 크다. 따라서 이 경우 5%의 유의확률로 잔차들은 정규분포한다는 귀무가설(표본에서 추출된 변수는 정규분포를 따른다)을 기각할 수 없어 정규성 가정도 만족하고 있다고 볼 수 있다. Kolmogorov Smirnov 검정은 주어진 어떤 표본분포가 이론적으로 기대되는 분포와 일치하는지의 여부를 검정하는 것으로 관측자료의 누적분포와 이론적으로 기대되는 누적분포 사이에서 절댓값을 기준으로 가장 큰 차이를 보이는 수치에서 Kolmogorov Smirnov 통계량 *Z*를 계산한다. 주어진 자료가 검정하고자 하는 분포와 일치하면 할수록 *Z*값은 작아진다. 위에서 검토한 오차들의 Kolmogorov Smirnov 통계량 *Z*는 0.1로 *p*값은 0.15이다. 유의확률 5%를 상정하면, 오차항들의 분포는 정규분포를 따른다는 가설을 기각할 수 없게 된다.

잔차의 정규분포에 대해 검토하였으므로, 이제 잔차의 등분산성이 충족되는지를 검증해야 한다. 보통 잔차항 분포의 등분산성은 잔차산점도를 보고 확인하지만, 그림으로 판단이 어렵다면, 이분산성을 검토할 수 있는 White 검정방법을 적용할 수 있다. White 검정의 귀무가설은 잔차항의 분산이 동일하다는 것이다. 수학 용어로 말하자면 $H_0=\sigma_i^2=\sigma^2$이며 대립가설은 잔차항의 분산이 같지 않다는 것이다. 검정결과는 Test of First and Second Moment Specification으로 표시되며, 검정통계량은 χ^2분포를 보인다. 앞에서 추정한 다중회귀모형의 잔차에 대하여 이분산성에 대한 White 검정을 한 결과 χ^2값이

14.80, p값은 0.9264보다 큰 것으로 나타나 0.05 유의수준에서 귀무가설(등분산성이 있다)을 기각할 수 없는 것으로 나타난다. 다시 말해 잔차항의 분산은 이분산이 아니라 등분산한다는 것이다.

독립변수들 간의 다중공선성, 잔차항 간의 자기상관성, 잔차분포의 정규성, 잔차항의 등분산성 등 회귀모형 추정을 위한 제반 통계적 전제를 충족하고 있으므로 추정된 계수값은 신뢰할 만하며 설명력도 0.6949로 만족스러운 수준이다. 이 차분방정식에서 나온 예측값을 근거로 공급량을 추정한 것은 [그림 8-5], [그림 8-6]과 같다. 그림을 보면 추정값과 실제값은 유사한 움직임을 보이고 있다.

| 그림 8-5 | 공급량 차분값의 실제값과 예측값 비교

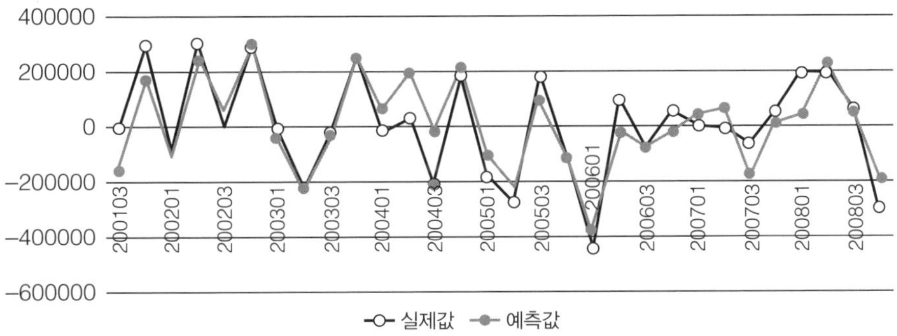

| 그림 8-6 | 공급량의 실제값과 예측값 비교

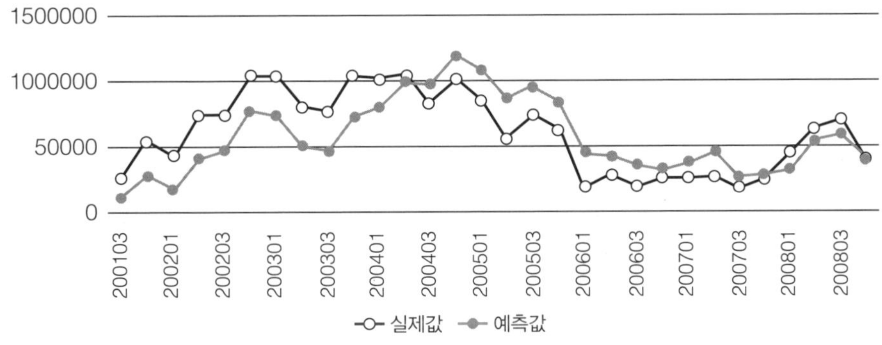

6. 상가의 임대료 추정

상업시설의 임대료는 임대차계약에 기초한 대상물건의 사용대가로서 지급되는 금액을 말한다. 임대료는 지역의 부동산 시장의 활성화 정도를 나타내는 척도라고 볼 수 있다. 실제 상업용 부동산의 임대료에 대한 정보는 거래를 위한 당사자들과 지역의 부동산 시장에서 이루어지는 거래를 통한 정보이기에 주택공시가격제도와 실거래가 신고가 이루어지는 주택 시장과는 상대적으로 정보 접근이 제한된 시장이다. 이러한 제한된 시장의 성격으로 시장의 거래가 왜곡될 수 있다,

상가를 둘러싼 가격정보는 시장 분석 목적에 따라 다양하게 존재한다. 예를 들어 신축상가의 경우 분양가를 추정하기 위해 주변상가의 거래가격 또는 시세정보가 필요하지만, 상가의 매매가 활발하지 않기 때문에 임대료를 기반으로 분양가를 추정해야 할 경우가 많다. 임대료의 경우에도 공식 통계로는 조사가 어려운 권리금이 있으며, 월 임대료의 경우도 전세, 보증부 월세, 깔세 등 다양한 형태가 존재하므로 표준화하기가 어렵다. 또한 상가의 입지유형도 시장 내 단독상가, 주거지역 내 소규모 상가, 중대형 상가, 아파트 단지 내 상가 건물에 위치한 집합상가 등 다양한 유형이 있기 때문에 이를 하나로 모집단으로 묶기도 힘든 경우가 많다.

상가 임대료는 위에서 언급한 바와 같이 표준화되어 있지도 않지만, 최근 국토교통부가 한국부동산원에 의뢰해 공식 통계자료로 공표하고 있다. 상업용 부동산의 임대료지수와 같은 경우 국토교통부에서 2017년 1분기부터 분기별로 조사, 발표해 오고 있으며, 개별상가에 대해서는 한국부동산원이 부동산통계정보시스템의 '상업용 부동산 임대 동향조사 기초자료'로 2017년 4분기부터 정보를 제공하고 있다. 한국부동산원은 국토교통부의 위탁을 받아, 매 분기별로 지역별 · 상권별 임대료, 임대가격지수, 공실률, 투자수익률 등 주요 지표

를 부동산 통계정보시스템을 통해 공표해 왔으나, 그보다 더 정밀한 개별상가에 대한 정보를 신청 받아, 승인 절차를 거쳐 내려 받기 형태로 받을 수 있게 하였다. 정보의 제공범위는 160여 개에 이르는 조사항목으로 개인 식별정보와 영업기밀에 해당되는 것을 제외한 정보를 제공하고 있다.

| **그림 8-7** | 서울 기타지역 중대형 상가 임대료(완전 월세) 추이

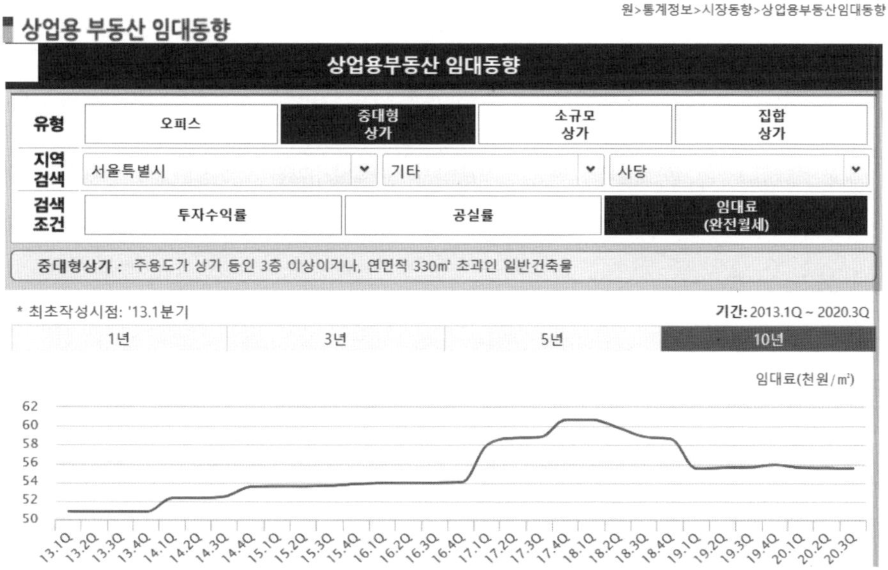

출처 : 한국부동산원, 『부동산통계정보』(상업용부동산임대동향), 검색일자: 2020.12.1.
http://www.kab.co.kr/kab/home/trend/market_trend05.jsp

| **표 8-9** | 서울 기타지역 중대형 상가 임대료(완전 월세)

분기	현 분기	전 분기 대비	전년 동기 대비	전년 말 대비
2020.3분기	55,540원/㎡	0.00%	−0.20%	−0.60%
2020.2분기	55,560원/㎡	0.00%	−0.10%	−0.60%
2020.1분기	55,580원/㎡	−0.50%	0.10%	−0.50%
2019.4분기	55,880원/㎡	0.50%	−4.70%	−4.70%
2019.3분기	55,630원/㎡	0.00%	−5.50%	−5.20%
2019.2분기	55,600원/㎡	0.20%	−7.10%	−5.20%

2019.1분기	55,500원/㎡	−5.40%	−8.60%	−5.40%
2018.4분기	58,650원/㎡	−0.40%	−3.40%	−3.40%
2018.3분기	58,870원/㎡	−1.60%	0.10%	−3.00%
2018.2분기	59,830원/㎡	−1.40%	1.80%	−1.40%
2018.1분기	60,700원/㎡	0.00%	4.60%	0.00%

과거에는 한국부동산원에서 제공하는 개별상가에 대한 공식통계 자료가 없었으므로, 부동산정보사이트에서 매물로 올라온 호가 자료를 수집하여 추정하고자 하는 상가와 유사한 속성을 지닌 상가들을 모아 그 평균값으로 월 임대료를 추정하거나 좀 더 많은 자료가 있다면 단순회귀분석이나 다수준회귀분석 등의 계량분석모형, 만약 공간정보구득이 가능하다면 공간회귀분석모형을 이용해 상가 임대료를 추정할 수 있다.

표 8-10 상가 임대료 추정에 대한 기존 연구의 검토

저자	최부성 · 송명규	손병희 · 고현림 · 신종칠	홍성효 · 임준홍	이호진
발표 연도	2011	2014	2017	2020
수정결정계수	0.491	0.524/0.612/0.703/0.678	0.279	0.560
종속변수	택지개발지구의 상가 임대료	아파트 단지 상가의 임대료 (기준층−1층의 평균임대료)	지하상가 임대료	휴대폰매장의 영업면적당 환산보증금의 자연로그값
건물요인	전용면적			매장 전용면적
				연면적
				매장 월평균 판매 대수
	전체층수			
	1층/2층/지하층 더미	상가 주차장 – 지하		

<table>
<tr><td rowspan="5">건물요인</td><td>노후도</td><td>단지상가 경과연구</td><td></td><td>건물연령</td></tr>
<tr><td></td><td>단지상가 동수</td><td></td><td></td></tr>
<tr><td></td><td>상가구조 – 연도형</td><td></td><td></td></tr>
<tr><td></td><td>상가형태 –
내부상가</td><td></td><td></td></tr>
<tr><td></td><td>상가위치 –
주출입구 인접</td><td></td><td>코너 여부</td></tr>
<tr><td rowspan="9">단지요인</td><td>사업구역면적</td><td></td><td></td><td></td></tr>
<tr><td>상업용지비율</td><td></td><td></td><td></td></tr>
<tr><td>동측 더미</td><td></td><td></td><td></td></tr>
<tr><td></td><td>대형평형 비율</td><td></td><td></td></tr>
<tr><td></td><td>아파트 건설회사
도급순위</td><td></td><td></td></tr>
<tr><td></td><td>아파트단지
총세대수</td><td></td><td></td></tr>
<tr><td></td><td></td><td>홍보시설 여부</td><td></td></tr>
<tr><td></td><td></td><td>다중이용시설 여부</td><td></td></tr>
<tr><td></td><td></td><td>공동 판촉사업
시행 여부</td><td></td></tr>
<tr><td rowspan="6">지역요인</td><td></td><td>구별 소득세 합계/
구별 소득세 평균</td><td></td><td></td></tr>
<tr><td></td><td>구별 소득세 평균</td><td></td><td></td></tr>
<tr><td></td><td>할인점수</td><td>총시장상인수</td><td></td></tr>
<tr><td></td><td>경사지 – 평지인
경우</td><td></td><td></td></tr>
<tr><td></td><td></td><td>수도권 더미</td><td></td></tr>
<tr><td></td><td></td><td>광역/지역/근린</td><td>도심/강남/영등포
마포/기타/
비활성화 지역</td></tr>
</table>

접근성요인		지하철역까지의 시간		지하철역 거리
		지하철역 수		
	강남구에서 거리			
			대중교통접근성	
				일평균 유동인구
		접도폭 - 편도 2~4차선 이하/ 초과		광대로

단순회귀분석을 통해 상가 임대료를 추정할 경우 문제가 되는 것은 임대료에 영향을 미치는 독립변수를 선정하는 것이다. 상가의 경우도 주거와 마찬가지로 건물속성변수들, 지역속성변수들, 접근성변수 등이 중요하다. 상가의 입지 행태와 유형에 따라 선정해야 하는 독립변수들은 다양하며, 실증연구별로 유사한 독립변수를 선택하는 경우도 많지 않다. 기존 연구들을 검토하면 상가 임대료에 영향을 주는 독립변수로 상가 임차인의 영업능력이나 지역의 소득변수와 같은 사회경제적 변수를 포함시키기도 한다.

독립변수들은 크게 분류하면, 건물요인, 단지요인, 지역요인, 접근성요인 등으로 구분할 수 있다. 상가의 건물요인은 전용면적이나 층수, 노후도, 출입구 또는 에스컬레이터나 엘리베이터로부터의 거리, 모서리 입지 여부 등이며, 접근성요인의 경우 버스정거장이나 지하철역으로부터의 물리적 거리나 시간거리, 도심으로부터의 거리, 대로로부터의 거리, 유동인구수, 공간구문론에 등장하는 공간심도나 통합도 등이다. 모형구축의 목적이 거래가를 될 수 있는대로 정확하게 추정하는 것이라면, 기존 연구의 검토를 통해 될 수 있는대로 많은 독립변수들을 포함시키는 것이 바람직하다. 특히 감정평가를 목적으로 모형을 추정할 경우 수정결정계수로 본 설명력이 0.95 이상이 되어야만 활용이 가능하다고 할 수 있다.

7. 마치면서

이 글은 상가의 수급결정요인과 임대료 형성요인을 검토한 것이다. 상가수급결정모형은 경제학의 수요 · 공급 이론을 바탕으로 상업시설의 수급상황이 마샬적 균형을 이루는 것으로 가정하고 그 공급의 결정요인과 상가 임대료 수준을 검토하였다. 상업시설의 공급결정요인을 소비자 수요, 임차인 수요, 공급업자의 공급에 영향을 미치는 요인들로 나누어 분석하고 각각의 요인들이 어느 정도의 시차를 두고 어떠한 영향을 주는지를 분석하였다.

수급에 영향을 주는 요인들은 금리요인과 건설경기, 과거와 현재의 상가공급물량, 소비자들의 가구집기 · 가사용품 소비지출액이 큰 영향을 미치는 것으로 나타났다. 금리와 과거 건설경기, 과거 상가 공급물량은 상가 공급에 모두 부(−)의 영향을 미치며, 가구집기 가사용품 소비지출과 도소매업 판매액지수(판매액)는 일정 시차를 두고 수급에 영향을 미치는 것으로 드러났다. 정책변수로는 상가 후분양제와 기반시설부담금제가 상가 공급에 부정적인 영향을 미친 것으로 분석되었다.

상가거래가격에 영향을 미치는 독립변수들을 크게 분류하면, 건물요인, 단지요인, 지역요인, 접근성요인 등으로 구분할 수 있다. 상가의 건물요인은 전용면적이나 층수, 노후도, 출입구 또는 에스컬레이터나 엘리베이터로부터의 거리, 모서리 입지 여부 등이며 접근성요인의 경우 버스정거장이나 지하철역으로부터의 물리적 거리나 시간거리, 도심으로부터의 거리, 대로로부터의 거리, 유동인구수, 공간구문론에 등장하는 공간심도나 통합도 등으로 나타났다.

이 연구의 한계로는 우선 시계열 자료의 길이가 짧다는 점이고, 상업시설 수급 분석에서 뺄 수 없는 임대료, 공실률, 인구 등의 변수가 자료 구득의 한계로 분석에 포함되지 못한 점을 들 수 있다. 짧은 시계열로 모형 구축과 검정에도 한계를 극복하지 못한 부분이 많다.

지금까지의 상업시설에 관한 연구가 미시적인 관점에서 특정 대상지의 특성을 반영한 횡단면 분석에 초점이 맞추어진 반면, 본 연구는 상업시설의 공급결정요인에 대하여 거시적인 접근을 시도하였다는 데 그 의의를 찾을 수 있으며, 향후 주식시장 등 다른 시장과의 간섭이나 투자자들의 미래에 대한 기대 등이 반영된 모형의 개발은 다음 연구자들에게 남긴다.

참고문헌

김경환 · 손재영, 2000, “서울시 오피스 시장의 시계열 분석,”『주택연구』8: 5–20.

김민정 · 양동우 · 정창무, 2003, “유사업종 밀집지역의 적정밀도에 관한 연구: 청계천 금속기계 관련 업종을 대상으로,”『2003년 대한국토 · 도시계획학회 정기학술대회 논문집』, pp. 425–436.

김상일 · 박희석 · 박은경, 2005,『서울시 업무 공간 수요 예측 및 공급가능성 진단 연구』, 서울: 서울시정개발연구원.

김정현, 2006, “근린생활시설 중 판매시설의 적정공급에 관한 연구,” 한양대학교 도시대학원 석사학위논문.

김찬호 · 송지수, 2000, “신도시 아파트 단지내 근린상가 업종별 입지특성에 관한 연구,”『환경과학연구』11(1).

김충련, 1997,『SAS라는 통계상자』, 서울: 데이터플러스.

손병희 · 고현림 · 신종칠, 2014, “아파트단지 상가의 임대료결정 요인에 관한 연구,”『주거환경』12(3): 223–240.

손상락, 2002, “소매상업시설의 입지성향에 관한 실증분석,”『국토연구』34: 61–80.

손창백 · 오차돈, 2006, “건설경기 변동에 따른 인력수요 예측에 관한 연구,”『대한건축학회논문집(구조계)』22(5): 211–218.

이준구, 1989,『미시경제학』, 서울: 법문사.

이중희, 1997,『주택경제론』, 서울: 박영사.

이창수 · 정규섭, 1998, “상업시설 입지특성에 관한 연구,”『한국GIS학회지』6(2): 217–231.

이호진, 2020, “서울시 상가 권리금과 임대료 결정요인의 비교연구,”『주거환경』18(2): 87–97.

정경환, 2009. “상업용 부동산의 마케팅 전략에 따른 부동산 투자기구 활용방안에 대한 연구,” 건국대학교 부동산대학원 석사학위논문.

정승영 · 김진우, 2006, “횡단면자료를 이용한 상가임대료결정모형에 관한 연구,”『부동산학연구』12(2): 35–62.

정창무 · 김지순, 2005, “주택시장에서의 미분양 아파트의 역할에 대한 실증분석,”『국토계획』40(2): 81–91.

주종원 · 김현수 · 백인길, 1989, "대구시 중심상업시설 수요추정에 관한 연구," 『국토계획』 24(3): 77–90.

최부성 · 송명규, 2011, "택지개발지구의 단지적 특성이 상가 임대료에 미치는 영향: 수도권을 중심으로," 『부동산학보』 45: 301–313.

최열 · 석혜주, 2004, "대형할인점 입지적 특성 및 선호요인 분석: 부산시 대형할인점을 대상으로," 『국토계획』 39(5): 123–134.

홍성효 · 임준홍, 2017, "지하상가 임대료, 매출액, 고객수에 영향을 미치는 요인에 대한 실증분석," 『한국지역개발학회지』 29(4): 183–198.

Beals, Ralph E., 1972, *Statistics for Economists*, Chicago: Rand McNally & Company.

Benjamin, John D., G. Donald Jud, and Daniel T. Winkler, 1998, "A Simultaneous Model and Empirical Test of the Demand and Supply of Retail Space," *Journal of Real Estate Reaserch* 16(1): 1–14.

Hendershott, Patric, Bryan Macgregor, and Michel White, 2002, "Explaining Real Commercial Rents Using an Error Correction Model with Panel Data," *Journal of Real Estate Finance and Economics* 24(1): 59–87.

제9장

소매업종 분포패턴 및 업종 간 입지관계에 관한 비교연구

상권 분석에서 흥미로운 주제 중 하나는 주변환경에 따라 달라지는 업종 간 집적효과이다. 작은 상점 하나가 자리를 잡을 때도 많은 것들을 고려하기 마련이다. 그중 어떤 가게 옆이 좋은가, 왜 좋은가를 아는 것은 잠재력 있는 입지를 선택하기 위한 중요한 지식이다. 상권 분석서비스는 대체로 업종별, 지역별로 주 이용고객의 특성, 매출관련 정보를 제공하고 있지만, 상권 분석의 커다란 주제 중 하나인 상가업종 간의 호오 또는 친화도나 기피도를 나타내는 근린효과 또는 집적효과에 대한 분석서비스는 제공하지 않고 있다. 이 장에서는 연접지수라는 도구를 사용하여 소매상점업종 간의 근린효과를 분석하고 있다. 편의업종은 다른 업종과 강한 연관관계를 가지고 입지하는 경향이 있으며 일부 선매업종과도 깊은 연관관계를 가지는 것으로 나타났다. 서울 강북구와 강남구의 경우를 살펴보면, 강북구는 운동화판매점, 가방판매점, 유아용품점의 연접지수가, 강남구는 체인화편의점, 레스토랑, 레코드점, 카센터의 연접지수가 크게 나타난다. 다시 말해 서울 강북구에서는 다른 조건이 일정할 때 운동화판매점을 낼 때 옆에 가방판매점이나 유아용품점이 있다면 매출에 도움이 된다는 것이고, 서울 강남구의 경우는 레스토랑을 낼 때 주변에 체인화편의점이나 레코드점 또는 카센터가 있다면 매출에 보탬이 될 수 있다는 것이다.

1. 시작하며

작은 상점 하나가 자리를 잡을 때도 많은 것들을 고려하기 마련이다. 그중 어떤 가게 옆이 좋은가, 왜 좋은가를 아는 것은 잠재력 있는 입지를 선택하기 위한 중요한 지식이다. 이러한 상권 입지 분석에서 흥미로운 주제 중 하나는 집적효과이다. 종로 3가의 금은방, 청계천의 헌책방, 일산 가구거리나 칠패 드레스샵, 논현동 건자재상가 등 우리 주변에는 특정 업종들이 군집한 많은 상권들을 볼 수 있다. 단지 내 상가의 경우 약국이나 제과점, 은행지점 등이 간판상가라면, 이층에는 주로 학원 등이 입지하며, 그 패턴이 일정한 것을 볼 수 있다.

현재 상권 분석에 대한 다양한 민간서비스가 제공되고 있다. 중소벤처기업부 산하 기관인 소상공인시장진흥공단의 상권정보시스템이 대표적이며, 민간에서는 nice신용평가와 skt에서 각각 nicebizmap, 지오비전이라는 상권 분석 서비스를 제공하고 있다. 이들 상권 분석서비스는 대체로 업종별, 지역별로 주 이용고객의 특성, 매출관련 정보를 제공하고 있지만, 상권 분석의 커다란 주제 중 하나인 상가업종 간의 호오 또는 친화도나 기피도를 나타내는 근린효과 또는 집적효과에 대한 분석서비스는 제공하지 않고 있다.

업종 간 입지관계를 고려한 입지선택은 보통 경험적 지식을 통해 이뤄져 왔는데, 이에 대한 이론적 바탕을 마련하고 실증 분석을 수행하여 계량화한다면 상권형성 기제에 대한 이해는 물론 시민들의 생업에 큰 도움이 될 것이다. 소매상점 입지에 관한 연구는 꾸준히 있어 왔지만 실증연구는 자료구득이 어려워 대부분 소규모로 수행되었을 뿐 구(區)단위의 넓은 범위를 대상으로 한 전수(全數) 자료 분석 연구는 드물었다. 본 연구는 강북구와 강남구의 소매상점 위치 전수 자료를 기반으로 하고 있다. 소매상점의 업종 간 입지관계를 이해하기 위한 이론을 고찰하고, 이 관계를 지수화하는 기법을 이용해 강북구와 강남구의 소매상점의 입지행태를 비교 분석하여 업종 간 입지관계 형성의 특성을 찾아내는 것이 본 연구의 목적이다.

2. 연구의 방법과 범위

본 연구는 소매점의 입지행태가 각 업종의 선매업종이나, 편의업종의 특성과 관계가 있다는 전제에서 출발한다. 선매업종 성향이 강한 업종은 같은 업종의 상가끼리 모이는 경향이 있는 반면, 편의업종 성향이 강한 업종은 다른 업종의 상가끼리 모이는 경향이 있는 것으로 알려져 있기 때문이다(손상락, 1996; 신우진, 2001). 따라서 선매업종, 편의업종을 구분하는 작업을 선행하여야 한다. 경쟁적 소매입지이론(Hotelling, 1929; Eaton and Lipsey, 1979; Sharpe and Roy, 1985)과 응집지수(고택경, 1995)를 통해 각 업종의 선매업종, 편의업종 성향을 파악하도록 한다. 이어 특정 업종들이 서로 근접하여 입지하는 이유를 구매비용 최소화전략이론(손상락, 1996)을 통해 선매품과 편의품의 저장비용의

| 그림 9-1 | 연구의 흐름

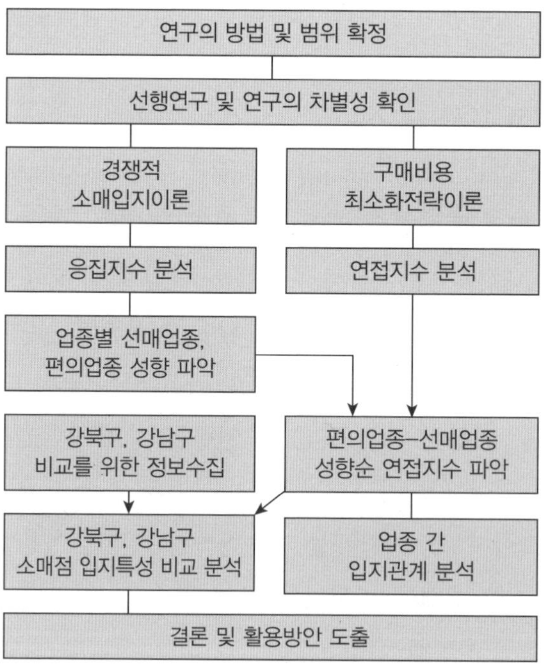

차이로 인한 것으로 설명하고 소매업종 간 연접지수를 도출하여 이 관계를 네트워크 구조로 시각화한다. 마지막으로 연구의 대상인 강북구와 강남구의 특성을 포함하여 두 지역의 연접지수 비교를 통해 업종 간 연관관계의 특성을 파악하고 시사점을 도출하여 추후의 소매점 입지결정모형 개선에 기여하도록 한다.

| 표 9-1 | 연구대상 업종

업종명
수퍼/구멍가게, 체인화편의점, 아이스크림전문점, 떡집, 건강보조식품판매점, 화장품코너, 한복점, 유아용품점, 의류점, 액세서리점, 운동화판매점, 가방전문점, 레코드점, 서점, 문구점, 장난감판매점, 팬시점, 수예점, 꽃가게, 중고가구점, 고시원, 한식점, 횟집, 중식점, 일식점, 레스토랑, 패스트푸드점, 분식점, 치킨전문점, 술집, 제과점, 찻집, 비디오대여점, 책대여점, 만화방, 학원, 놀이방, 비디오방, 독서실, 당구장, 전자오락실, 게임방, 노래방, 기원, 카센터, 미용실, 마사지점, 빨래방(총 48종)

연구의 범위는 서울시가 Geos Technology사를 통해 2000년 1월 20일부터 3월 31일까지 조사한 서울시내 48개[01] 소매업종 분포의 강북구와 강남구 자료이다. 연구대상을 강북구와 강남구로 선정한 이유는 두 지역의 면적, 인구밀도, 소득 등이 상이함을 토대로 보다 명확하게 시사점을 도출하기 위함이다.

01 본 연구에 사용된 자료는 본래 49개 소매업종이었으나 강북구의 경우 스티커 사진방이 한 개도 존재하지 않아 비교 분석을 위해 스티커 사진방은 분석에서 제외하고 48개 업종을 대상으로 하였다.

3. 선행연구

소매업종의 입지 특성에 관한 연구는 주로 소매점의 공간입지관계에 관한 연구(Hotelling, 1929; McIntyre, 1955; Eaton and Lipsey, 1979; Sharpe and Roy, 1985; 이소영, 1997; 신우진, 2001; 이영민, 2006)와 소매점 입지에 따른 매출액 변화에 관한 연구(Doherty, 1941; 손상락, 1996)가 있다.

소매점의 공간입지관계에 관한 연구로 경쟁관계 소매점의 입지관계 연구인 Hotelling(1929) 이후 Eaton and Lipsey(1979), Sharpe and Roy(1985) 등이 논의를 발전시켰으며, 이를 바탕으로 여러 실증연구가 이루어졌다. 소매점의 점분포를 분석한 예로는 신기동(1993)의 편의점 입지특성에 관한 연구, 이영민(2006)의 대형할인점 입지 전후 상권 입지패턴 변화 연구가 있다. 이소영(1997)은 강남과 강북의 중심상업지구의 상업시설 입지패턴을 연구하였고, 신우진(2001)은 소매업 상권의 이동을 분석하였다. 기존 점분포 연구는 데이터 입수의 어려움으로 제한된 범위의 대상지를 정하고 단일업종 또는 제한된 업종의 점분포만을 대상으로 실시되었다. 2000년 서울시 전체 소매점 분포에 대한 조사가 이루어진 후, 신우진(2001)이 49개 소매업종 위치 자료를 사용한 바 있으나 대상 지역이 강남구에만 미쳐 비교 분석에 의한 일반적인 입지패턴 도출에는 어려움이 있었다. 소매점의 입지전략을 풀어나간 연구로는 손상락(1996)이 있는데, 소비자의 구매비용 최소화전략에 의한 동시구매행태를 수리모형으로 풀어내었다. 이들 연구는 연구결과의 활용 면에서 유익하나 자료구득의 어려움으로 연구대상의 규모가 작다는 단점이 있었다.

4. 이론 검토

1) 상품의 분류와 특성

상품은 소비자의 구입패턴에 따라 선매품, 편의품, 전문품[02]으로 분류할 수 있다(신우진, 2001; 이영민, 2006). 선매품은 의류 · 액세서리 등으로 매장방문 전에는 제품구입을 위한 충분한 지식을 갖추기 어려운 상품을 말한다. 상당한 가격을 형성하고 종류가 다양하며 품질의 편차가 크다. 따라서 구매빈도는 작지만 구매를 위한 제품탐색 및 구매결정 과정에서 상당한 시간과 비용이 필요하다. 반면 편의품은 치약, 비누, 야채 등으로 제품구입을 위한 충분한 지식을 갖추고 있어 최소한의 노력으로 구매하게 되는 상품을 말한다. 보통 가격이 싸고 품질의 편차가 크지 않아 별다른 고민 없이 구매할 수 있다. 구매빈도가 크며 동시에 여러 개의 편의품을 구입하여 구매비용을 최소화한다. 전문품은 상표나 제품의 특징이 뚜렷하여 소비자가 브랜드를 신뢰하고 구입하는 고가품을 말한다. 샤넬 향수, 벤츠 자동차 등과 같은 제품으로 브랜드 충성도에 의해 구매가 이루어진다.

이와 같이 상품의 성격에 따라 소비자의 구매행태가 달라지므로 해당 상품을 취급하는 업종의 입지전략 및 그에 따른 입지패턴도 달라질 것이라고 판단할 수 있다.

2) 경쟁적 소매입지이론

경쟁적 소매입지이론(Hotelling, 1929)은 소매점의 입지전략과 그에 따르는 입지패턴 변화에 관한 연구이다. Hotelling(1929)은 이동이 용이한, 경쟁관계

02 본 연구는 선매품과 편의품만을 그 대상으로 하고 전문품은 다루지 않는다. 전문품은 공간적 탐색이 아닌 브랜드 탐색을 통해 취급상점을 방문하기 때문이다.

의 2개의 소매점이 해변과 같은 선형의 공간에 입지하는 패턴을 제시했다. 두 소매점이 각자 자신에게 가장 유리한 입지를 선택해 나가면 결국 모두 중앙에 입지하게 된다고 하여 경쟁관계인 소매점들이 한 장소에 집중하는 현상을 설명하였다. Eaton and Lipsey(1979)는 탐색 개념을 제시하여 중앙으로의 입지는 소비자의 탐색비용을 절감시켜 소비자의 효용을 증가시킨다고 하였다. 그들은 Hotelling의 이론을 3개 이상의 소매점이 입지하는 경우로 확장하였는데, [그림 9-2]와 같이 소비자의 탐색수가 많을수록 하나의 소매점그룹을 이루는 소매점의 최대 수는 증가함을 보였다(그룹당 최대 소매점수=탐색수+2).

탐색수와 그룹당 최대 소매점수의 관계를 이용하면 선매업종, 편의업종의

| 그림 9-2 | **탐색수(Search), 총상점수(N)별 입지균형**

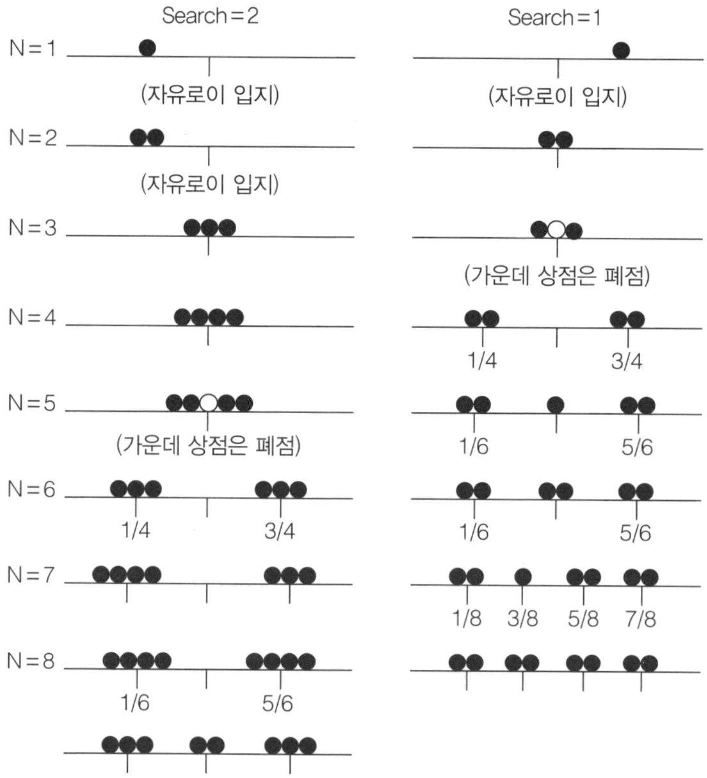

출처 : Sharpe and Roy(1985: 192).

입지패턴 차이를 설명할 수 있다. 선매업종은 소비자의 탐색수가 많아 그룹당 최대 소매점수가 크며 편의업종은 탐색수가 1~2회에 그쳐 그룹당 최대 소매점수가 작을 것이다. 신우진(2001)은 이 원리를 이용하여 응집의 수준이 높으면 선매업종으로, 낮으면 편의업종으로 구분한 바 있다. 그러나 탐색의 증가에 따라 그룹당 소매점수가 많아지는 것이 아니라 그룹당 최대로 존재할 수 있는 소매점수가 많아지는 것이므로, 응집 수준의 높고 낮음으로 판단하기보다는 응집 수준의 안정성을 기준으로 판단해야 할 것으로 보인다. 선매업종은 그룹당 최대 소매점수가 클 것이므로 그룹당 소매점수가 다양하게 나타나는 데 비해 편의업종은 그렇지 않을 것으로 판단할 수 있다. 또한 선매업종은 큰 그룹이 특정 위치로 치우쳐 위치에 따라 응집의 수준이 극단적으로 바뀔 수 있다. 따라서 선매업종은 응집의 양태가 다양하게 나타나고 편의업종은 안정적으로 나타날 것이므로 이를 통해 선매업종, 편의업종 성향을 판단할 수 있을 것으로 보인다.

3) 구매비용 최소화전략과 저장비용

손상락(1996)은 소비자가 구매비용을 최소화할 수 있는 곳에서 물품을 구입할 것으로 전제하고 구매비용을 상품비용, 교통비용, 저장비용의 합으로 정의하여 소비자의 구매행태를 수리모형으로 풀어내었다. 동시구매는 교통비용을 감소시키지만 저장비용을 증가시키므로 소비자는 그 총합의 최소를 달성할 수 있는 수준에서 동시구매를 한다. 따라서 저장비용이 낮은 상품일수록 동시구매할 확률이 높아진다. 또한 소비자는 동시구매가 많아질수록 동시구매가 편리한 지역에서 소비를 늘리는 경향이 있음도 수치시뮬레이션으로 도출하고 있다.

이 연구가 주는 시사점은 소매점의 입지가 소비자의 구매행태에 크게 영향을 받음을 간접적으로 밝힐 수 있는 고리가 된다는 것이다. 동시구매 증가에 의해 동시구매가 편리한 지역으로 쇼핑수요가 몰리면 소매점 입지구성도 이에 맞춰 형성될 것으로 예상할 수 있는 것이다. 따라서 이 이론을 바탕으로 편의업종 성향이 강하면 다른 업종 상가와 모이게 되는 이유를 설명할 수 있다. 편의품은 저장비용이 낮은 상품으로 가격이 저렴하고 부피가 작은 데다 저장기간이 짧거나(식료품), 감가상각의 염려가 적다(일용품). 따라서 동시구매할 확률이 높아지므로 다른 업종 상가와 근접입지하게 되는 것이다. 한편으로 서로 소비를 촉진시키는 상품(보완재)으로 동시구매를 통해 오히려 저장비용이 감소하는 경우를 생각해 볼 수 있다.[03] 이 경우에는 같은 편의업종이라도 더 강하게 연관될 것이고, 선매업종일지라도 상당한 연관관계를 갖게 될 것으로 보인다.

5. 업종별 응집지수의 도출과 선매업종, 편의업종 성향의 추정

1) 응집면적법과 응집지수

소매점의 점분포를 분석하는 방법으로는 방격분석법, 최근린거리법, 응집면적법(고택경, 1995) 등이 있는데, 이 중 응집면적법은 다수의 점분포 자료를 GIS를 통해 간단히 처리하여 응집지수를 도출하는 방법으로, 직관적이어서 이해하기 쉽다는 장점이 있다. n개의 업종이 A면적 안에 존재할 때 이들 업종의 분포가 완전히 분산적이라고 가정하면 각 소매점은 $A/n(=a)$면적의 상권을 갖게 된다. 이 상권의 반경이 r이라면 r은 $\sqrt{A/(n\pi)}$가 되는데 이를 이 업종 소매점의 상권 반경으로 보게 된다.[04]

03 예를 들어 통닭튀김과 DVD 대여는 서로의 소비를 촉진하므로 동시구매 시 저장비용이 더 낮을 것이다.

04 상권 범위 산정에 있어서 비거주지역이 포함된 것에 대한 지적 및 같은 업종이 지역별로 다른 상권 범위를 갖는 것에 대한 지적이 있을 수 있다. 본 기법은 한 지역 내의 업종별 상권의

| 그림 9-3 | 응집지수의 도출

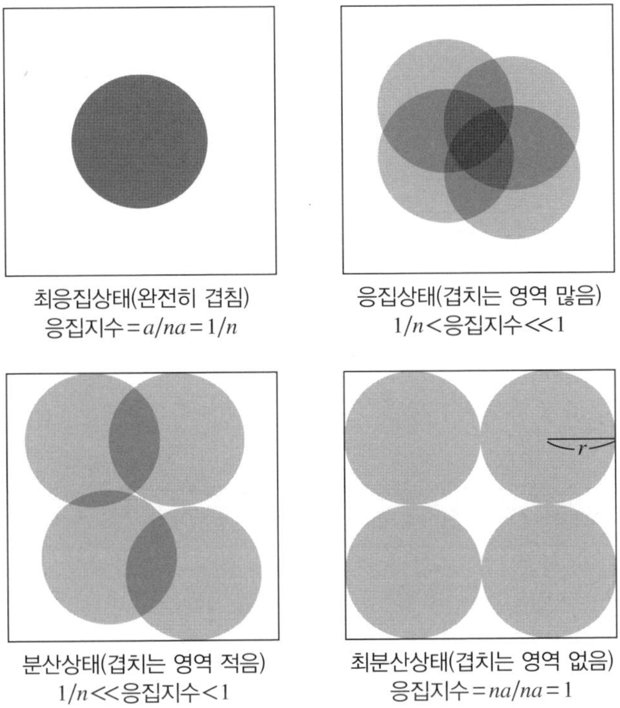

실제 점분포는 완전히 분산적이지 않으므로 각각의 상권이 겹치게 되는데, 겹친 상태에서 상권의 총면적 B를 구하면 A보다 작아지게 된다. 모든 소매점이 정확히 한 점에 모여 있으면 $B/A = 1/n$이고 완전히 분산적이면 $B/A = 1$이므로 보통 B/A의 값은 $1/n$에서 1 사이에 존재하게 된다. 이를 응집지수라 한다.

상대적 크기를 통해 지수를 추출하는 것으로, 절대적 크기의 영향은 거의 받지 않음을 고택경(1995)이 수리적으로 증명한 바 있다.

그림 9-4 | 안정성 기준 적용을 위한 산포도

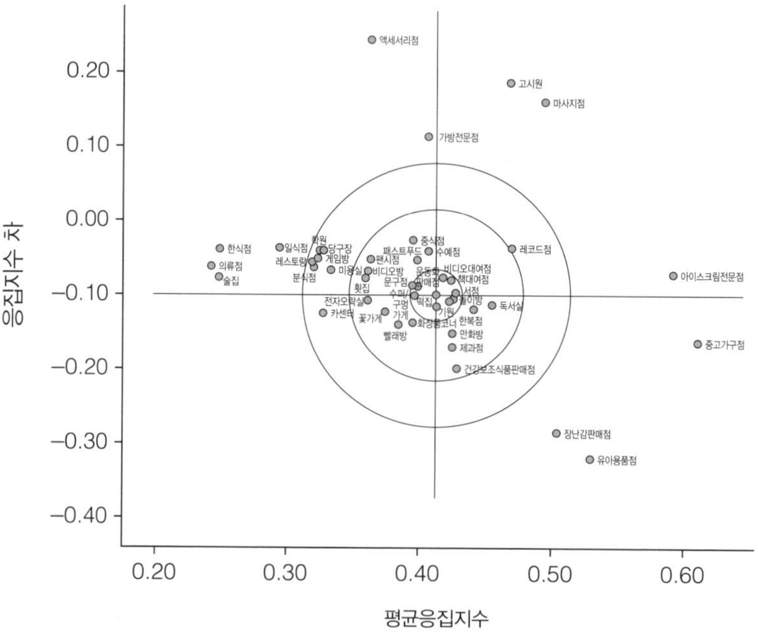

표 9-2 | 강북구와 강남구의 응집지수 도출결과

	강북구 응집지수	강남구 응집지수	평균 응집지수	응집지수 차이	중심점에서의 거리
패스트푸드점	0.37	0.42	0.40	−0.06	0.0147
문구점	0.36	0.44	0.40	−0.09	0.0148
운동화판매점	0.36	0.44	0.40	−0.09	0.0156
팬시점	0.35	0.41	0.38	−0.06	0.0161
수퍼/구멍가게	0.35	0.44	0.40	−0.09	0.0182
비디오대여점	0.38	0.46	0.42	−0.08	0.0250
수예점	0.39	0.44	0.41	−0.05	0.0281
책대여점	0.38	0.46	0.42	−0.08	0.0291
중식점	0.38	0.42	0.40	−0.04	0.0316
횟집	0.33	0.40	0.36	−0.08	0.0320
비디오방	0.33	0.40	0.36	−0.07	0.0342

떡집	0.36	0.46	0.41	−0.10	0.0348
체인화편의점	0.40	0.46	0.43	−0.07	0.0357
기원	0.36	0.47	0.41	−0.11	0.0424
서점	0.38	0.48	0.43	−0.10	0.0442
치킨전문점	0.31	0.42	0.37	−0.11	0.0444
놀이방	0.37	0.48	0.43	−0.10	0.0450
꽃가게	0.32	0.44	0.38	−0.12	0.0506
전자오락실	0.30	0.41	0.36	−0.11	0.0513
화장품코너	0.33	0.45	0.39	−0.12	0.0524
빨래방	0.34	0.46	0.40	−0.13	0.0545
한복점	0.38	0.49	0.44	−0.11	0.0580
미용실	0.30	0.37	0.33	−0.06	0.0605
학원	0.31	0.35	0.33	−0.04	0.0693
만화방	0.36	0.49	0.43	−0.14	0.0714
독서실	0.40	0.51	0.45	−0.11	0.0728
분식점	0.29	0.35	0.32	−0.06	0.0745
노래방	0.31	0.35	0.33	−0.04	0.0751
게임방	0.29	0.35	0.32	−0.05	0.0765
당구장	0.30	0.34	0.32	−0.04	0.0770
레스토랑	0.29	0.35	0.32	−0.05	0.0772
레코드점	0.45	0.49	0.47	−0.04	0.0831
카센터	0.26	0.39	0.33	−0.12	0.0857
제과점	0.35	0.50	0.43	−0.16	0.0888
일식점	0.28	0.32	0.30	−0.04	0.1015
찻집	0.26	0.31	0.28	−0.05	0.1145
건강보조식품판매점	0.33	0.52	0.43	−0.19	0.1266
술집	0.22	0.29	0.25	−0.07	0.1438
한식점	0.23	0.27	0.25	−0.04	0.1463
의류점	0.22	0.28	0.25	−0.06	0.1491
가방전문점	0.46	0.35	0.41	0.11	0.1858
아이스크림전문점	0.59	0.66	0.62	−0.07	0.2297

장난감판매점	0.36	0.65	0.50	−0.29	0.2399
중고가구점	0.55	0.71	0.63	−0.16	0.2487
마사지점	0.57	0.40	0.49	0.17	0.2573
고시원	0.56	0.38	0.47	0.18	0.2650
유아용품점	0.37	0.69	0.53	−0.32	0.2802
액세서리점	0.50	0.25	0.38	0.25	0.3185
평균	0.36	0.43	0.39	−0.07	0.09
분산	0.08	0.10	0.08	0.10	0.08

2) 응집지수 도출과 선매업종, 편의업종 성향의 파악

앞서 논의한 이론을 토대로 응집지수가 안정적일수록 편의업종 성향이 강한 것으로 판단한다. 응집지수의 안정성을 표현하기 위해 각 업종의 응집지수를 구해 평균값을 가로축으로, 지역별 응집지수의 차이를 세로축으로 하여 산포도를 그렸다([그림 9-4]). 중심점(평균값)으로부터의 거리가 가까울수록 편의업종 성향이 강하다고 할 수 있다. 거리를 기준으로 오름차순으로 정렬하고 〈표 9-2〉를 작성하였다. 패스트푸드점과 문구점이 편의업종 성향이 강한 것으로 나타났으며, 유아용품점과 액세서리점이 선매업종 성향이 강한 것으로 나타났다.

6. 업종 간 연관관계 도출과 분석

1) 연접지수법의 사용

점분포 간 연관관계를 분석하는 방법으로는 중첩지수법(고택경, 1995)이 있

| **그림 9-5** | 연접지수의 도출

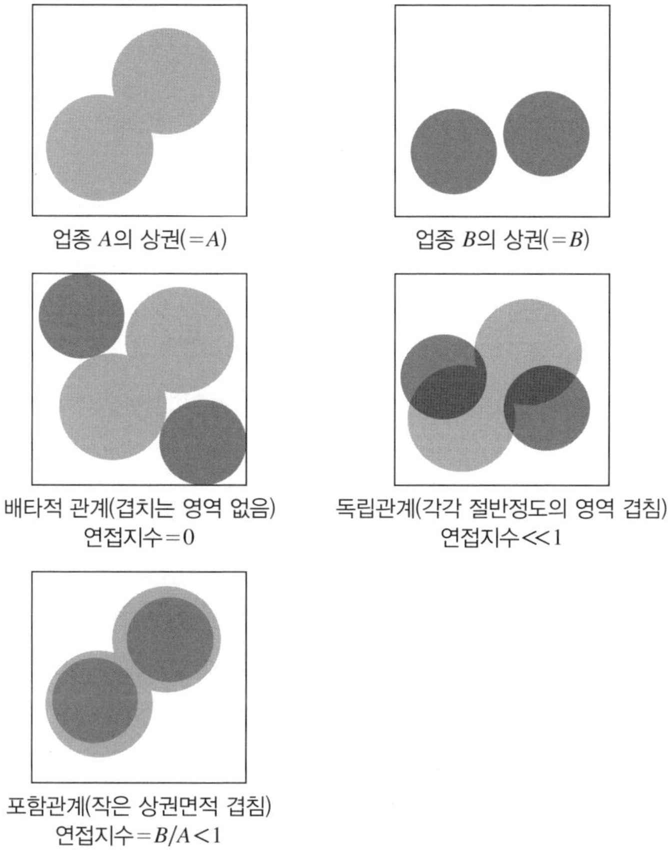

는데, A의 범위와 B의 범위를 이루는 단위원들이 서로 많이 겹칠수록 A와 B가 공간적으로 더 연관되어 있다고 보는 방법이다. 중첩지수법은 모든 점에 대해 각각의 중첩지수를 계산해야 하기 때문에 다수의 자료를 처리하기에는 무리가 따르므로 이를 단순화한 연접지수를 사용하기로 한다.

연접지수는 두 업종이 근접 입지할수록 상권면적이 많이 겹칠 것이라는 점에서 착안하여 두 업종의 소매점들이 형성하는 상권면적이 많이 겹칠수록 커지게 만든 지수이다. 1에 가까울수록 두 업종의 입지관계가 강함을 의미한다.

$$C^{*}=\frac{1}{VV}\left(\frac{U_{AB}}{C_{A}}\times\frac{U_{AB}}{C_{B}}\right) \tag{9·1}$$

C^{*} : A업종과 B업종의 연접 정도를 나타내는 연접지수
$V=V_A=V_B$: A업종과 B업종의 최분산면적
U_{AB} : A업종과 B업종의 중첩면적
C_A : A분포의 응집지수
C_B : B분포의 응집지수

2) 결과 도출 및 해석

도출한 연접지수를 〈표 9-3〉과 〈표 9-4〉에 편의업종 성향이 강한 업종부터 순서대로 나열하고 지역별 상위 20%를 진한 색으로, 하위 20%를 연한 색으로 표시하였다.[05] 전체적으로 편의업종 성향이 강할수록 연접지수가 크게 나타나고 있어 이론과 일치한다. 연접지수 수준은 대체로 강북구가 높지만 쌍체비교 시 일정한 차이를 유지하고 있어 그 구조는 거의 유사하게 나타나고 있다고 볼 수 있다(유의확률<0.001).

| 표 9-3 | 강북구와 강남구의 연접지수 비교

강북구	패스트푸드점	문구점	운동화판매점	팬시점	수퍼/구멍가게	비디오대여점	수예점	책대여점	중식점	횟집
패스트푸드점	–	0.67	0.60	0.55	0.58	0.63	0.47	0.67	0.68	0.63
문구점	0.67	–	0.61	0.59	0.69	0.74	0.48	0.71	0.75	0.63
운동화판매점	0.60	0.61	–	0.67	0.58	0.64	0.56	0.68	0.62	0.52
팬시점	0.55	0.59	0.67	–	0.53	0.57	0.53	0.61	0.58	0.51
수퍼/구멍가게	0.58	0.69	0.58	0.53	–	0.68	0.44	0.67	0.71	0.58
비디오대여점	0.63	0.74	0.64	0.57	0.68	–	0.48	0.75	0.73	0.58
수예점	0.47	0.48	0.56	0.53	0.44	0.48	–	0.47	0.46	0.44
책대여점	0.67	0.71	0.68	0.61	0.67	0.75	0.47	–	0.73	0.60
중식점	0.68	0.75	0.62	0.58	0.71	0.73	0.46	0.73	–	0.66

05 편의상 전체를 표시하였지만 평균값, 표준편차 등의 계산은 대각선 아래 영역만을 사용하였다.

횟집	0.63	0.63	0.52	0.51	0.58	0.58	0.44	0.60	0.66	-
비디오방	0.47	0.48	0.49	0.54	0.46	0.47	0.56	0.46	0.49	0.43
떡집	0.59	0.60	0.59	0.51	0.54	0.60	0.50	0.59	0.59	0.57
체인화편의점	0.42	0.41	0.55	0.42	0.44	0.45	0.37	0.48	0.51	0.41
기원	0.61	0.61	0.57	0.59	0.53	0.59	0.56	0.57	0.57	0.62
서점	0.67	0.65	0.62	0.60	0.54	0.62	0.58	0.61	0.60	0.57
치킨전문점	0.61	0.74	0.55	0.48	0.68	0.67	0.44	0.63	0.70	0.62
놀이방	0.56	0.63	0.67	0.59	0.60	0.69	0.54	0.64	0.61	0.48
꽃가게	0.66	0.65	0.56	0.51	0.58	0.64	0.45	0.64	0.64	0.64
전자오락실	0.63	0.69	0.60	0.52	0.61	0.67	0.49	0.64	0.67	0.58
화장품코너	0.64	0.68	0.60	0.58	0.61	0.67	0.51	0.68	0.66	0.62
빨래방	0.58	0.50	0.58	0.52	0.49	0.51	0.38	0.54	0.52	0.45
한복점	0.52	0.54	0.68	0.66	0.49	0.55	0.60	0.55	0.52	0.47
미용실	0.58	0.70	0.59	0.52	0.75	0.68	0.43	0.67	0.70	0.58
학원	0.59	0.71	0.58	0.52	0.70	0.73	0.42	0.66	0.69	0.57
만화방	0.68	0.57	0.55	0.42	0.52	0.59	0.45	0.60	0.60	0.56
독서실	0.57	0.61	0.67	0.54	0.56	0.62	0.50	0.60	0.64	0.55
분식점	0.55	0.64	0.53	0.49	0.67	0.62	0.41	0.58	0.64	0.57
노래방	0.56	0.63	0.45	0.42	0.60	0.59	0.39	0.58	0.69	0.66
게임방	0.64	0.67	0.55	0.47	0.61	0.66	0.42	0.66	0.67	0.61
당구장	0.60	0.65	0.57	0.47	0.62	0.62	0.44	0.65	0.70	0.65
레스토랑	0.45	0.46	0.37	0.34	0.45	0.40	0.43	0.39	0.48	0.55
레코드점	0.42	0.45	0.53	0.47	0.42	0.49	0.64	0.42	0.42	0.38
카센터	0.39	0.45	0.45	0.46	0.45	0.47	0.24	0.51	0.49	0.38
제과점	0.74	0.75	0.64	0.57	0.66	0.73	0.47	0.77	0.73	0.68
일식점	0.44	0.45	0.50	0.41	0.41	0.45	0.43	0.43	0.42	0.41
찻집	0.50	0.55	0.47	0.45	0.54	0.52	0.42	0.54	0.59	0.61
건강보조식품판매점	0.62	0.67	0.68	0.61	0.62	0.70	0.48	0.70	0.68	0.56
술집	0.42	0.48	0.39	0.37	0.54	0.46	0.33	0.45	0.52	0.50
한식점	0.40	0.47	0.39	0.37	0.56	0.44	0.31	0.44	0.49	0.46
의류점	0.50	0.55	0.46	0.43	0.48	0.51	0.38	0.49	0.49	0.49
가방전문점	0.50	0.55	0.68	0.64	0.53	0.57	0.65	0.56	0.55	0.50
아이스크림전문점	0.43	0.44	0.57	0.52	0.43	0.50	0.58	0.47	0.46	0.36
장난감판매점	0.56	0.56	0.70	0.69	0.52	0.54	0.70	0.58	0.56	0.54
중고가구점	0.45	0.43	0.55	0.56	0.41	0.45	0.56	0.45	0.43	0.37
마사지점	0.45	0.47	0.53	0.48	0.43	0.52	0.59	0.46	0.47	0.42

고시원	0.40	0.43	0.52	0.48	0.45	0.50	0.47	0.48	0.46	0.38
유아용품점	0.60	0.58	0.61	0.52	0.58	0.63	0.37	0.64	0.64	0.51
액세서리점	0.52	0.53	0.53	0.52	0.49	0.55	0.50	0.56	0.54	0.49
업종별 평균	0.53	0.56	0.54	0.50	0.53	0.56	0.45	0.56	0.57	0.51

강남구	패스트푸드점	문구점	운동화판매점	팬시점	수퍼/구멍가게	비디오대여점	수예점	책대여점	중식점	횟집
패스트푸드점	–	0.48	0.28	0.39	0.43	0.43	0.33	0.42	0.50	0.44
문구점	0.48	–	0.20	0.35	0.55	0.53	0.34	0.44	0.57	0.50
운동화판매점	0.28	0.20	–	0.31	0.20	0.22	0.35	0.28	0.18	0.18
팬시점	0.39	0.35	0.31	–	0.32	0.31	0.35	0.37	0.33	0.33
수퍼/구멍가게	0.43	0.55	0.20	0.32	–	0.53	0.29	0.42	0.58	0.49
비디오대여점	0.43	0.53	0.22	0.31	0.53	–	0.34	0.48	0.45	0.42
수예점	0.33	0.34	0.35	0.35	0.29	0.34	–	0.38	0.32	0.29
책대여점	0.42	0.44	0.28	0.37	0.42	0.48	0.38	–	0.39	0.37
중식점	0.50	0.57	0.18	0.33	0.58	0.45	0.32	0.39	–	0.57
횟집	0.44	0.50	0.18	0.33	0.49	0.42	0.29	0.37	0.57	–
비디오방	0.37	0.35	0.32	0.51	0.31	0.30	0.45	0.34	0.34	0.36
떡집	0.29	0.31	0.30	0.35	0.30	0.34	0.45	0.34	0.32	0.36
체인화편의점	0.50	0.56	0.19	0.34	0.53	0.47	0.30	0.35	0.61	0.56
기원	0.49	0.48	0.25	0.37	0.48	0.51	0.40	0.43	0.50	0.50
서점	0.40	0.39	0.31	0.34	0.34	0.41	0.36	0.39	0.34	0.34
치킨전문점	0.46	0.49	0.24	0.34	0.50	0.53	0.33	0.46	0.52	0.47
놀이방	0.29	0.34	0.23	0.26	0.35	0.43	0.28	0.34	0.30	0.26
꽃가게	0.48	0.51	0.20	0.35	0.49	0.43	0.37	0.37	0.59	0.56
전자오락실	0.53	0.42	0.26	0.45	0.40	0.40	0.40	0.40	0.47	0.50
화장품코너	0.48	0.44	0.27	0.36	0.41	0.44	0.38	0.51	0.42	0.42
빨래방	0.36	0.43	0.31	0.34	0.41	0.45	0.42	0.43	0.38	0.39
한복점	0.41	0.38	0.25	0.33	0.37	0.42	0.52	0.39	0.38	0.38
미용실	0.41	0.47	0.21	0.31	0.59	0.47	0.31	0.40	0.52	0.40
학원	0.41	0.45	0.20	0.32	0.50	0.44	0.30	0.40	0.48	0.39
만화방	0.49	0.44	0.22	0.31	0.45	0.48	0.33	0.40	0.49	0.46
독서실	0.44	0.39	0.28	0.39	0.37	0.47	0.37	0.49	0.36	0.35
분식점	0.44	0.54	0.17	0.30	0.57	0.41	0.29	0.34	0.62	0.50
노래방	0.46	0.49	0.16	0.27	0.49	0.43	0.29	0.34	0.57	0.54
게임방	0.49	0.47	0.19	0.32	0.45	0.46	0.34	0.39	0.50	0.47
당구장	0.41	0.51	0.15	0.27	0.54	0.41	0.26	0.31	0.63	0.55

레스토랑	0.45	0.47	0.17	0.32	0.45	0.36	0.28	0.28	0.55	0.51
레코드점	0.31	0.28	0.48	0.37	0.27	0.30	0.43	0.31	0.27	0.25
카센터	0.41	0.42	0.21	0.27	0.44	0.41	0.30	0.38	0.49	0.46
제과점	0.55	0.51	0.28	0.38	0.50	0.52	0.37	0.53	0.51	0.47
일식점	0.42	0.45	0.14	0.26	0.45	0.34	0.24	0.24	0.57	0.45
찻집	0.40	0.45	0.15	0.25	0.51	0.36	0.26	0.27	0.58	0.47
건강보조식품판매점	0.38	0.40	0.33	0.41	0.40	0.41	0.38	0.44	0.38	0.38
술집	0.40	0.44	0.15	0.26	0.48	0.35	0.24	0.26	0.56	0.45
한식점	0.33	0.42	0.11	0.20	0.48	0.34	0.20	0.24	0.51	0.42
의류점	0.33	0.40	0.16	0.30	0.39	0.34	0.30	0.31	0.40	0.38
가방전문점	0.23	0.19	0.30	0.25	0.18	0.16	0.36	0.17	0.22	0.21
아이스크림전문점	0.31	0.33	0.42	0.43	0.31	0.32	0.39	0.33	0.31	0.30
장난감판매점	0.27	0.27	0.36	0.30	0.26	0.29	0.45	0.31	0.26	0.23
중고가구점	0.31	0.36	0.26	0.28	0.33	0.33	0.30	0.35	0.33	0.33
마사지점	0.39	0.37	0.19	0.32	0.37	0.32	0.28	0.26	0.46	0.41
고시원	0.42	0.52	0.17	0.35	0.47	0.40	0.29	0.32	0.54	0.58
유아용품점	0.20	0.20	0.20	0.24	0.17	0.22	0.26	0.23	0.17	0.14
액세서리점	0.26	0.20	0.24	0.24	0.22	0.22	0.39	0.21	0.26	0.25
업종별 평균	0.38	0.39	0.22	0.30	0.39	0.37	0.32	0.34	0.42	0.38

| 표 9-4 | 강북구와 강남구의 연접지수 비교

강북구	만화방	독서실	분식점	노래방	게임방	당구장	레스토랑	레코드점	카센터	제과점
패스트푸드점	0.68	0.57	0.55	0.56	0.64	0.60	0.45	0.42	0.39	0.74
문구점	0.57	0.61	0.64	0.63	0.67	0.65	0.46	0.45	0.45	0.75
운동화판매점	0.55	0.67	0.53	0.45	0.55	0.57	0.37	0.53	0.45	0.64
팬시점	0.42	0.54	0.49	0.42	0.47	0.47	0.34	0.47	0.46	0.57
수퍼/구멍가게	0.52	0.56	0.67	0.60	0.61	0.62	0.45	0.42	0.45	0.66
비디오대여점	0.59	0.62	0.62	0.59	0.66	0.62	0.40	0.49	0.47	0.73
수예점	0.45	0.50	0.41	0.39	0.42	0.44	0.43	0.64	0.24	0.47
책대여점	0.60	0.60	0.58	0.58	0.66	0.65	0.39	0.42	0.51	0.77
중식점	0.60	0.64	0.64	0.69	0.67	0.70	0.48	0.42	0.49	0.73
횟집	0.56	0.55	0.57	0.66	0.61	0.65	0.55	0.38	0.38	0.68
비디오방	0.47	0.45	0.42	0.39	0.44	0.46	0.41	0.43	0.30	0.47
떡집	0.63	0.69	0.48	0.54	0.55	0.55	0.57	0.45	0.36	0.62

체인화편의점	0.42	0.53	0.39	0.37	0.41	0.43	0.35	0.35	0.42	0.42
기원	0.53	0.56	0.53	0.54	0.57	0.59	0.48	0.50	0.35	0.62
서점	0.57	0.55	0.50	0.52	0.58	0.57	0.46	0.48	0.35	0.65
치킨전문점	0.53	0.55	0.66	0.64	0.63	0.64	0.46	0.40	0.41	0.70
놀이방	0.51	0.65	0.56	0.50	0.56	0.54	0.44	0.56	0.44	0.60
꽃가게	0.58	0.53	0.55	0.55	0.63	0.65	0.47	0.38	0.40	0.68
전자오락실	0.59	0.63	0.60	0.64	0.69	0.67	0.49	0.43	0.41	0.68
화장품코너	0.58	0.56	0.57	0.62	0.63	0.65	0.48	0.47	0.37	0.75
빨래방	0.48	0.49	0.43	0.39	0.47	0.45	0.29	0.36	0.34	0.53
한복점	0.47	0.62	0.45	0.43	0.47	0.48	0.35	0.56	0.35	0.54
미용실	0.53	0.54	0.66	0.61	0.63	0.64	0.42	0.41	0.44	0.69
학원	0.54	0.56	0.64	0.59	0.64	0.63	0.42	0.41	0.44	0.70
만화방	–	0.61	0.47	0.53	0.61	0.59	0.47	0.43	0.30	0.65
독서실	0.61	–	0.51	0.53	0.55	0.55	0.51	0.53	0.44	0.61
분식점	0.47	0.51	–	0.59	0.60	0.58	0.45	0.41	0.41	0.62
노래방	0.53	0.53	0.59	–	0.66	0.73	0.49	0.36	0.35	0.64
게임방	0.61	0.55	0.60	0.66	–	0.72	0.42	0.37	0.40	0.73
당구장	0.59	0.55	0.58	0.73	0.72	–	0.43	0.38	0.35	0.69
레스토랑	0.47	0.51	0.45	0.49	0.42	0.43	–	0.41	0.27	0.46
레코드점	0.43	0.53	0.41	0.36	0.37	0.38	0.41	–	0.27	0.43
카센터	0.30	0.44	0.41	0.35	0.40	0.35	0.27	0.27	–	0.44
제과점	0.65	0.61	0.62	0.64	0.73	0.69	0.46	0.43	0.44	–
일식점	0.42	0.48	0.38	0.37	0.39	0.42	0.37	0.36	0.26	0.45
찻집	0.48	0.50	0.58	0.63	0.63	0.62	0.49	0.37	0.35	0.59
건강보조식품판매점	0.55	0.60	0.57	0.54	0.63	0.63	0.39	0.44	0.48	0.70
술집	0.41	0.43	0.57	0.58	0.55	0.56	0.40	0.30	0.30	0.48
한식점	0.36	0.40	0.54	0.51	0.49	0.50	0.36	0.28	0.30	0.45
의류점	0.44	0.45	0.54	0.52	0.55	0.54	0.36	0.33	0.29	0.56
가방전문점	0.50	0.59	0.49	0.44	0.47	0.51	0.41	0.64	0.37	0.55
아이스크림전문점	0.43	0.52	0.38	0.35	0.39	0.41	0.30	0.61	0.32	0.43
장난감판매점	0.50	0.56	0.49	0.43	0.48	0.50	0.44	0.55	0.37	0.57
중고가구점	0.43	0.49	0.37	0.33	0.39	0.39	0.28	0.58	0.31	0.44
마사지점	0.46	0.54	0.40	0.39	0.41	0.41	0.39	0.66	0.34	0.44
고시원	0.40	0.46	0.40	0.35	0.39	0.39	0.33	0.57	0.34	0.43
유아용품점	0.55	0.52	0.50	0.50	0.56	0.56	0.32	0.38	0.41	0.61
액세서리점	0.54	0.52	0.43	0.46	0.47	0.51	0.38	0.47	0.32	0.54

업종별 평균	0.49	0.52	0.50	0.49	0.53	0.53	0.39	0.42	0.35	0.57

강남구	만화방	독서실	분식점	노래방	게임방	당구장	레스토랑	레코드점	카센터	제과점
패스트푸드점	0.49	0.44	0.44	0.46	0.49	0.41	0.45	0.31	0.41	0.55
문구점	0.44	0.39	0.54	0.49	0.47	0.51	0.47	0.28	0.42	0.51
운동화판매점	0.22	0.28	0.17	0.16	0.19	0.15	0.17	0.48	0.21	0.28
팬시점	0.31	0.39	0.30	0.27	0.32	0.27	0.32	0.37	0.27	0.38
수퍼/구멍가게	0.45	0.37	0.57	0.49	0.45	0.54	0.45	0.27	0.44	0.50
비디오대여점	0.48	0.47	0.41	0.43	0.46	0.41	0.36	0.30	0.41	0.52
수예점	0.33	0.37	0.29	0.29	0.34	0.26	0.28	0.43	0.30	0.37
책대여점	0.40	0.49	0.34	0.34	0.39	0.31	0.28	0.31	0.38	0.53
중식점	0.49	0.36	0.62	0.57	0.50	0.63	0.55	0.27	0.49	0.51
횟집	0.46	0.35	0.50	0.54	0.47	0.55	0.51	0.25	0.46	0.47
비디오방	0.38	0.34	0.31	0.33	0.35	0.31	0.35	0.46	0.26	0.37
떡집	0.34	0.40	0.28	0.28	0.32	0.26	0.29	0.39	0.26	0.40
체인화편의점	0.49	0.38	0.53	0.54	0.47	0.55	0.53	0.29	0.46	0.53
기원	0.58	0.40	0.44	0.49	0.43	0.46	0.43	0.36	0.42	0.50
서점	0.42	0.46	0.29	0.34	0.37	0.29	0.34	0.38	0.36	0.48
치킨전문점	0.42	0.42	0.48	0.51	0.54	0.47	0.41	0.29	0.43	0.58
놀이방	0.34	0.38	0.27	0.27	0.31	0.26	0.23	0.29	0.30	0.33
꽃가게	0.47	0.40	0.51	0.54	0.50	0.52	0.53	0.30	0.42	0.54
전자오락실	0.55	0.42	0.41	0.46	0.47	0.41	0.42	0.33	0.36	0.50
화장품코너	0.45	0.46	0.36	0.41	0.47	0.37	0.39	0.32	0.38	0.53
빨래방	0.39	0.32	0.33	0.34	0.33	0.35	0.37	0.31	0.33	0.45
한복점	0.42	0.42	0.34	0.35	0.34	0.33	0.33	0.35	0.35	0.40
미용실	0.40	0.37	0.53	0.47	0.46	0.47	0.43	0.30	0.39	0.48
학원	0.39	0.40	0.48	0.43	0.48	0.42	0.37	0.26	0.38	0.47
만화방	–	0.49	0.41	0.48	0.44	0.45	0.41	0.38	0.43	0.50
독서실	0.49	–	0.32	0.32	0.46	0.31	0.31	0.38	0.39	0.52
분식점	0.41	0.32	–	0.54	0.47	0.61	0.49	0.24	0.41	0.47
노래방	0.48	0.32	0.54	–	0.57	0.62	0.53	0.24	0.43	0.47
게임방	0.44	0.46	0.47	0.57	–	0.50	0.46	0.27	0.43	0.52
당구장	0.45	0.31	0.61	0.62	0.50	–	0.53	0.22	0.42	0.45
레스토랑	0.41	0.31	0.49	0.53	0.46	0.53	–	0.25	0.37	0.44
레코드점	0.38	0.38	0.24	0.24	0.27	0.22	0.25	–	0.22	0.35
카센터	0.43	0.39	0.41	0.43	0.43	0.42	0.37	0.22	–	0.40
제과점	0.50	0.52	0.47	0.47	0.52	0.45	0.44	0.35	0.40	–

일식점	0.42	0.27	0.51	0.51	0.41	0.59	0.53	0.21	0.37	0.39
찻집	0.38	0.27	0.57	0.55	0.43	0.63	0.50	0.21	0.39	0.39
건강보조식품판매점	0.45	0.51	0.34	0.33	0.36	0.32	0.33	0.42	0.33	0.44
술집	0.37	0.25	0.55	0.57	0.44	0.62	0.48	0.20	0.37	0.38
한식점	0.34	0.23	0.50	0.47	0.37	0.55	0.43	0.17	0.35	0.34
의류점	0.28	0.29	0.42	0.38	0.39	0.40	0.37	0.23	0.32	0.38
가방전문점	0.20	0.20	0.18	0.19	0.20	0.19	0.22	0.26	0.18	0.23
아이스크림전문점	0.32	0.36	0.26	0.24	0.25	0.24	0.25	0.47	0.24	0.35
장난감판매점	0.28	0.33	0.24	0.21	0.23	0.21	0.21	0.46	0.24	0.35
중고가구점	0.34	0.33	0.29	0.28	0.26	0.28	0.29	0.31	0.29	0.38
마사지점	0.43	0.35	0.39	0.37	0.34	0.39	0.40	0.38	0.31	0.45
고시원	0.48	0.31	0.46	0.48	0.43	0.51	0.48	0.28	0.37	0.46
유아용품점	0.18	0.29	0.15	0.12	0.16	0.13	0.13	0.16	0.15	0.26
액세서리점	0.31	0.25	0.21	0.24	0.28	0.23	0.27	0.44	0.18	0.28
업종별 평균	0.38	0.34	0.38	0.38	0.37	0.38	0.36	0.29	0.33	0.41

[그림 9-6]은 연접지수 상위 20%의 업종 간에 연관관계가 강할수록 가깝게 위치하도록 그린 것이다.[06] 특정 업종을 중심으로 그룹이 형성되어 있음을 알 수 있다. 각 그룹의 중심은 수퍼/구멍가게, 제과점, 문구점으로 그룹의 형성은 주요 소비자를 대상으로 만들어지는 것으로 보인다. 수퍼/구멍가게는 주부, 제과점은 청년층, 문구점은 학생층을 유인하는 업종으로 볼 수 있는데, 이들을 중심으로 관련 업종이 모여들고 있다. 중식(中食)점은 전체 네트워크의 중심에 있는데, 이는 중식점이 다른 소매업종 종사자들을 주요 소비대상으로 하기 때문인 것으로 보인다.

06 (주)사이람의 NetMiner3 아카데미버전의 Spring-KK알고리즘을 사용하여 작성하였다. 상위 20% 연접지수 관계가 전혀 없는 업종은 그리지 않았다. 2차 공간 표현의 한계상 본 그림이 연관관계를 공간적으로 완벽히 반영하여 그린 것은 아니다.

| 그림 9-6 | 강북구와 강남구 공통의 소매점 간 관계

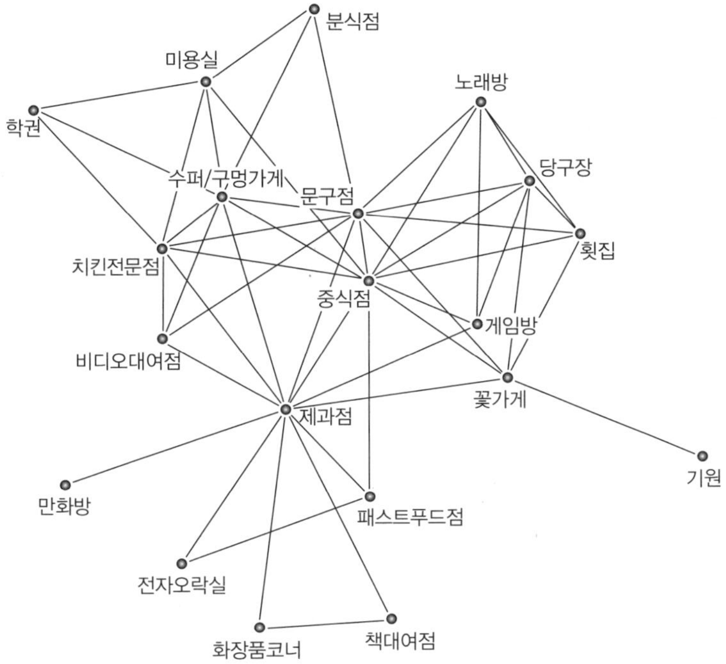

7. 강북구와 강남구의 비교 고찰

1) 강북구와 강남구의 현황

강남구의 면적은 강북구의 1.65배이고, 소매상점의 수는 1.86배이다. 강남구의 1인당 지방세 부담액은 강북구의 6배, 매출잠재력은 4배로 두 지역의 경제격차가 매우 심하다. 인구밀도는 거의 동일한 데 비해, 강남구의 주간인구가 상주인구의 1.66배, 강북구는 0.82배로 인구의 활동특성이 크게 다름을 알 수 있다.

| 그림 9-7 | 강북구와 강남구의 도로망과 소매점 분포

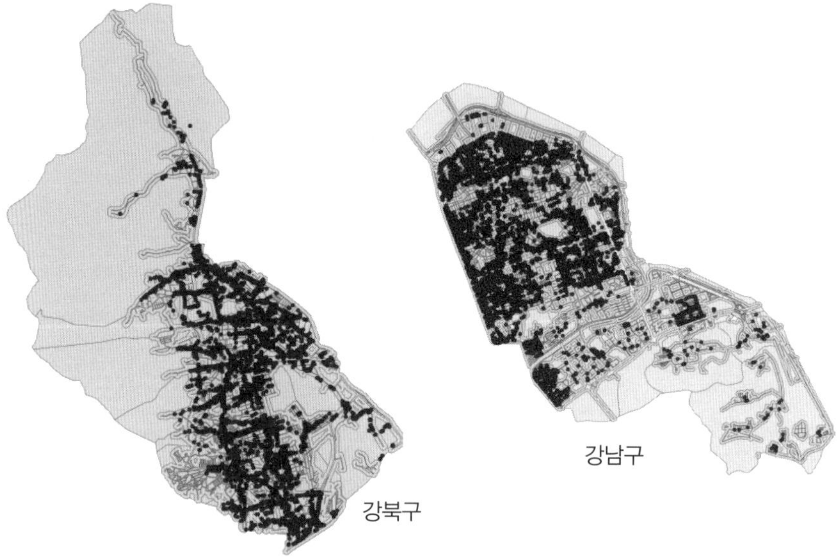

인구구성을 살펴보면 강북구가 14세 이하, 30~44세, 60세 이상 비율이 더 큼을 알 수 있다. 따라서 강북구는 주로 어린아이를 둔 젊은 부부와 노인가정이 많으며, 강남구는 대학생 자녀를 둔 50대 가정이 많다고 생각할 수 있다.

| 표 9-5 | 강북구와 강남구의 주요 지표 비교(2000년)

	강북구	강남구
면적(㎢)	23.96	39.6
인구(인)	352,772	555,493
인구밀도(인/㎢)	14,723	14,027
주간인구비율	0.82	1.66
소매점수(개)	6,302	11,693
평균매장면적(㎡)	19.9	31.7
1인당 지방세 부담액(천 원)	187	1,116
매출잠재력(천 원/ha)	99,389	399,244

출처 : 통계청, 『국가통계포털(KOSIS)』.

| 그림 9-8 | 강북구와 강남구의 연령별 인구구성(2000년)

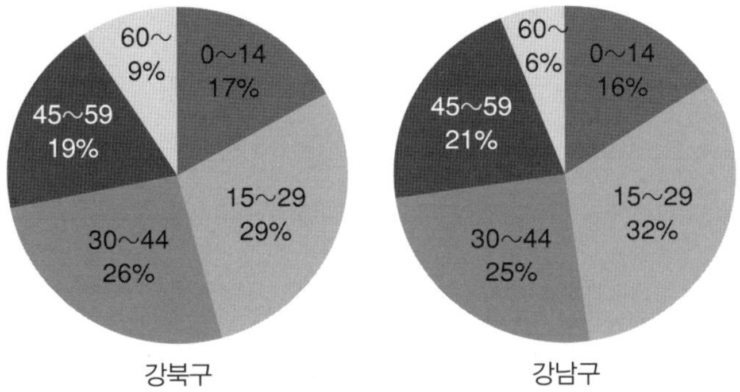

출처 : 통계청, 『국가통계포털(KOSIS)』.

2) 강북구와 강남구의 결과 비교

강북구와 강남구의 연접지수 수준은 전체적으로 강북구가 높지만 그 구조는 거의 유사하다. 쌍체비교(Paired-Comparison) 결과 t-value 절댓값 41.99, 유의확률 0.001 이하로 일정한 차이를 보이고 있어 두 지역에서의 업종 간 연관관계구조가 기본적으로는 거의 유사함을 알 수 있다.

두 지역의 연접지수를 비교해 본바(〈표 9-3〉, 〈표 9-4〉), 강북구는 운동화판매점, 가방판매점, 유아용품점의 연접지수가, 강남구는 체인화편의점, 레스토랑, 레코드점, 카센터의 연접지수가 더 크다. 강북구의 주요 거주자가 14세 미만 어린이와 30~40대 초반의 청년 및 젊은 부부인 점과 강남구의 주간인구가 많고 주요 소비층이 청소년 및 대학생임을 생각할 때 연접지수가 주요 소비층과 관계가 있음을 알 수 있다.

[그림 9-9]는 각 지역의 연접지수가 상위 20%인 업종 간에 연결선을 긋고 연결선이 많을수록 가깝고, 적을수록 멀어지도록 시각적으로 표현한 것이다. 강북구는 중식점, 문구점, 책대여점 등이 중심인 편의업종과 가방전문점이 중심인 선매업종이 별개의 그룹을 보이고 있는 데 반해, 강남구는 대부분 편의업종을 중심으로 그려져 있고 선매업종은 거의 나타나지 않는다. 이 현상을 매출

| **그림 9-9** | 강북구와 강남구의 소매점 간 관계

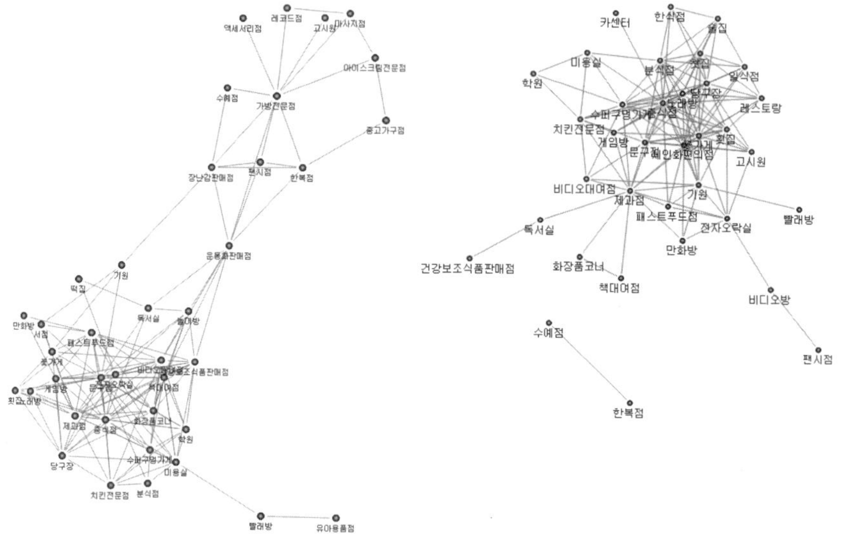

강북구 강남구

잠재력 또는 경제적 활성화의 차이를 통해 설명해 본다면, 매출잠재력이 낮은 시장에서는 각 선매업종이 개별적으로 충분한 집적효과를 갖는 시장을 형성하지 못하므로 다른 업종과 가까이 입지하는 것이 아닐까 생각해 볼 수 있다.

8. 결론 및 활용방안

편의업종은 다른 업종과 강한 연관관계를 가지고 입지하는 경향이 있으며 일부 선매업종도 연관관계를 가지는 것으로 나타났다. 또한 한 지역 소매점들의 연관관계 구성은 해당 지역의 주요 소비자층의 구성에 의해 크게 영향을 받는 것으로 보인다. 손상락(1996)에 따르면 소비자는 교통비용을 줄이기 위해 동시구매를 선호하지만, 동시구매는 당장 사용하지 않는 물품을 미리 구입하게 되는 저장비용을 발생시킨다. 편의품은 선매품에 비해 저장비용이 낮아 동시구매하는 경향이 더 강하게 나타난다. 이것이 편의업종이 더 강한 업종 간 연관관계를 가지는 이유가 된다. 연접지수를 이용하여 네트워크 구조로 표현해 본 결과 업종들 간에 특별히 연관되어 있는 업종 그룹이 존재하는 것으로 나타났으며 그 구성은 각 지역의 소비자 계층을 반영하는 연관관계 묶음을 보이고 있었다. 각 소매점이 소비자의 입장에서 교통비용과 저장비용을 감소시켜 동시구매가 유리하게 만드는 전략으로 손상락(1996)의 이론과 일치한다.

본 연구의 결과를 토대로 소매상점의 입지결정모형을 개선할 수 있다. 기존의 소매점 입지결정모형의 정량적 부분은 경쟁관계 점포의 분포와 그들과의 거리를 살피는 수준으로 다른 업종과의 관계에 대해서는 정량적인 평가지표를 제시하지 못하였다. 본 연구로부터 도출된 연접지수를 바탕으로 입지예정지 주변상가를 평가하여 후보지의 잠재력을 평가하는 모형을 구축할 수 있을 것이다. 본 연구는 전수데이터를 토대로 한 실증연구라는 점, 소매상점의 위치데이터를 간명한 알고리즘으로 처리해 업종 간 연관관계를 파악할 수 있는 기법을 사용하였고 그 결과물의 활용도가 크다는 점에서 기존 연구와 차별화된다. 그러나 강북구와 강남구 2개 구만을 대상으로 한 점, 2000년 자료를 사용하여 최근의 서울시 소매상권 변화를 적절히 반영하지 못하고 있는 점, 소매점 분포를 분석하기 위한 주요 업종 일부가 누락되어 있는 점은 본 연구의 한계로 남아 있다. 이후 새로운 소매업종 현황 전수조사가 시행되고 서울시 25개 구 전체에 대한 연구를 수행하여 이를 보완할 기회가 마련될 것을 기대한다.

참고문헌

고택경, 1995, "응집면적법을 이용한 점분포패턴의 측정과 점분포간 공간적 관계성 측정," 한양대학교 대학원 석사학위논문.

서울특별시, 1999, 『서울통계연보』 39.

손상락, 1996, "소비자 쇼핑행동에 의한 상업시설의 입지와 공간구조에 관한 연구," 『국토계획』 31(4): 35–51.

신기동, 1993, "소매업 구조변화의 공간적 특성에 관한 연구: 편의점의 성장과 확산 과정을 중심으로," 서울대학교 환경대학원 석사학위논문.

신우진, 2001, "소매업상권의 이동과 업종 패턴에 관한 연구: 강남구 49개 소매업종을 중심으로," 서울시립대학교 대학원 석사학위논문.

이소영, 1997, "도심 상업활동의 입지선택 특성에 관한 연구: 서울시 강남 강북 중심상업지구 사례분석," 서울대학교 박사학위논문.

이영민, 2006, "대형할인점 입지 전·후 소규모 상점 분포의 공간적 변화에 대한 실증 연구," 서울대학교 대학원 석사학위논문.

Doherty, Richard P., 1941, "The Movement and Concentration of Retail Trade in Metropolitan Area," *Journal of Marketing* 5(4): 395–401.

Eaton, B. C. and R. G. Lipsey, 1979, "Comparison Shopping and Clustering of Homogeneous Firms," *Journal of Regional Science* 19: 421–435.

Hotelling, H., 1929, "Stability in Competition," *Economic Journal* 39: 41–57.

McIntyre, Walllace E., 1955, "The Retail Pattern of Manila," *Geographical Review* 45(1): 66–80.

Rosemary, D., F. Bromley, and J. Thomas Colin, 1988, "Retail Parks: Spatial and Functional Integration of Retail Units in the Swansea Enterprise Zone," *Transactions of the Institute of British Geographers*, New Series 13(1): 4–18.

Sharpe, R. and J. Roy, 1985, "Teleshopping and Retail Location," in Newton, J. P. and P. Nijkamp eds., *The Future of Urban Form: the Impact of New Technology*, Croom-Helm, Beckenham, pp.188–205.

제10장

구매자 소득계층별 대형 상업시설의 선택요인 분석

백화점이나 대규모 할인점 입지선택문제는 상권 분석의 핵심내용 중 하나라 할 수 있다. 다양한 후보지가 있을 때, 어떤 지역에 백화점이나 할인점을 입지시킬 경우 매출액은 어느 정도나 될까? 주변에 강력한 경쟁 백화점이나 할인점이 있을 경우 얼마나 많은 소비자를 해당 백화점이나 할인점으로 유인할 수 있을까?라는 의문에 답하기 위해 부동산 시장 분석에서 전통적으로 활용했던 분석기법은 설문조사나 허프(Huff) 상권 분석모형이었다. 이 장에서는 소비자의 구매지 선택을 분석하기 위해 허프(Huff) 상권 분석모형을 근간으로 좀 더 발전된 형태인 이항로짓모형(Binary Logit Model)을 적용하였다. 분석 자료로는 약 150만여 개에 달하는 통행량 자료를 가진 『2006 수도권 가구통행실태조사』에서 추출한 쇼핑목적 통행과 관련된 7만여 개의 표본이다. 분석결과, 백화점 매장면적에 대한 소비자 통행의 선택확률 변화는 고소득계층, 중소득계층, 저소득계층 순으로 크게 나타났으며 할인점 매장면적은 중소득계층, 저소득계층, 그리고 고소득계층 순으로 나타났다. 통행시간에 의한 영향력은 중소득계층, 저소득계층, 그리고 고소득계층의 순으로 나타났으나 40분 이상의 원거리 통행에서는 선택확률의 변화가 고소득계층, 저소득계층, 중소득계층으로 역전된다는 사실도 확인하였다. 이러한 통행시간 40분 근방에서의 역전 현상은 포괄적 상권의 경계를 설정하는 객관적 기준으로 활용될 수 있을 것이다.

1. 시작하며

도시 및 지역 경제 분야에서 등장하는 상업시설의 입지와 규모를 결정하기 위한 소비수요 예측함수는 배후 주거지의 위치와 규모로 구성된다. 본 함수는 제약조건으로서 구매가능 고객이 거주하는 지리적 범위인 포괄적 상권을 갖고 있는데 이러한 제약조건은 행정구역 경계, 간선도로의 위치, 또는 상업시설 중심으로부터의 공간적 직선거리 등 분석자가 임의로 설정하게 된다. 이후 소비수요 예측함수는 제약조건 아래 전체소비자의 약 60~70%가 거주하는 지리적 범위는 1차 상권으로, 약 10~20%가 거주하는 지리적 범위는 2차 상권으로 설정한다(이희연 · 김지영, 2000). 이렇듯 거리조락함수의 형태를 갖는 소비수요 예측함수는 분석자가 정의하는 포괄적 상권에 따라 소비수요의 전체규모와 분산형태가 변화되고 이러한 임의적 결정은 소비수요 예측함수의 예측력과 신뢰성을 저하시키는 요인이 된다. 또한 도시 내 상업시설의 과포화로 인한 경쟁적 입지와 교통시설의 확충과 개선은 전통적인 상권의 형태를 변화시켰고 이로 인해 상권의 설정보다 상업시설의 시장점유율이란 개념이 보다 중요하게 되었다(최막중 · 이재우, 1999; 이희연 · 김지영, 2000).

서울시의 경우 분당신도시의 1.4배에 달하는 면적, 약 2,700만㎡[01]가 뉴타운사업지구와 균형발전촉진지구로 지정되어 있고 철도교통의 개선과 확충으로 등장한 민자역사[02] 내 상업시설의 매장면적[03]은 명동에 위치한 L백화점 3개동 매장면적인 약 65,000㎡[04]의 3배에 달한다. 더욱이 용산국제업무지구의 지정으로 개발될 대형 상업시설을 고려한다면 구매가능 고객의 위치, 규모, 그리

01 서울시 균형발전본부 홈페이지, "뉴타운사업이란."
02 창동역, 노량진역, 청량리역, 망우역, 왕십리역, 서울역 북부 역세권
03 매장면적=(매장실면적+공유면적)(매출발생에 직접적으로 관련하는 면적)
영업면적=(매장실면적+공유면적)－임대면적
실영업면적=영업면적－행사장면적(총연면적의 55~70% 수준) (자료 : L쇼핑 내부자료)
04 L쇼핑 내부 자료, 2008.

고 소득 수준과는 상관없이 상업시설의 포화지수는 더욱 심화될 것이 분명하다. 뉴타운사업은 도시정비사업으로 인한 원주민의 재정착률이 낮은 현실에서 기존 소비계층을 사업지구 외로 이전시켜 소득 수준이 다른 새로운 소비계층을 원주민과 교체시키는 역할을 한다. 그리고 교통환경의 확충과 개선으로 인한 배후 주거지의 다양화는 소비수요 예측함수의 제약조건의 확대와 기존 공간거리가 아닌 시간거리의 중요성을 강조하고 있다. 또한 대형 상업시설의 규모 증가와 주변 상업시설과의 연계를 통한 집적화는 상업시설의 고객 흡입력을 변화시킴에 따라 상업시설 규모와 시간거리와의 대체관계가 소비수요 예측함수 내부에서 비교될 필요성을 제안하고 있다.

지금의 도시환경은 과거의 기준으로 계획되어 있어 대형 상업시설의 급격한 발달과정하에서 상업시설은 과대하게 계획되고 이로 인해 상업시설 간 시장점유율은 급격하게 변화하고 있다(김동근 · 안건혁, 2004). 이에 본 연구에서는 구매지까지의 공간거리와 배후 주거지 인구를 중시하는 전통적인 소비수요 예측함수를 보완하여 구매지까지의 시간거리와 상업시설의 물리적 규모가 소득계층별 구매자의 소비행태에 미치는 영향을 탐구해 보고자 한다.

2. 선행연구

고전적인 상업시설 입지예측모형은 복수의 상업시설의 등장으로 인한 개별 상업시설의 이윤 극대화와 소비자의 교통비용 극소화 지점을 탐색하는 것이고 상업시설의 규모는 최적지에 입지한 개별상업시설을 이용하는 비용 극소화를 이룰 구매가능 소비자의 규모에 따라 결정된다. 대표적으로 호텔링의 입지적 상호의존이론(Locational interdependence theory), 중력모형(Gravity model), 그리고 라일리 법칙(Reilly's law of retail gravitation)이 이러한 미시경제학적 논리구조를 담고 있다. 이후 발전된 모형들은 기존 모형에서 소비자가 교통비용 극소화만을 고려한다는 단순성을 보완하여 소비자 효용이라는 개념을 도입하고 소비자는 효용 극대화를 목적으로 상업시설을 선택한다는 논리구조를 담고 있다. 여기서 소비자 효용은 상업시설과 거주지 간 거리, 상업시설 규모, 상업시설 주변환경, 그리고 상업시설 내부환경 등으로 다양하게 구성된다. 또한 발전된 모형은 상권경계의 설정보다는 소비자 효용을 기반으로 소비자가 상업시설을 선택할 확률을 도출하는데, 허프모형, MNL(Multinominal Logit)모형, 그리고 MCI(Multiplicative Competitive Interaction)모형 등이 대표적이다. 이러한 확률적 선택모형들을 기반으로 수행된 연구로는 이희연 · 김지영(2000), 김동근 · 안건혁(2004), 그리고 이창무 등(2007)이 있으며 본 연구 역시 이들과 맥락을 같이 한다.

| 표 10-1 | 유사 선행연구

저자(연도)	주요 내용	관찰요인
김송미(1992)	구매시설 선택 행동과 개인특성과의 관계 분석	지역적 요인(거주지, 거주기간), 문화적 요인(학력, 상품의 정보원)
김대영(1998)	소득계층별 중심지 선택확률과 속성의 관계 분석	거리, 백화점 · 할인점 개수, 우세업종
Eppli and Shiling (1996)	쇼핑센터와의 거리가 해당 쇼핑센터 및 인근 쇼핑센터를 이용하는 소비자 효용에 미치는 영향 분석	쇼핑센터 크기, 경쟁 쇼핑센터수, 인근 쇼핑센터와의 거리, 가구수입
Nobuaki Satani 등 (1998)	상업시설의 특성을 고려하여 소매시설의 입지경향을 공간적으로 분석	지역, 시설 종류
김영곤 · 임영록 (1999)	실증분석을 통해 대형할인점 입지 관련 경향 파악	부지면적, 매장면적, 출점비용, 용도지역, 인구분포, 소득 수준
임석희 · 이재우 (1999)	상권의 규모요인과 거리에 의한 효과를 통해 광범위한 지역의 개략적 상권구조를 제시	백화점의 매장면적, 통행거리
이희연 · 김지영 (2000)	대형할인점의 입지특성 및 상권 분석	인구학적 요인, 경제학적 요인, 용도지역

김동근 · 안건혁 (2004)	대형할인점 입점이 도시공간에 미치는 영향 분석	통행거리, 매장면적, 백화점 · 할인점 수
최열 · 석혜주 (2004)	대형할인점 이용자를 전체적인 시각에서 그들이 우선시하는 상대적 중요 선호요인 파악	상업시설과의 연계성, 통행거리, 교통편리성, 주차용이성, 혼잡성, 휴식공간, 매장의 구조, 쾌적성, 층의 구성
오윤표 · 안영종 (2005)	상업시설별 선호와 이용, 접근성에 미치는 영향요인 및 지역별 구매선택행동의 특성 분석	방문빈도, 거주기간, 총수입, 자동차 보유대수, 주거형태, 평균지출액 등
이용직 · 최내영 (2005)	출발지 조사기법을 통해 거주지 분포를 Grid로 나누고 고객특성과 지역특성을 통해 상권범위 측정	방문고객의 수, 구입금액, 거주인구, 토지이용, 매장과의 거리
신승철(2006)	쇼핑 중심지 선택특성을 소득계층별로 파악	통행시간, 백화점 · 쇼핑센터 연면적 등
최인호 · 김영록 (2006)	입지별 · 권역별로 백화점 자체 및 외부환경 속성에 대한 소비자의 행동 선호특성 파악	상품, 부대시설, 매장시설, 접근성
윤미현 · 김영신 (2007)	쇼핑동기가 쇼핑결과에 미치는 영향 고찰	연령, 결혼 여부, 월평균 가계소득, 교육 수준, 취업 여부, 지향가치
이창무 등 (2007)	대형할인점의 개별특성이 구매 선택에 미치는 영향력을 구별로 추정	매장면적, 주차대수, 시간, 상품수, 브랜드 선호도, 복합화, 집적화
최유란 등 (2009)	멀티에이전트 시스템(MAS)을 활용하여 대형 복합개발 사업이 주변상권에 미치게 될 영향을 관찰	통행거리, 이용수단, 종사자수

소비자의 구매지 선택행위를 체계적으로 이해하기 위해 추진된 연구들은 구매지의 물리적 특성요인, 구매지까지의 통행 특성요인, 그리고 소비자의 인문 · 사회적 요인 등을 분석의 대상으로 삼고 있다. 최열 · 석혜주(2004), 최인호 · 김영록(2006), 그리고 이창무 등(2007)은 이들 3가지 요인 중 구매지의 물리적 특성요인을 탐구한 연구로서 가장 활발하게 진행되었다. 이들의 탐구대상으로는 매장규모부터 매장구조, 부대시설, 상품 종류, 주차 편리성 등 매우 다양한 물리적 요인들이 해당된다. 구매지까지의 통행 특성요인으로는 통행거

리와 통행수단의 변화에 따른 구매지 선택이 주요 탐구대상이 되었다. 하지만 통행요인은 대부분의 연구에 있어 주요 논점이 아니었을 뿐 아니라 이창무 등(2007), 최유란 등(2009), 그리고 정대영 · 손영기(2009)와 같이 폐쇄적 상권을 가정하였고 시간거리가 아닌 직선거리를 변수로 설정하여 추정의 현실성과 결과의 활용도가 부족하다는 한계점을 내포하고 있다. 소비자의 인문 · 사회적 요인에 의한 구매지 선택패턴을 확인하려는 연구도 다양한 각도에서 수행되었다. 김대영(1998)과 신승철(2006)은 소비자가 속한 가구의 소득 수준에 따라 구매지 선택과 요인의 영향력이 다를 수 있으며 김송미(1992)는 소비자 개인과 관련된 지역적 요인 및 문화적 요인이 소비자의 구매패턴을 변화시킨다고 설명하고 있다. 이 밖에도 오윤표 · 안영종(2005)은 소비자 구매지 선택행위의 특성을 지역별 · 상업시설 유형별로 분석하여 상업시설별 선호요인 및 지역별 구매지 선택행위의 차이를 확인한 바 있다.

이러한 다양한 연구들은 분석지역과 분석대상이 다름에 따라 소비자가 구매지 선택 시 고려하게 되는 특성요인들의 중요도를 다르게 관찰하고 있다. 대표적인 연구들로서 최막중 · 이재우(1999)와 이창무 등(2007)은 상업시설의 집적과 복합화의 중요도를 강조하였고 최열 · 석혜주(2004), 이창무 등(2007), 그리고 최인호 · 김영록(2006)은 접근성과 교통관련 인자의 영향력을, 그리고 이희연 · 김지영(2000)과 권용걸 · 강양석(2002)은 잠재적 구매력 수준을 나타내 주는 인구경제적 요인이 구매자의 선택확률에 보다 많은 영향을 미친다고 강조하였다. 이에 본 연구에서는 이들 선행연구에서 각각 강조하는 상업시설 규모, 상업시설 접근성, 그리고 구매자의 소득 수준을 분석의 주요 대상으로 선정하였다. 그리고 선행연구가 가지고 있는 폐쇄적 상권, 공간적 직선거리, 그리고 단일 상업시설의 관찰 등이라는 한계점을 완화시켜 연구를 수행하였다. 더욱이 직접 설문조사를 토대로 분석을 수행한 선행연구들의 경우 설문부수가 지역별 또는 상업시설별 50부 내외로서 분석의 편의를 발생할 수 있는바, 본 연구에서는 통행표본이 약 150만여 개에 달하는『2006 수도권 가구통행실태조사』를 활용하여 연구의 신뢰성을 높이고자 노력하였다.

3. 분석의 틀

본 연구의 분석시점은 서울시 외 3개 기관[05]이 수행한 『2006 수도권가구통행실태조사』의 조사기간인 2006년이며 서울시와 경기 동·북부 지역의 4개 시 · 군(의정부시, 구리시, 남양주시, 가평군), 그리고 춘천시를 대상으로 하였다. 경기 동·북부 지역과 춘천시는 지역 내 대형 상업시설이 비교적 적어 서울로 향하는 통행표본의 확보가 용이할 뿐만 아니라 거리상으로 서울과 멀리 떨어져 있어 원거리 구매통행을 분석에 포함시킬 수 있다는 장점이 있다.

본 연구에서는 소비자의 구매지 선택을 이항로짓모형(Binary Logit Model)을 이용하여 분석하였다. 이항로짓모형은 기본적으로 종속변수와 독립변수 간의 관계를 다음과 같이 가정한다.

$$y^* = \sum_{k=1}^{K} \beta_k x_k + \varepsilon,\ y = \begin{cases} 1 & \text{if } y^* > 0 \\ 0 & otherwise \end{cases} \tag{10·1}$$

이러한 관계식으로부터 기대되는 사건 y가 일어날 확률 $prob(y=1)$은 식(10 · 2)로 유도된다.

$$\begin{aligned} prob(y=1) &= prob(\sum_{k=1}^{K} \beta_k x_k + \varepsilon > 0) \\ &= 1 - F(-\sum_{k=1}^{K} \beta_k x_k) \\ &= F(\sum_{k=1}^{K} \beta_k x_k) \end{aligned} \tag{10·2}$$

로짓모형은 연속확률분포함수의 형태로 정의되는 로짓분포를 연계함수로 가정하므로 독립변수들의 선형결합으로부터 사건 y가 일어날 확률을 식

05 서울시 · 수도권교통본부 · 인천시 · 경기도, 2007, 『2006 수도권 가구통행실태조사』, 수도권교통본부.

(10·3)으로 예측할 수 있다.

$$F(\sum_{k=1}^{K}\beta_k x_k)=\frac{1}{1+e^{-\sum_{k=1}^{K}\beta_k x_k}}=\frac{e^{\sum_{k=1}^{K}\beta_k x_k}}{1+e^{\sum_{k=1}^{K}\beta_k x_k}} \tag{10·3}$$

위 두 식으로부터 다음과 같은 Odds와 Log Odds를 유도할 수 있다. Odds는 이항선택에 있어 한 사건이 일어나지 않을 경우 대비사건이 일어날 경우의 확률비로 해석할 수 있다.

$$prob(y=1)=F(\theta)=\frac{e^{\theta}}{1+e^{\theta}}$$

$$\Rightarrow e^{\theta}=\frac{prob(y=1)}{1-prob(y=1)}$$

$$\Rightarrow log\left(\frac{prob(y=1)}{1-prob(y=1)}\right)=\sum_{k=1}^{K}\beta_k x_k \tag{10·4}$$

단, $\theta=\sum_{k=1}^{K}\beta_k x_k$

따라서 식 (10·2)과 식 (10·4)를 이용하여 임의의 사건 y가 일어날 경우($y=1$)와 일어나지 않을 경우($y=0$)의 사건확률형태(Event Probability Form)는 식 (10·5)로 계산된다.

$$prob(y=1)=1-L(-\sum_{k=1}^{K}\beta_k x_k)$$

$$=L(\sum_{k=1}^{K}\beta_k x_k)=\frac{e^{\sum_{k=1}^{K}\beta_k x_k}}{1+e^{\sum_{k=1}^{K}\beta_k x_k}} \tag{10·5}$$

$$prob(y=0)=1-prob(y=1)$$

$$= L(-\sum_{k=1}^{K}\beta_k x_k) = \frac{1}{1+e^{\sum_{k=1}^{K}\beta_k x_k}} \quad (10 \cdot 6)$$

식 (10·4)의 $\sum_{k=1}^{K}\beta_k x_k$는 종속변수의 형태가 응답(response)이 아닌 사건/시행(*event*/*trial*)의 형태로 입력될 수 있으며 일어날 사건이 이항반응범주 형태인 경우, 비율의 추론이란 목적에 한해 이용될 수 있다(송문섭·조신섭, 2004 : 225-7).

『2006 수도권 가구통행실태조사』는 수도권 내 기종점 통행량(OD)을 구축하고 교통관련 정책의 기초적인 교통지표를 산정하기 위해 서울시를 비롯한 3개 기관이 공동으로 조사한 자료로서 전체통행표본은 약 150만여 개에 달하며 모든 통행표본에는 총 10가지로 구분된 통행목적이 조사되어 있다.

본 연구에서 사용된 쇼핑목적 통행표본은 1차적으로 10개 통행목적 중 계획구매를 의미하는 '쇼핑통행'을 중심으로 선정하였다. 이후 쇼핑목적 통행표본에 소비자의 비계획적 구매 및 충동구매와 시설 간 연계구매를 반영코자 '여가/오락/친교'와 '기타(개인용무)' 등을 순차적으로 포함시켜 모형의 현실성과 적합성[06]을 높였다. 모형의 현실성과 적합성은 2006년 서울시내 대형 상업시설의 실매출액[07]과 추정된 구매통행량과 대형 상업시설별 1인당 평균구매액의 곱과 비교하는 방식으로 진행되었다. 비교결과 쇼핑목적 통행표본으로 쇼핑, 여가/오락/친교, 그리고 기타(개인용무)를 고려하는 것이 합리적인 것으로 결정되었다. 더욱이 추정된 결과가 표본수의 단순한 증가로 인한 통계적 오류임을 확인코자 다른 통행목적을 쇼핑목적 통행에 추가시킨 결과 모형이 설립되지 않음을 확인하였다.

따라서 본 연구에서 사용된 표본수는 해당 쇼핑목적 통행의 출발지와 목적지가 서울시와 경기 동·북부 지역인 표본에서 통행시간이 음수로 기재되는 등

06 추정치 매출액을 8개 백화점의 실매출액과 비교한 결과 대부분의 경우에서 실매출액의 90% 이상 근접하는 것을 확인하였다.

07 L쇼핑 내부 자료, 2008.

소수의 이상치들을 해당 표본에서 제외한 결과 총 72,904개의 표본으로 압축되었다.

| 표 10-2 | 수도권 가구통행실태조사의 통행목적 분류

코드	코드 내역
1	누군가를 태우거나 내려주려고
2	귀가
3	출근
4	등교
5	학원수강
6	직업관련 업무
7	업무 후 직장으로 돌아감
8	물건을 사러(쇼핑)
9	여가/오락/친교
10	기타(개인용무)

출처 : 서울시 등, 2007, 『2006 수도권 가구통행실태조사』.

규모요인에 해당하는 상업시설별 매장면적의 경우 백화점과 할인점은 L쇼핑의 내부 자료와 한국체인스토어협회에서 발간한 2006년도 『유통업체연감』을 이용하였으며 재래시장과 근린상업시설의 매장면적은 2006년 건축물 과세대장의 상업시설 분류체계를 기초로 해당 건축물의 과세면적을 이용하여 구축되었다. 그 외 집객요인은 '전국문화기반시설총람' 및 웹지도 검색을 통해 직접 조사한 자료를 활용하였다.

본 연구에서 사용된 모형의 종속변수 y_{ij}는 지역에서 발생한 통행량 중 j구매지를 선택한 통행량의 비율이다. 독립변수는 통행요인, 규모요인, 그리고 집객요인 등 3가지로 구분하여 통행요인 4개 변수, 규모요인 4개 변수, 그리고 집객요인 5개 변수 등 총 13개의 변수로 구성된다.

수도권 가구통행실태조사 자료의 쇼핑목적 통행표본은 소비자의 해당 구매

| 표 10-3 | 독립변수의 기초통계량

구분	변수	단위	기호	평균	표준편차	최솟값	최댓값	예상부호
통행요인	통행시간(구매지까지 도달시간)	분	T1	36.42	20.71	2.00	350.00	−
	한강 통과 여부(한강 통과=1)	더미	T2	−	−	−	−	−
	행정경계 통과 여부(경계 통과=1)	더미	T3	−	−	−	−	−
	지하철 환승역(구매지 소재 환승역)	개	T4	0.49	1.36	0	12.00	+
규모요인	백화점(구매지 내 백화점 매장면적 합계)	㎡	S1	3,008	10,698	0	65,428	+
	할인점(구매지 내 할인점 매장면적 합계)	㎡	S2	2,022	5,111	0	24,334	+
	근린상업(구매지 내 근린상업 면적 합계)	㎡	S3	262,460	276,870	1,214	1,523,888	+
	재래시장(구매지 내 재래시장 면적 합계	㎡	S4	2,561	6,926	0	58,366	+
집객요인	대학교(구매지 내 4년제 대학 정원 수 합계)	명	Z1	6,870	26,791	0	319,088	+
	시 · 군 · 구청(구매지 내 시 · 군 · 구청 소재=1)	개	Z2	−	−	−	−	+
	대학병원(구매지 내 대학병원 병상 수 합계)	개	Z3	108.81	313.80	0	2,200	+
	미술관(구매지 내 미술관 연면적 합계)	㎡	Z4	1,421.8	18,639.6	0	277,553	+
	문예회관(구매지 내 문예회관 연면적 합계)	㎡	Z5	888.53	5,159.61	0	55,043.00	+

지역으로의 유입은 정확히 파악할 수 있으나 특정 상업시설에 소속된 구매행위를 개별적으로 파악하는 데에는 한계가 있다. 따라서 본 연구에서는 이와 같은 자료의 제한적 상황을 극복하며 쇼핑목적 통행의 행태를 합리적으로 설명하는 모형을 구축하기 위해 소비자의 선택가능한 상업시설(규모요인)로서 백화점, 할인점, 근린상업시설, 재래시장 등을 변수로 포함시켰다. 또한 쇼핑과 연계되지 않는 상황에서 고려할 수 있는 시설(집객요인)로서 여가/오락/친교의

관점에서 대학교, 미술관, 문예회관을, 기타(개인용무)의 관점에서 시 · 군 · 구청과 대학병원을 각각 변수로 포함시켰다.

통행요인은 소비자의 이동에 관련된 요인으로서 구매지까지의 거리가 대표적이다. 선행연구들에서는 물리적 거리를 주로 사용한 반면, 본 연구에서는 구매지에 도달하기까지 소요된 통행시간을 거리변수로 사용하였다. 통행시간은 단순히 지도상에서 측정된 직선거리와는 달리 소비자의 실제 이동을 반영하는 지표로서 보다 현실적인 통행을 모형에 반영할 수 있다는 장점이 있다.

본 연구에서는 시간거리 외에 통행요인으로 임석희 · 이재우(1999)가 지적한 것과 같이 통행 장애요소에 의한 소비자의 '인지거리'의 변화를 고려해 주기 위해 한강 통과 여부와 행정경계 통과 여부를 모형에 포함시켰다. 또한 최막중 · 이재우(1999)와 같이 비주거인구 및 역세권인구가 모형 내 반영될 수 있도록 통행요인으로 교통의 편리성을 의미하는 지하철 환승역의 소재 여부를 모형에 추가하였다.

본 연구에서는 소비자 소득 수준별 구매지 선택행태의 차이를 분석하기 위해 월평균 가구소득 수준별 로짓모형을 구축하였다. 본 연구에서 사용한 『2006 수도권 가구통행실태조사』는 월평균 가구소득을 총 6개 집단으로 분류하고 있다(〈표 10-4〉 참고). 그러나 본 연구에서는 소비자의 소득 수준별 구매지 선택행태 변화의 관찰이 용이하도록 유사 선행연구를 바탕으로 기존 6개 분류를 저소득, 중소득, 그리고 고소득 3개 집단으로 재분류하여 연구를 진행하였다. 대중교통체계 개편으로 인한 소득계층별 통근 교통수단의 변화를 관찰하기 위하여 수행된 이혜승 · 이희연(2009)은 통계청의 소득 10분위 자료를 기준으로 1~3분위는 저소득계층으로, 4~7분위는 중소득계층으로, 그리고 8~10분위는 고소득계층으로 분류하여 연구를 수행하였다.

통계청의 2006년 월평균 가계수지 자료에 따르면 4분위 평균소득은 약 240만 원, 8분위 평균소득은 약 430만 원이다. 이에 본 연구도 이혜승 · 이희연(2009)의 분류기준을 바탕으로 2006년 월평균 가계수지와 『2006 수도권 가구통행실태조사』 설문항목을 중첩하여 최대한 일치시켜 분석할 수 있도록 소득계층을 재구성하였다. 중첩결과, 본 연구에서는 200만 원 미만은 저소득층, 200~500만 원은 중소득층, 500만 원 이상은 고소득층으로 분류하였다.

| 표 10-4 | 소득계층에 따른 표본 분류

구분	월평균 가구소득	표본수
저소득계층	100만 원 미만	27,193개
	100~200만 원	
중소득계층	200~300만 원 미만	38,292개
	300~500만 원	
고소득계층	500~1,000만 원	7,419개
	1,000만 원 이상	

분석을 수행함에 있어, 통행 출발지는 행정구역 단위를 그대로 적용하되 도착지(구매지)는 통상적인 도보반경 500m 내 실제 상업시설이 집적되어 있는 별도의 상권으로 재구성하였다. 상업시설이 집적된 경우 상권을 개별시설단위로 분석하기보다는 소비자가 하나의 구매지로써 인지하는 구역 일대를 분석단위로 선정하는 것이 좀 더 현실적이다. 이러한 분석의 제반 가정은 선행연구에서도 흔히 활용된 바 있다(김대영, 1998; 김영곤 · 이영록, 1999; 임석희 · 이재우, 1999; 신승철, 2006).

본 연구에서 상업시설이 집적되어 있는 지역이 여러 개의 행정구역 경계에 걸쳐 있다면 해당 구역은 1개의 구매지 단위로 간주하였다. 단, 어떠한 상권도 포함하지 않은 행정구역은 행정동의 중심을 구매지 단위로 설정하였고 경기 동·북부 4개 시 · 군(구리시, 의정부시, 남양주시, 가평군)과 춘천시는 개별 시 · 군 내 1개의 구매지가 존재하는 것으로 가정하였다. 이상의 설정 기준을 GIS를 이용하여 맵핑한 결과, 구매지는 서울시 217개, 경기 동·북부 지역 및 춘천시 각각 1개 등 총 222개의 구역으로 설정되었다.

| 그림 10-1 | 구매지 분석단위(상권) 설정결과

주 : 경기 동·북부지역 및 춘천시는 지도에서 생략.

4. 분석결과

소득계층별 로짓모형은 모든 소득계층에서 절편만을 고려한 모형보다 변수를 포함한 완전모형에서 AIC, SC, −2LogL 값이 작게 나타났으며 우도비 검정, 스코어 검정, Wald 검정 결과 모두 유의수준 1% 내에서 유의하여 모형이 합리적으로 구축되었음을 확인하였다.

소득계층별 로짓분석 결과, 통행시간, 한강 통과 여부, 그리고 행정경계 통과 여부 등의 통행요인은 예상대로 모든 소득계층에서 비효용요인인 것으로 나타났으며 지하철 환승역 및 규모요인, 집객요인은 모든 소비자의 구매지 선택확률과 정의 관계가 있는 것으로 분석되었다(〈표 10-7〉 참고).

| 표 10-5 | 정보 기준 통계량

구분	Criterion	Int. only	with Cov.
저소득계층	AIC	228,431.13	205,431.40
	SC	228,442.56	205,591.43
	−2LogL	228,429.13	205,403.40
중소득계층	AIC	341,329.23	303,714.21
	SC	341,341.26	303,870.55
	−2LogL	341,327.23	303,688.21
고소득계층	AIC	53,556.498	50,835.983
	SC	53,566.055	50,941.115
	−2LogL	53,554.498	50,813.983

| 표 10-6 | 모형의 적합성 검정결과

구분	Test	χ^2	DF	$Pr>\chi^2$
저소득계층	우도비 검정	23025.7	13	<.0001
	Score 검정	17204.4	13	<.0001
	Wald 검정	15133.9	13	<.0001
중소득계층	우도비 검정	37639.0	12	<.0001
	Score 검정	28986.4	12	<.0001
	Wald 검정	25059.8	12	<.0001
고소득계층	우도비 검정	2740.5	10	<.0001
	Score 검정	2311.1	10	<.0001
	Wald 검정	2142.0	10	<.0001

각 소득계층별로 추정된 모형의 결과로부터 통행요인에 가장 큰 영향을 받는 소득계층은 중소득계층임을 확인할 수 있다. 중소득계층은 구매지까지의 시간거리, 한강 및 행정경계 통과 여부 등 통행과 관련된 비효용 요인에 대해 추정된 계수의 절댓값, 즉 각 변수에 대한 영향력이 가장 큰 것으로 분석되었

| 표 10-7 | 로짓분석결과

구분	변수	기호	저소득계층	중소득계층	고소득계층
절편항		–	-2.0946^{***}	-2.2197^{***}	-1.7126^{***}
통행요인	통행시간	T1	-0.0384^{***}	-0.0442^{***}	-0.0298^{***}
	한강 통과 여부	T2	-0.5612^{***}	-0.7509^{***}	-0.6224^{***}
	행정경계 통과 여부	T3	-1.7112^{***}	-1.7594^{***}	-1.0537^{***}
	지하철 환승역	T4	0.0313^{***}	0.0203^{***}	0.0224^{***}
규모요인	백화점	S1	$1.147E-06^{***}$	$4.483E-06^{***}$	$4.633E-06^{***}$
	할인점	S2	0.000014^{***}	0.000019^{***}	0.000009^{***}
	근린상업시설	S3	$2.156E-07^{***}$	$2.498E-07^{***}$	–
	재래시장	S4	0.000024^{***}	0.000023^{***}	0.000016^{***}
집객요인	대학교	Z1	$4.809E-07^{***}$	–	–
	시·군·구청	Z2	0.3018^{***}	0.3362^{***}	0.2137^{***}
	대학병원	Z3	0.000142^{***}	0.000251^{***}	0.000081^{***}
	미술관	Z4	$4.214E-06^{***}$	$4.989E-06^{***}$	$5.012E-06^{***}$
	문예회관	Z5	0.000651^{***}	0.000531^{***}	–

주 : 1) ***, **, * : 각각 유의수준 1%, 5%, 10% 내에서 유의함.
2) 각 변수에 대해 통계적으로 유의미하게 추정된 계수 중 절댓값이 최대인 소득계층에 음영 처리함.

다. 반면 통행 시 교통의 편리성을 반영하는 지하철 환승역에 대해서는 저소득계층이 가장 민감한 반응을 보였다. 이는 구매통행 시 고소득이나 중소득 계층에 비해 상대적으로 저소득계층의 지하철 이용빈도가 높기 때문인 것으로 해석할 수 있다.

구매지 내 상업시설의 면적에 대해서는 대체적으로 중소계층이 민감한 반응을 보이는 것으로 나타났다. 백화점 매장면적에 의한 영향력은 고소득계층이 가장 크게 나타났으나 중소득계층과 매우 유사한 수준이었으며 추정된 계수값을 기준으로 할 때, 중·고소득 계층은 저소득계층에 비해 약 4배에 가까운 수치를 보이고 있음을 확인할 수 있다.

할인점과 근린상업시설에 대해서는 중소득계층이 가장 큰 영향을 받는 것으로 분석되었으며 고소득계층의 경우 근린상업시설에 대해 추정된 계수는 유의미하지 않은 것으로 나타났다. 반면, 재래시장의 경우 백화점과는 반대로 저소득계층이 가장 크게 영향을 받는 것으로 분석되었으나 중소득계층과 거의 같은 수준이었으며 상대적으로 고소득계층에서 가장 미미한 영향을 받는 것으로 나타났다.

이러한 결과는 고소득계층은 백화점에, 저소득계층은 재래시장에 대해 특별히 민감한 것과 달리 중소득계층은 특정 상업시설에 집중되기보다 여러 종류의 시설을 다양하게 이용한다고 이해될 수 있다. 즉, 저소득 및 고소득 계층은 특정 종류의 상업시설에 대한 선호 경향이 비교적 뚜렷한 반면, 중소득계층은 폭넓은 시설이용행태를 보임으로써 동일한 분석지역에서 선택가능한 대안구매지의 분포 밀도가 가장 높게 형성될 수 있음을 확인할 수 있다.

이는 통행시간에 의한 영향이 중소득계층에게서 가장 크게 나타난다는 분석결과와 동일한 방향성을 보여준다. 대안구매지 분포 밀도의 측면에 있어 이론상으로는 고소득계층이 가장 높지만, 현실에 있어 중소득계층의 대안구매지 종류가 가장 다양하므로 분포 밀도가 높게 형성되고, 따라서 구매지 이용행태에 있어 통행시간에 가장 민감하게 반응하는 것으로 해석될 수 있다.

집객요인 역시 마찬가지로 총 5개 집객시설 중 대학교와 문예회관을 제외한 3개 시설에서 중소득계층이 가장 크게 영향을 받는 것으로 분석되었다. 대학교의 경우, 저소득계층의 계수값이 가장 크게 추정된 것은 비교적 물가가 저렴한 대학가 주변 등에서의 구매가 여타 소득계층에 비해 잦은 것으로 해석될 수 있다. 시 · 군 · 구청의 소재 여부 및 대학병원의 규모는 해당 구매지 내 중소득계층의 통행에, 미술관과 문예회관은 각각 고소득계층과 저소득계층의 통행에 가장 큰 영향을 미치는 것으로 분석되었다.

식 (10 · 5)를 이용하여 특정 변수의 영향에 따른 구매지 선택확률을 도출하기 위해 해당 변수를 제외한 나머지 독립변수를 모두 0으로 설정하였다. 이렇게 추정된 값은 상권 내 다른 모든 시설이 전무한 상태에서 특정 시설(혹은 조건)만 존재할 때, 구매지의 선택확률을 의미한다.

이렇게 도출된 확률은 모두 0.5~1 사이의 값을 갖게 된다. 하지만 본 연구에서는 현실적으로 구매지 내 모든 시설(혹은 조건)이 0인 상태일 때의 확률은 0이라는 가정하에 최소확률을 0, 최대확률을 1로 조정하여 최종확률을 제시하였다.

백화점 매장면적에 따른 선택확률을 살펴보기 위해 실제 백화점 매장면적 자료에 해당하는 범위(0~65,428m²)에서의 선택확률을 [그림 10-2]의 첫 번째 그래프로 나타내었다. 그래프에서 곡선 기울기, 즉 백화점의 매장면적에 대한 선택확률의 변화는 고소득계층과 중소득계층에서 각각 비슷한 수준으로 나타났으며 저소득계층의 기울기가 상대적으로 작다는 사실을 알 수 있다. 백화점

| 그림 10-2 | 백화점 매장면적과 구매지 선택확률의 관계

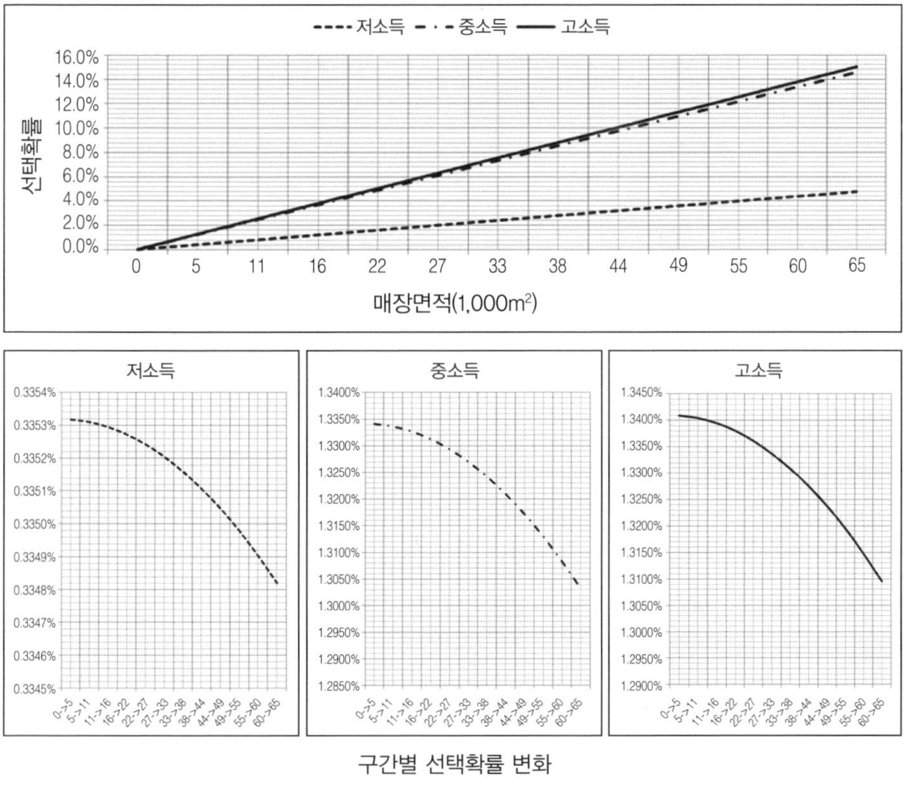

매장면적에 대한 선택확률은 매장면적이 최대(65,428m²)일 때 고소득계층과 중소득계층의 경우 약 16%, 저소득계층의 경우 약 4%인 것으로 확인되었다.

한편, 구간별[08] 매장면적 증가에 따른 소비자의 선택확률의 증분을 각 소득계층별로 나타낸 3개의 그래프를 살펴보면, 백화점의 규모가 커질수록 단위면적 증가에 따른 선택확률의 증가폭이 점차 작아지는 것을 확인할 수 있다. 즉, 첫 번째 그래프는 선형이 아닌 로그 형태로서 백화점의 단위면적 증가에 따른 선택확률의 변화는 점차 감소한다는 사실을 확인할 수 있다.

| 그림 10-3 | 할인점 매장면적과 구매지 선택확률의 관계

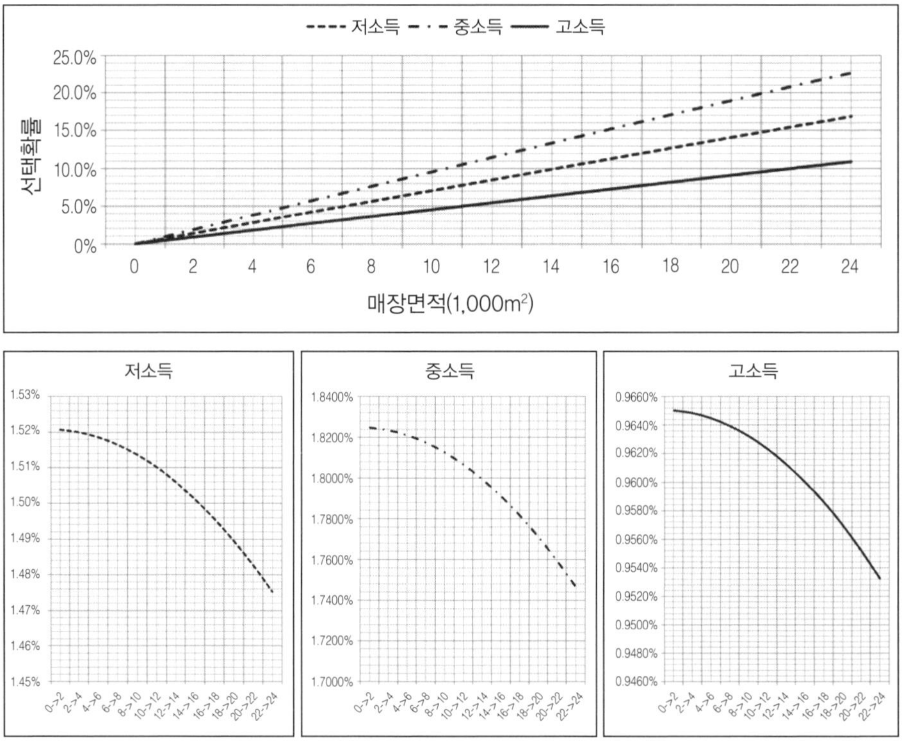

구간별 선택확률 변화

08 분석 자료상 백화점 매장면적의 최솟값과 최댓값 사이를 12개의 등구간으로 나누어 표시하였으며 한 구간은 약 5,452m²의 크기를 갖는다.

할인점 매장면적에 따른 소득계층별 선택확률을 살펴보기 위해 실제 할인점 매장면적에 해당하는 범위(0~24,334m^2)에서의 선택확률을 [그림 10-3]의 그래프로 나타내었다.

기울기의 크기는 중소득계층, 저소득계층, 고소득계층 순임을 알 수 있으며 매장면적이 최대(24,334m^2)일 때의 선택확률은 21.6%, 15.7%, 11.5%로 각각 분석되었다.

각 구간별[09] 선택확률의 증분은 중소득계층 약 1.75~1.82%, 저소득계층 약 1.29~1.32%, 고소득계층 약 0.95~0.97% 범위이며 백화점과 마찬가지로 매장면적이 큰 구간일수록 증분의 크기는 점차 감소한다. 따라서 할인점 매장면적에 대한 구매지 선택확률의 변화 또한 매장면적이 클수록 작아진다는 것을 알 수 있다.

통행시간 범위가 0~60분일 때의 구매지 선택확률의 변화를 [그림 10-4]의 그래프로 나타내었다. 통행시간에 대한 선택확률의 변화는 중소득계층, 저소득계층, 고소득계층 순이며 통행시간이 60분일 때 선택확률은 각각 약 13%, 18%, 29%인 것으로 분석되었다.

$$\frac{e^{\alpha S_{t+1}}}{1+e^{\alpha S_{t+1}}}-\frac{e^{\alpha S_t}}{1+e^{\alpha S_t}} \qquad (10\cdot7)$$

각 구간별[10] 선택확률의 증분은 통행시간이 길어질수록 절댓값이 작아진다는 점에서는 백화점 · 할인점의 매장면적과 유사하며 중소득계층은 약 −3.0~−11.0%, 저소득계층은 약 −3.4~−9.6%, 그리고 고소득계층은 약 −3.9~−7.4%의 값을 가지는 것으로 나타났다. 한 가지 주목할 만한 점은 통행시간이 약 40분 이상일 경우, 소득계층별 선택확률의 변화가 역전된다는 사

09 분석 자료상 할인점 매장면적의 최솟값과 최댓값 사이를 12개의 등구간으로 나누어 표시하였으며 한 구간은 약 2,028m^{2}의 크기를 갖는다.

10 분석 자료상 통행시간의 최댓값은 145분이었으나 통상적인 구매통행의 시간범위를 고려하여 60분을 12개 구간으로 나누어 표시하였으며 한 구간은 5분이다.

| 그림 10-4 | 통행시간과 구매지 선택확률의 관계

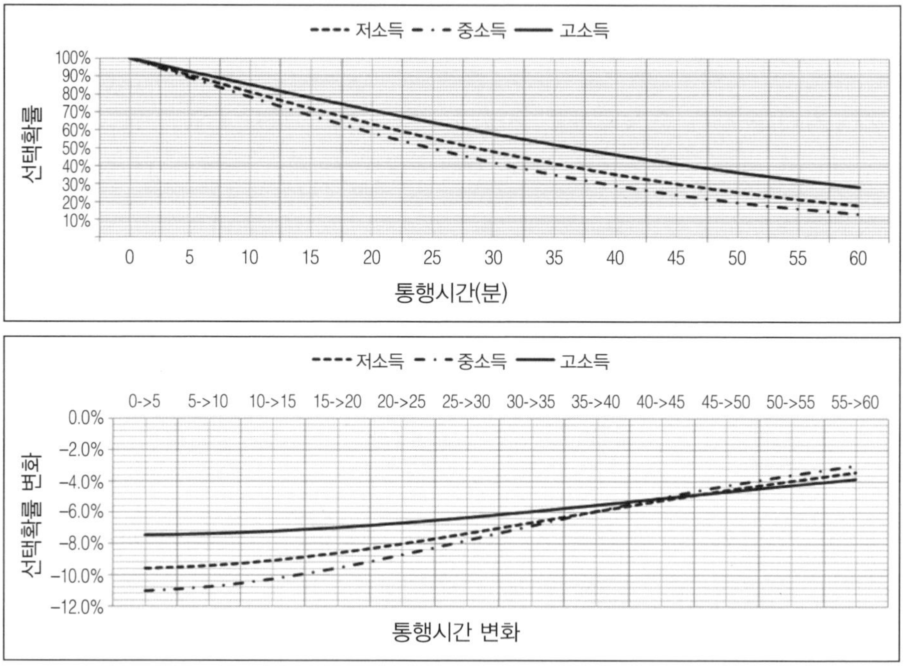

실이다. 즉, 40분 이하의 통행일 때, 단위시간 변화에 대한 선택확률의 변화폭은 중소득, 저소득, 고소득 계층 순이지만, 그 이상의 원거리 통행에서는 고소득, 저소득, 중소득 계층 순으로 오히려 고소득계층에서 선택확률이 가장 크게 변화한다([그림 10-4]의 하단 그래프 참고). 이러한 결과는 소득계층별 구매행태가 근거리 통행과 원거리 통행에서 달라질 수 있다는 것을 의미하며, 40분이라는 통행시간은 향후 구매통행에 관한 연구에서 근거리 통행과 원거리 통행을 구분하는 기준 시간으로 활용될 수 있을 것이다.

앞에서 살펴본 바와 같이, 구매지까지의 통행시간과 구매지 내 상업시설의 매장면적은 소비자의 선택확률에 대해 상호보완적 관계를 가지고 있다. 따라서 한계대체효과의 개념을 통행시간과 매장면적에 적용하면 보다 유용한 결과를 얻을 수 있다.

먼저, 백화점(혹은 할인점) 면적에 대해 추정된 계수를 α라 할 때, 다른 모든

변수를 0으로 통제한 상황에서 백화점(혹은 할인점) 면적이 S_t에서 S_{t+1}로 증가함에 따라 발생하는 구매지 선택확률의 증분을 식 (10·5)를 이용하여 다음과 같이 표현할 수 있다.

또한 통행시간에 대해 추정된 계수를 β라 할 때, 마찬가지로 통행시간이 T_t에서 T_{t+1}로 증가함에 따라 발생하는 구매지 선택확률의 감소분은 다음과 같이 표현된다.

$$\frac{e^{\beta T_t}}{1+e^{\beta T_t}}-\frac{e^{\beta T_{t+1}}}{1+e^{\beta T_{t+1}}} \tag{10·8}$$

따라서 통행시간 증가에 따른 선택확률의 감소분(식 (10·8))과 백화점(혹은 할인점) 면적의 증가에 따른 선택확률의 증분(식 (10·7))을 같게 해 주는 한계대체효과는 식 (10·9)를 통해 도출된다.

$$\frac{e^{\alpha S_{t+1}}}{1+e^{\alpha S_{t+1}}}-\frac{e^{\alpha S_t}}{1+e^{\alpha S_t}}=\frac{e^{\beta T_t}}{1+e^{\beta T_t}}-\frac{e^{\beta T_{t+1}}}{1+e^{\beta T_{t+1}}} \tag{10·9}$$

식 (10·9)에 의해 계산된 소득계층별 시간–면적 간 한계대체효과를 〈표 10–8〉에 정리하였다. 여기서 한계대체효과란 선택확률을 기준으로 도출된 것이므로 통행시간 한 단위(分) 증가에 따른 선택확률의 감소분을 동일하게 보상해 줄 수 있는 백화점 및 할인점의 매장면적(m^2)을 의미한다. 예를 들어 고소득계층 통행시간이 1분 증가함으로써 감소하게 될 선택확률을 보상하려면 다른 규모요인 중 백화점의 매장면적만을 증가시킨다면 약 1,286.4m^2(약 389.1평), 할인점의 매장면적을 증가시킨다면 약 662.2m^2(약 200평) 정도의 추가면적이 필요함을 알 수 있다.

백화점의 한계대체효과는 소득계층에 따라 비교적 큰 차이를 보인다. 저소득계층의 한계대체효과는 고소득계층에 비해 4배가 넘는 값을 보이고 있으며 이는 저소득계층이 고소득계층에 비해 통행시간에 의한 영향이 크므로 보상할 확률은 큰 반면, 백화점 매장면적에 의한 선택확률의 증분이 상대적으로 작다

| 그림 10-5 | 통행시간의 백화점 매장면적에 대한 한계대체효과 적용결과

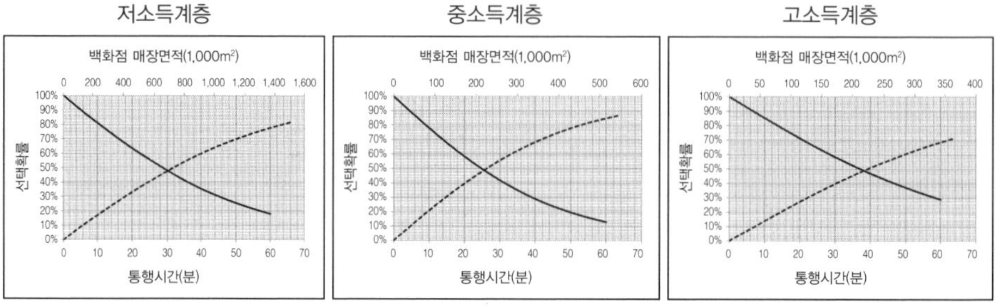

는 것을 의미한다. 즉, 한계대체효과가 큰 소득계층일수록 구매지 선택에 있어 매장면적의 영향력은 작고 통행시간의 영향력은 크다는 것을 알 수 있다.

| 표 10-8 | 통행시간의 매장면적에 대한 한계대체효과

(단위: m^2/分)

구분	저소득계층	중소득계층	고소득계층
백화점	6,695.7	1,971.9	1,286.4
할인점	548.6	465.3	662.2

5. 요약 및 결론

최근 시행된 뉴타운사업은 배후주거지의 소득계층을 점진적으로 변화토록 하였고 교통시설의 개선과 확충은 쇼핑목적지까지의 통행거리를 변화하게 하는 촉매로 작용하고 있다. 또한 민자역사와 대규모 쇼핑몰의 등장은 유사상업시설의 대형화 및 집적화를 이끌어 냈으며, 이러한 환경적 변화는 교통거리와 상업시설 규모에 따른 정밀한 상권분석의 필요성을 가중시키는 요인으로 작용하고 있다.

일례로 2010년 8월 준공이 예정된 청량리 민자역사와 2003년 11월에 지정된 청량리 균형발전촉진지구 내 대형 상업시설들은 경춘선 복선화와 중앙선 복선화, 경전철 면목선의 도입으로 서울시를 비롯한 경기 동북부와 강원 북부 지역까지 해당 상권으로 인식하고 있다. 더욱이 경쟁관계에 있는 도심상권이 교통거리로 약 6㎞, 승용차로 대략 17분 거리에 위치하고 있으며, 왕십리 민자역사가 교통거리로 약 3㎞, 승용차로 대략 14분 거리에 위치하고 있다는 사실은 청량리역 대형 상업시설의 등장이 상업시설의 과포화를 심화시켜 전체상업시설의 단위 매장면적당 매출액 감소를 가져올 것으로 예상된다. 따라서 이러한 포괄적 상권의 확대와 대형 경쟁시설의 과포화는 직선거리와 개발규모만을 고려하는 고전적 상권 분석에 한계를 가져왔고 통행거리와 상업시설 규모에 대한 깊이 있는 논의의 필요성을 제안하고 있다.

현재까지 국내에서 수행된 대부분의 실증연구에서는 상업시설의 규모와 통행거리가 분석을 위한 기반요소로써 예외 없이 다루어져 왔다. 그러나 고전적인 이론모형들이 설명하는 소비자의 구매지 선택에 있어, 규모와 통행거리가 차지하는 중요성에 비해 두 요소가 소비자 통행에 미치는 영향력에 관한 분석적 연구는 활발히 진행되지 않았다. 실제로 그간의 유사연구들은 상품의 종류 및 매장 분위기 등 추가적 설명요소를 대상으로 수행된 연구들로 요약되며, 거리와 규모에 관한 심도 있는 연구는 미흡한 실정이다.

이에 본 연구에서는 서울시와 경기 동북부 지역 및 춘천시를 대상으로 구매지 내 상업시설의 규모 및 구매지까지의 통행시간이 각 소득계층별 소비자의 구매지 선택에 미치는 영향을 분석코자 하였다. 정교한 분석이 될 수 있도록 『2006 수도권 가구통행실태조사』의 통행표본 150만여 개 중, 연구의 목적에 부합하도록 쇼핑목적 통행과 관련된 7만여 개의 표본을 추출하였으며 이를 대상으로 이항로짓 분석을 실시하였다.

분석결과 백화점 매장면적에 대한 소비자 통행의 선택확률 변화는 고소득계층, 중소득계층, 저소득계층 순으로 크게 나타났으며 할인점 매장면적은 중소득계층, 저소득계층, 그리고 고소득계층 순이었다. 통행시간에 의한 영향력은 중소득계층, 저소득계층, 그리고 고소득계층의 순으로 나타났으나 40분 이상의 원거리 통행에서는 선택확률의 변화가 고소득계층, 저소득계층, 중소득계층으로 역전된다는 사실을 확인하였다. 이러한 통행시간 40분 근방에서의 역전 현상은 향후 진행될 유사연구에서 근거리 통행과 원거리 통행을 구분하며 포괄적 상권의 경계를 설정하는 객관적 기준으로 활용될 수 있을 것이다.

또한 본 연구에서는 보다 유용한 결과를 도출하기 위해 선택확률을 이용하여 통행시간과 백화점 · 할인점의 매장면적 간 한계대체효과를 산정하였다. 한계대체효과는 통행시간 증감에 따른 선택확률의 변화를 동일한 수준으로 보상해 줄 수 있는 매장면적을 의미하며 이는 향후 상권의 적정입지 및 규모를 책정하는 데 있어 기초적 판단기준을 제공해 줄 수 있을 것으로 기대된다. 그러나 본 연구 역시 2006년이라는 단일시점을 대상으로 수행한 연구라는 한계를 가지고 있다. 이에 본 연구에서 사용한 『수도권 가구통행실태조사』가 5년 주기로 시행되는바, 동일한 기준에서 쇼핑목적 통행 시 시간거리와 변화된 구매패턴을 횡단면 간 비교분석하는 것도 깊이 있는 논의가 될 것이다.

참고문헌

권용걸 · 강양석, 2002, "대형할인점 입지결정요인에 관한 연구," 『국토계획』 37(1): 207-217.

김대영, 1998, "서울시 상권분석에 관한 연구: 서울시 쇼핑통행을 중심으로," 서울시립대학교대학원 석사학위논문.

김동근 · 안건혁, 2004, "대형할인점 입지로 인한 신도시 상업지역 이용행태 및 공간구조 변화," 『국토계획』 39(1): 33-44.

김송미, 1992, "소비자의 구매시설 선택 행동과 개인특성과의 관계," 『국토계획』 27(2): 181-198.

김안나 · 이경훈, 2007, "백화점 매장 내 개별점포의 인지도가 소비자 구매행위에 미치는 영향에 관한 연구," 『대한건축학회논문집(계획계)』 23(4): 3-10.

김영곤 · 임영록, 1999, "대형할인점의 신규점포 개발에 관한 연구," 『부동산학연구』 5(2): 133-161.

서용구 · 한경동, 2004, "대형할인점 포화지수 산출과 결정 요인 분석," 『유통연구』 9(5): 65-83.

송문섭 · 조신섭, 2004, 『SAS를 이용한 통계자료분석』, 서울: 자유아카데미.

신승철, 2006, "확률선택모형을 이용한 서울시 소득계층별 소비자행태 변화에 관한 연구," 서울시립대학교 대학원 석사학위논문.

여홍구 · 이승한, 2003, "할인점의 이용권 분석에 관한 연구," 『국토계획』 38(7): 25-41.

오윤표 · 안영종, 2005, "상업시설 유형별 구매선택행동 특성과 모형구축에 관한 연구," 『도시행정학보』 18(3): 97-118.

윤미현 · 김영신, 2007, "대형할인점 이용 소비자의 쇼핑동기에 따른 쇼핑결과," 『소비문화연구』 10(2): 171-194.

이용직 · 최내영, 2005, "아날로그 기법을 이용한 상권분석 사례연구: 마포합정지구를 중심으로," 『국토계획』 40(5): 75-86.

이창무 · 김용경 · 민재홍, 2007, "대형할인점의 선택요인 분석: 분당 신도시 인근 권역을 중심으로," 『국토계획』 42(6): 119-130.

이창무 · 안건혁 · 안내영, 2001, "분당 상권의 형성과 변화과정에 관한 연구," 『국토계획』 36(7): 271-284.

이혜승 · 이희연, 2009, "서울시 대중교통체계 개편 이후 통근 교통수단 선택의 차별적 변화," 『대한지리학회지』 44(3): 323-338.

이희연 · 김지영, 2000, "대형할인점의 입지적 특성과 상권분석에 관한 연구," 『국토계획』 35(6): 61-80.

임석희 · 이재우, 1999, "서울시 대형상업시설의 입지와 상권분석," 『부동산학연구』 5(1): 47-74.

정대영 · 손영기, 2009, "공간자기상관기법을 이용한 근린상권의 공간특성분석," 『한국지형공간정보학회』 17(1): 141-147.

최막중 · 신선미, 2001, "보행량이 소매업 매출에 미치는 영향에 관한 실증분석," 『국토계획』 36(2): 75-83.

최막중 · 이재우, 1999, "비주거인구 및 역세권인구에 의한 상권점유 규모와 수요특성," 『국토계획』 34(1): 51-64.

최열 · 석혜주, 2004, "대형할인점 입지적 특성 및 선호요인 분석: 부산시 대형할인점을 대상으로," 『국토계획』 39(5): 123-134.

최유란 · 이명훈 · 전병혜, 2009, "MAS를 이용한 대규모 복합개발의 주변상권에 대한 파급효과 분석," 『국토계획』 44(1): 31-43.

최인호 · 김영록, 2006, "대형상업시설의 입지별 선택특성에 관한 소비자 행태 분석: 서울시 백화점을 중심으로," 『국토계획』 41(3): 95-108.

Eppli, M. J. and J. D. Shilling, 1996, "How Critical Is a Good Location to a Regional Shopping Center," *Journal of Real Estate Research* 12: 459-468.

Nobuki, Satani *et al.*, 1998, "Commercial Facility Location Model Using Multiple Regression Analysis," *Comput., Environ. And Urban Systems* 22(3): 219-240.

제 11 장

사무실의 수급모형

1. 시작하며
2. 사무실의 수급모형
3. 연구의 범위 및 방법
4. 이론적 배경
5. 실증분석
6. 마치면서

■ 참고문헌

사무실의 공급은 신축이나 증·개축, 용도변경 등을 통해 이루어진다. 이 장에서는 서울시 사무실 공간의 수요와 공급을 결정하는 경제적인 요인에 대해 검토하였다. 경제학의 수요 · 공급 이론을 바탕으로 서울시 오피스의 수급상황은 마샬적 균형을 이루며 그 공급량이 균형공급량인 것으로 가정하고 그 결정요인을 분석하였다. 분석결과 서울시 오피스 신규공급은 3년 전의 임대료에 정(+)의 영향을, 2년 전의 금리에는 부(−)의 영향을 받는 것으로 나타났다. 수요요인들을 살펴보면 근로자수의 대리변수인 서울시 경제활동참가율이 2년의 시차를 두고 정(+)의 영향을 주는 것으로 나타났으며, 기대성장률의 대리변수인 서울시 지역 내 총생산의 경우 금융보험업과 보건 및 사회복지사업은 3년의 시차를 두고 정(+)의 영향을 주는 것으로 나타났다. 공공행정, 국방 및 사회보장사업은 당해 연도의 서울시 지역 내 총생산이 정(+)의 영향을 주었으며 더미변수들 중에서는 1993년 토지이용규제 완화정책, 2001년 부동산투자회사법 개정이 유의하였다.

1. 시작하며

사무실 공간은 부동산 시장의 중요한 구성요소 중 하나이다. 부동산 시장을 상품별로 구분하면, 공동주택, 주상복합 아파트, 단독주택, 연립주택, 다세대나 다가구 주택 등과 같은 도시형 생활주택, 주거용 오피스텔 등이 주택 시장을 구성한다면, 백화점, 할인점, 재래시장, 단지 내 상가 등이 상업 부동산시장의 주요 구성요소이며, 사무실, 과거 아파트형 공장이라고 불렸던 지식산업센터, 업무용 오피스텔, 제1종 또는 제2종 근린생활시설 등이 우리가 통칭 사무실이라고 부르는 업무용 부동산 시장이다. 이외 공장과 창고, 위락과 숙박시설 등이 있지만, 부동산 시장 분석의 3대장은 주거, 상업, 업무용 부동산 시장 분석이라고 할 수 있다.

사무실 공간에 대한 통계가 없었던 것은 아니었지만, 과거 통계청의 통계자료를 보면, 용도별 건축물 현황 통계의 용도구분이 주거용, 상업용, 공업용, 문교·사회용, 기타 등 5가지로 구분되어 있어 사무실로 쓰고 있는 면적을 따로 산정하기 어려웠다. 왜냐하면 문교·사회용의 경우 협회 등이 소유한 건물의 경우 강의실이나 강당 외에 사무실로 쓰이는 면적의 구분이 어려우며, 공업용이라고 할지라도 공업용 건물의 일부가 사무실로 활용될 수 있기 때문이다. 따라서 과거 오피스빌딩에 대한 통계는 11층 이상 화재보험 가입 의무대상 빌딩을 전수로 한 화재보험협회의 자료를 활용하거나, 서울의 경우 도심지역, 강남지역, 여의도·영등포지역 등 3대 거점지역에 대한 실사자료를 토대로 사무실면적의 수요와 공급을 추정하는 한계를 안고 있었다. 상황이 반전된 것은 2008년 6월부터 시행된 건축행정업무 전산화시스템 세움터의 가동이 계기가 되었다.

세움터란 건축인허가 행정을 둘러싼 민원편의 제고를 위해 국토교통부가 개발한 시스템으로 인허가 신청 시 민원인이 제출해야 했던 수천 장에 이르는 설계도면을 CD 한 장으로 대체함으로써 관공서를 방문하지 않고도 언제 어디서든 인허가 행정의 전산처리가 가능하게 되었다. 표준화된 세움터 제출양식은 건축물대장 작성 세부기준을 따르게 되었는데 이 중 건축물의 용도는 건축법 제3조의 5항 용도별 건축물의 종류에 따른 시행령 [별표 1] 기준에 따르게 되어 있었기 때문에 세분화된 건축물 용도 분류가 가능하게 되었고, 그 결과 실제 사무실로 쓰이는 면적의 합산통계가 가능하게 되었다.

| 표 11-1 | 2019년 건축물 업무시설 용도 현황

(단위 : 동, ㎡)

시도	합계		업무시설		전체건물 연면적 중 비중(%)	인구 1인당 연면적(㎡)
	동수	연면적	동수	연면적		
전국	1,294,368	839,976,144	28,876	143,852,666	17.1	2.77
서울특별시	126,707	174,709,211	8,856	57,196,315	32.7	5.88
부산광역시	70,846	59,806,764	2,956	10,831,847	18.1	3.17
대구광역시	51,495	42,772,526	817	7,444,916	17.4	3.05
인천광역시	44,427	46,609,277	1,675	9,388,364	20.1	3.17
광주광역시	32,639	22,357,061	511	2,383,498	10.7	1.64
대전광역시	26,693	23,629,320	523	3,362,723	14.2	2.28
울산광역시	29,853	17,510,692	542	2,233,224	12.8	1.95
세종자치시	5,954	4,933,289	77	837,193	17.0	2.46
경기도	259,950	194,001,041	4,780	31,136,247	16.0	2.35
강원도	71,810	30,513,186	920	1,751,304	5.7	1.14
충청북도	60,963	25,087,991	781	1,766,379	7.0	1.10
충청남도	85,174	34,097,353	1,470	3,526,035	10.3	1.66
전라북도	76,757	28,786,812	1,131	1,830,424	6.4	1.01
전라남도	93,548	29,749,535	1,333	2,568,669	8.6	1.37
경상북도	118,776	40,093,604	972	2,009,186	5.0	0.75
경상남도	109,814	49,933,595	1,188	4,392,945	8.8	1.31
제주자치도	28,962	15,384,888	344	1,193,399	7.8	1.78

출처 : 건축행정시스템 세움터, 2020, “2019년 시도별 건축물현황(보도자료용),” https://cloud.eais.go.kr/

세움터 자료를 근거로 국토교통부가 세분화된 용도별 건축물 통계자료를 발표한 것은 최근 몇 년간의 일이다. 2020년 2월 28일 발표한 2019년 말 기준 상업용 건축물 현황 중 업무시설 면적으로 보면, 전국적으로 28,876개 동 1억 4,385만 2,666㎡의 업무시설(사무실과 혼용하여 사용함)이 있는 것으로 나타났으며, 이는 전국 전체건축연면적의 17.1% 수준이다. 광역자치단체별로는 서울이 32.7%, 인천 20.1%, 부산 18.1% 순이며, 대구 17.4%, 세종 17%, 경기 16% 순으로 나타났다. 인구 1인당 업무면적은 전국 평균적으로 2.77㎡이며 광역시도별로 가장 넓은 1인당 업무공간 면적을 보이는 곳은 서울 5.88㎡, 부산과 인천 각각 3.17㎡, 대구 3.05㎡ 순으로 넓은 것으로 나타났다.

| 표 11-2 | 업무용 건축 착공연면적과 허가연면적

(단위 : ㎡)

구분 1	구분 2	2011	2013	2015	2017	2019	평균	전체 중 구성비(%)
건축 착공	합계	5,177,163	5,386,529	9,940,597	10,952,376	8,631,432	8,124,169	100.0
	신축	4,690,519	4,884,281	9,393,490	10,164,029	7,225,648	7,414,723	91.3
	증축/개축/이전/대수선	468,181	493,982	512,048	776,290	1,392,028	692,675	8.5
	용도변경	18,463	8,266	35,059	12,057	13,756	16,771	0.2
건축 허가	합계	7,942,646	6,600,119	12,094,095	13,984,262	11,055,551	10,243,804	100.0
	신축	5,835,425	5,212,182	10,908,163	12,427,151	8,885,269	8,697,384	84.9
	증축/개축/이전/대수선	538,873	710,544	656,091	998,281	1,364,690	829,118	8.1
	용도변경	1,568,348	677,393	529,841	558,830	805,592	717,301	7.0
착공/허가 비율	합계	65.2%	81.6%	82.2%	78.3%	78.1%	79.3%	
	신축	80.4%	93.7%	86.1%	81.8%	81.3%	85.3%	
	증축/개축/이전/대수선	86.9%	69.5%	78.0%	77.8%	102.0%	83.5%	
	용도변경	1.2%	1.2%	6.6%	2.2%	1.7%	2.3%	

출처 : 국토교통부, 『건축허가 및 착공통계』, https://kosis.kr/statHtml/statHtml.do?orgId=116&tblId=DT_MLTM_2202&conn_path=I3

사무실의 공급은 신축이나 증·개축, 용도변경 등을 통해 이루어진다. 통계청의 2011~19년까지의 업무시설 착공통계를 기준으로 보면, 업무시설의 공급은 신축이 91.3%, 증축/개축/이전/대수선이 8.5%, 용도변경이 0.2% 수준을 보이고 있다. 연평균 업무시설 신규공급량은 8,124,169㎡로 연간 246만 평의 업무시설이 전국적으로 신규공급되는 셈이다.

2. 사무실의 수급모형

국내 오피스 시장의 수요와 공급에 대한 초보적인 연구로 최막중(1995)의 연구를 들 수 있다. 최막중(1995)의 연구는 기본적으로 외삽법에 의한 추세연장 방식으로 오피스 공급규모를 예측한 모형으로 시간변수 외에 1991~92년 토지초과이득세 더미변수와 국내총생산이 독립변수로 포함되었다. 최막중(1995)의 실증분석모형을 확대한 박상우 등(1996)의 연구는 시간추세변수 외에 자기시차변수를 포함시켜 모형을 발전시켰으며, 김민웅(2000)의 연구는 시간추세변수 외에 서울시 사무직 취업인구의 변화를 독립변수로 추가한 것이다.

| 표 11-3 | 오피스 수급관련 선행연구 정리

구분		오피스 누적량 추계치	분석 기법	비고	
최막중 (1995)	중·대형	2010년 2,624만 평 (8,646ha)	추세 연장	$Q_t = -35.0 + 29.92t - 2.593t^2 + 0.105t^3 + 96.1d$	Q=오피스 누적 공급량 t=시간 d=91~92년 더미
	대형	2010년 1,544만 평 (5,105ha)		$Q_t = 5.672 + 4.620t - 0.405t^2 + 0.045t^3 + 38.4d$	

박상우 외 (1996)	중·대형	2011년 2,140~ 2,410만 평 (7,077~ 7,969ha)	시계열 분석	$\log X_t=3.67+0.038t-0.039t^2+0.75\log X_{t-1}+0.12D_t$ $\log X_t=2.95+0.02t-0.05t^3+0.80\log X_{t-1}+0.13D_t$ $\log X_t=4.28+0.04t-0.04t^2+1.02\log X_{t-1}-0.32\log X_{t-2}+0.11D_t$	X=서울시 오피스 총공급 D=더미
	대형	2011년 779~ 1,229만 평 (2,576~ 4,065ha)		$\log X_t=3.01+0.044t-0.055t^2+0.77\log X_{t-1}+0.32D_t$ $\log X_t=2.48+0.03t-0.07t^3+0.82\log X_{t-1}+0.33D_t$ $\log X_t=3.39+0.07t-0.10t^2+0.22t^3+0.74\log X_{t-1}+0.30D_t$	
박래익 (1999)	중·대형	–	시계열 (회귀) 분석	$C_t=-1316357+16836.1R_{t-6}+10.2424(E_{t-6}-E_{t-7})+1798410.7D$	R=임대료 E=사무직 근로자수
김민웅 (2000)	–	2011년 2,205만 평 (7,291ha)	원단위	원단위 : 23.13㎡	Y=서울시 오피스 총공급 t=연도
	–	2011년 1,483만 평 (4,903ha)	추세 연장	$Y_t=-303398+153.3079t$	
김경환·손재영 (2000)	–	–	시계열 (회귀) 분석	오피스 스톡은 실질지역산출량과 고용관련 변수의 영향을 받음. 오피스 신규건설은 6년의 시차를 두고 실질임대료, 사무직 근로자수의 영향을 받음.	
김상일 외 (2005)	–	2020년 1,557만 평 (5,148ha)	원단위	원단위 : 21.04㎡	
	대형	2006년 (당해 공급량) 13~24만 평	다중 회귀 분석	오피스 신규건설은 업무관련 산업 실질총부가가치 증가율, 취업률, 이자율, 지하철역수 증가, 서울시 외 서울대도시권 인구 증가, 정책 등의 영향을 받음.	
	대형	2020년 873만 평 (2,889ha)	로지스틱 회귀모형	–	

오피스 수급이론에 입각해 실증분석을 수행한 박래익(1999)의 연구는 DiPasquale and Wheaton(1996)의 임대료와 오피스 스톡에 대한 모형을 차용한 것이다. 분석결과 오피스 신규건설은 실질임대료지수와 사무직 근로자수, 1991~92년의 더미변수의 영향을 받는 것으로 나타났다. 사무실면적에 대한 본격적인 통계자료인 대한화재보험협회의 자료를 활용한 김경환·손재영(2000)의 연구는 1970~98년까지 6층 이상의 오피스와 11층 이상의 오피스 공급을 구분하여 분석한 것이다. 분석결과 6층 이상의 오피스 누적면적은 시간추세변수와 GDP, GRP 등에 의해 설명되며, 신규건설은 6년의 시차를 두고 실질임대료, 사무직 근로자수 등의 경제변수에 영향을 받는 것으로 나타났다. 반면 11층 이상의 오피스는 6층 이상의 오피스와 달리 이러한 경제변수들의 영향을 받지 않는 것으로 나타나 오피스의 규모에 따라 신규건설에 영향을 주는 요인이 다른 것으로 드러났다.

서울시 오피스 시장에 대한 권역별 분석은 김상일 등(2005)에 의해 수행되었다. 김상일 등(2005)은 서울시를 권역별로 나누어 업무공간 신규건설을 설명하는 회귀모형을 구축하였으며, 업무공간 신규건설은 오피스관련 산업의 실질총부가가치 증가율, 취업률, 이자율, 지하철역수 증가, 서울시 외 서울대도시권 인구 증가, 정부정책 등의 영향을 받으며, 기반시설 등의 지역특성관련 요인의 영향을 받는 것으로 분석하였다.

외국의 경우도 오피스의 임대료, 공실률과 관련된 횡단면 분석연구는 많으나 수급과 관련된 시계열 분석연구는 우리나라와 마찬가지로 그 비중이 상대적으로 적은 편이다. Hendershott 등(2002)의 연구를 예로 들면, 런던과 런던을 제외한 10개 지역의 오피스 임대료를 종속변수로 선정하고 공급량이 포함된 장·단기 모형을 추정한 바 있다. 실증분석결과 런던의 오피스 임대료는 장기적으로는 오피스 공급에 부(−)의 영향을 받으며, 단기적으로는 금융과 사무직의 경제활동과 1기 전 임대료에 정(+)의 영향을 받는 것으로 나타났다.

이상을 종합하면, 초기의 오피스 공급관련 연구는 추세연장에 의해 오피스 면적의 변화를 추정하는 데 초점을 맞춰 진행되었으며, 이후 오피스 시장에 영향을 미치는 요인들을 시계열 분석을 통해 도출하는 등 그 연구방법이 진일보하고 있음을 알 수 있다. 하지만 시계열 분석을 통해 오피스 수급을 분석한 연구들 대부분이 시계열의 안정성에 대한 사전검증을 수행하지 않아 분석결과의 가성회귀[01] 등에 대한 우려를 배제하기 어려우며, 분석결과의 신뢰성 역시 담보하지 못하는 경우가 많았다.[02]

본 연구는 김상일 등(2005)의 연구에서 제안된 수요 · 공급 균형이론에 입각해 장기적으로 오피스의 수요와 공급이 균형상태에 있다고 가정하였다. 김상일 등(2005)의 연구가 오피스의 수급균형모형의 개념만을 도입한 반면, 본 연구는 공급함수와 수요함수를 규정한 다음 수급균형에 따른 균형공급함수를 실제로 도출하였다는 점에서 차이를 가진다.

수요함수는 DiPasquale and Wheaton(1996)의 오피스의 점유량 식을 일부 수정하여 적용하였으며, 공급함수는 오피스의 부동산으로서의 특성과 임대료, 공실률과 같은 오피스 고유의 특성을 반영하여 식을 설정한 뒤 수급균형조건에 따른 균형공급함수를 도출하였다. 시계열 자료 분석 시 과거 연구의 한계를 탈피하기 위해 변수의 안정성을 확보하여 가성회귀문제가 발생하지 않도록 하였다.

3. 연구의 범위 및 방법

오피스는 서울시를 비롯한 6대 광역시를 중심으로 그 수요와 공급이 집중되어 있지만, 오피스 공급에 대한 통계자료를 체계적으로 구축하기 시작한 지는

01 변수들이 강한 추세(지속적 상향 혹은 하향)를 갖고 있는 경우 두 변수 간의 진정한 관계가 아닌 추세의 존재 때문에 모형의 설명력이 높아질 수 있다.

02 김경환 · 손재영(2000)의 연구에서 오피스 스톡에 대해서는 공적분 관계가 있음을 보여주었으나 오피스 신규건설에 대해서는 단위근 검정결과나 공적분 관계에 대한 검증결과를 제시하지 않고 있다.

최근의 일이다. 따라서 본 연구의 공간적 범위는 자료 구득이 용이한 서울시로 한정하였으며, 시간적 범위는 1987~2006년까지이다. 20년간의 기간으로 한정한 주된 이유는 산업분야별 지역 내 총생산 성장과 같은 오피스의 수급에 영향을 주는 다양한 거시경제변수들의 구득이 용이하지 않았기 때문이다.

오피스 신규공급 자료는 (주)샘스에서 제공한 자료를 이용하였으며, 오피스 임대료 자료는 신영에셋과 알투코리아의 자료를 취합해 합성하였다.[03] 한편, 각종 거시경제관련 자료는 통계청의 홈페이지 및 국회도서관 통계연보에서 구

| 그림 11-1 | 연구 흐름

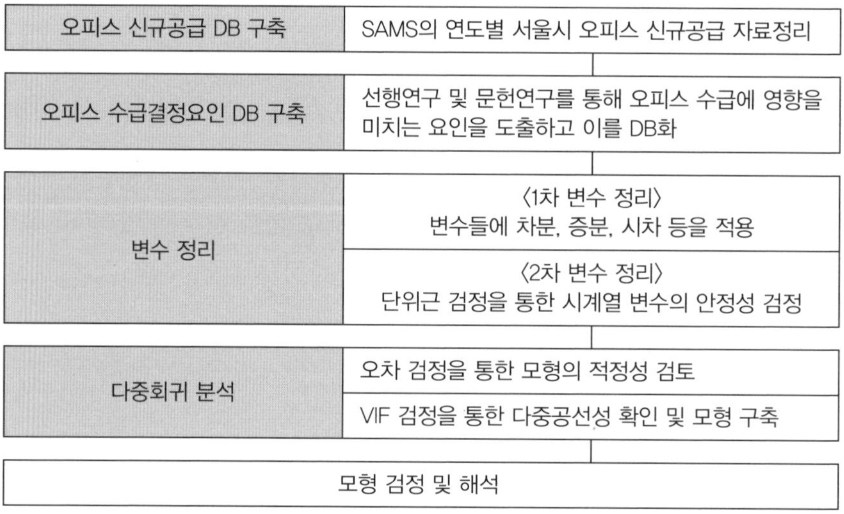

03 오피스 임대료에 대한 체계적인 조사는 (아마도) 1987년부터 신영건업(현 신영에셋)에 의해 이루어졌다. 신영건업의 1987년 1/4분기부터 90년 4/4분기까지의 자료의 경우 도심권 오피스에 대한 임대료 자료만이 구축되어 있으며, 91년 1/4분기부터는 도심권, 테헤란로, 강남대로, 여의도, 마포 등 5개 권역에 대한 임대료 자료가 구축되어 있다. 반면 알투코리아의 오피스 임대료 자료는 1991년 1/4분기부터 강남, 도심, 마포/여의도, 기타 지역 등 4개 지역에 대하여 A(고급), B(중급), C급(저급) 별로, 대형과 중소형 별로 구분해 오피스 임대료 자료가 구축되어 있다. 시계열 확장을 위해 알투코리아의 도심 A급 오피스빌딩의 임대료와 신영건업의 도심 임대료 자료를 (신영건업의 도심 임대료 조사대상이 도심 A급 오피스빌딩이라고 가정하여) 결합하였으며, 결합 시 두 자료가 지닌 시간추세를 이용해 두 자료가 지닌 시계열상의 불일치를 조정하였다.

득하였다. 또한 오피스 공급에 영향을 미치는 정책과 수요에 영향을 미치는 비시장적 요인을 도출하기 위한 더미변수를 구축하기 위해 선행연구결과와 한국언론재단 홈페이지의 뉴스자료를 활용하였다.

시계열 분석을 수행할 때 흔히 발생하는 가성회귀문제를 해결하고 시계열 변수들의 안정성을 확보하기 위해 단위근 검정을 실시하였으며, 단위근이 없는 안정된 시계열 변수만을 선별하였다. 변수들 간의 다중공선성을 검토하기 위해 확장자(VIF) 검정을 실시하여 다중공선관계에 있는 변수들을 제거하거나 변용하였다. 자세한 연구과정은 앞의 [그림 11-1]과 같다.

4. 이론적 배경

오피스 시장 역시 여타의 상품 시장과 마찬가지로 경제학 이론인 수요와 공급의 균형에 의해 균형가격과 균형공급량이 결정된다. 특정 시점에서의 오피스 시장은 고정된 공급량만이 존재하는데, 이 공급량이 오피스 시장의 균형공급량 혹은 균형수요량보다 많을 경우 일부만 임대되어 공실이 발생하거나 임대시장에 공급물량으로 출회된다. 반대로 특정 시점의 오피스 공급량이 균형공급량보다 적을 경우에는 시장에 출회된 대부분의 오피스가 임대되고, 임대료는 지속적으로 증가하게 된다.

장기적으로 수요와 공급이 균형을 이루는 시장의 경우 신규수요와 신규공급도 균형을 이룰 가능성이 높다고 할 수 있다. 본 연구에서는 먼저 신규수요함수와 신규공급함수를 도출한 뒤 이들이 균형상태에 있다고 가정하고 균형공급량(혹은 균형수요량)을 도출하였다. 이러한 가정에 따라 본 연구에서는 서울시 오피스 신규공급량을 균형공급량으로 상정한 뒤 이를 종속변수로 한 분석모형을 구축하였다.

| **그림 11-2** | 오피스 시장의 수급 균형

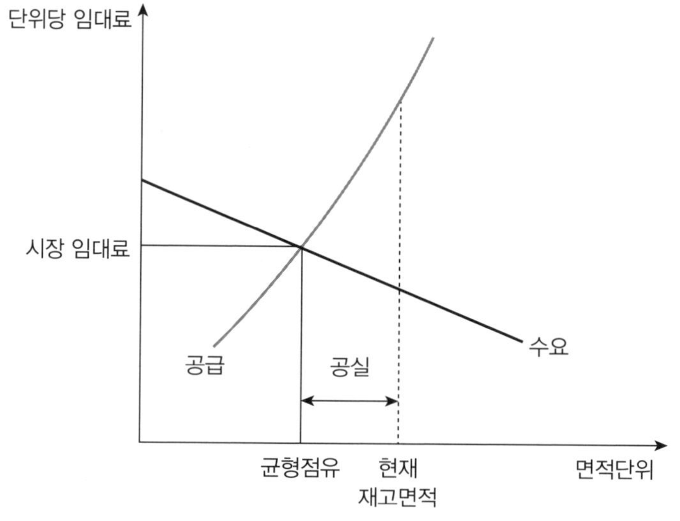

출처 : Brueggeman(2002: 297).

이준구(1989)에 의하면 공급하는 데 소요되는 시간이 짧은 상품의 경우, 시장이 불균형상태에 있을 때 가격의 변동에 의하여 초과수요나 초과공급이 해소되어 가는데, 이를 왈라스적 조정과정이라고 하며 그 균형의 안정성을 왈라스적 안정성이라고 한다. 반면 주택과 같은 부동산의 경우 공급하는 데 오랜 시간이 걸리기 때문에 공급량이 변화하는 시간은 수요량과 일정한 시간간격이 존재하게 된다. 즉, 수요량과 가격은 시장의 변화에 순간적인 반응을 보이지만 공급량은 일정 시간이 지난 다음에야 반응한다. 이런 성격을 갖는 시장은 불균형이 생길 때 가격이 아닌 생산량의 변화에 의해 조정이 이루어져 균형상태가 되는데 이러한 과정을 마샬적 조정과정이라고 하며 그 균형의 안정성을 마샬적 안정성이라고 한다.

오피스 시장 균형도 마샬적 균형이라고 볼 수 있다. 즉, 현기에 공급되는 오피스의 신규공급량은 현재의 공급요인들에 의해 결정되는 것이 아니라 오피스의 건설기간만큼의 시간 전, 즉 현재로부터 *t*기 전에 공급자가 오피스 공급에 대한 의사결정을 할 당시의 시장상황과 미래에 대한 전망에 의해 결정된다. 따라서 대부분의 공급요인들은 현재의 값이 아닌 신규공급에 대한 의사결정이 이루어지는 과거 특정 시점의 조건이나 요인들이 공급에 영향을 준다고 할 수 있다. 실제로 김경환 · 손재영(2000)의 연구나 김상일 등(2005)의 연구결과를 보면 수급결정요인들이 1년에서 최대 8년의 시차를 두고 영향을 주는 것으로 나타났다. 따라서 본 연구에서는 오피스가 공급되는 데 일정 시간이 소요되는 것으로 가정하고 모든 공급함수의 독립변수들에 시차를 두었다.

DiPasquale and Wheaton(1996)은 t기의 오피스의 수요, 즉 오피스 점유량(OC_t)은 식 (11 · 1)과 같이 오피스를 필요로 하는 산업의 종사자수(E_t)와 종사자수 1인당 공간수요의 곱으로 나타내었으며, 종사자수 1인당 공간수요는 기업의 현재 혹은 기대 성장률($[E_t - E_{t-1}/E_t]$)에 정(+)의 영향을 받고 임대료(R_t)에는 부(−)의 영향을 받는다고 가정하고 있다.

$$OC_t = a_0 + E_t\left[a_1 + a_2\frac{(E_t - E_{t-1})}{E_t} - a_3R_t\right] \qquad (11 \cdot 1)$$

위의 식 (11 · 1)은 수요자가 오피스를 확보하는 데 드는 거래비용이 없다고 가정한 경우지만, 실제 오피스 수요는 매물의 확인과 탐색, 구입과 확장의 용이성 등 거래비용에 따라 달라질 수 있다. 이러한 오피스 매물의 확인과 탐색, 구입, 확장의 용이성은 공실률에 영향을 받는다. 오피스의 공실이 많다면 수요자가 원하는 위치, 원하는 규모의 오피스를 얻는 것이 용이하다. 반대로 공실이 적다면 오피스를 얻는 것이 어려워, 수요자가 원하는 오피스를 얻기 위해서는 더 많은 거래비용을 지불해야 한다. 따라서 본 연구에서는 위의 식 (11 · 1)에 거래비용의 대리변수인 공실률을 포함하여 오피스 신규수요함수를 가정하였다. 식 (11 · 1)의 오피스를 필요로 하는 산업의 종사자수와 그 기대성장률에 대한 자료의 경우 자료 구득이 용이하지 않아 대리변수를 활용하였다. 종사자수의 대리변수로는 서울시 경제활동참가율변수를 이용하였고, 기대성장률의 대리변수로는 오피스를 필요로 하는 산업의 지역 내 총생산을 이용하였다.[04]

04 종사자수와 기대성장률 모두 산업별 종사자수를 이용하는 것이 더 정확하나 산업별 종사자

오피스를 필요로 하는 산업의 지역 내 총생산이 증가한다는 것은 곧 그 업종에 속한 기업들이 성장함을 의미하며, 이는 곧 그 기업들에 속한 종사자수의 증가로 이어지기 때문이다. 한편, 경제활동참가율이나 오피스를 필요로 하는 산업의 지역 내 총생산은 어느 정도의 시차가 존재할 수 있다. 신생기업이 아닌 기존 기업의 경우 종사자수 증가에 맞추어 바로 오피스 면적을 증가시키는 것이 아니라, 종사자수가 증가함에 따라 종사자 1인당 오피스 공간의 양이 감소하고 그 값이 종사자 1인당 필요한 최소공간에 다다르거나 가까워져야 오피스를 이동 혹은 확장하기 때문이다.

이상을 토대로 최종적인 신규수요함수를 도출하면 식 (11 · 2)와 같다. 신규 오피스 수요($Q_{D,\ t}$)는 경제활동참가율(E_t)이 증가할수록, 임대료(R_t)가 감소할수록, 공실률(V_t)이 높아질수록, 오피스를 필요로 하는 산업의 지역 내 총생산($\Sigma G_{k,\ t}$)이 증가할수록 그 값이 증가할 것이다.

$$Q_{D,\ t}=a_0+a_1E_t-a_2R_t+a_3V_t+\sum_{k=1}^{n}a_{4,\ k}G_{k,\ t} \qquad (11\cdot2)$$

오피스 공급의 결정요인과 관련된 선행연구들을 살펴보면 관련 산업의 실질 총부가가치 증가율, 취업률, 이자율, 서울시 외 대도시권 인구 증가, 임대료, 지가 등이 오피스 공급에 영향을 미치는 것으로 분석하고 있다. 본 연구는 수요와 공급이 균형을 이루는 시장에서의 균형공급함수를 도출하므로, 선행연구의 공급결정요인들 중 수요요인을 제외하고 공급요인만을 신규공급함수의 독립변수에 포함시켰다.

상업시설이나 오피스는 주로 임대계약의 형태로 계약이 이루어지기 때문에 임대료와 공실률이 오피스의 공급에 영향을 미친다. 공급의 경우 임대료가 높을수록 수익이 높아지므로 공급량이 증가한다. 반면 공실률은 임대료와 반대

수의 경우 연속된 시계열 자료를 얻기 어려워 대리변수를 사용하였다. 실제로 김상일 등(2005)의 연구는 종사자수 대신 총부가가치 증가율을 대리변수로 사용하였으며 모형추정결과에서도 유의미하게 나타났다.

의 요인으로 작용한다.[05] 공실률이 높으면 그 공실만큼 공급자의 수익이 감소하므로 오피스 공급이 감소할 것이다. 신규로 오피스를 공급하고자 하는 공급자에게 금리상승은 부정적인 영향을 미칠 것이다. 오피스 건설 시 사업단계별로 자금이 필요하며 이를 충당하기 위해 대출을 받을 경우 금리가 높으면 사업을 시행하기 위한 자금을 확보하기 어려워 공급이 둔화될 것이며, 반대로 금리가 낮으면 공급이 활발해질 것이다. 최종적으로 정리하면 신규 오피스 공급($Q_{S,t}$)은 공급결정 당시의 임대료(R_{t-1}), 금리(I_{t-1}), 현재 공실률(V_t)의 함수로 나타낼 수 있으며 이는 식 (11·3)과 같다.

$$Q_{S,t} = b_0 + b_1 R_{t-1} - b_2 I_{t-1} - b_3 V_t \tag{11·3}$$

오피스 시장의 수요와 공급이 균형을 이룬다면 식 (11·4)를 만족시키게 된다.

$$Q_{D,t} = Q_{S,t} = Q_t^* \tag{11·4}$$

식 (11·4)에 식 (11·2)와 식 (11·3)을 대입하면 식 (11·5)와 같이 오피스 시장의 균형공급량을 수요요인과 공급요인의 함수로 표현할 수 있게 된다.

$$\begin{aligned} Q_t^* &= f_D(R_t, V_t^*; X_D) = f_S(R_{t-1}, V_t^*; X_S) \\ &= f(R_t, R_{t-1}, V_t^*, X_D, X_S) \end{aligned} \tag{11·5}$$

단, X_D : 수요에 영향을 미치는 변수
X_S : 공급에 영향을 미치는 변수

05 오피스 건설을 착수할 때의 공실률 또는 준공된 당시의 공실률 중 어떤 공실률이 공급에 영향을 미치는가에 대한 이론이 있을 수 있다. 식 (11·2)의 공실률은 오피스 빌딩이 준공될 시점에서 공실률이 높다면 오피스빌딩의 준공을 늦추거나 주거용 오피스텔 등으로 용도 변경하는 경우를 상정한 것이다. 건설 착수시점의 공실률 역시 공급의사결정에 영향을 미칠 수 있지만, 이는 미래시점에 대한 기댓값이므로, 이를 공급함수에 포함시키기 위해 미래에 대한 기대를 모형에 포함시켜야 한다. 이 점은 추후 연구과제로 남겨 둔다.

오피스의 신규 수요와 공급에는 이러한 시장적 요인뿐 아니라 정부의 부동산 정책과 같은 비시장적 요인들도 영향을 미친다. 본 연구에서 오피스에 영향을 미칠 것으로 예상되는 정책들에 대한 가정은 다음과 같다. 1993년에는 토지이용규제 완화정책의 일환으로 국토이용관리법 및 시행령이 개정되고, 5년 단위 토지수급계획이 수립되어 오피스를 비롯하여 전반적인 부동산의 공급을 촉진시켰을 것으로 가정하였다. 1998년에는 토지거래 허가 및 신고제, 토지초과이득세, 택지소유상한제가 폐지되었으며 외국인 부동산 소유도 자유로워져 오피스 공급을 증가시킬 수 있는 계기가 된 것으로 가정하였다. 2001년에는 부동산에 대한 건전한 간접투자를 증진하고 기업의 구조조정을 지원하기 위해 부동산투자회사법이 개정되었으며, 이로 인해 여러 가지 REITs가 설립되는 등 부동산 투자를 촉진시켰고 이로 인해 오피스 공급이 증가하였을 것으로 가정하였다. 반면 2004년에는 양도소득세와 보유세를 강화하는 등 전반적으로 가격안정대책이 시행되어 오피스 공급을 위축시켰을 것으로 가정하였다. 본 연구에서 가정한 비시장요인 더미변수들을 정리하면 〈표 11-4〉와 같다.[06] 식 (11 · 5)의 신규균형공급함수에 비시장 요인의 더미변수를 포함시키면 식 (11 · 6)과 같다.

| 표 11-4 | 비시장요인 더미변수

더미명	연도	내용
D1	1993(1995)	토지이용규제 완화 - 국토이용관리법 및 시행령 개정, 5년단위 토지수급계획 수립
D2	1998(2000)	부동산관련 규제 완화 - 토지거래 허가 및 신고제 폐지, 토지초과이득세 및 택지소유상한제 폐지, 외국인 부동산 소유 자유화
D3	2001(2003)	부동산투자회사법 개정
D4	2002(2004)	부동산 가격안정대책 - 양도소득세, 보유과세 강화

06 부동산 정책과 같은 비시장적 더미는 공급에 영향을 주는 더미로 본 연구에서는 2년 후에 영향을 주는 것으로 가정하였다.

$$Q_t^* = f(R_t,\ R_{t-1},\ V_t^*,\ X_D,\ X_S,\ \sum_{l=1}^{m} D_l) \qquad (11 \cdot 6)$$

5. 실증분석

Beals(1972)는 수요함수와 공급함수를 도출한 후 각 함수의 공통변수인 가격을 매개변수로 사용하여 균형공급함수를 도출하였다.[07] 본 연구에서는 공통변수인 공실률을 이용하여 균형공급함수를 도출하였으며 그 과정은 다음과 같다. 식 (11 · 6)에 앞서 도출한 오피스 신규수요함수와 신규공급함수를 대입한 후 이를 공실률(V_t)에 대하여 정리하면 식 (11 · 7)과 같다.

$$V_t = \frac{(b_0 - a_0)}{(a_3 + b_3)} + \frac{b_1}{(a_3 + b_3)} R_{t-1} - \frac{b_2}{(a_3 + b_3)} I_{t-1} - \frac{a_1}{(a_3 + b_3)} E_t + \frac{a_2}{(a_3 + b_3)} R_t - \sum_{k=1}^{n} \frac{a_{4,\ k}}{(a_3 + b_3)} G_{k,\ t} \qquad (11 \cdot 7)$$

식 (11 · 7)의 공실률(V_t)을 식 (11 · 2) 또는 식 (11 · 3)에 대입한 후 더미변수(ΣD)를 포함하여 정리하면 신규수요요인과 신규공급요인이 모두 포함된 신규균형공급함수가 도출되며 이는 식 (11 · 8)과 같다.

$$Q_t^* = \frac{(a_0 b_3 - a_4 b_3)}{(a_3 + b_3)} + \frac{a_3 b_1}{(a_3 + b_3)} R_{t-1} - \frac{a_3 b_2}{(a_3 + b_3)} I_{t-1} + \frac{a_1 b_3}{(a_3 + b_3)} E_t - \frac{a_2 b_3}{(a_3 + b_3)} R_t + \sum_{k=1}^{n} \frac{a_{4,\ k} b_3}{(a_3 + b_3)} + G_{k,t} \sum_{l=1}^{m} D_l \qquad (11 \cdot 8)$$

07 Beals는 그의 저서 *Statistics for Economists*에서 수요함수($Q_i = \alpha_1 + \beta_1 P_i + \gamma_1 Y_i + u_{1i}$)와 공급함수($Q_i = \alpha_2 + \beta_2 P_i + u_{2i}$)의 공통변수인 가격$\left(P_i = \frac{\alpha_1 - \alpha_2}{\beta_2 - \beta_1} + \frac{\gamma_1}{\beta_2 - \beta_1} Y_i + \frac{u_{1i} - u_{2i}}{\beta_2 - \beta_1}\right)$을 이용하여 균형공급함수$\left(Q_i = \frac{\beta_2 \alpha_1 - \beta_1 \alpha_2}{\beta_2 - \beta_1} + \frac{\beta_2 \gamma_1}{\beta_2 - \beta_1} Y_i + \frac{\beta_2 u_{1i} - \beta_1 u_{2i}}{\beta_2 - \beta_1}\right)$를 도출하였다.

식 (11·8)을 이용하여 본 연구에서 실증분석하고자 하는 가설은 다음과 같다. 오피스를 필요로 하는 산업의 서울시 지역 내 총생산은 일정 시차를 두고 서울시 오피스 신규공급에 정(+)의 영향을 줄 것이며, 일정 시차를 준 임대료와 서울시 경제활동인구는 정(+)의 영향을, 당해 연도 임대료와 일정 시차를 둔 금리는 부(−)의 영향을 줄 것이다. 한편 각종 부동산 공급관련 정책과 같은 비시장적 요인들도 서울시 오피스 신규공급에 영향을 줄 것이다.

선행연구와 경제이론을 토대로 신규 오피스 수급에 영향을 미치는 요인들을 독립변수로 선정하였으며, 선정과정에서 시계열이 너무 짧아 분석이 불가능한 경우에는 대리변수를 활용하였다. 분석이 가능한 만큼 시계열 자료가 확보되어 있더라도 단위근 검정 결과 불안정한 시계열인 경우에는 분석에서 제외하였으며, 단위근이 없는 안정된 시계열만 분석에 사용하였다. 다만, 안정된 시계열 변수들이라 할지라도 변수들 간의 상관관계로 인해 발생할 수 있는 다중공선성문제를 해결하기 위해 단계적 선택법(stepwise selection)을 이용하여 1차적으로 유의미한 변수들을 추출하였으며, 그 후 모형의 설명력을 높이고 유의미한 변수들의 조합을 찾기 위해 변수들을 재조합하는 과정을 이용하여 최적의 모형을 도출하였다.

오피스 수급에 영향을 미치는 요인에 대해 분석한 선행연구결과를 토대로, 자료의 활용가능성과 상관성을 고려하여 독립변수를 선정하였다. 오피스의 수급에 영향을 미치는 산업 분야를 도출하기 위해 제조업, 도소매업, 숙박 및 음식점업, 운수업, 통신업, 금융보험업, 부동산 및 사업서비스업, 공공행정, FIRE산업, 교육서비스업, 보건 및 사회복지사업, 기타서비스업 등의 개별산업들의 지역 내 총생산을 독립변수로 선정하였다. 또한 서울시 총인구를 비롯한 수도권 인구, 서울시를 제외한 수도권 인구, 경제활동인구, 취업자수 및 경제활동참가율 등의 사회경제적 변수들을 선정하고 임대료는 서울시 도심 A급 오피스들의 전셋값을 이용하였다. 위의 과정을 거쳐 1차적으로 선정된 변수는 〈표 11−5〉와 같다.

| 표 11-5 | 1차 변수 선정

<table>
<tr><th colspan="2">y</th><th>당해 연도 오피스
신규공급량(㎡)</th><th colspan="2">y</th><th>당해 연도 오피스
신규공급량(㎡)</th></tr>
<tr><td rowspan="16">경제변수
(산업별
서울시
지역 내
총생산)</td><td>x1</td><td>제조업</td><td rowspan="8">인구변수</td><td>x17</td><td>서울시 인구수</td></tr>
<tr><td>x2</td><td>기초소재형</td><td>x18</td><td>인천시 인구수</td></tr>
<tr><td>x3</td><td>가공조립형</td><td>x19</td><td>경기도 인구수</td></tr>
<tr><td>x4</td><td>생활관련형</td><td>x20</td><td>수도권 인구수</td></tr>
<tr><td>x5</td><td>건설업</td><td>x21</td><td>서울을 제외한 수도권 인구수</td></tr>
<tr><td>x6</td><td>도소매업</td><td>x22</td><td>경제활동인구수</td></tr>
<tr><td>x7</td><td>숙박 및 음식점업</td><td>x23</td><td>취업자수</td></tr>
<tr><td>x8</td><td>운수업</td><td>x24</td><td>경제활동참가율(%)</td></tr>
<tr><td>x9</td><td>통신업</td><td>금리</td><td>x25</td><td>회사채(장외3년, AA-등급)</td></tr>
<tr><td>x10</td><td>금융보험업</td><td>임대료</td><td>x26</td><td>서울시 도심 A급 오피스 전세가</td></tr>
<tr><td>x11</td><td>부동산 및 사업서비스업</td><td rowspan="6">더미변수</td><td>d1</td><td>토지이용규제 완화</td></tr>
<tr><td>x12</td><td>공공행정, 국방 및 사회보장</td><td>d2</td><td>부동산관련 규제 완화</td></tr>
<tr><td>x13</td><td>FIRE산업</td><td>d3</td><td>부동산투자회사법 개정</td></tr>
<tr><td>x14</td><td>교육서비스업</td><td rowspan="3">d4</td><td rowspan="3">부동산 가격안정대책</td></tr>
<tr><td>x15</td><td>보건 및 사회복지사업</td></tr>
<tr><td>x16</td><td>기타서비스업</td></tr>
</table>

1차적으로 선정된 변수들에 대해 단위근 검정(Dikey-Fuller Test)을 실시한 결과, 종속변수인 당해 연도 오피스 신규공급량을 비롯하여 대부분의 수준변수들이 단위근을 갖고 있는 불안정한 시계열 자료인 것으로 나타났다.

김명직 · 장국현(1998)에 의하면 안정적 시계열은 시간이 경과해도 평균이 일정하며 특정 시점에서 시계열의 값이 평균에서 벗어날 수 있지만 시간이 지남에 따라 평균으로 회귀하는 특성을 갖는다. 반대로 불안정시계열은 평균으로 회귀하지 않는다. 이를 해결하기 위해 종속변수를 비롯한 모든 수준변수에 1차 차분과 증분을 적용하고 이들에 대해서도 단위근 검정을 실시하였으며 그 결과는 〈표 11-6〉과 같다.

| 표 11-6 | 1차 변수 단위근 검정결과

구분	zero	single	trend
y	−0.40	−1.31	2.19
x1	−0.31	−3.56**	−3.64***
x2	−0.21	−2.47	−2.39
x3	1.21	−0.84	−2.98
x4	−0.85	−1.65	−3.60***
x5	0.44	−3.28**	−2.47
x6	1.44	−1.40	−1.99
x7	0.39	−2.17	−2.23
x8	0.66	−2.25	−1.96
x9	2.63	1.00	−1.55
x10	1.59	−0.72	−3.87**
x11	1.56	−1.66	−2.22
x12	2.52	−1.06	−1.87
x13	0.29	−2.08	−2.22
x14	1.62	−1.25	−2.36
x15	1.22	−1.36	−2.33
x16	2.61	−1.63	−1.91
x17	0.07	−1.67	−2.69
x18	1.08	−4.27***	−0.81
x19	0.90	−0.91	−2.86
x20	3.26	−2.12	−2.99
x21	0.65	−1.69	−0.921
x22	1.13	−5.93***	−4.80***
x23	−0.90	−5.58***	−5.44***
x24	1.20	−7.60***	−6.26***
x25	−1.14	−0.47	−3.11
x26	0.74	−2.42	−2.91

주 : ***, **, * : 각각 1%, 5%, 10% 수준에서 유의.

차분 및 증분된 독립변수들 중에서 단위근 검정이 없는 변수들에 1~3년의 시차를 주고 이들을 독립변수로 추가하여 최종적으로 선정된 변수는 〈표 11-7〉과 같다.[08]

| 표 11-7 | 차분변수와 증분변수의 단위근 검정결과

구분		zero	single	trend
차분변수	dy	−2.49**	−2.40	−3.09
	dx1	−4.06***	−4.02***	−3.89***
	dx2	−2.97***	−2.88*	−2.86
	dx3	−2.62**	−3.28**	−3.15
	dx4	−4.28***	−4.43***	−4.27**
	dx5	−2.47**	−2.44	−3.06
	dx6	−2.05**	−2.62*	−2.81
	dx7	−2.65**	−2.94*	−3.38*
	dx8	−3.33***	−3.47**	−3.65*
	dx9	−1.28	−3.01*	−3.45*
	dx10	−2.89***	−5.82***	−5.58***
	dx11	−1.48	−2.33	−2.55
	dx12	−1.74*	−3.15**	−3.19
	dx13	−1.62*	−3.11**	−3.13
	dx14	−1.48	−2.14	−2.13
	dx15	−3.06***	−3.47**	−3.23
	dx16	−1.58	−3.11**	−3.58*
	dx17	−3.16***	−3.04*	−2.78
	dx18	−1.66*	−1.42	−3.22
	dx19	−1.00	−2.22	−2.03
	dx20	−1.70*	−3.28**	−3.46*
	dx21	−1.12	−1.68	−1.91

08 최종적으로 분석에 사용된 독립변수는 차분변수 20개, 증분변수 18개, 차분과 증분변수의 1기 전 변수 39개, 2기 전 변수 39개, 3기 전 변수 29개 그리고 정책더미변수 3개로 총 148개였다.

차분변수	dx22	−4.05***	−3.80**	−3.23
	dx23	−6.94***	−6.62***	−5.84***
	dx24	−5.00***	−4.55***	−3.83**
	dx25	−3.15***	−3.46**	−3.40*
	dx26	−3.82***	−4.10***	−4.45**
증분변수	ix1	−4.17***	−4.05***	−3.92**
	ix2	−2.97***	−2.94*	−2.94
	ix3	−2.47**	−3.41**	−3.41*
	ix4	−4.28***	−4.38***	−4.21**
	ix5	−2.48**	−2.51	−3.29
	ix6	−1.78*	−2.26	−2.68
	ix7	−2.50**	−2.90*	−4.35**
	ix8	−2.90***	−3.17**	−3.43*
	ix9	−1.52	−2.32	−3.14
	ix10	−3.38***	−5.53***	−6.34***
	ix11	−1.73	−1.81	−2.09
	ix12	−1.60*	−2.73*	−3.14
	ix13	−2.20**	−2.69*	−2.85
	ix14	−1.53	−1.99	−2.13
	ix15	−3.55***	−4.10***	−3.78**
	ix16	−1.47	−2.01	−2.82
	ix17	−3.24***	−3.11**	−2.84
	ix18	−2.32	−1.77	−3.01
	ix19	−1.37	−2.18	−2.72
	ix20	−2.06**	−3.20**	−3.59*
	ix21	−1.68*	−1.64	−2.76
	ix22	−5.11***	−4.72***	−3.84**
	ix23	−4.18***	−4.20***	−3.98**
	ix24	−5.88***	−5.34***	−4.40**
	ix25	−2.63**	−2.94*	−2.98
	ix26	−3.43***	−3.89**	−4.32**

주 : ***, **, * : 각각 1%, 5%, 10% 수준에서 유의.

| 표 11-8 | 2차 변수 선정

dy		당해 연도 오피스 신규공급 변화량(㎡)
차분변수	dx1	제조업
	dx2	기초소재형
	dx3	가공조립형
	dx4	생활관련형
	dx5	건설업
	dx6	도소매업
	dx7	숙박 및 음식점업
	dx8	운수업
	dx10	금융보험업
	dx12	공공행정, 국방 및 사회보장
	dx13	FIRE산업
	dx15	보건 및 사회복지사업
	dx16	기타서비스업
	dx17	서울시 인구수
	dx18	인천시 인구수
	dx20	수도권 인구수
	dx22	경제활동인구수
	dx23	취업자수
	dx24	경제활동참가율(%)
	dx25	회사채(장외3년, AA-등급)
	dx26	서울시 도심 A급 오피스 전세가
증분변수	ix1	제조업
	ix2	기초소재형
	ix3	가공조립형
	ix4	생활관련형
	ix5	건설업
	ix6	도소매업
	ix7	숙박 및 음식점업
	ix8	운수업
	ix10	금융보험업

증분변수	ix12	공공행정, 국방 및 사회보장
	ix13	FIRE산업
	ix15	보건 및 사회복지사업
	ix17	서울시 인구수
	ix21	서울을 제외한 수도권 인구수
	ix22	경제활동인구수
	ix23	취업자수
	ix24	경제활동참가율(%)
	ix25	회사채(장외3년, AA-등급)
	ix26	서울시 도심 A급 오피스 전세가
더미변수	d1	토지이용규제 완화
	d2	부동산관련 규제 완화
	d3	부동산투자회사법 개정
	d4	부동산 가격안정대책

| 그림 11-3 | 서울 오피스 누적공급면적

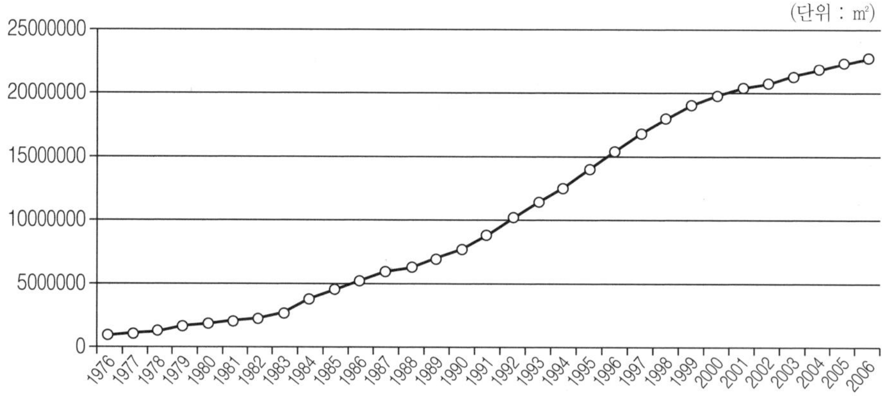

서울의 연도별 오피스 누적공급량을 살펴보면 S자의 성장곡선 형태를 띠고 있으며, 현재 오피스 시장의 성장세는 감소하는 추세임을 알 수 있다. 실제로 [그림 11-4]를 보면 연도별 오피스 신규공급량은 1988년 이후 증가하는 추세를 보였으나 1998년 이후 감소 추세를 보이고 있다.

| 그림 11-4 | 서울 오피스 연도별 신규공급

분석에 앞서 잔차산점도를 그려보면 [그림 11-5]와 같다. 그림을 보면 알 수 있듯이 잔차들은 특정한 경향을 보이지 않으며 0을 기준으로 고르게 분포하고 있다는 것을 알 수 있다.

잔차 검정을 실시한 결과 모든 연도의 스튜던트 잔차(Student Residual)가 −2부터 2 사이에 존재하며 Durbin−Watson 통계량도 2.382로 유의확률 0.01 내에서 유의한 것으로 나타나 모형의 해석상 이상이 없음을 알 수 있었다.

| 그림 11-5 | 잔차산점도

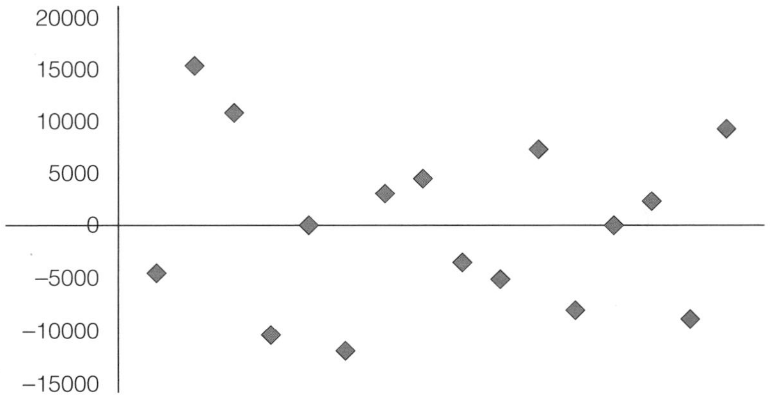

분석결과를 살펴보면 결정계수가 0.9868, 수정결정계수가 0.9717이고 추정된 계수의 유의성, 변수 간의 다중공선성 가능성이 높지 않은 모형이 도출되었으며, 그 결과는 〈표 11-9〉와 같다.[09]

| **표 11-9** | 오피스 분석결과

Dependent Variable		서울시 오피스 신규공급의 변화량	
Root MSE	39044	R-Square	0.9868
Dependent Mean	-16041	Adj R-Sq	0.9717
Coeff Var	-243.40535	Durbin-Watson D	2.382

Parameter Estimates								
Variable	Label	DF	Parameter Estimate	Standard Error	*t* Value	$Pr>\|t\|$	Tolerance	Variance Inflation
Intercept	절편	1	-242911	17751	-13.68	<.0001	.	0
dLLx24	2년 전 서울시 경제활동참가율	1	68936	5905.83890	11.67	<.0001	0.74369	1.34464
dLLLx26	3년 전 임대료	1	156.76981	27.03897	5.80	0.0007	0.77078	1.29739
dLLx25	2년 전 금리	1	-33490	5958.73016	-5.62	0.0008	0.54238	1.84371
iLLLx10	3년 전 금융보험업의 서울시 지역 내 총생산	1	383757	126162	3.04	0.0188	0.68120	1.46800
dx12	당해 연도 공공행정, 국방 및 사회보장사업의 서울시 지역 내 총생산	1	0.26759	0.05556	4.82	0.0019	0.68668	1.45628
dLLLx15	3년 전 보건 및 사회복지사업의 서울시 지역 내 총생산	1	0.33100	0.06058	5.46	0.0009	0.68189	1.46651
d1	토지이용규제 완화	1	167207	48197	3.47	0.0104	0.70000	1.42856
d3	부동산투자회사법 개정	1	425160	46145	9.21	<.0001	0.76363	1.30954

09 모형에 공실률이 반영되지 않았음에도 결정계수가 높게 나왔는데 이는 시계열의 길이가 짧기 때문인 것으로 판단된다(자유도=8).

먼저 산업별 지역 내 총생산을 살펴보면 서울시 금융보험업의 지역 내 총생산, 서울시 공공행정, 국방 및 사회보장사업의 지역 내 총생산, 보건 및 사회복지사업의 지역 내 총생산은 서울시 오피스의 신규공급량의 증가에 정(+)의 영향을 주는 것으로 나타났다. 각 산업이 영향을 주는 시기는 다르게 나타났는데 서울시 공공행정, 국방 및 사회보장사업의 지역 내 총생산은 당해 연도 값이 유의한 것으로 나타났으며, 금융보험업과 보건 및 사회복지사업은 3년의 시차를 두고 영향을 주는 것으로 나타났다. 인구변수 중에서는 경제활동인구수, 취업자수, 경제활동참가율 모두 2년의 시차를 둘 경우 유의하게 나왔으며 경제활동참가율이 가장 높은 설명력을 가졌다. 한편, 금리의 경우 2년의 시차를 두고 부(−)의 영향을 주는 것으로 나타났고, 임대료의 경우 3년의 시차를 두고 정(+)의 영향을 주는 것으로 나타났으며 비시장요인 더미변수는 1993년의 토지이용규제 완화정책과 2001년 부동산투자회사법 개정이 유의한 것으로 나타났다. 예상과 달리 당해 연도 임대료는 유의하지 않은 것으로 나타났다. 분석결과를 이용하여 모형식을 도출하면 식 (11·9)와 같다.

$$
\begin{aligned}
\Delta Q_t^* = & -237792 + 61832 \times DX_{24,\, t-2} + 132.82691 \times DX_{26,\, t-3} \\
& -40755 \times DX_{20,\, t-2} + 446568 \times IX_{5,\, t-2} + 0.02396 \times DX_{10,\, t-2} \\
& +446568 \times IX_{5,\, t-2} + 0.02396 \times DX_{10,\, t-2} + 0.2765 \times DX_{12,\, t} \\
& +0.4153 \times DX_{15,\, t-3} + 351759 \times D_3 \qquad (11 \cdot 9)
\end{aligned}
$$

식 (11·9)에 오피스 신규공급에 영향을 미치는 각각의 변수들의 값을 대입하여 [그림 11-6]의 서울시 오피스 신규공급 변화량 그래프를 도출하였다.

[그림 11-6]을 통해 서울시 오피스 연도별 신규공급 변화량의 실측치와 추정치를 비교하면 그 증감이 유사하게 나타남을 알 수 있다. 분석대상의 첫 해인 1991년의 신규공급 변화량의 추정치를 1990년의 실제 신규공급량에 더한 후, 각 연도별 추정치를 더하여 나가면 연도별 서울시 오피스 신규공급량의 추정치를 알 수 있다. 이를 그래프로 나타내면 [그림 11-7]과 같다. 마찬가지로

| 그림 11-6 | 서울시 오피스 연도별 신규공급 변화량(단위 : ㎡)

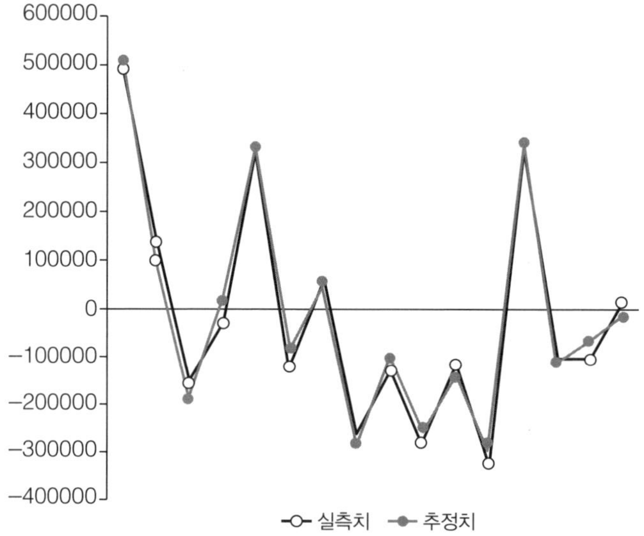

| 그림 11-7 | 서울시 오피스 연도별 신규공급량(단위 : ㎡)

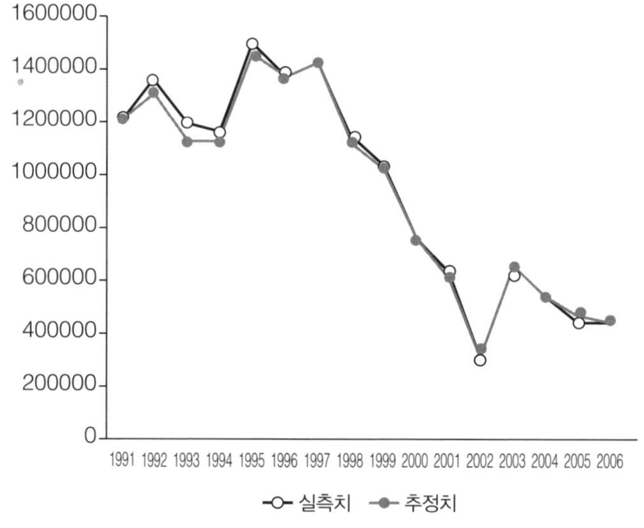

| 그림 11-8 | 서울시 오피스 연도별 누적공급량(단위 : ㎡)

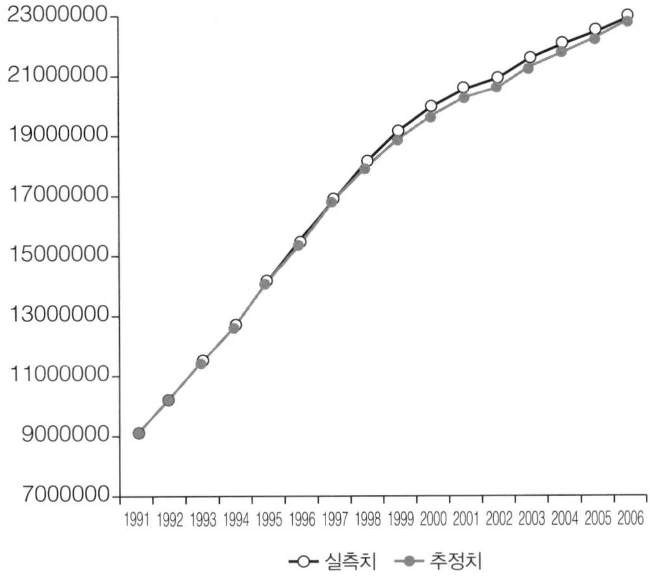

1990년의 실제 누적공급량에 각 연도별 추정치를 더하여 나가면 연도별 서울시 오피스 누적공급량을 알 수 있다. 이를 그래프로 나타내면 [그림 11-8]과 같다.

서울시 오피스 연도별 누적공급량의 실측치와 추정치를 비교하면 그래프의 증감이 유사하게 나타남을 알 수 있다.

모형 추정결과 당해 연도 임대료를 제외한 모든 변수들이 예상한 대로 영향을 미치는 것으로 나타났다. 공실률의 경우 오피스 신규균형공급함수를 도출하기 위한 매개변수로 사용되었기 때문에 그 영향력을 판단할 수 없었다.

먼저 수요요인들부터 살펴보면, 종사자수의 대리변수로 쓰인 서울시 경제활동참가율은 2년의 시차를 두고 정(+)의 영향을 미쳤다. 개개인의 종사자수가 느끼는 1인당 필요 최소공간이 다르며 새로운 오피스를 얻는 데 필요한 시간에 차이가 있으나 평균 2년의 시간이 소요됨을 알 수 있다.

15개의 산업들 중 금융보험업, 공공행정, 국방 및 사회보장사업, 보건 및 사회복지사업 등의 서비스산업들이 신규 오피스 공급에 유의미한 영향을 미치는 것으로 나타났다. 공공행정, 국방 및 사회보장사업이나 보건 및 사회복지사업은 서비스산업의 일종이므로 이들의 발전은 금융보험업과 마찬가지로 오피스 수요의 증대로 이어질 수 있으며, 제조업이나 도소매업 등은 업무공간이 오피스보다는 공업시설, 상업시설이 중심이기 때문에 오피스의 공급에 영향을 미치지 않는 것으로 판단된다. 한편, 부동산 및 사업 서비스업, 교육서비스업은 단위근의 존재로 분석을 시도할 수 없었으나 향후 지역 내 총생산이 아닌 개별 산업 종사자수 자료를 이용할 수 있을 경우 더 많은 서비스산업들이 영향을 끼치는 것으로 나타날 것이 예상된다.

유의하게 나타난 산업들을 구분해 살펴보면 금융보험업은 3년, 공공행정, 국방 및 사회보장사업은 당해 연도, 보건 및 사회복지사업은 3년의 시차를 두고 영향을 주는 것으로 나타났다. 금융보험업, 보건 및 사회복지사업에 비해 공공행정, 국방 및 사회보장사업은 짧은 시차를 두고 영향을 주는 것으로 나타났는데 이는 공공행정, 국방 및 사회보장사업의 생산량이 확대될 경우 인력에 대한 자본이나 기술의 대체탄력성이 낮아 생산량 확대가 종사인력 확대로 곧바로 이어지기 때문일 것으로 사료된다. 반면 금융보험업과 보건 및 사회복지사업의 생산량 증가의 경우 인력에 대한 자본이나 기술의 대체탄력성이 높기 때문에 인력 수요가 발생하더라도 이를 자본이나 기술로 대체할 가능성이 크기 때문에 생산량 증가가 곧바로 오피스 수요에 영향을 미치기보다는 어느 정도의 조정기간을 거쳐 영향을 미치는 것으로 판단된다.

산업부문을 통합하였을 경우를 살펴보기 위해 오피스 공급량과 「금융보험업」, 「공공행정, 국방 및 사회보장사업」, 「보건 및 사회복지사업」 간의 상관분석을 수행한 결과가 〈표 11-10〉에 제시되어 있다.

〈표 11-10〉을 보면 오피스 공급량과 3년 시차를 둔 금융보험업의 상관계수는 0.511, 시차를 두지 않은 공공행정, 국방 및 사회보장사업의 경우 0.420, 3년 시차를 둔 보건 및 사회복지사업의 경우 0.325로 상관정도가 높으나, 개별 시차를 적용한 세 산업부문의 합과 오피스 공급량 간의 상관계수는 0.301로

| 표 11-10 | 산업분야별 상관계수 비교

상관계수 비교	
오피스 공급량과 「금융보험업」(3년 시차)	0.511
오피스 공급량과 「공공행정, 국방 및 사회보장사업」(당해 연도)	0.420
오피스 공급량과 「보건 및 사회복지사업」(3년 시차)	0.325
오피스 공급량과 「금융보험업」(3년 시차)+「공공행정, 국방 및 사회보장사업」(당해 연도)+「보건 및 사회복지사업」(3년 시차)	0.301
오피스 공급량과 「금융보험업」(3년 시차)+「공공행정, 국방 및 사회보장사업」(3년 시차)+「보건 및 사회복지사업」(3년 시차)	0.079
오피스 공급량과 「금융보험업」(당해 연도)+「공공행정, 국방 및 사회보장사업」(당해 연도)+「보건 및 사회복지사업」(당해 연도)	−0.063

떨어지며, 오피스 공급량과 모두 3년 시차를 적용한 산업부문들의 합계 값과의 상관계수는 0.079, 오피스 공급량과 당해 연도 산업들의 합계 간의 상관계수는 −0.063으로 매우 낮은 상관관계를 보인다. 이러한 결과는 산업별로 종사자수를 구분하지 않고 전체산업 종사자수의 합을 오피스 수요방정식의 수요요인으로 포함시킨, 과거에 이루어졌던 많은 실증연구들은 변수 설정오류(misspecification error)의 가능성이 높았다는 것을 시사하고 있다.

| 그림 11-9 | 오피스 공급량과 3년 시차 적용 금융보험업의 증감 비교

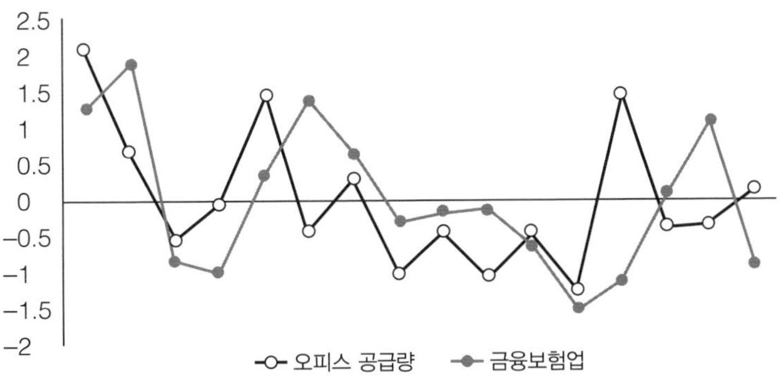

| 그림 11-10 | 오피스 공급량과 당해 연도 공공행정, 국방 및 사회보장사업 증감 비교

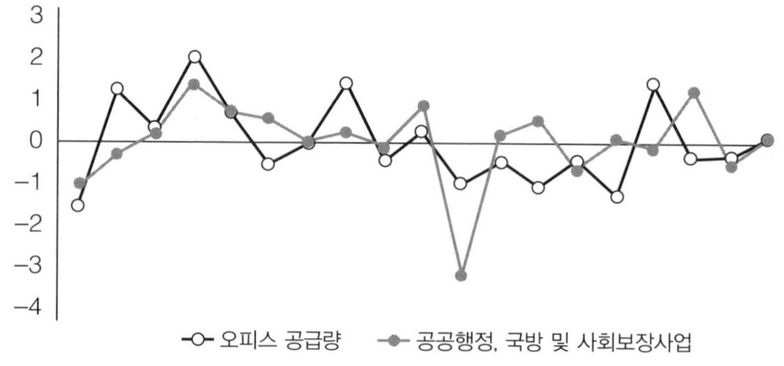

| 그림 11-11 | 오피스 공급량과 3년 시차 적용 보건 및 사회복지사업 증감 비교

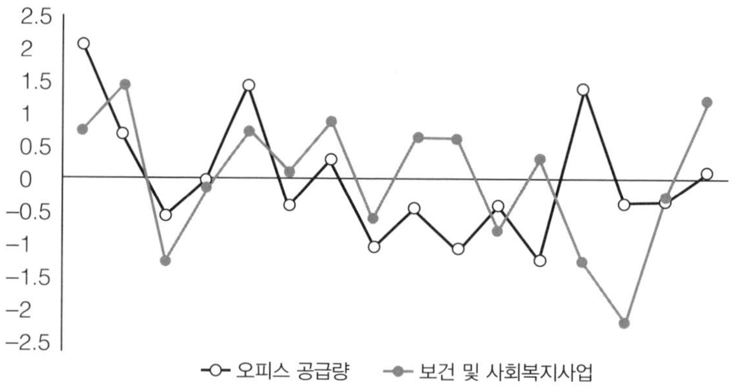

| 그림 11-12 | 오피스 공급량과 개별 시차 적용 산업들의 합 증감 비교

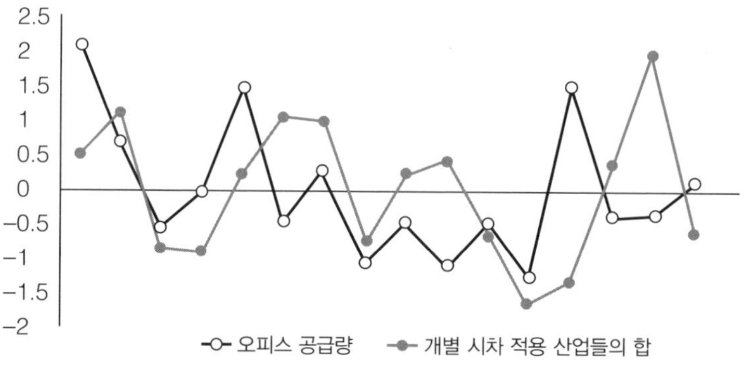

| 그림 11-13 | 오피스 공급량과 3년 시차 적용 산업들의 합 증감 비교

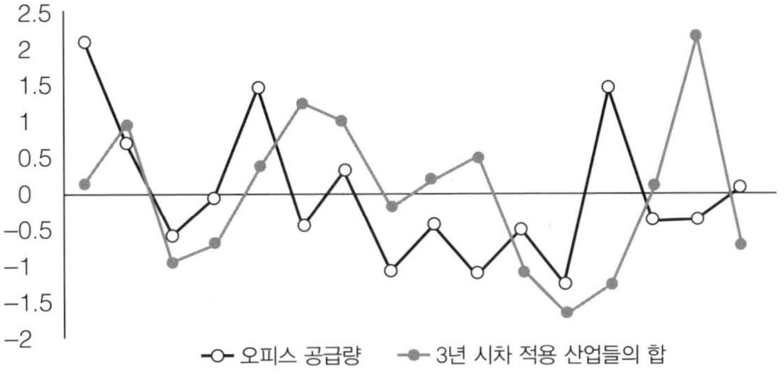

| 그림 11-14 | 오피스 공급량과 당해 연도 산업들의 합 증감 비교

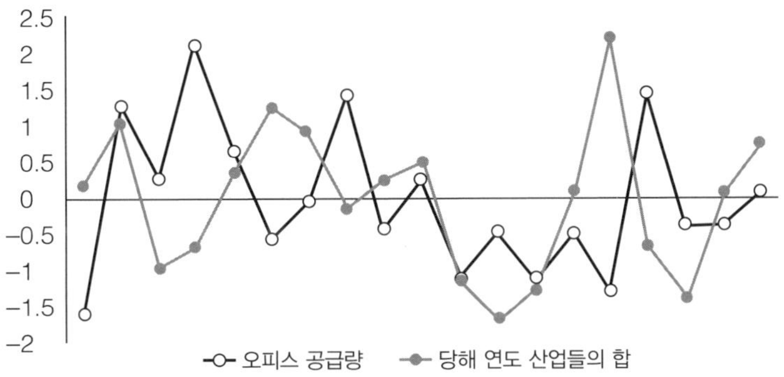

한편, 당해 연도의 임대료는 유의하지 않은 것으로 나타났는데 이는 우리나라 오피스 시장의 수급이 수요보다는 공급에 의해 주도되며 오피스 시장의 균형상태가 마샬균형을 이룬다는 사실에 대한 방증이 될 수 있다.

임대료의 경우 3년의 시차를 두고 정(+)의 영향을 주는 것으로 나타났다. 이는 오피스 공급자가 공급을 결정할 당시의 임대료를 공급 시 의사결정 정보로 활용하기 때문인 것으로 판단된다. 2년 전 임대료와 3년 전 임대료 중 3년 전 임대료가 더 유의한 것으로 나타난 것은 A급 오피스의 시공기간이 일반적으로 2년 이상이라는 점 때문인 것으로 사료된다.[10] 금리의 경우 예상대로 2년

10 다른 변수를 고정한 상태에서 임대료 변수의 시차를 달리 적용한 결과 당해 연도 임대료를

의 시차를 두고 부(−)의 영향을 주는 것으로 나타났다.

부동산 정책 더미변수 중에서는 1993년 토지이용규제 완화정책과 2001년 부동산투자회사법 개정이 유의한 것으로 분석되었으나, 1998년 부동산관련규제 완화와 2002년 부동산 가격안정대책은 유의하지 않은 것으로 나타났다. 1998년 부동산규제 완화가 유의하지 않게 나온 이유는, 토지초과이득세의 경우 유휴지나 공한지에서 발생한 토지의 초과이득에 대하여 부과되는 세금이나 본 연구의 공간적 범위인 서울시 내에 오피스가 입지하였을 공간은 이와는 연관이 없기 때문이었을 것으로 판단되며, 택지소유상한제도의 성격상 오피스보다는 주택의 공급에 영향을 미쳤기 때문인 것으로 판단된다. 한편, 2002년 부동산 가격안정대책은 유현지(2007)가 언급하였듯이 대부분의 부동산 안정화정책이 수급시장에는 큰 영향을 미치지 못함을 알 수 있다.

6. 마치면서

경제학의 수요 · 공급 이론을 바탕으로 서울시 오피스의 수급상황이 마샬적 균형을 이루며 그 공급량이 균형공급량인 것으로 가정하고 그 결정요인을 분석한 연구이다. 오피스 균형공급량에 영향을 미치는 공급요인과 수요요인을 파악하고 이를 바탕으로 수요함수와 공급함수를 도출하고자 하였으며, 수요요인인 오피스관련 산업의 성장이 부문별로 공급에 영향을 미치는 시기를 파악하였다. 또한 오피스의 공급에 영향을 미치는 정책들 각각의 영향력을 분석하

포함할 경우 수정결정계수 0.8358, 임대료의 t값은 −0.11(유의확률 0.9163), 1기 전 임대료의 경우 수정결정계수 0.8357, 임대료의 t값은 −0.08(유의확률 0.9404), 2기 전 임대료의 경우 수정결정계수 0.8364, 임대료의 t값은 −0.19(유의확률 0.8543)임에 비해 3기 전 임대료의 경우 수정결정계수 0.9717, 임대료의 t값은 5.80(유의확률 0.0007)으로 모형에 대한 설명력이 가장 높았으며, 임대료 변수도 유의하게 나타났다.

고 이로 인한 정책적 시사점을 도출하고자 하였다.

분석과정을 살펴보면, 먼저 오피스 공급에 영향을 줄 것으로 예상되는 거시경제변수 및 인구변수들을 선정하고 시차, 차분 등을 적용한 뒤 단위근이 없는 변수들을 선정하였다. 여기에 토지이용규제 완화, 부동산관련 규제 완화, 부동산투자회사법 개정, 부동산 가격안정대책 등이 공급에 영향을 주기 시작한 1995년, 2000년, 2003년, 2004년에 더미변수를 주고 회귀분석을 실시하였다.

분석결과 서울시 오피스 신규공급의 공급요인들은 오피스 건설기간으로 인해 2년 이상의 시차가 발생하는 것으로 나타났다. 즉, 3년 전의 임대료에 정(+)의 영향을, 2년 전의 금리에는 부(−)의 영향을 받는 것으로 나타났다. 수요요인들을 살펴보면 근로자수의 대리변수인 서울시 경제활동참가율은 2년의 시차를 두고 정(+)의 영향을 주는 것으로 나타났으며, 기대성장률의 대리변수인 서울시 지역 내 총생산의 경우 금융보험업과 보건 및 사회복지사업은 3년의 시차를 두고 정(+)의 영향을 주는 것으로 나타났다. 공공행정, 국방 및 사회보장사업은 당해 연도의 서울시 지역 내 총생산이 정(+)의 영향을 주었으며 더미변수들 중에서는 1993년 토지이용규제 완화정책, 2001년 부동산투자회사법 개정이 유의하였다.

오피스는 일자리를 제공하는 대표적인 고용 중심지(employment centers)로서 주거, 문화, 상업시설과 함께 낙후된 도시의 활성화를 도모하는 도시재생사업의 중요 요소 중 하나이다. 특히, 지역주민들을 위한 일자리 창출요소로 작동하기도 한다. 따라서 우리나라의 경제상황을 토대로 오피스의 수요를 추정하고 이를 각 대상지의 특성에 맞게 적정량의 오피스를 공급할 계획을 수립하는 것은 도시계획분야에서의 중요 연구과제라 할 수 있다. 본 연구는 지금까지 연구가 미미했던 오피스 시장에 대해, 균형시장이론에 근거한 실증분석결과를 도출하였다는 데 의의가 있다. 특히, 기존 연구에서 다루지 못했던 혹은 다루었을지라도 이를 확인할 수 없었던 가성회귀와 같은 통계적 오류를 검정하였으며, 오피스 임대료 자료를 구축해 수급모형에 반영한 최초의 실증연구라는 점에서 의미를 둘 수 있다.

오피스의 수요는 곧 상업, 금융과 같은 3차 산업 및 정보, 서비스와 같은 4차 산업의 수요를 대변하며, 이로 말미암아 오피스 수요는 곧 한 국가의 경제상황을 반영하는 지표라고 볼 수 있다. 따라서 오피스의 효율적인 공급을 위한 정책은 곧 효율적인 경제활동이 이루어질 수 있는 밑거름이 된다. 하지만 본 연구의 분석결과 지금까지의 오피스 공급을 증가시키는 일부 정책들은 효과가 있는 것으로 나타났으나 억제정책들은 상대적으로 그 효과가 미미함을 알 수 있었다. 최근 도시환경정비사업의 추진과 용산국제업무단지, 서울국제업무센터 등 대규모 오피스 공급계획이 수립되고 있으며 일각에서는 이로 인한 오피스의 과잉공급을 우려하고 있다. 이러한 우려를 불식시키기 위해서는 향후 대규모 오피스 공급 및 오피스 수급관련 정책 수립 시 거시경제상황을 반영한 오피스 수요를 예측하고, 이에 맞는 적정 공급량이 공급될 수 있도록 하는 방안을 강구하여야 할 것이다.

본 연구는 오피스 공급에 있어 고려되어야 할 공실률을 반영하지 못했으며, 시계열이 짧아 분석결과의 신뢰성을 담보하기 위해서는 향후 자료축적과 정밀한 검증이 이루어져야 할 것으로 판단한다.

참고문헌

김경환 · 손재영, 2000, "서울시 오피스 시장의 시계열 분석,"『주택연구』 8(2): 5-20.

김명직 · 장국현, 1998,『금융시계열분석』, 서울: 경문사.

김민웅, 2000, "서울시 오피스 시장의 수요전망에 관한 연구," 건국대 대학원 석사학위논문.

김상일 · 박희석 · 박은경, 2005,『서울시 업무공간 수요예측 및 공급가능성 진단 연구』, 서울시정개발연구원.

박래익, 1999, "An Economic Analysis of the Seoul Office Market Dynamics," MIT 석사학위논문.

박상우 · 윤혜철 · 권혁진, 1996,『대도시 업무공간 변화에 관한 연구』, 국토개발연구원.

유현지, 2007, "주택정책이 주택가격 불안정에 미친 영향,"『국가정책연구』 22(2): 75-114.

이준구, 1989,『미시경제학』, 경기: 법문사.

최막중, 1995, "서울시 오피스 시장의 특성과 추이 및 전망,"『국토계획』 30(6): 143-159.

Beals, Ralph E., 1972, *Statistics for Economists*, Chicago: Rand McNally & Company.

Brueggeman, Fisher, 2002,『부동산 금융과 투자』, 신창득 · 김명곤 · 김규진 역, 서울: 부연사.

DiPasquale, Denise and W. C. Wheaton, 1996, *Urban Economics and Real Estate Markets*, Englewood Cliffs: Prentice.

Hendershott, Patric, Bryan Macgregor, and Michael White, 2002, "Explaining Real Commercial Rents Using an Error Correction Model with Panel Data," *Journal of Real Estate Finance and Economics* 24(1): 59-87.

제12장

사무실 임대료의 결정모형

1. 시작하며
2. 이론적 접근
3. 분석자료와 분석방법
4. 분석결과
5. 결론

■ 참고문헌

이 장에서는 지역별 교통여건—특히 혼잡을 반영할 수 있는 유출입 교통량—이 오피스 임대료에 미치는 영향을 실증적으로 검토한다. 혼잡 정도를 나타내는 교통밀도의 대리변수로 유출입 교통량 자료를 분석에 활용하였으며, 도심, 강남, 여의도 지역별로 교통여건이 임대료에 미치는 영향은 상이하다는 사실을 규명할 수 있었다. 오피스 임대료를 결정하는 요인은 서울의 도심, 강남, 여의도 지역별로 다르며, 강남지역의 경우 오피스 빌딩 입점은행수가 오피스 빌딩 임대료에 부정적인 영향을 주며, 도심지역의 경우 지하철역으로부터의 거리가 임대료를 결정하는 유의한 변수가 되지 않는 것으로 나타난다. 접근성이 좋을수록 오피스 빌딩의 임대료는 증가하며, 도로가 넓을수록 임대료가 상승하는 것으로 나타났다. 교통밀도의 대리변수로 활용된 유출입교통량의 경우 대부분의 지역에서 지역 내 교통량이 증가할 경우 임대료에 부정적인 영향을 주는 것으로 나타났다. 전반적으로 도로폭이 좁은 도심지역의 경우 차선당 유출입교통량이 많을수록, 도로 폭이 넓은 강남지역의 경우 유출입교통량이 많을수록 임대료가 하락하는 것으로 나타났다. 상대적으로 고립된 여의도지역의 경우 차선당 유입교통량이 많아질수록 임대료가 하락하며, 유출교통량보다 유입교통량이 많아질 경우에도 임대료가 하락하는 것으로 나타났다.

1. 시작하며

우리 사회도 4차 산업혁명시대 지식정보사회로 진입하면서 사무공간에 대한 수요가 폭발하고 있다. 매년 전국적으로 여의도의 3배 정도인 250만 평 정도의 사무실 공간이 공급되고 있으며, 전국에 산재한 모든 건축 연면적의 대략 1/5에 해당하는 면적이 사무공간으로 활용되고 있다. 2019년 현재, 지역적으로는 중심업무기능이 밀집된 수도권 지역에 전국 사무실 면적의 68%가 밀집해 있으며, 특히 서울에는 전국 사무실 면적의 40%에 가까운 1,730만 평의 사무실이 공급되어 있는 실정이다. 서울시민 1명당 대략 5.43평의 사무공간을 가지고 있는 셈이다.

코비드 19 사태 이후 도심 사무실의 미래에 대한 우울한 전망도 있지만, 지식정보화의 물결은 향후 사무실에 대한 수요를 더욱 강화시킬 것으로 보인다. 이러한 사무실 공간에 대한 가격자료는 임대료 통계가 가장 보편적이며, 이 통계자료는 과거 한국감정원으로 불렸던 한국부동산원(2020년 12월 10일 이후)이 2013년부터 상권별로 정보를 제공하고 있다. 상권별 오피스 순영업소득, 오피스 수익률(종합), 오피스 전환율, 층별 임대료 및 효용비율(전체와 10층 이하, 11층 이상 오피스 빌딩으로 구분하여 제공), 상권별 · 규모별 오피스 임대료, 공실률, 임대가격지수, 기본정보(동수, 평균층수, 연면적) 등을 분기별 자료형태로 제공하고 있다. 오피스 임대료의 경우 서울의 도심지역, 강남지역, 여의도 · 마포지역, 기타지역 등 4지역으로 구분하여 제공하고 있으며, 임대가격지수형태로는 광역시도별로 보다 세분하여 정보를 제공하고 있다.

오피스 시장 확대에 따라 오피스 시장에 대한 연구도 활발하게 이루어지고 있다. 오피스 시장에 관한 연구 동향은 크게 세 가지 범주로 구분할 수 있다. 첫 번째는 정현주(1998)와 여홍구 · 정선아(2002)의 연구에서 보듯 서울도심과 여의도, 강남 등 지역시장의 분화과정과 지역시장별 공간적 특성을 규명하고자 하는 연구를 들 수 있다. 두 번째는 오피스의 자산관리에 관한 연구이다.

오피스 시장의 전월세 환산율의 지역별 차이(최막중 · 방제익, 2002), 전월세 환산율 추정방법(손진수 · 김병욱, 2002; 이재우 · 이창무, 2004), 자산관리 위탁확률(김진유 · 전상경, 2003) 등이 이 분야의 주요 연구성과라고 할 수 있다. 마지막으로 이 연구와 가장 관련이 깊은 오피스의 임대료 결정요소에 대한 연구들이 있다. 임대료 결정요소를 연구한 대부분의 실증연구들이 채택하고 있는 독립변수들은 〈표 12-1〉과 같이 크게 세 가지 범주—입지적 특성, 주변지역의 기능, 건물 자체의 특성—로 구분하고 있다. 이들 실증연구들이 공통적으로 안고 있는 문제 중 하나는 모형의 설명력이 높지 않으며, 임대료에 영향을 주는 독립변수들의 선정에 대한 일관성이 떨어진다는 사실이다. 수정결정계수로 본 모형의 설명력은 0.4~0.8 수준이며, 임대료를 설명하는 요인(독립변수)들도 모형별로 달라 오피스 임대료에 영향을 주는 독립변수들에 대한 뚜렷한 결론을 내리지 못하고 있는 실정이다.

이러한 문제점은 자료구득이 어렵거나, 모형설정상의 오류에서 기인한다고 볼 수 있다. 우선 자료구득상의 한계로 종속변수인 오피스 임대료에 대한 정확한 자료취득이 힘들며(예를 들어 보증부 월세의 경우 보증금을 월세로 전환하여야 하며, 전세 오피스의 경우 전세금액을 임대료로 환산하여 임대료를 추정하는 경우), 설령 구득하였다 하더라도 임대료를 설명하는 중요 변수들에 대한 자료구득이 어려워 임대료 설명모형의 구축이 어려운 경우가 다반사라고 할 수 있다. 두 번째 한계는 오피스 하부 시장의 각기 다른 특성을 고려하지 않고 서울시 전체의 오피스 시장을 하나의 시장으로 가정함으로써 오피스 임대료를 결정하는 요인들에 대한 지역별 특성이 반영되지 않고 있다는 점이다. 설령 지역별 차이를 반영한다 하더라도 지역더미변수로 지역별 차이를 반영함에 따라 지역 오피스 시장 고유의 특성을 포착하기 어려운 실정이다.

그동안 제기되었던 문제점을 보완하기 위해 다양한 시도가 이루어졌다. 이상경(2005)과 김관영 · 김찬교(2006)는 환산 전세가격이나 환산 월임대료 대신 월세가격을 사용하여 환산과정에 따라 발생하는 오차를 줄이려고 하였으며, 전기석과 이현석(2006)의 경우 위계선형모형을 사용하여 지역 수준 변수와 오

표 12-1 상권별 오피스 임대가격지수

구분	상권별	20 2/4	20 3/4	구분	상권별	20 2/4	20 3/4
전국	소계	98.9	98.7	부산	서면	98.2	97.4
서울	소계	99.3	99.2		연산로터리	96.3	95.8
	소계(도심지역)	98.6	98.5		현대백화점 주변	99.5	99.2
	광화문	99.6	99.4	대구	소계	97.8	97.8
	남대문	99.8	99.8		동대구	99.6	99.6
	동대문	97.4	97.2		동성로	98.3	98.3
	명동	97.9	97.6		수성범어	99.9	99.9
	시청	97.4	97.4	인천	소계	97.5	96.7
	을지로	99.2	99.2		구월간석	95.7	95.4
	종로	99.7	99.3		부평	98.9	98.9
	충무로	99.1	99.1		주안	97.2	95.3
	소계(강남지역)	99.4	99.4	광주	소계	97.7	96.5
	강남대로	99.6	99.6		금남로/충장로	96.8	96.2
	논현역	99.3	99.3		상무지구	98.6	98.1
	도산대로	99.9	99.9	대전	소계	97.7	97.2
	서초	99.6	99.2		둔산	97.0	96.1
	신사역	99.4	99.4		서대전네거리	98.7	98.5
	테헤란로	99.2	99.2		원도심	98.7	98.7
	소계(여의도마포지역)	99.9	99.9	울산	소계	98.4	98.2
	공덕역	99.6	99.5		삼산동	98.6	98.5
	여의도	99.9	99.8		신정동	97.8	97.0
	영등포	100.1	100.1	경기	소계	99.5	99.4
	소계(기타지역)	99.4	99.3		분당	99.8	99.4
	목동	99.7	99.6		인계동	99.6	99.6
	사당	99.7	99.6		일산동구	99.3	99.3
	용산	99.5	99.1		평촌범계	99.1	99.1
	잠실	99.7	99.7	강원	소계	98.6	98.6
	장안동	98.9	98.9	충북	소계	97.7	97.1

서울	천호	98.7	98.5	충남	소계	97.5	97.4
	홍대합정	99.2	99.1	전북	소계	99.1	99.0
	화곡	99.6	99.5	전남	소계	98.6	97.6
부산	소계	98.4	98.0	경북	소계	97.8	97.3
	남포동	98.2	97.5	경남	소계	97.6	97.1
	부산역	97.8	97.5	제주	소계	98.8	98.7

출처 : 한국부동산원, 『상업용부동산임대동향조사』, https://kosis.kr/statHtml/statHtml.do?orgId=408&tblId=DT_40801_N1201_03&conn_path=I3

피스 개별 수준 변수를 별도로 적용하여 오피스 임대료의 지역 간 특성 차이를 규명하고자 하였다.

문제해결을 위한 다양한 시도에도 불구하고 오피스 임대료에 결정적인 영향을 미치는 교통여건—접근성, 지역교통혼잡 등—에 대한 연구는 일천한 수준이다. 대개의 실증연구들이 채택하고 있는 교통여건변수로는 지하철역더미, 지하철역거리, 지하철역수, 교차로입지 등이며, 특히 지역별 교통혼잡이 오피스 임대료에 미친 영향을 검토한 실증연구는 전무한 실정이다. 예외적으로 정창무(2005)의 연구만이 서울시 전역의 오피스 빌딩 임대료를 설명하면서, 빌딩 주위의 교통혼잡도를 반영할 수 있는 유입교통량과 유출교통량 변수를 모형에 포함시킨 바 있지만, 도심과 강남, 여의도라는 지역의 교통여건이 어떤 방식으로 오피스 임대료에 영향을 미치는가를 규명하지는 못하였다. 또한 유입교통량과 유출교통량을 임대료 설명모형에 설명변수로 포함시켰지만, 이론적 근거를 제시하지 못해 단순한 실증검토에 그치고 말았다. 이 연구는 기존 연구의 이러한 한계를 극복하기 위해 교통혼잡과 집적이익, 임대료 간의 관계에 대한 이론적 고찰을 시도하며, 도심과 강남, 여의도라는 지역시장별로 지역교통여건이 임대료에 미치는 영향을 분리하여 분석함으로써 지역 오피스 시장 고유의 특징을 규명하고자 한다.

표 12-2 선행연구 비교

저자			손재영, 김경환	양승철, 최정엽	이동규, 최막중	정승영, 곽시우	김의준, 김용환, 박승규	변기영, 이창수	정창무	김의준, 김용환	전기석, 이현석	김관영, 김찬교
발표연도			2000	2001	2002	2003	2003	2004	2005	2006	2006	2006
자료의 개수			239	65	471	294	1019	510	259	547~703	470	565
$R^2(Adj.\ R^2)$			0.51	0.81	0.50	0.65	0.78	0.68	0.77 (0.77)	0.66	0.65 (0.63)	0.71 (0.70)
종속변수			환산 월임대료	호가 월임대료	환산 전세금액	환산 월임대료	환산 연임대료	환산 전세금액	환산 연임대료	환산 연임대료	환산 전세금액	월세
입지	지역	강남더미	(−)**		(−)**				0	(+)**		
		도심더미								(+)**		
		마포여의도더미	(−)**	0	(−)**				0	(+)**		
		공시지가		(+)**		(+)**	(+)**		(+)**			
		인접빌딩 평균임대료					(+)**		(+)**			
		용도지역더미 (상업)										(+)*
		생산자서비스 종사자밀도			0			(+)**			(+)**	
		공공행정 서비스밀도									(+)**	
		동별기존공급량 과다더미					(−)**					
	접근	지하철역더미	(+)**			0						
		지하철역거리			(−)**			(−)**	0		(−)**	(−)**
		지하철역수										0
		접도수										(−)**
		전면도로폭	0			0		(+)**	0			
		유입교통량							(−)*			
		유출교통량							0			
		교차로입지						(+)**				

기능	주	업무기능밀도						(+)**				
		100대 기업 입주 여부 더미			(+)**							
		1000대 기업 매출액 수준									(+)**	
	보조	금융기관수/입주더미	(+)**						0		(+)**	
건물	물리	준공연도(월수)	0	0	0	(−)**	0	(−)**	0	0		0
		경과연수									(−)**	
		경과연수의 자승									(+)**	
		빌딩규모(대형더미)								(+)**		
		대지면적										(−)**
		건물연면적	(+)**	0	(+)**		0	(+)**	0		(+)**	0
		용적률									(+)**	
		전용률		(−)**	0	(+)**	0		(+)*			(+)**
		건축면적		0			(+)**			0		
		총층수		(+)**	(+)**	0	0	0				(+)*
		승강기대수		(+)**		0	(+)**	0	0	(+)**		(+)**
		주차면수더미(평균 이상)					(+)**			(+)**		
		주차대수										(+)**
		주차료(유료)	0			(+)**						
	임대	전세전환율				(+)**						
		음식점입점더미	(−)**									
		관리비	0			(+)**			(+)**			(+)**
		대기업소유더미						(+)**				
		전/월/전월세 계약더미	(+)**	(−)**			(−)**		(+)**	(−)**		
		공실률		(+)**			0		0	(−)*		0
		보증금				(+)**						
		기준임대료				(+)**						

주 : 1) 연구논문에 제시된 분석결과 중 가장 설명력이 높은 모형 하나만을 선정해 정리한 결과임.

2) ** : 1% 유의수준, * : 5% 유의수준, 0 : 분석모형에 적용된 변수

2. 이론적 접근

Buchanan(1965)의 클럽이론은 불완전 비경합성을 지니는 공공재—예컨대 여러 소비자들이 동시에 사용할 수 있으나 너무 많은 소비자들이 동시에 사용할 경우 혼잡이 발생하는 도로와 같은 공공재, Buchanan은 이를 '클럽재'라고 명명—를 효율적으로 공급하는 방법에 대한 논의이다. 예를 들어, 간선도로와 같은 공공재가 공급된 사무실 집적지역을 가정하기로 하자. 이 지역에 사무실 입주가 늘어날 경우 지역화 경제 또는 도시화 경제효과로 인한 집적의 이익은 커지게 될 것이다. 하지만 더 많은 기업들이 입주할 경우 교통혼잡 등이 발생하게 되어, 집적의 이익을 상쇄하게 될 것이다. 김민정 · 양동우 · 정창무(2003)는 Buchanan의 클럽이론을 적용하여 특정 지역의 업종집적에 따른 비용함수와 편익함수를 구해 적정밀도를 산출한 바 있다. 이 연구에 따르면 밀도가 증가함에 따라 혼잡으로 초래된 한계비용은 증가하게 되고 집적에 따른 한계편익은 감소하게 된다.

| 그림 12-1 | 특정 지역의 최적규모

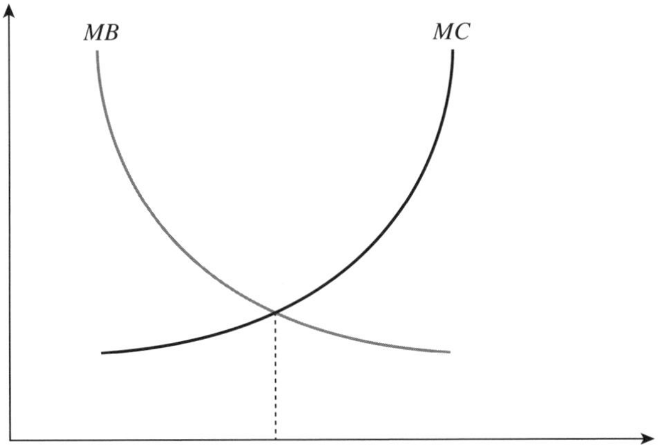

| 그림 12-2 | 밀도 증가에 따른 총효용

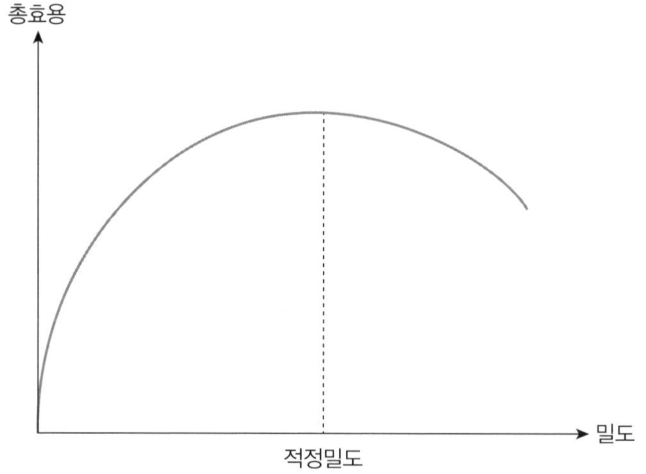

총효용이라는 관점에서 보면, 점증하는 한계비용과 점감하는 한계편익이 일치하게 되는 지점에서 총효용은 극대화될 것이다. 오피스 밀집지역의 경우 입주기업이 늘어 오피스 빌딩이 더 건립될수록 밀도가 높아질 것이고 그에 따라 집적의 이익은 커질 것이다. 하지만 한정된 지역 내에 더 많은 오피스 빌딩이 들어설 경우 필연적으로 과밀과 통행량 증가를 불러오게 되며, 이 과밀이나 통행량이 적정용량을 넘어설 경우 혼잡이 발생하게 된다. 혼잡이 심해질수록 혼잡으로 인한 한계교통비용은 증가하게 된다. 오피스 집적이 이루어질수록 수확체감의 법칙에 따라 한계편익이 감소한다면, 오피스 종사자의 총효용은 한계비용과 한계효용이 같아지는 밀도에서 최대화된다. 만약 한계교통비용이 한계편익을 초과하는 지역의 오피스 임대료는 임대료 차익거래(rent arbitrage) 조건에 따라 하락하고, 한계교통비용이 집적으로 인한 한계편익보다 작을 경우 임대료는 상승하게 된다.

서울시 도시교통본부에서 제공하고 있는 지점별 교통량 통계는 조사지점에 차량검지기(LOOP)를 매설하고, 교통량제어기를 설치하여 전용선을 연결한 통신망을 활용하여 온라인으로 조사한 자료이며, 2004년까지의 자료가 구축되

| 그림 12-3 | 유입, 유출 교통량

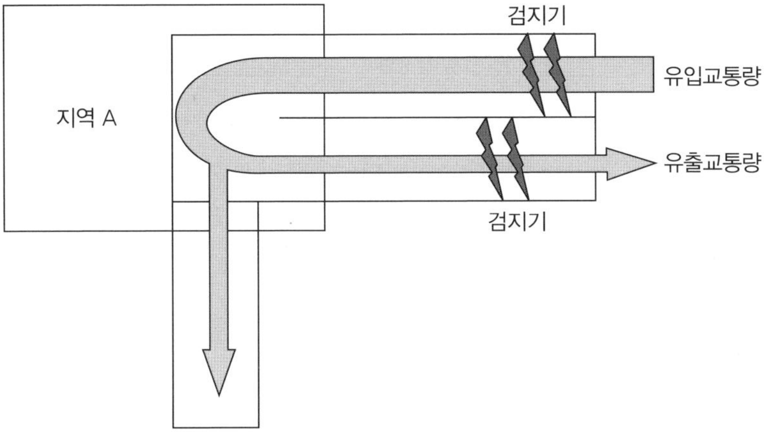

어 있는 실정이다.[01]

이 자료는 도로별로 방향별 교통량을 알 수 있지만, 해당 도로의 혼잡 정도를 나타내지 못한다는 한계를 가지고 있다. 따라서 특정 지역의 교통혼잡을 추정하기 위해서는 교통량 자료를 교통혼잡을 표현할 수 있도록 변용할 필요가 있다. 이를 위해 여기서는 Sun and Porwal(2000)이 제시한 교통밀도함수를 활용하기로 한다. Sun and Porwal(2000: 28–29)의 지역 교통밀도함수는 다음과 같은 식으로 표현된다.

$$L^t = L^{t-1} + \frac{\Delta t}{D}(V_u^t - V_d^t - E) \quad (12\cdot1)$$

$V^t_{유입}$: t시점의 유입교통량
$V^t_{유출}$: t시점의 유출교통량
L^t : t시점의 교통밀도
D : 도로길이
E : $V_d^t - V_u^{t-log}$(log=해당 도로구간 내 평균운행시간)

01 http://www.seoul.go.kr/info/organ/subhomepage/traffic/traffic_data/statisitcs/traffic/traffic1/11166_index.html

식 (12 · 1)에 의하면, 교통밀도는 유입교통량과 유출교통량의 1차식으로 설명할 수 있다.[02] 즉 유입교통량이 많고 유출교통량이 작을수록 특정 지역의 교통밀도는 증가하게 된다. 유입교통량이 유출교통량보다 많다는 것은 [그림 12-3]에서 보듯 해당지역으로 유입한 교통량 중 일부가 그 지역 내의 다른 도로를 이용해 빠져 나갔다는 것을 의미한다. 따라서 유입교통량이 유출교통량보다 많다는 것은 전반적으로 이전 시기에 비해 해당 지역의 교통밀도가 그만큼 높아진다는 것이다. 교통밀도 증가에 따른 교통혼잡비용이 도시화경제 또는 지역화경제 등으로 인한 집적의 이익과 대비해 상대적으로 작다면, 임대료에 긍정적인 영향을 주게 된다. 반면, 도시화경제 또는 지역화경제 등으로 인한 집적의 이익에 대비하여 교통혼잡비용이 높다면, 교통밀도 증가는 임대료에 부정적인 영향을 주게 될 것이다. 따라서 지역별로 도시화경제 또는 지역화경제 등으로 인한 집적의 이익과 교통혼잡으로 인한 집적의 불이익이 균형을 이루는 균형점은 다를 수 있게 된다.

3. 분석자료와 분석방법

본 연구에서 활용한 분석자료는 2006년도 도심 80개소, 강남 96개소, 여의도 74개소 등 모두 250개소의 오피스 빌딩자료[03]와 서울시 도시교통본부에서 조사한 교통량 조사자료 중 2004년도 지점별 교통량자료이며, 그중에서도 5일 평균값을 활용하였다. 여기서 유입교통량은 서울시청을 중심으로 서울로 향하

02 E는 유출교통량에 해당 시점에서 평균운행시간 이전의 유입교통량을 뺀 값으로 지체되어 미처 통과하지 못했거나 A지역을 목적지로 하는 교통량을 의미한다. 시간대별 교통량을 이용할 경우에는 이 값은 가변적이지만, 본 연구에서 사용된 자료는 하루 평균 교통량이므로 이 값은 무의미하다고 볼 수 있다.

03 http://www.samsnet.co.kr/

는 교통량이며, 유출교통량은 서울시 외곽으로 향하는 교통량이다.[04] 유출입 교통량은 서울특별시 교통시설반과 서울지방경찰청이 2006년 1~12월까지 서울시내 118개 지점을 대상으로 24시간 365일 도로별/지점별/시간대별/방향별로 조사한 자료이다. 조사지점은 도심 23개소, 시경계 36개소, 한강교량 18개소, 주요 간선 41개소이며, 조사방법으로는 조사지점에 차량검지기(Loop)를 매설하고, 교통량제어기를 설치하여 전용선을 연결한 통신망을 활용하여 온라인으로 조사한 것이다.[05] 오피스 빌딩별 유출입교통량은 118개 지점중 오피스 빌딩 전면도로의 유출입교통량을 적용하였다. 대부분의 빌딩이 교통량 측정이 이루어진 간선가로변에 위치하고 있지만, 일부 빌딩의 경우 전면도로의 유출입교통량 자료가 없어 가장 가까운 지점의 유출입교통량 자료를 대리변수로 활용하였다. 임대료에 영향을 주는 독립변수의 선정은 기존 연구들에서 유의하게 나온 변수들을 선별하여 다섯 개의 범주로 구분하였다. 종속변수로는 보증금에 연간 6% 금리를 적용한 금액에 12개월치의 월세를 더한 연간 임대료 수입자료를 활용하였다. 모형에서 적용시킨 독립변수는 〈표 12-3〉에 정리되어 있다. 첫 번째 범주의 독립변수군은 건물 자체의 물리적 특성을 대변하는 변수들로 면적, 층수, 건축연한 등이다. 두 번째 범주는 해당 건물의 서비스 수준을 대변하는 변수들이며, 세 번째는 건물의 위치적 특성 중에서 그 지역의 입지적 가치를 반영하는 변수인 공시지가변수이다. 네 번째 범주는 건물로의 접근성을 측정할 수 있는 변수이며, 마지막 다섯 번째로는 교통밀도를 나타내는 변수들로 구성되어 있다. 물리적 측면의 변수 7개, 임대조건변수 9개, 입지조건변수 1개, 접근성 변수 3개, 교통밀도관련 변수 8개와 그의 자승값 8개를 더한 16개를 독립변수군으로 활용하였다. 물리적 변수 중 규모구분은 연면적 만 평 이상일 경우 1의 값을 부여한 더미변수이며, 임대조건변수의 임대방식

04 http://www.seoul.go.kr/info/organ/subhomepage/transport/traffic_data/statisitcs/speed/1216548_11168.html

05 http://www.seoul.go.kr/info/organ/subhomepage/transport/traffic_data/statisitcs/traffic/1203450_11162.html

| 표 12-3 | 변수 설명

특성	설명	예상부호
종속변수	6% 금리적용 연간 환산임대료	
물리적 특성	연면적(평)	+
	대지면적(평)	+
	규모구분(IF 연면적>만평,1,0)	+
	준공 후 건축경과월수	−
	총층수	+
	전용률(%)	+
	전용면적	+
임대조건	관리비(원/평)	+
	승강기수	+
	주차대수	+
	주차옥내	+
	주차옥외	+
	기준층 임대면적	+
	임대방식(IF 보증부월세,1,0)	+
	소유주(IF 기업,1,0)	+
	입주은행 지점수	+
입지	공시지가(원/㎡)	+
접근	인근 지하철역 거리(m)	−
	인접도로수(차선수)	+
	전면도로폭(m)	+
혼잡	유입교통량	?
	유출교통량	+
	(유입+유출)교통량	?
	유입교통량/차선수	?
	유출교통량/차선수	+
	(유입+유출)교통량/차선수	?
	(유입−유출)교통량	?
	(유입−유출)교통량/차선수	?

과 소유주의 경우 보증부 월세와 기업이 소유주인 경우 각각 1의 값을 부여한 더미변수이다. 교통밀도를 반영하는 독립변수 중 유입과 유출 교통량은 해당 건물의 전면도로를 통과하는 교통량이다.

유입교통량의 계수값 부호는 다음과 같이 예상된다. 도시화경제 또는 지역화경제 등으로 인한 집적의 이익보다 교통혼잡으로 인한 불이익이 더 크다면 임대료에 부정적인 영향을 미치게 되며, 도로교통여건이 아직까지 여유가 있어 교통혼잡으로 인한 불이익이 도시화경제 또는 지역화경제 등으로 인한 집적의 이익보다 작으면 임대료에 긍정적인 영향을 미칠 것으로 예상된다. 유출교통량이 클 경우 교통밀도가 낮아지고 이에 따라 교통혼잡이 완화되므로 임대료에 긍정적인 영향을 미칠 것으로 전망된다.[06] [그림 12-2]와 같이 어떤 지역의 교통량(집적)에 따른 총효용이 역U자형 모습을 보일 것으로 가정하여, 유입 또는 유출 통행량의 자승값을 도입하였으며, 특정 지역의 교통량 저장능력을 측정하기 위해 유입과 유출 교통량의 차이값도 독립변수로 도입하였다. 분석방법으로는 연간 임대료 수입을 종속변수로 하는 일반회귀분석방법을 적용하였다.

4. 분석결과

도심, 강남, 여의도의 각 변수들의 기초 통계량들을 정리한 내용이 〈표 12-4〉에 정리되어 있다. 이들 중 지역별 차이가 뚜렷한 변수들은 임대료, 관리비, 전용률과 전용면적, 옥외주차대수, 임대방식, 공시지가, 인근지하철역

06 여기서 문제는 어떤 지역의 도시화경제 혹은 지역화경제로 인한 집적의 이익을 알지 못한 채 지역의 교통량만으로 집적의 이익과 불이익을 분석해야 한다는 점이다. 따라서 유출교통량이 임대료에 미치는 크기와 방향은 어떤 지역의 도시화경제 혹은 지역화경제로 인한 집적의 이익을 간접적으로 측정하는 지표가 될 수 있다.

까지의 거리, (유입－유출)교통량, 차선당 (유입－유출)교통량 등이다. 전용률의 경우 도심이 강남이나 여의도에 비해 7~8% 정도 높으며 전용면적 역시 강남과 여의도의 두 배 수준이다. 임대료 수준은 도심이 가장 높은 편이고 이어 강남과 여의도 순이다. 도심과 여의도의 경우 대부분의 오피스 빌딩이 보증부 월세방식을 사용하고 있으며 건물 소유주는 주로 기업인 것으로 나타났다. 공시지가 수준을 보면 도심과 강남은 뚜렷한 차이를 보이고 있지 않지만, 여의도는 낮은 수준을 보이고 있다. 인근 지하철역까지의 거리를 보면 도심이 가장 작은 값을 가지고 있고, 나머지 두 지역은 유사한 것으로 나타났다. 유입교통량은 강남과 여의도가 도심에 비해 크며, 강남과 여의도 간의 차이는 크지 않은 것으로 나타났다. 이에 반해 유출교통량은 여의도가 가장 많고 도심과 강남은 유사한 수준을 보이고 있다. 혼잡의 정도를 나타내는 전면도로 차선당 유입교통량은 강남이 가장 크며, 도심이 가장 낮은 수준을 보이고 있다.

| **표 12-4** | 지역별 기초통계량

구분	도심		강남		여의도	
	평균	표준편차	평균	표준편차	평균	표준편차
보증금(만 원/평)	67.5	22.2	59.7	13.8	42.2	10.7
월세(만 원/평)	6.6	1.8	5.8	1.2	4.2	1.1
연간 임대료(만 원/평)	83.8	22.3	72.9	15.5	53.2	13.2
관리비(원/평)	28,658	5,853	25,385	3,996	21,558	4,496
연면적(평)	12,006	7,947	9,557	10,604	9,881	9,133
대지면적(평)	1,244	823	1,557	4,910	1,195	1,310
규모구분(IF 연면적<만 평, 0, 1)	0.50	0.50	0.33	0.47	0.39	0.49
건축경과월수(월)	190	108	146	170	177	78
총층수(층)	23	6	23	9	21	8
전용률(%)	62.6%	9.4%	55.2%	7.8%	53.0%	7.6%
전용면적(평)	500	1,007	270	569	242	143

승강기수(대)	7	5	6	6	6	6
주차대수(면)	242	199	207	222	220	220
옥내 주차대수(면)	160	182	238	457	164	233
옥외 주차대수(면)	77	112	23	86	58	77
기준층 임대면적(평)	536	266	421	259	460	265
임대방식(IF 보증부 월세, 1, 0)	0.95	0.22	0.43	0.50	0.95	0.23
소유주(IF 기업, 1, 0)	0.88	0.33	0.70	0.46	0.85	0.36
입주은행수	0.65	0.48	0.64	0.48	0.50	0.50
공시지가(만 원/㎡)	1,051	507	923	367	465	96
지하철역 거리(m)	182	102	305	252	350	271
인접도로 차선수	2.3	1.1	2.0	0.6	2.1	1.0
전면도로폭(m)	37	20	44	12	39	27
유입교통량(대)	1,813	756	2,208	326	2,101	407
유출교통량(대)	1,690	528	1,794	224	2,148	337
유입교통량/차선수(대)	797	693	1,116	562	996	406
유출교통량/차선수(대)	743	484	906	386	1,019	337
(유입－유출)교통량	123	466	414	326	−47	182
(유입－유출)/차선수	59	326	230	188	−37	111
공실률	4.0%	5.6%	2.8%	4.0%	3.3%	4.0%
전월세 전환율	12.5%	2.0%	16.7%	3.2%	12.6%	1.6%
sample수	80		96		74	

서울 전체지역 250개소의 오피스 빌딩을 대상으로 추정한 임대료 설명모형의 경우 관리비와 만 평 이상 빌딩 여부, 전용면적비율, 전용면적, 엘리베이터 대수, 보증부 월세 여부, 공시지가, 지하철역까지의 거리, 전면도로 차선수, 차선당 유입교통량의 자승값이 유의미한 독립변수로 나타났다. 수정결정계수로 본 모형의 설명력은 0.8297이며, 변수들 간의 다중공선성, 오차항 간의 자기상관의 문제는 크지 않은 것으로 나타났다. 잔차의 정규성을 검정한 Shapiro－Wilk 검정값은 0.992216으로 1에 매우 근사한 값을 보이고 있으며,

p값은 0.2112로 유의확률 5%에서 정규성 조건을 충족시키고 있다. 교통여건 변수의 경우 오피스 빌딩의 입지가 지하철역으로부터 멀어질수록 임대료가 하락하며, 전면도로 차선수가 많을수록 임대료가 상승하는 것으로 나타났다. 차선당 유입교통량(의 자승)은 '–'로 서울시 오피스 빌딩의 경우 전반적으로 집적의 이익보다는 교통혼잡으로 인한 집적의 불이익이 크다는 점을 시사하고 있다. 80개소 오피스 빌딩의 임대료를 종속변수로 하여 추정한 도심 임대료 회귀모형의 설명력은 수정결정계수로 0.8287 수준이며, 잔차의 정규성 조건을 충족시키는 것으로 나타났다. 관리비, 만 평 이상 빌딩 더미, 전용면적, 공시지가, 전면도로 차선수, 차선당 유출입교통량, (유입–유출)교통량의 자승값, 차선당 (유입–유출)교통량 등이 유의미한 독립변수로 나타났다. 표준화계수로 본 영향력의 크기는 관리비, 공시지가, 만 평 이상 빌딩 더미, (유입–유출)교통량의 자승값의 순서를 보이고 있다.

| 표 12-5 | 서울지역 전체분석결과

항목	계수	t value	표준화계수	VIF
절편	19115	0.39	0	0
관리비	14.651	9.84	0.38347	2.2203
만 평 이상 빌딩	25961	1.81	0.06033	1.62373
전용면적률	270162	3.99	0.11731	1.26426
전용면적	17.625	2.09	0.05675	1.07804
엘리베이터수	7253.174	5.66	0.19513	1.73795
보증부 월세	–40803	–2.99	–0.08389	1.15442
공시지가	0.01860	11.02	0.38700	1.80402
지하철역 거리	–97.997	–3.46	–0.10734	1.40839
전면도로 차선수	18245	2.78	0.07783	1.14702
차선당 유입교통량^2	–0.114	–3.72	–0.10452	1.15307

$N=250$, $Adj\ R^2=0.8297$, $D.W=1.719$
Shapiro–Wilk의 $W=0.992216$, $Pr<W$: 0.2112

| 표 12-6 | 서울 도심지역 분석결과

항목	계수	t value	표준화계수	VIF
절편	102981	1.14	0	0
관리비	18.74834	7.74	0.49259	1.75633
만 평 이상 빌딩	104281	4.02	0.23554	1.49259
전용면적	33.99686	3.05	0.15373	1.10544
공시지가	0.01412	4.09	0.32117	2.67088
전면도로 차선수	29250	2.41	0.14319	1.53235
차선당 유출입교통량	−144.87623	−1.26	−0.07738	1.63705
(유입−유출)교통량^2	−0.02833	−0.45	−0.04782	4.81849
차선당 (유입−유출)교통량	−331.96707	−0.70	−0.08146	5.86108

$N=80$, $Adj\ R^2=0.8179$, $D.W=2.117$
Shapiro−Wilk의 $W=0.982466$, $Pr<W$: 0.2286

도심 오피스 빌딩 임대료 회귀모형을 검토하면, 도심 오피스 빌딩 임대료의 특징을 크게 세 가지로 구분해 볼 수 있다. 우선 도심에서는 규모가 큰 오피스 빌딩의 임대료가 높다는 사실이다. 만 평 이상 빌딩 더미와 전용면적의 부호, 전면도로 차선수가 모두 양이라는 사실은 빌딩규모가 클수록, 차선수가 넓어 빌딩의 식별성이 높을수록 임대료 수준도 높게 나타난다. 두 번째 특징으로 다른 지역과는 달리 지하철역으로부터의 거리가 임대료를 설명하는 유의미한 변수가 아니라는 점이다. 도심의 경우 강남과 여의도와는 달리 지하철역이 많이 존재하고 평균 도달거리가 짧아, 지하철역까지의 거리가 임대료에 차이를 줄 만큼 큰 변별력을 행사하지 못하는 것으로 해석할 수 있다. 세 번째 특징은 차선당 유출입교통량과 (유입−유출)교통량의 자승값은 '−'를 보이지만, 차선당 (유입−유출)교통량은 '+'값을 보인다는 사실이다. (유입−유출)교통량이 크다는 것은 검지기가 설치된 간선도로 말고도 검지기가 설치되지 않은 보조간선 등을 통해 유출되는 교통량이 많다는 것을 나타낸다. 보조간선을 이용해 도심외곽방면으로 빠져나가는 교통량이 많다는 사실은 해당 지역의 주간선도로가 혼잡하다는 것을 의미한다. 서울 도심의 차선당 유출입교통량과 (유입－유출)교통량의 자승값이 '－'라는 사실은 도심 교통혼잡이 심각하며 집적의 불이익이 집적의 이익보다 더 크다는 사실을 시사하는 대목이라고 할 수 있다. 반면, '+'를 보이는 차선당 유입교통량과 유출교통량의 차이는 동일한 조건일지라도 간선도로의 폭이 넓을수록 (도심 진입이 용이해) 임대료가 오른다는 사실을 보여주고 있다.

강남지역의 경우 관리비, 전용면적비율, 엘리베이터수, 입점은행수, 공시지가, 지하철역까지의 거리, 유입과 유출 교통량의 합의 자승값이 유의한 변수로 도출되었다. 수정결정계수로 본 모형의 설명력은 0.7420으로 나타났으며, 오차항 간의 1차 자기상관을 판정하는 Durbin－Watson D통계량의 값은 1.7444이며, 확장자로 본 독립변수들의 다중공선성 문제는 없는 것으로 나타났다. Shapiro－Wilk의 W통계량의 값은 0.985136으로 오차항이 정규분포를 따른다는 귀무가설을 5% 유의수준에서 기각할 수 없는 것으로 나타났다. 전용면적률은 여의도지역과 마찬가지로 임대료에 긍정적인 영향을 주는 것으로 나타났으며, 빌딩 내에 설치된 엘리베이터의 대수는 강남에서만 유의한 변수로 나타났

| 표 12-7 | 강남지역 분석결과

항목	계수	t value	표준화계수	VIF
절편	156513	1.75	0	0
관리비	11.411	4.26	0.29475	1.76245
전용면적률	402836	3.57	0.20421	1.20711
엘리베이터수	7480.874	4.83	0.29857	1.40428
입점은행수	−37455	−2.18	−0.11715	1.06405
공시지가	0.01930	6.76	0.45743	1.68594
지하철역 거리	−116.499	−3.08	−0.18958	1.39453
유출입교통량^2	−0.00633	−2.74	−0.14889	1.08388

$N=96$, $Adj\ R^2=0.7420$, $D.W=1.744$

Shapiro－Wilk의 $W=0.985136$, $Pr<W$: 0.3528

다. 교통관련 변수로서 지하철역까지의 거리는 오피스 빌딩이 지하철역으로부터 멀어질수록 임대료가 하락하는 것으로 나타났다. 유입과 유출 교통량이 많을수록 임대료가 하락하는 것으로 나타나, 오피스 빌딩의 집적으로 인한 이익보다는 집적의 불이익이 더 크다는 것을 시시하고 있다. 입점은행수가 많을수록 오피스 임대료가 하락하는 이유는 강남지역에서만 관찰할 수 있는 특이한 사실로 강남지역의 경우 기업을 대상으로 하는 (오피스 빌딩에 주로 입주하는) 기업지점이 개인을 대상으로 하는 (주로 주택가 인근에 위치하게 되는) 개인지점에 비해 비교우위가 상실되고 있기 때문으로 판단된다. 강남지역의 경우 '중소기업 경영자들도 (회사 근처가 아닌) 강남 집 주변에서 금융 거래를'[07] 하기 때문에 기업금융을 중심으로 하는 오피스 빌딩 입주 은행지점의 경우 입주 그 자체가 오피스 빌딩의 프리미엄으로 작용하기보다는 틈새시장을 확보하려는 은행의 적극적인 경영전략의 일환으로 진출한 경우가 많기 때문인 것으로 해석된다.

여의도의 경우 연면적, 관리비, 전용면적률, 인근 지하철역까지의 거리, 차선당 유입교통량과 유입과 유출교통량 차이의 제곱값 등이 유의미한 변수로 나타났고, 수정결정계수로 본 모형의 설명력은 0.7951이다. 표준화계수로 본 영향력의 크기는 연면적, 지하철역까지의 거리, 관리비 순이다. 공시지가의 경우 도심과 강남에서만 유의한 변수인 반면, 여의도지역의 경우 그렇지 않은 것은 여의도지역 공시지가의 경우 지역별 편차가 크지 않아 임대료에 큰 영향을 미치지 못하는 것으로 짐작된다. 혼잡과 관련된 변수들을 보면, 차선당 유입교통량과 (유입−유출)교통량의 자승값이 임대료에 부정적인 영향을 미치고 있어, 강남지역과 마찬가지로 집적의 이익보다는 교통혼잡에 따른 집적의 불이익이 더 크다는 사실을 시사하고 있다. 표준화계수로 본 지하철역까지의 거리는 −0.36562로 강남(−0.18958)의 거의 2배 수준으로 지하철역이 희소한 여의도의 지역여건을 반영하고 있다고 판단된다. 다른 지역과는 달리 차선당 유

07 동아일보, 2007년 7월 4일, "4대 은행 신설지점, 서울 강남구 97곳… 부산+경남보다 많아."

입교통량 또는 유출입교통량의 차이라는 임대료 결정변수에서 유출교통량보다는 유입교통량의 비중이 강조되고 있는 것은 사통팔달의 교통여건을 지닌 도심이나 강남과는 달리 고립되어 있는 지역이라는 여의도의 지역특성을 반영하고 있는 변수라고 판단된다. 즉 상대적으로 고립된 지역에서 유입교통량의 누적이 곧바로 교통혼잡으로 이어져 임대료에 부정적인 요소로 작용하고 있다고 판단된다.

표 12-8 | 여의도지역 분석결과

항목	계수	*t* value	표준화계수	VIF
절편	217478	2.91	0	0
관리비	9.9121	4.25	0.33660	2.23980
연면적	8.8930	8.34	0.61346	1.92781
전용면적률	316819	3.30	0.18266	1.08848
지하철역 거리	−178.905	−4.62	−0.36562	2.22942
차선당 유입교통량	−139.085	−3.18	−0.21980	1.70719
(유입−유출)교통량^2	−0.37485	−2.14	−0.14804	1.69772

$N=74$, $Adj\ R^2=0.7951$ $D.W=2.295$
Shapiro−Wilk의 $W=0.989823$, $Pr<W$: 0.8217

표 12-9 | 독립변수별 표준화계수 비교

구분	서울	도심	강남	여의도
관리비	0.38347	0.50603	0.29475	0.33660
만 평 이상 빌딩	0.06033	0.24228		
연면적				0.61346
전용면적률	0.11731		0.20421	0.18266
전용면적	0.05675	0.14738		
엘리베이터수	0.19513		0.29857	
보증부월세	−0.08389			
공시지가	0.38700	0.28818	0.45743	

입점은행수			-0.11715	
지하철역 거리	-0.10734		-0.18958	-0.36562
전면도로 차선수	0.07783	0.15018		
유출입교통량^2			-0.14889	
유출입교통량/차선		-0.10958		
유입교통량/차선				-0.21980
(유입교통량/차선)^2	-0.10452			
(유입-유출교통량)^2		-0.16062		-0.14804
(유입-유출교통량)/차선		0.12881		
수정결정계수	0.8297	0.8179	0.7420	0.7951

5. 결론

이 연구는 지역별 교통여건—특히 혼잡을 반영할 수 있는 유출입교통량—이 임대료에 미치는 영향을 실증적으로 검토한 국내 최초의 시도이다. 혼잡 정도를 나타내는 교통밀도의 대리변수로 유출입교통량 자료를 분석에 활용하였으며, 도심, 강남, 여의도 지역별로 교통여건이 임대료에 미치는 영향은 상이하다는 사실을 규명할 수 있었다. 교통여건변수를 포함시킴으로써 이제까지 오피스 임대료 결정모형의 고질적인 한계인 낮은 설명력(〈표 12-2〉의 선행연구결과들의 결정계수 평균값은 0.672)을 10% 이상 향상시킬 수 있었으며, 일반적으로 교통혼잡이 임대료에 부정적인 영향을 미친다는 사실을 규명할 수 있었다. 이 연구의 주요 결과는 다음과 같다.

첫째, 지역별 오피스 임대료 결정요인은 지역별로 다르며, 지역의 특성을 반영하고 있다. 강남지역의 경우 오피스 빌딩 입점은행수의 경우 오피스 빌딩 임대료에 부정적인 영향을 주며, 도심지역의 경우 지하철역으로부터의 거리가 임대료를 결정하는 유의한 변수가 되지 않은 것 등이 그 예라고 할 수 있다.

둘째, 접근성이 좋을수록 오피스 빌딩의 임대료는 증가한다. 예를 들어 지하철역으로부터의 거리가 가깝거나, 오피스 빌딩 전면의 도로가 넓을수록 임대료가 상승하는 현상을 들 수 있다.

셋째, 교통밀도의 대리변수로 활용된 유출입교통량의 경우 대부분의 지역에서 지역 내 교통량이 증가할 경우 임대료에 부정적인 영향을 주는 것으로 나타났다. 전반적으로 도로폭이 좁은 도심지역의 경우 차선당 유출입교통량이 많을수록, 도로폭이 넓은 강남지역의 경우 유출입교통량이 많을수록 임대료가 하락하는 것으로 나타났다. 상대적으로 고립된 여의도지역의 경우 차선당 유입교통량이 많아질수록 임대료가 하락하며, 유출교통량보다 유입교통량이 많아질 경우에도 임대료가 하락하는 것으로 나타났다. 교통밀도를 통해 집적의 이익과 집적의 불이익을 판별할 경우, 교통량 증가가 오피스 빌딩의 임대료에 긍정적인 영향을 미친다면, 집적의 이익이 교통혼잡으로 인한 집적의 불이익을 초과한다고 볼 수 있으므로 도심지역의 경우에는 아직까지 집적의 이익이 집적의 불이익보다 크다고 사료되지만, 강남과 여의도 지역의 경우는 교통혼잡으로 인한 집적의 불이익이 집적의 이익을 초과하고 있다고 판단된다.

이 연구의 한계로 사무실 밀집지역의 집적의 이익을 명확히 규명하지 못한 채, 교통혼잡관련 변수의 부호만으로 집적의 이익과 불이익에 대한 추정을 시도한 점과 대지면적이나 연면적, 전용면적 등의 임대료 설명변수들의 인과관계를 설명하지 못한 점 등을 들 수 있다. 빌딩 주변 또는 인접구역 교통혼잡도 사무실 임대료에 영향을 주지만, 서울 다른 지역거점과의 연계와 접근성 역시 사무실 임대료에 영향을 준다. 다른 지역과의 연계 혹은 접근성을 나타낼 수 있는 교통지표의 개발이 필요하다고 판단된다.[08] 향후 도로별 통과교통량과

08 용해경(2003)의 "통행시간의 변화가 주택가격에 미치는 영향에 관한 연구"는 수도권 외곽순환도로 개통에 따라 서울 접근성이 향상된 부천 · 인천 등의 주택가격변동을 실증분석한 연구이다. 한 지역과 지역 간의 접근성 향상은 비교적 측정이 간단하지만, 여러 지역과 지역 간의

교통속도, 통행목적별 교통량자료가 구축될 수 있다면 심도 있는 실증연구가 수행될 필요가 있다. 또한 유출입통행량 자료의 수집시기는 2004년이며, 오피스 빌딩 임대료 현황자료는 2006년으로 2년의 시점차이가 있다는 점 역시 이 연구의 단점으로 지적할 수 있다.

접근성 향상을 측정하고 이를 지표화하기 위해서는 수많은 실증연구가 필요하리라 판단한다.

참고문헌

강원철 · 최정엽, 2002, "우리나라 오피스시장 규모 전망,"『부동산학연구』 8(1): 85–97.

김경환 · 손재영, 2000, "서울시 오피스시장의 시계열분석,"『주택연구』 8(2): 5–20.

김관영 · 김찬교, 2006, "오피스빌딩 임대료 결정 요인에 관한 실증연구: 서울시 하위시장별, 오피스 빌딩 등급별 중심으로,"『부동산학연구』 12(2): 115–137.

김기범 · 정창무, 2003, "교통속도와 주변 상업지역 생산성과의 관계에 관한 연구: 청계천지역을 중심으로,"『대한국토 · 도시계획학회 2003년 정기학술대회논문집』, pp.1073–1082.

김민정 · 양동우 · 정창무, 2003, "유사업종 밀집지역의 적정밀도에 관한 연구: 청계천 금속기계 관련 업종을 대상으로,"『대한국토 · 도시계획학회 2003년 정기학술대회논문집』, pp.425–436.

김의준, 김용환, 2006, "서울시 오피스 임대료 결정요인의 변화분석,"『지역연구』 22(2): 79–96.

김의준 · 김용환 · 박승규, 2003, "특성가격함수를 이용한 서울시 오피스 임대료 결정요인의 변화분석,"『대한국토 · 도시계획학회 2003년 정기학술대회논문집』, pp.1033–1047.

김진유 · 전상경, 2003, "부동산 위탁경영의 결정요인,"『국토계획』 38(3): 287–301.

변기영 · 이창수, 2004, "서울시 오피스 임대료 결정구조에 관한 연구,"『국토계획』 39(3): 205–219.

서울시정개발연구원, 2005,『서울시 업무공간 수요 예측 및 공급가능성 진단 연구』.

서후석, 2001, "서울지역 대형 오피스 빌딩관련 시장규모의 추정에 관한 연구,"『부동산학보』 18: 141–152.

손재영 · 김경환, 2000, "서울시 오피스 임대료의 횡단면 분석,"『국토계획』 35(5): 279–295.

손진수 · 김병욱, 2002, "서울 오피스시장의 임대료지수 개발에 관한 연구,"『국토계획』 37(4): 109–122.

양승철 · 이성원, 2006, "서울시 매장용 빌딩의 임대료결정 요인에 관한 연구,"『감정평가 연구』 16(2): 31–48.

양승철 · 최정엽, 2001, "서울시 오피스빌딩 임대료 결정요인에 관한 연구,"『감정평가논

집』 11: 99-115.

여홍구 · 정선아, 2002, "서울시 오피스의 공간분포 및 입지특성에 관한 연구," 『국토계획』 37(7): 117-135.

용해경, 2003, "통행시간의 변화가 주택가격에 미치는 영향에 관한 연구," 서울시립대학교 대학원 도시공학과 석사학위논문.

이동규 · 최막중, 2002, "서울시 오피스 임대료의 권역별 차이 연구," 『대한국토 · 도시계획학회 2002년 정기학술대회논문집』, pp.1107-1118.

이상경, 2005, "서울시 오피스 매매가격지수 개발에 관한 연구," 『서울도시연구』 6(4): 137-150.

이재우 · 이창무, 2004, "오피스 임대시장구조에 대한 실증분석," 『대한국토 · 도시계획학회 2004년정기학술대회논문집』, pp.851-864.

이창무 · 이재우, 2005, "서울 오피스 임대시장구조 실증분석," 『국토계획』 40(2): 207-221.

전기석 · 이현석, 2006, "위계적 선형모형을 이용한 오피스 임대료 결정요인 분석," 『국토연구』 49: 171-184.

정승영 · 곽시우, 2003, "오피스 임대료의 결정에 관한 연구," 『부동산학보』 21: 203-215.

정창무, 2005, "Traffic Conditions as Office Rent Determinants," 『국토계획』 40(2): 223-232.

정현주, 1998, "서울시 오피스기능의 다중심화 현상에 관한 연구," 『대한지리학회지』 33(1): 75-91.

최막중 · 방제익, 2002, "서울시 오피스 하위시장의 전월세환산율 차이에 관한 연구," 『국토계획』 37(3): 141-155.

Buchanan, James M., 1965, "An Economic Theory of Clubs," *Economica, New Series* 32(125): 1-14.

Sun, Carlos and Himanshu Porwal, 2000, "Dynamic Origin/Destination Estimation Using True Section Densities," University of California, Berkeley, Research Reports.

제 13 장

국제금융기업의 입지결정요인에 관한 연구

이 장에서는 특정 지역의 사무실 수요를 만들어 내는 기업들—특히 국제금융관련 기업—의 입지 결정요인을 분석한다. 우리나라에는 국제금융도시 육성에 대한 수많은 지방자치단체들의 열망과 정책이 있었지만, 국제금융기업 유치를 위한 다양한 정책효과를 분석한 연구나 국제금융기업의 입지요인을 분석한 연구는 전무하다시피 했다. 이 장에서는 금융시장여건이 국제금융관련 기업들의 입지에 미치는 영향을 규명하기 위해 금융시장여건에 대한 자료구득이 가능한 39개국을 대상으로 '금융시장여건이 국제금융기업 진출을 설명'하는 행태방정식을 연립방정식의 형태로 구축하였다. 종속변수는 각국별 진출 국제금융관련 기업의 수이며, 업종별 · 국가별 진출 국제금융관련 기업의 수, 국민경제관련 변수, 금융시장관련 변수, 해외직접투자금액관련 변수 등 총 42개의 변수를 활용하였다. 분석결과 국제금융관련 기업의 입지는 다른 국제금융관련 기업의 입지에 영향을 받으며, 주식시장 상장회사 수 등과 같은 금융시장관련 변수와 수출입규모, 외환보유고, 해외직접투자금액 등이 국제금융관련 기업의 입지에 영향을 주지만, 국민경제관련 변수의 경우 그 영향력이 크지 않다는 것을 밝혔다.

1. 시작하며

과거 지방자치단체마다 국제금융지구를 조성하기 위한 노력을 치열하게 전개했었다. 이명박 대통령의 제주도 역외금융센터 조성 지원공약에 따라 동북아의 국제금융센터로 발돋움하려는 제주,[01] 부산시의 10대 전략사업의 하나로 부산문현종합금융단지 조성사업을 추진 중인 부산,[02] 청라금융레저도시, 송도국제도시 등 국제금융도시 건설을 위한 기초공사가 한참 진행 중인 인천,[03] 새만금을 동아시아의 두바이로 조성하려는 전북,[04] 예전 중소기업전시장 부지에 건립 중인 서울국제금융센터(SIFC)를 중심으로 한 여의도지역을 국제금융지구로 조성하려는 서울[05] 등 수많은 지방자치단체들이 국제금융지구 조성을 위해 노력하고 있다. 국제금융지구 조성을 위한 제도적 방안으로 2007년 12월 21일 "금융중심지의 조성과 발전에 관한 법률"이 제정된 바 있으며, "금융중심지의 조성과 발전에 관한 법률 시행령"이 현재 기획재정부에 의해 제정되었다. 이 법에 따라 지방자치단체를 대상으로 '금융중심지' 공모사업이 시행되었으며, 서울과 부산, 인천 등에서는 공모에 응모한 바 있었다.[06]

굴뚝 없는 첨단 고부가가치산업인 국제금융산업 육성을 위한 노력은 우리만의 것은 아니다. 금융허브 구축을 위한 아시아 각국의 경쟁도 더욱 격화되고 있다. 일본의 경우 국제금융산업 거점지역의 명성을 되찾기 위해 '금융서비스 국가 프로그램'을 진행하고 있으며, 투자서비스업법(Investment Services Law)을 제정하여 금융산업에 대한 규제개혁을 추진한 바 있었다.[07] 중국 역시 2020년

---

01 아시아경제, 2007년 11월 30일, "李, '제주도를 역외금융센터로 키울 것'."
02 연합뉴스, 2008년 4월 3일, "부산문현혁신단지 드디어 닻 올린다."
03 세계일보, 2007년 12월 31일, "[2008 신년특집] 서해안 시대, 인천경제자유구역을 가다."
04 노컷뉴스, 2008년 1월 6일, "앨든 "외국 투자자들은 한국의 투자여건이 불확실하다고 말한다"."
05 파이낸셜뉴스, 2008년 2월 21일, "[fn사설] '여의도 국제금융허브' 말잔치 안되길."
06 중앙일보, 2008년 2월 21일, "여의도를 아시아 금융 허브로."
07 www.fsa.go.jp/news/newse/e20041224-2.pdf

을 목표로 상하이를 도쿄를 능가하는 아태지역의 국제금융센터로 육성하기 위해 3단계 추진일정(三步走 전략)을 수립, 추진하고 있으며, 싱가포르도 싱가포르 투자공사를 설립하여 국제금융산업 육성을 위한 선도업종으로 자산운용업에 대한 대대적인 육성정책을 진행시키고 있다.[08] 홍콩 역시 최근 중국기업들의 홍콩증시 상장을 적극 추진함으로써 중국 기업들의 자금조달창구로서의 홍콩의 위상을 강화하고 있다.[09]

지방자치단체마다 또는 세계 각국이 왜 국제금융거점 조성에 혈안이 되어 있는가? 국제금융거점을 육성하는 것이 정책당국자들에게 매력적인 경제정책이 되는 이유는 우선 큰 투자 없이 공해가 없는 고부가가치산업을 육성할 수 있다는 점이다. 특별한 고정자산과 장비에 대한 투자 없이 단지 조세감면이나 외국환업무에 대한 규제만 완화해도, 몰려온 외국자본이 고용을 창출할 수 있는 국제금융산업은 선진국만이 아니라 개도국에게도 호소력 있는 경제개발정책이 될 수 있다. 조세피난처로 불리는 케이만군도와 바하마 등의 역외 기장센터(offshore booking center)가 그런 비전 아래 운영되고 있는 사례들이다.

국제금융허브 조성을 위한 우리 사회의 뜨거운 열기에도 불구하고, 국제금융허브 조성을 위한 우리의 비전은 실천전략이 구체적이지 못하고 모호하다는 한계를 안고 있는 실정이다. 세계 또는 아시아 최고, 국내 최고층 국제금융센터를 건설하겠다는 식의 건물 키재기 경쟁이 전략의 핵심사안으로 부각되고 있을 뿐, 정작 국제금융허브 조성의 전제가 되는 국제금융기업들을 어떤 방식으로 유치할 것인가라는 전술부문에 이르면, 규제완화를 통한 외자유치와 규제완화를 위한 지구지정, 지정학적인 입지우위의 소개에 그치고 있는 실정이다. 예컨대 제주국제자유도시가 제시하고 있는 기본투자매력 요소를 보면, 고도의 자치권 확보, 무사증 입국 가능, 비행거리 2시간 이내 인구 백만 명 이상 도시 60개 위치, 각종 조세감면제도가 적용되는 제주투자진흥지구제도 운영

08 http://www.mosf.go.kr/division/br_fp/br_fp_03.php?action=view&t_code=63&no=77399

09 위의 글.

등이며,[10] 인천광역시 경제자유구역의 경우 탁월한 항공입지, 완벽한 물류유통, 풍부한 고급인력, 최적의 기업환경, 수준 높은 삶의 질, 경제자유구역이나 외국인 투자지역, 자유무역지역과 같은 각종 조세감면제도와 같은 행정지원을 제시하고 있을 뿐이다.[11] 문제는 멋진 토지이용계획과 규제완화, 조세감면과 행정지원 등이 국제금융관련 기업의 유치전략으로 유효하다는 보장도 없을 뿐 아니라, 시민들의 기대만을 한껏 고양시켜 부동산거품만 일으킬 가능성이 높다는 것이다. 국제금융관련 기업들이 우리나라에 진출하는 것은 국제금융지구가 지정되어 있거나, 조세감면 또는 수도권 규제완화 등의 혜택이 있기 때문이라기보다는 이윤창출의 기회가 있기 때문일 것이다. 이 연구는 바로 이 점에 초점을 맞추어 각국의 금융시장여건이 국제금융관련 기업의 입지에 미치는 영향을 실증적으로 분석하고자 한다.

2. 국제금융기업의 입지행태에 관한 연구

기업의 입지행태에 대한 연구는 국내외에 걸쳐 다양하게 수행된 바 있다. 일례로 기정훈(2007)은 벤처기업입지를, 한병섭 · 서민교(2005)는 중국에 투자한 한국 기업의 공장입지 선택요인에 대한 연구를 수행한 바 있으며, 박지윤(2006)은 기업부설연구소의 공간적 입지유형을 연구한 바 있다. 하지만 국제금융기업의 입지행태에 대한 실증연구는 국내외를 통틀어 사례를 찾아보기 힘든 실정이다. 실증연구가 이루어지지 않은 가장 근본적인 요인은 국제금융관련 기업의 입지현황에 대한 자료구득이 어려웠기 때문이라고 판단된다. 국제금융산업 발전의 필요성을 역설한 수많은 연구가 있었지만(동북아경제중심추진위원

10 https://www.jdcenter.com/prcenter/invest_info/investenv.cs
11 https://www.ifez.go.kr/ivt003

회 · 재정경제부, 2003; 동북아경제중심추진위원회 · 재정경제부, 2004; 최명주, 2004; 최종구, 2003), 정작 국제금융관련 산업의 입지행태에 대한 실증연구는 이루어진 바 없었다.

반면, 소수이긴 하지만 국제금융도시의 흥망성쇠를 통시적으로 다룬 연구들과 국제금융산업의 발전요건을 다룬 실증연구들이 있다. 국제금융산업의 발전요건을 다룬 연구로 주상영(2004)의 연구와 아시아의 금융시장 발전방안을 논의한 Reszat(2002)의 연구를 검토해 보자. 주상영(2004)은 "국제금융센터의 여건과 금융발전효과"란 논문에서 세계 105개국의 실증자료를 활용한 프로빗 분석을 통해 유동성과 금융중개규모, 주식시가총액이라는 세 변수가 금융발전지표를 비교적 잘 설명하고 있으며, 금융발전을 위해서는 시장 전반에 대한 규제의 투명화 · 합리화가 매우 중요하다는 것을 밝혔다. 반면, Reszat(2002)는 아시아의 금융시장 발전을 논의하면서, 전제조건으로 인구와 경제규모를 들고 있다. 그는 인구와 경제규모가 커야 그에 따른 금융수요도 커진다고 주장하면서, 그 대표적인 예로 일본을 들고 있다. 하지만 그는 이러한 일반적인 지표가 간혹 잘못 해석될 수도 있다고 지적하면서, 그 예로 인구규모는 적지만, 중국이란 넓은 배후지를 지니고 있는 홍콩과 인도네시아, 말레이시아, 태국, 필리핀을 배후지로 두고 있는 싱가포르를 사례로 들고 있다.

주상영(2004)과 Reszat(2002)의 연구가 횡단면적인 관점에서 국제금융산업의 발전요건을 검토하였다면, 국제금융산업의 발전과정을 역사적인 관점에서 고찰한 연구들로 유럽지역을 중심으로 하는 수백 년간의 국제금융도시의 흥망성쇠를 통시적으로 고찰한 Kaufman(2000)의 연구와 필라델피아와 경합했던 뉴욕이 지금의 세계금융중심지로 성장할 수 있었던 계기를 설명한 Poon, Eldredge, and Yeung(2004)의 연구를 들 수 있다. 이러한 역사서술적인 연구들이 강조하는 것은 국제금융산업의 선점효과이다. 예를 들어, 유럽중앙은행을 유치한 프랑크푸르트가 국제금융도시 런던과의 위상을 좁히지 못하는 원인으로 선점효과를 들고 있는 Faulconbridge(2004)와 Grote(2004)의 연구, 동유럽의 관문도시 · 국제금융도시로 성장하려는 베를린의 좌절을 설명하고 있는

Taylor, Walker, Catalano, and Hoyler(2002: 240-1)의 연구 등은 국제금융도시와 국제금융산업 분야에 있어서 선점효과의 중요성을 강조하고 있다.

국제금융산업의 성장을 통시적으로 다룬 연구들이 한결같이 지적하고 있는 또 다른 사실은 국제금융산업의 성장은 도시가 입지한 지역의 경제성장을 배경으로 하고 있다는 점이다. 지역경제규모가 커지면, 지역산업의 금융수요가 그에 비례해 증가하게 된다. 이러한 지역금융수요를 자양분으로 하여 국지적 금융업이 발아하고 성장하게 되는데, 뉴욕, 런던, 파리, 그리고 도쿄 등이 그러한 예라고 할 수 있다. 지역경제규모의 성장과 더불어 발전하게 되는 국제금융도시들에 대하여 Lane and Milesi-Ferretti(2003)는 일인당 국내총생산, 자국주식의 자기자본시장총액, 국내총생산에 비례해 해외금융자산투자액이 커지며, 자국의 주식투자수익률의 변동이 클수록 해외금융자산투자액이 줄어든다는 사실을 보여주고 있다. 즉 해외자산투자규모는 국제금융도시가 소재한 국가의 자산시장의 성숙도와 비례한다는 것이다.

국제금융산업의 발전이 선점효과에 지배된다면 우리나라와 같은 후발주자가 국제금융산업을 육성시킬 가능성은 희박해진다. 하지만 Grote(2004)는 이러한 주장을 반박하면서, 국제금융산업의 후발국가들도 국제금융산업을 일으킬 가능성을 가지고 있다고 강변하고 있다. 금융산업이 수확체증법칙의 지배를 받는다 하더라도 런던 등이 공급하는 국제금융상품의 가격경쟁력이 무한대로는 증가할 수 없다는 것이다. 런던과 뉴욕, 도쿄에 소재한 금융기업들은 제3세계에 소재한 지역금융기업들이 부담하지 않아도 되는 현장비용을 상쇄할 만한 우월적인 금융상품 모두를 공급할 수 없기 때문에 국제금융시장의 후발주자들도 지역을 거점으로 하는 틈새 국제금융산업을 육성할 수 있는 기회를 가질 수 있다(Grote, 2004). 이러한 틈새가 있기 때문에 국지적 규모의 국제금융도시들—홍콩, 싱가포르, 프랑크푸르트, 두바이 등—이 등장하고 성장할 수 있게 된다. 이들 연구에 따르면, 우리나라가 국제금융산업을 육성하고자 할 경우 우선적으로 해야 할 일은 자본시장의 성장을 촉진하고 시장안정을 도모하는 것이다. 또한 동북아 경제성장에 따른 지역금융수요에 대한 지정학적인 이

점을 충분히 활용하여, 런던과 뉴욕, 도쿄에 소재한 국제금융기업에 대한 비교 우위를 확보해 나갈 필요가 있다. Lane and Milesi-Ferretti(2003)의 또 다른 발견은 국가 상호 간 금융자산투자액은 교역대상국가의 무역수입액이 클수록, 동일한 언어를 사용할수록, 주식투자수익률(투자국과 교역국 간의)과 경제성장률(투자국과 교역국 간의)이 유사할수록 증가하며, 거리가 멀수록, 시간축이 다를수록, 환율이 불안정할수록 감소한다는 것이다. 따라서 최근 무역규모가 커지고 있고, 거리가 가까우며, 시간축이 비슷한 한자문화권 국가인 중국이나 동남아, 일본은 우리나라의 국제금융산업 발전을 위해 우선적으로 고려해야 할 지역이라고 할 수 있다.

3. 연구방법과 분석자료

국제금융관련 기업의 입지행태를 분석하기 위해 우선 국제금융관련 기업의 입지현황 자료가 필요하며, 금융시장여건이 입지행태에 미친 영향을 규명하기 위해서는 주식거래량이나 상장채권가치 등 금융관련 자료의 수집이 필요하다. 전 세계적으로 주식시장을 운영하고 있는 나라는 많지 않으며, 금융관련 자료를 체계적으로 정리하여 발표하는 나라도 흔치 않다. 국제금융관련 기업의 입지현황을 정리하고 있는 국제기구 등이 없으므로, 입지현황을 파악하기 위해서 각 개별기업의 홈페이지를 이용해 각국에 진출한 지점 주소를 가지고 입지현황을 파악하기로 한다. 금융관련 산업은 집적의 이익이 두드러지는 산업이다(정창무, 2005). "은행은 은행이 거기에 있기 때문에 입지한다."라는 자연법칙이 강하게 영향을 미치는 산업이므로, 국제금융관련 업종의 입지 역시 다른 국제금융관련 업종의 입지에 영향을 받게 된다. 런던 은행가에 세계 각국의 은행이 집결하고 여의도 증권타운에 증권관련 업종이 밀집한 것은 집적을 통한 지역화 경제효과가 크기 때문이다(O'Sullivan, 2004: 55–66). 만약 다른 업종의 입지가 또 다른 국제금융관련 기업의 입지를 유도한다면, 이를 추정모형 선정 시 감안해야 한다.

이 연구에서 채택하고 있는 방법론은 연립방정식모형이다. 국제금융관련 기업의 입지가, 다른 국제금융관련 기업의 입지에 영향을 주고 또 받는다면, 특정 지역의 특정 국제금융관련 기업의 집적은 다른 국제금융관련 기업의 입지에 영향을 주는 독립변수로 작용함과 동시에 다른 국제금융관련 기업의 입지에 영향을 받는 종속변수가 될 수 있기 때문이다.

이 연구는 국가별 금융시장여건이 국제금융관련 기업의 입지에 어떤 영향을 미치는가를 규명하는 것이다. 국제금융과 관련해 가장 중요한 요건 중 하나가 주식시장의 존재이다. 세계주식시장연맹(World Federation of Exchanges)[12]에 가입한 회원사는 모두 56개사로 국적별로 보면 47개국이다. 한편 국가별로 구분하였을 때 주식거래가격 등의 금융시장 자료 확보가 가능한 나라는 모두 39개국이므로 39개국을 대상으로 국가별 주가총액, 주식거래 총가격, 상장사수, 상장채권가치, 채권거래 총가격 등의 자료를 수집 · 정리하였다.[13] 해외직접투자(FDI) 역시 국제금융산업에 있어서 중요한 역할을 수행한다(Bank for International Settlement, 2004). 해외직접투자와 관련된 자료는 국제연합무역개발회의(United Nations Conference on Trade and Development)의 통계자료를 활용하였으며, 국민총소득과 국민총생산 등의 자료는 통계청의 국제통계를 활용하였다.

국제금융산업관련 업종은 금융관련 산업으로 일반적으로 분류되는 은행, 생명보험, 손해보험, 회계법인, 증권회사, 컨설팅사, 자산운용사, 법률회사, 광

12 http://www.world–exchanges.org/WFE/home.asp?action=organization

13 홍콩과 싱가포르의 경우 도시국가라서 여러 개의 국제금융기업 진출도시를 지니고 있는 미국, 일본, 영국 등의 국가들과 직접적인 비교 시 자료의 왜곡이라는 문제가 발생할 수도 있다. 많은 국제금융관련 연구와 통계기관들(예를 들어, 우리나라 통계청의 국제통계 등)은 홍콩이나 싱가포르를 도시단위가 아니라 국가단위로 취급하고 있다. 이 연구에서는 국제금융관련 연구들의 관행에 따라 홍콩과 싱가포르를 독립국가단위로 취급하였다.

고회사, 신용평가회사 등 10개 분야로 한정하였다. 국제금융관련 산업의 입지현황을 검토하기 위해 매출기준으로 각 분야별로 세계 10대 금융관련 기업들을 선정한 후, 해외진출현황을 인터넷 웹사이트를 통해 조사하였다. 회계법인과 신용평가회사의 경우에는 매출규모에 대한 조사자료가 충분치 않아 각각 상위 4개사와 상위 3개사만을 조사대상으로 하였다. 조사기간은 2005년 2월 11일부터 2005년 3월 10일까지 한 달간이며, 8명의 서울시립대 도시공학과 도시계획연구실 대학원생이 조사에 참여하였다. 조사방법은 관련 사이트에서 인터넷 검색을 통해 매출액 기준으로 각 분야별 10대 금융기관을 선정한 뒤, 각 기업본사의 홈페이지로부터 세계 각국에 진출해 있는 지점 또는 자회사의 홈페이지를 검색하여, 진출도시를 조사한 후 진출국가별로 지점수를 집계하였다. 아랍어 등과 같이 현지어로 작성된 홈페이지에 대한 영어번역은 인터넷 번역기(라이코스 번역기 등)를 활용하였다.

| 표 13-1 | 금융시장관련 변수목록

<table>
<tr><th>변수</th><th>변수설명</th><th>단위</th><th>출처</th></tr>
<tr><td>인구</td><td>인구</td><td>천 명</td><td>통계청 > 국제통계 > 인구</td></tr>
<tr><td>GNI PPP</td><td>1인당 국민총소득
(당해 연도 가격)</td><td>US$</td><td rowspan="4">통계청 > 국제통계 > 국민계정</td></tr>
<tr><td>GNI</td><td>국민총소득</td><td>10억 US$</td></tr>
<tr><td>GDP PPP</td><td>1인당 국내총생산</td><td>US$</td></tr>
<tr><td>GDP(백만 달러)</td><td>국내총생산</td><td>십억 US$</td></tr>
<tr><td>주가총액</td><td>Domestic Market Capitalization
(자국 시가자본총액)</td><td>백만 US$</td><td rowspan="3">World Federation of Exchange</td></tr>
<tr><td>주식거래총가</td><td>Total Value of Share Trading(주식거래 총가격)</td><td>백만 US$</td></tr>
<tr><td>상장사수(03년 말)</td><td>상장사수(국내+국외 기업 포함 03년 말)</td><td>회사수</td></tr>
</table>

상장채권가치	Value of Bonds Listed (상장된 채권가치)	십만 US$	World Federation of Exchange
채권거래총가	Total Value of Bond Trading(채권거래 총가격)	십만 US$	
외환보유(금)	외환보유(백만 달러)	백만 US$, 기말	통계청>국제통계> 무역 · 국제수지 · 외환
외환보유	금 제외 외환보유	백만 US$, 기말	
수출	수출	백만 US$	
수입	수입	백만 US$	
수출-수입	수출-수입액	백만 US$	
FDIinward-flow	FDI-inward-flow	백만 US$	United Nations Conference on Trade and Development, 2004, "World Investment Report 2004: The Shift Towards Services," New York and Geneva: UN
FDIinward-stock	FDI-inward-stock	백만 US$	
FDIoutward-flow	FDI-outward-flow	백만 US$	
FDIoutward-stock	FDI-outward-stock	백만 US$	
FDI Flow IN-OUT	[FDI-inward flow] -[FDI-outward-flow]	백만 US$	
FDI Stock IN-OUT	[FDI-inward stock] -[FDI-outward-stock]	백만 US$	
한자문화권	한국, 일본, 중국 등 더미변수 1, 아니면 0		
미국	미국 더미변수 1, 아니면 0		
영국	영국 더미변수 1, 아니면 0		
일본	일본 더미변수 1, 아니면 0		
중국	중국 더미변수 1, 아니면 0		
홍콩	홍콩 더미변수 1, 아니면 0		
싱가포르	싱가포르 더미변수 1, 아니면 0		
한국	한국 더미변수 1, 아니면 0		
10년간 경제성장률	1995~2004년까지 평균 GDP성장률		통계청>국제통계> 국민계정
5년간 경제성장률	1999~2003년까지 평균 GDP성장률		
3년간 경제성장률	2001~2003년까지 평균 GDP성장률		

은행의 경우 *The Banker*지에서 매년 발표하는 Top 1000 World Bank 중 총 자산규모 기준 10대 은행의 지점수를 조사하였다. 2004년 현재 총자산이 가장 많은 은행은 일본의 Mizuho Financial Group으로 조사되었다. 보험회사는 크게 손해보험회사와 생명보험회사로 분류된다. 본 연구에서 조사한 보험회사의 순위는 *Fortune*지에서 발표한 총수익기준 순위를 사용하였다.

세계 10대 증권회사는 2004년 Institutional Investor에서 조사한 세계 100대 증권회사 가운데 10위까지의 회사를 조사하였다. Merrill Lynch & Co.가 총수익 면에서 가장 큰 증권회사로 나타났고 대부분이 미국 회사들로 조사되었다. 세계 10대 증권회사의 지점은 증권거래소가 존재하는 런던과 뉴욕, 도쿄를 중심으로 가장 많이 분포하고 있는 것으로 나타났으며, 세계 10대 증권회사의 평균 해외진출비율은 72%로 조사되었다.

| 표 13-2 | 분석대상 39개국에 대한 국제금융관련 기업의 업종별 진출현황

국가명	회계 법인	컨설팅 회사	증권 회사	자산 운용사	은행	신용 평가 기관	손해 보험	생명 보험	법률 회사	광고	합계
그리스	10	6	0	0	81	0	58	154	0	75	384
남아공	57	10	4	2	13	2	52	0	0	97	237
노르웨이	56	20	0	0	1	0	3	0	0	52	132
뉴질랜드	19	12	4	1	9	0	13	5	0	52	115
대만	23	9	8	6	34	2	39	36	2	62	221
덴마크	60	24	0	0	0	0	26	0	0	52	162
독일	96	52	7	7	1,187	4	110	57	28	270	1,818
룩셈부르크	6	1	3	5	32	1	4	49	3	2	106
말레이시아	46	12	3	0	61	1	39	95	1	61	319
멕시코	78	34	8	0	256	4	30	462	6	57	935
미국	376	277	154	163	5,553	40	203	174	63	786	7,789
브라질	45	11	7	1	639	4	57	39	6	67	876
스웨덴	253	44	3	4	6	1	2	0	2	83	398

스위스	52	17	17	12	679	0	71	9	3	73	933
스페인	97	37	6	6	382	3	110	344	10	198	1,193
싱가포르	9	8	10	8	32	3	17	14	9	92	202
아르헨티나	12	9	6	0	117	3	28	80	1	51	307
아일랜드	23	11	4	3	24	0	41	115	0	49	270
영국	109	58	11	13	2,159	5	59	40	13	375	2,842
오스트리아	29	12	1	5	16	0	11	130	3	53	260
이스라엘	15	6	4	0	7	1	2	1	0	33	69
이탈리아	91	31	10	6	377	4	28	1,278	15	153	1,993
인도	43	30	5	4	94	5	264	138	0	233	816
인도네시아	10	6	4	0	37	0	15	19	1	43	135
일본	149	42	12	9	1,131	3	21	246	10	251	1,874
중국	37	24	12	2	64	3	49	38	15	179	423
칠레	19	8	2	1	31	2	25	18	1	42	149
캐나다	130	71	14	16	22	4	41	69	3	183	553
태국	4	5	6	1	19	1	12	93	4	74	219
터키	13	5	1	1	23	1	10	17	0	47	118
페루	4	1	0	0	10	1	27	6	0	22	71
폴란드	23	9	3	1	56	1	52	64	4	66	279
프랑스	166	22	6	7	2,200	6	22	921	9	287	3,646
핀란드	52	17	0	0	2	0	2	0	0	43	116
필리핀	21	4	2	0	20	0	60	83	1	52	243
한국	19	7	7	4	31	3	37	68	0	50	226
헝가리	5	5	1	0	12	0	43	117	5	48	236
호주	47	37	15	13	45	5	49	18	4	202	435
홍콩	8	9	10	9	162	3	20	18	9	100	348
계	2,312	1,003	370	310	15,624	116	1,752	5,015	231	4,715	31,448

컨설팅 회사는 Vault 2004 Consulting Survey에서 조사한 100대 회사 중 10위까지의 회사를 선정하여 지점수를 조사하였다. 세계 10대 컨설팅회사를 조사한 결과 해당 기업의 국적이 모두 미국 기업인 것으로 조사되었으며 해당 컨설팅 회사의 평균 해외진출비율은 72%로 나타났다.

세계 10대 자산운용회사는 2004년 2월 Financial Times Mercer Consulting Survey가 발표한 자료를 토대로 하여 웹사이트를 검색하여 구축하였다. 세계 10대 자산운용회사의 지점수를 보면 자산운용회사의 본사가 많은 뉴욕이 수위도시를 차지하고 있으며, 이어 홍콩, 런던, 도쿄의 순으로 나타났다. 평균 해외진출비율은 71%로 Deutsche Asset Mgmt, UBS Global Asset Mgmt와 같이 은행업과 기타 금융업을 겸하는 유럽지역 자산운용회사들의 해외진출비율이 높았으며, 순수 자산운용만을 주업무로 하는 회사의 해외진출비율이 상대적으로 낮게 나타났다.

세계 4대 회계법인은 Nation's Largest Accounting Firms에서 제공하는 자료에 근거해 선정하였으며, 이들은 3개의 미국 국적 기업과 1개의 네덜란드 국적 기업으로 이루어져 있다. 세계 4대 회계법인의 지점은 도쿄와 파리, 런던에 다수 위치해 있었다. 세계 4대 회계법인의 평균 해외진출비율은 90%로 자국 대비 해외지점수의 비율이 상당히 높은 것으로 조사되었다.

신용평가회사는 은행 중심의 경제구조인 유럽과 달리 직접금융시장이 일찍 발달한 미국에서 약 1세기 전에 시작되었다. 유럽의 경우 1970년대 후반에 비로소 신용평가제도가 도입되었고 우리나라와 일본은 1980년대 중반 이후에 모습을 드러냈다. 유럽의 신용평가기관은 80년대에 미국 회사들에 합병되었으며 현재는 Fitch IBCA만이 런던과 뉴욕에 각각 본사를 두고 명맥을 유지하고 있다. 회사의 특성상 지점수가 다른 업종에 비해 많지 않다.

세계 10대 법률회사에 대한 자료는 2004년 Law Global 100에 근거하여 조사하였다. 법률회사는 금융이나 상거래의 지원업종으로서 상품거래소와 같이 법적 분쟁의 소지가 있는 곳에 본사 혹은 지점이 주로 입지함을 알 수 있었다. 법률회사의 지점수는 런던, 브뤼셀, 뉴욕, 도쿄를 중심으로 분포되어 있다.

세계 10대 광고회사는 미국과 영국, 일본 회사들이 주류를 이루고 있다. 대부분의 회사들은 전 세계적으로 많은 수의 지점을 두고 있으며, 개별광고회사의 지점은 자회사의 형태로 입지해 있다. 매년 Adage에서는 매출액을 기준으로 광고회사 순위를 발표하고 있어 이 자료를 활용하였다.

국제금융관련 기관의 분석대상 39개국의 진출현황을 보면, 모두 31,448개소의 지점이 파악되었으며, 은행이 가장 많은 15,624개소, 생명보험회사가 5,015개소, 광고업체가 4,715개소의 지점을 가지고 있는 것으로 나타났다. 금융기관이 가장 많이 입지한 국가는 미국이며, 이어 프랑스, 영국, 이탈리아, 일본, 독일의 순서를 보이고 있다. 한국은 39개 조사대상국 중 26위를 차지하고 있으며, 생명보험회사 68개 지점, 광고사 50개 지점, 손해보험회사 37개 지점 등 모두 226개의 외국계 금융기관이 입지하고 있는 것으로 나타났다. 아시아권에서 일본 다음으로 많은 외국계 금융기관을 유치한 나라는 중국(423개)이며, 이어 홍콩(348개), 말레이시아(319개), 필리핀(243개), 한국(226개), 대만(221개), 태국(219개), 싱가포르(202개), 인도네시아(135개) 순으로 나타났다. 우리나라에 진출한 외국계 금융기관의 업종별 현황을 보면, 생명보험, 광고, 손해보험, 은행, 회계법인 순으로 진출이 활발한 편이며, 법률회사, 자산운용사 순으로 입지가 기피되는 것으로 나타났다.

4. 분석

해외 유수 금융기업의 입지행태를 분석하기 위해, 각 국가별로 진출한 국제금융기업의 수를 종속변수로, 금융시장여건과 그 지역에 입지한 다른 업종의 국제금융관련 기업수를 외생 또는 내생 변수로 하는 연립방정식모형을 구축하였다. 외생변수군은 Lane and Milesi-Ferretti(2003)와 주상영(2004)의 연구에서 활용된 독립변수를 근간으로 World Federation of Exchange에서 제공하고 있는 금융관련 변수를 추가해 구성하였다. 금융관련 산업의 집적의 이익이 크다는 사실을 검증하기 위해, 내생변수로 그 지역에 입지한 다른 업종의 국제금융관련 기업수를 포함시켰다. 모형의 설명력은 수정결정계수로 0.27595에서 0.99326의 범위를 보이고 있으며, 평균적으로 0.875181 수준이다. 설명력을 보면 증권과 자산운영사의 경우 높게 나타났지만, 생명보험회사와 손해보험회사의 경우 설명력이 낮게 나타났다. 특히 생명보험회사의 경우 수정결정계수로 본 모형의 설명력은 0.27595로 가장 낮은 수준을 보여, 다른 국제금융관련 기업의 입지행태와는 현저한 차이를 보이고 있다.

| **표 13-3** | 국제금융기업 입지행태방정식 요약(1)

구분	회계법인	컨설팅회사	증권회사	자산운용사	은행
상수항	13.816 (2.40)	−0.36019 (−0.10)	4.398502 (3.81)	−3.70763 (−4.57)	164.4415 (1.49)
회계법인		0.175944 (3.03)			
컨설팅회사					
증권회사				1.022642 (46.66)	
자산운용사			1.052229 (31.32)		
은행					
신용평가기관					
손해보험					
생명보험		−0.02736 (−2.73)			
법률회사					
광고					
인구				−5.61E−6 (−2.81)	

GNI PPP				0.000069 (2.22)	
주식거래총가					0.000199 (7.70)
상장사수(03년 말)		0.003896 (1.94)		0.001096 (2.70)	
상장채권가치		−4.42E−6 (−2.27)	−7.18E−7 (−2.29)		
채권거래총가	0.000088 (5.26)				
외환보유			0.000016 (4.24)		
수출			−8.06E−6 (−2.23)		
수입		0.000129 (6.66)			
수출−수입	0.000162 (2.09)				
FDIinward−flow					0.010184 (2.50)
FDIinward−stock					
FDIoutward−flow	0.003486 (10.13)				
FDIoutward−stock					0.000933 (3.78)
FDI Flow IN−OUT			0.000185 (4.30)		
FDI Stock IN−OUT					
한자문화권		−20.9113 (−2.63)			
미국					
영국	−300.207 (−6.77)		7.041035 (2.34)		
일본					

중국					
홍콩					
싱가포르					
한국					
성장률 10			-0.72993 (-2.65)		-60.0799 (-2.24)
성장률 3					
수정결정계수	0.88285	0.90785	0.99326	0.99176	0.9546
DW	1.790704	2.218351	2.060027	2.310721	2.089887
Collinearity Diagnostics의 최소 Eigenvalue값	0.13002	0.09868	0.03333	0.15914	0.04525
Basmann test의 *F*값	0.45	8.68	0.74	1.04	1.88
Test for Overidentifying Restrictions의 *p*값	0.8729	0.1084	0.7211	0.6065	0.4071

주 : (　)의 수치는 *t*값임.

변수의 다중공선성 여부를 판단하기 위해 10개의 추정모형별로 가장 낮은 수치를 보이는 고유값(Eigenvalue)을 표에 제시하였다. 고유값이 0.01 이하이면 다중공선성의 문제가 심각하다는 증거가 되지만, 가장 낮은 고유값을 보이는 모형은 증권회사입지모형으로 0.03333의 수치를 보이고 있어 다중공선성의 문제가 크지 않은 것으로 판단된다. 연립방정식모형에서 발생하기 쉬운 과다식별문제를 검정하기 위해 과다식별 검정(Basmann test)을 시행하였다(Davidson and MacKinnon, 1993; Baum, Schaffer, and Stillman, 2003). 〈표 13-3〉의 마지막에서 두 번째 행의 결과치는 과다식별 검정(Basmann test)의 *F*값이며, 맨 마지막 행은 과다식별 검정치의 *p*값이다. 검정결과 각 구조방정식에서 제외된 변수 중 유효한 변수가 있다는 귀무가설을 기각할 수 없는 것으로 나타나, 과다식별문제는 크지 않은 것으로 판단된다.

| 표 13-4 | 국제금융기업 입지행태방정식 요약(2)

구분	신용평가기관	손해보험	생명보험	법률회사	광고
상수항	0.036252 (0.13)	19.46385 (4.53)	233.7992 (2.09)	−0.95511 (−1.78)	26.95228 (5.37)
회계법인					
컨설팅회사					
증권회사		0.797491 (5.21)		0.151452 (4.27)	
자산운용사					−1.55902 (−4.31)
은행					
신용평가기관					
손해보험					
생명보험					
법률회사					6.790448 (9.79)
광고	0.030376 (12.20)				
인구		0.000216 (10.42)			
GNI PPP					
주식거래총가					
상장사수(03년 말)					0.030753 (9.77)
상장채권가치	2.659E−7 (2.12)				
채권거래총가					
외환보유					
수출					
수입				0.000042 (11.27)	
수출−수입					
FDIinward−flow			0.020692 (3.55)		

FDIinward−stock					
FDIoutward−flow				−0.00011 (−2.99)	0.003054 (9.48)
FDIoutward−stock			−0.00049 (−2.62)		
FDI Flow IN−OUT					
FDI Stock IN−OUT	0.000011 (6.84)				
한자문화권					
미국	20.58116 (13.18)				
영국					
일본	−2.85931 (−3.12)				
중국		−260.118 (−7.69)	−773.394 (−2.05)		
홍콩					
싱가포르					
한국	3.128427 (3.90)			−7.16718 (−2.89)	
성장률 10			−56.0832 (−2.08)		
성장률 3	−0.45160 (−5.81)				
수정결정계수	0.98701	0.82602	0.27595	0.95564	0.97687
DW	2.544268	2.236806	1.714996	2.002533	2.200654
Collinearity Diagnostics의 최소 Eigenvalue값	0.05117	0.22331	0.0548	0.10076	0.09147
Basmann test의 F값	0.78	0.53	4.83	0.96	0.29
Test for Overidentifying Restrictions의 p값	0.7069	0.8305	0.1859	0.6342	0.9536

주 : ( )의 수치는 t값임.

국제금융관련 기업의 입지행태를 보면, 국민경제규모나 다른 국제금융 관련 기업의 입지 여부, 금융시장여건, 해외직접투자금액의 영향이 큰 것으로 나타났다. 국민경제관련 변수의 경우, 1인당 국민총소득은 자산운용사의 입지에 영향을 주지만, 다른 국제금융관련 기업의 입지에는 영향을 주지 않는 것으로 나타났고, 경제성장률은 국제금융기업의 입지에 부정적인 영향을 주는 것으로 나타났다. 경제성장률이 국제금융기업의 진출에 부정적인 영향을 미치는 이유는 중국이나 인도 등과 같은 개발도상국들의 경제성장률이 높으며, 미국, 영국, 일본 등과 같은 선진국들의 경제성장률이 낮기 때문인 것으로 판단된다. 국제금융관련 기업 중 다른 국제금융관련 기업의 입지에 영향을 크게 주는 업종은 증권회사와 자산운용사이며, 생명보험회사의 경우는 컨설팅회사의 입지에 부정적인 영향을 주는 것으로 나타났다. 증권회사의 경우 자산운용사, 손해보험회사, 법률회사의 입지에 긍정적인 영향을 주며, 계수값도 커서 입지파급효과가 큰 것으로 나타났다.

자본시장여건이 국제금융관련 기업의 입지에 미친 영향을 살피면, 주식거래총가가 은행입지에 긍정적인 영향을 미치는 것으로 나타났고, 상장회사의 수가 많을수록 컨설팅, 자산운용, 광고업종의 입지기업수가 늘어나는 것으로 나타났다. 상장채권가치는 컨설팅이나 증권관련 업종의 입지에 부정적인 영향을 미치지만, 신용평가기관의 입지에는 긍정적인 영향을 미치는 것으로 나타나, 우리나라와 같이 채권규모가 상대적으로 큰 나라는 신용평가기관의 진입이 활발하다는 것을 입증하고 있다. 연간 채권거래총가치가 클수록 회계법인의 진출이 활발해지며, 외환보유고가 큰 나라의 경우 증권관련 업종의 진출이 활발한 것으로 나타났다.

무역의 경우 수입금액이 많아질수록 컨설팅회사와 법률관련 국제금융기업의 진출이 활발해지며, 수출금액규모는 컨설팅회사의 입지에 부정적인 영향을 미치는 것으로 나타났다. 해외직접투자의 경우 국제금융관련 기업의 입지에 미치는 영향은 복합적인 것으로 나타났다. 예를 들어 해외에서 들어오는 직접투자금액이 커질수록 은행과 생명보험관련 업종의 진출이 활발하며, 해외로 송출하는 직접투자금액이 커질 경우 회계법인과 광고기업의 수는 증가하지만, 생명보험기업의 수는 감소하는 것으로 나타났다. 해외직접투자금액의 유입과 유출 차이가 커질수록 증권회사와 신용평가기관의 진출이 늘어나는 것으로 나타났다.

한자문화권 국가의 경우 회계법인의 진출이 더딘 편이며, 미국의 경우 신용평가기관의 입지우위를 보이고 있다. 영국의 경우 회계법인의 수가 적은 편이며, 일본의 경우는 신용평가기관의 진출이 적은 편이다. 한국의 경우 신용평가기관의 진출은 두드러지지만, 국제적인 수준의 법률회사의 진출이 적은 편이며, 중국의 경우 손해보험과 생명보험회사의 진출이 적은 편으로 나타났다.

국제금융관련 기업의 진출을 설명하기 위한 구조방정식의 분석결과를 전반적으로 정리하면, 국제금융관련 기업의 해외진출은 다른 국제금융관련 기업들의 진출에 의해 영향을 받으며, 그중에서도 증권회사와 자산운용사의 영향력이 가장 큰 것으로 나타났다. 증권회사의 경우 외환보유고가 많을수록, 해외직접투자의 유입과 유출 차이가 클수록 진출경향이 높아지며, 자산운용사의 경우 1인당 국민총소득이 높을수록, 주식시장 상장회사수가 많아질수록 입지확률이 커지는 것으로 나타났다.

5. 결론

이 연구는 금융시장여건이 국제금융 관련기업들의 입지에 미치는 영향을 규명하기 위해 금융시장여건에 대한 자료구득이 가능한 39개국을 대상으로 '금융시장여건이 국제금융기업 진출을 설명'하는 행태방정식을 연립방정식의 형태로 구축하였다. 종속변수는 각국별 진출 국제금융관련 기업의 수이며, 업종별 · 국가별 진출 국제금융관련 기업의 수, 국민경제관련 변수, 금융시장관련 변수, 해외직접투자금액관련 변수 등 총 42개의 변수를 활용하였다. 분석결과 국제금융관련 기업의 입지는 다른 국제금융관련 기업의 입지에 영향을 받으며, 주식시장 상장회사수 등과 같은 금융시장관련 변수와 수출입규모, 외환보유고, 해외직접투자금액 등이 국제금융관련 기업의 입지에 영향을 주지만, 국민경제관련 변수의 경우 그 영향력이 크지 않다는 것을 밝혔다.

정부가 작성한 3단계의 금융허브 추진 로드맵의 내용을 보면, 1단계로 2007년까지 선도산업 육성 등 7대 과제를 차질 없이 추진하여 특화 금융허브로 발전하기 위한 기반을 조성하며, 2단계는 2012년까지 해외 유수 금융기관의 지역본부를 본격적으로 유치하여 우리나라를 동북아지역의 특화 금융허브로 완성시켜 나간다는 것이다(동북아경제중심추진위원회 · 재정경제부, 2003). 그리고 마지막 단계는 2020년까지 대형 상업은행 및 투자은행의 지역본부를 유치하여 아시아지역의 3대 금융허브로 발전해 나가는 것이다. 동북아 금융허브라는 비전을 실현하기 위한 7대 과제는 '선도산업으로서 자산운용업 육성', '금융시장 선진화', '동북아지역의 SOC개발에 대응하는 지역특화 금융수요 개발', '금융산업의 Global Network 강화', 국내 보유 외환을 활용하는 '한국투자공사(KIC: Korea Investment Corporation) 설립', '금융 규제 · 감독 시스템 혁신', '금융관련 경영 · 생활 여건 개선'이다(동북아경제중심추진위원회 · 재정경제부, 2003).

이 논문에서 수행한 실증분석결과는 정부의 자산운용업을 선도산업으로 하는 동북아 특화 금융허브 전략의 현실적 타당성이 높다는 점을 시사하고 있다. 우리나라의 경우 주변 경쟁국가인 중국이나 싱가포르, 홍콩 등에 비해 1인당 국민총소득이 높은 편이며, 주식시장 상장사 수도 많은 편이다. 국제적인 자산운용업체를 유인할 매력요소가 큰 편이며, 국제적인 증권회사를 유치할 가능성도 높다고 판단된다. 외환보유고가 많은 편이며, 최근 해외직접투자를 유치하기 위한 정부와 지방자치단체의 노력이 가속화되고 있는 실정이다. 실증분석결과는 채권시장을 육성하는 것은 동북아 금융허브 추진전략에 보탬이 되지 않으며, 생명보험회사의 국내 진출 역시 다른 국제금융관련 기업의 입지파급효과가 크지 않다는 사실을 보여주고 있으므로, 국내금융시장 발전을 위해서는 주식시장을 중심으로 한 발전방향의 정립이 필요하다고 판단된다.

이 연구의 한계로, 국제금융도시의 입지의사결정이 국가보다는 도시일 가능성이 크므로, 도시별 입지행태모형이 더 적절할 수 있다는 점과 구축한 모형의 초점이 국제금융관련 기업의 진출행태를 예측하는 것일 뿐, 진출을 설명하는 인과관계 설정모형이 아니라는 점을 들 수 있다. 향후 국제금융관련 기업의 해외 진출동기를 설명하는 설문조사 등의 미시적 분석이 이루어지길 기대한다. 그럼에도 불구하고 이 연구는 이제까지 미지의 영역으로 남아 있었던 국제금융관련 기업의 입지행태를 설명하는 최초의 실증분석이며, 국제금융기업의 입지행태를 설명함으로써 국제금융도시 또는 금융허브 조성을 위한 우리 사회의 노력을 유효성이라는 측면에서 평가한 연구라는 점에서 그 의의를 찾고자 한다.

참고문헌

기정훈, 2007, "벤처기업 입지와 고급노동력의 공간적 분포에 관한 연구," 『한국정책과학학회보』 11(1): 129-150.

동북아경제중심추진위원회 · 재정경제부, 2003, 『동북아 금융허브 추진전략』.

______________________, 2004, 『21세기 번영의 길: 동북아 금융허브』.

박지윤, 2006, "기업부설연구소의 공간적 입지 유형," 『대한지리학회지』 41(1): 58-72.

서울특별시, 2005, 『서울을 국제금융거점 도시로 육성하기 위한 청계천변 도심지역 금융중심지 조성』, pp.135-153.

정창무, 2005, "서울, 국제금융거점도시의 비젼," 『서울터전: 시정연구논총』 11(38): 4-19.

주상영, 2004, "국제금융센터의 여건과 금융발전효과," 『경제분석』 한국은행 금융경제연구원, 10(4): 56-80.

최명주, 2004, "동북아 금융허브 추진전략과 과제."

최종구, 2003, "동북아 금융허브 추진전략," http://www.mofe.go.kr/news/news_10.php ?action=view&t_code=142&no=46840

한병섭 · 서민교, 2005, "중국에 투자한 한국기업 제조법인 자회사의 공장입지 선택 결정요인에 관한 연구," 『무역학회지』 30(3): 101-127.

Bank for International Settlement, 2004, "Foreign Direct Investment in the Financial Sector of Emerging Market Economies," *CGFS Publications* No 22. http://www.bis.org/publ/cgfs22.htm

Baum, C., M. Schaffer, and S. Stillman, 2003, "Instrumental Variable and GMM: Estimation and Testing," *Stata Journal* 3(1): 1-31.

Davidson, R. and J. MacKinnon, 1993, *Estimation and Inference in Econometrics*, 2nd ed., New York: Oxford University Press.

Faulconbridge, James R., 2004, "London and Frankfurt in Europe's Evolving Financial Centre Network," *Area* 36(3): 235-244.

Grote, Michael H., 2004, "The Rise (and Fall?) of the Financial Center Frankfurt: Locations of Foreign Banks in Germany 1949-2003," NATURE Conference "The

Dynamics of Firm Location" 5-6 February 2004, Groningen.

Kaufman, George G., 2000, "Emerging Economies and International Financial Centers," www.sba.luc.edu/research/wpapers/001101.pdf

Lane, Philip R. and Gian Maria Milesi-Ferretti, 2003, "International Investment Patterns," http://cep.lse.ac.uk/seminarpapers/29-01-04-LAN.pdf

O'Sullivan, Arther, 2004, 『오설리반의 도시경제학』, 이번송 역, 서울: 박영사.

Poon, Jessie P. H., Bradly Eldredge, and David Yeung, 2004, "Rank Size Distribution of International Financial Centers," *International Regional Science Review* 27(4): 411-430.

Reszat, Beate, 2002, "Developing Financial Markets in East Asia: Opportunities and Challenges in the 21st Century," Paper presented at the Conference on "Asset Securitisation" Organised by the Asia Business Forum, Kuala Lumpur, 30 September 1 October 2002.

Taylor, Peter J., David R. F. Walker, Gilda Catalano, and Michael Hoyler, 2002, "Diversity and Power in the World City Network," *Cities* 19(4): 231-241.

United Nations Conference on Trade and Development, 2004, "World Investment Report: The Shift Towards Services," New York and Geneva: UN.

제 14 장

호텔 객실 단기수요의 결정요인

호텔의 공급결정요인을 분석한 연구는 국내외를 통틀어 극히 적다. 이는 호텔 객실상품공급에는 정량적인 요인과 정성적인 요인이 복합적으로 작용하여 공급에 대한 분석을 어렵게 하기 때문이다. 예를 들어 관광수요의 꾸준한 증가로 인하여 호텔 객실 판매가 원활해지고 높은 수익을 보이더라도 이때 신규호텔 및 호텔증축을 유도할 수 있는 정부차원의 자금지원이 뒷받침되지 않는다면 객실공급은 쉽사리 이루어지지 않는다. 또한 관광에 대한 수요는 여러 경제관련 요인에 의하여 즉각적 · 탄력적으로 반응하지만, 호텔 객실의 공급은 이보다 비탄력적일 수밖에 없어서 수요와 공급 사이의 경험적인 연결고리를 쉽게 찾을 수 없기 때문이다. 호텔 객실요금에 관련한 연구 또한 부족한 상황이어서 객실 수요 및 공급 함수를 상정할 경우에도 객실요금을 외생변수로 취급할 뿐 객실요금과 수급 간의 상호작용에 대한 분석은 이루어지지 않고 있다. 이러한 관계를 반영하여 14장에서는 연립방정식모형을 이용하여 객실의 공급 및 수요 그리고 객실요금과 같은 호텔산업의 여러 내생변수들 사이의 상호작용 관계를 분석하였다. 객실수요에 영향을 미치는 요인에는 연간 숙박객수, 객실이용객 1인당 소비액, 호텔 객실요금 등이 있는 것으로 나타났다. 이 중 호텔 객실요금은 객실수요에 부(−)의 효과를 가지는 것으로 나타나며, 미판매객실수는 당기의 연간 숙박객수가 많을수록 감소하며 객실공급량이 클수록 증가하는 것으로 나타났다. 객실밀도가 높을수록 미판매객실수는 증가하며, 숙박객 1인당 소비액이 클수록 미판매객실수가 감소한다.

1. 시작하며

관광산업은 고용창출, 소득창출, 국가이미지 쇄신 및 외화획득 등 국가경제 전반에 있어서 미치는 영향이 매우 크다. 이에 따라 관광산업은 지식정보산업과 더불어 21세기의 고부가가치산업으로 인정받고 있으며 각 국가는 관광산업 전략화를 통하여 외화수입을 증대하고 국가경제를 성장시키고자 하고 있는 실정이다. 그중에서 호텔을 비롯한 숙박산업은 관광산업의 중추적인 역할을 담당하고 있으며 국내 호텔산업의 경우 86년 아시안게임, 88년 올림픽, 2002년 ASEM(Asia-Europe Meeting), 2002년 월드컵 등의 국가적 이벤트로 인하여 객실의 공급규모에 있어 큰 성장을 이룩하였다.

호텔시설이 이러한 이벤트성 수요에 맞추어 한번 공급되면 그 뒤에 호텔 객실에 대한 수요가 감소하더라도 공급량을 감소시키지 못하는 데서 문제가 발생하게 된다. 더군다나 이벤트가 진행되고 있는 시점에서도 공급량이 지나쳐 적정 수준의 객실이용률을 확보하지 못한다면 이는 더 큰 문제라고 할 수 있다. 서울 내 특급호텔이 이와 같은 문제를 겪고 있다. 2002년 월드컵과 아시아 유럽정상회의(ASEM)를 대비하여 특급호텔의 공급량이 크게 증가했지만 당해 2002년과 그 이후의 객실이용률이 이전과 비교하여 크게 감소하여 적정 수준의 공급실패로 문제를 겪고 있다.[01]

호텔 운영자는 이와 같이 호텔 객실이 초과공급된 상황에서 판매가능한 객실수를 줄임으로써 운영비를 감소시키거나 객실요금을 조정하여 객실수요의 증대를 도모함으로써 운영난을 해소하고자 할 것이다. 이때 고려해야 할 점은 객실요금의 변화가 객실의 공급과 수요에 미칠 영향과 객실요금 그 자체는 어떠한 것에 영향을 받는지에 대해서이다. 그럼에도 불구하고 호텔산업과 관련한 연구는 현재 객실수요에만 중점을 두고 진행되고 있으며, 호텔 객실요금의

01 1990~2001년까지의 평균객실공실률은 22.19%, 2002년의 객실공실률은 26.27%, 2003~07년까지의 평균객실공실률은 31.34%임.

결정요인 및 호텔공급과 관련해서는 국내외의 연구가 매우 부족한 상황이다.

이에 본 연구에서는 호텔수요 외에도 호텔 객실요금 및 호텔 객실수급에 영향을 미치는 요인을 밝힘으로써 호텔산업의 이해당사자인 호텔 운영자 · 투자자와 지역 내 호텔산업의 성장 또는 쇠퇴에 대한 시사섬을 찾기로 하자.

2. 호텔관련 자료의 검토

호텔의 운영관련 통계자료는 한국호텔업협회[02] 데이터센터와 통계청, 문화관광부 등에서 구득할 수 있다. 한국호텔업협회는 1996년 9월 12일 한국관광호텔산업의 발전을 위해 관광진흥법 제43조에 의거한 업종별 관광협회인 한국관광호텔업협회로 설립되었으며, 1999~2015년까지 관광호텔의 등급결정을 수행하였다. 2016년 4월에는 관광호텔만이 아니라 호텔업 전반의 의사를 대표하고 협회 외연을 확장하고자 한국호텔업협회로 명칭을 바꾸었다.[03]

한국호텔업협회의 데이터센터에는 관광통계(한국관광통계, 관광숙박업등록현황, 기업활동조사 등), 호텔업 운영현황, 호텔관계법령, 호텔 조세 및 부담금, 관광관련 보고서 등이 제공되고 있다. 호텔업 운영현황자료에는 연도별로 호텔업 운영현황자료가 있으며, 여기에는 업체수, 객실수, 객실당 평균숙박, 식음업장 이용객, 객실 숙박객, 객실 매출액, 식음업장 매출액, 객실당 수입, 판매객실 평균요금 등의 자료가 호텔 등급별로 집계자료의 형태로 제시되고 있다. 또 별도의 자료로 지역별, 업종별, 성급별 호텔업 종사자수 현황자료도 제공되고 있다.

자료를 보면 한국호텔업협회에 등록된 업체수는 2019년 말 기준 전국적으

02 한국호텔업협회 웹사이트, http://www.hotelskorea.or.kr/main/main.php

03 Hotel & Restaurant, 20161006, "[Visit Society] 한국호텔업협회 유용종 회장," https://hotelrestaurant.co.kr/news/article.html?no=2793

로 601개소이며, 객실수는 76,058개로 나타난다. 판매객실 평균요금은 11만 7,102원이며, 객실당 수입은 78,519원이며, 객실이용률은 전국 평균 67.05%이다.

문화관광부에서 펴낸 전국 관광숙박업 등록현황자료를 보면, 2019년 말 기준으로 우리나라의 관광호텔업은 모두 1,049개소, 객실수는 13만 1,341실이며, 관광호텔 외에 전통호텔업, 가족호텔업, 호스텔업, 소형호텔업, 의료관광호텔업 등 관광호텔업 이외의 호텔업체가 934개소 26,800실이 있어 호텔업 전체적으로는 1,983개 업체, 158,141실의 방을 보유하고 있는 것으로 나타났다. 호텔업은 아니지만 호텔업과 유사한 휴양콘도업체 역시 235개소, 47,938실의 방을 보유하고 있어, 우리나라의 관광숙박시설은 모두 2,218개소, 206,079실을 가지고 있는 것으로 나타났다. 두 자료를 비교하면, 한국호텔업협회의 운영현황자료는 관광호텔 중에서 규모가 큰 업체들 위주로 정보가 구축되어 있다는 점을 짐작할 수 있다.

호텔업의 운영현황에 대한 자료는 한국호텔업자료 이외에도 통계청에서 발표하고 있는 통계청의 기업활동조사와 도소매 · 서비스 부분 통계 중 하나인 관광사업체조사가 있다. 기업활동조사 중 숙박업에 대한 조사자료는 중산업중분류의 하나인 숙박업에 대한 조사자료가 있다. 120여 개 기업, 470여 개 사업체에 대한 연간 기업활동조사자료로 전체를 집계한 매출액과 매출원가, 종사자수 현황자료 등이 제공되고 있다. 반면 관광사업체조사에서는 일반현황(지역별 사업체수, 설립연도, 조직형태, 건물연면적, 편의시설 연면적, 투자비 등), 영업현황(영업개월수, 영업시간, 1일 영업시간 추이 등), 종사자현황(종사자수, 고용형태별 종사자수, 학력별 종사자수, 연령별 종사자수 등), 사업실적현황(매출액, 전자상거래 매출액, 호텔업의 내외국인별 부대시설 매출액 등)자료가 제공되고 있다. 한국호텔업협회의 제공자료가 건축관련 정보로 호텔이 보유한 방수 자료만 제공하는 데 비하여 관광사업체조사에서는 연면적 분포자료가 제공되고 있다. 또한 지역별로 관광사업체 전체의 건물 연면적 분포와 평균 건물 연면적 정보도 제공되고 있지만, 토지면적에 대한 정보는 없는 실정이다. 시도별 객실수 규모

| 표 14-1 | 2019년 기준 호텔업 운영현황(전국)

(단위 : 개, 명, 천 원)

구분	업체수	객실수	객실당 평균숙박	객실 숙박객	식음업장 이용객	객실 매출액	식음업장 매출액	기타수입 매출액
전국/전체	601	76,058	1.53	32,322,752	33,578,200	2,005,574,604	1,325,885,928	722,304,881
관광	447	69,105	1.55	29,163,388	32,753,444	1,887,564,479	1,308,681,381	714,385,591
5성	42	16,801	1.57	8,223,636	18,878,596	870,858,603	934,650,211	534,453,871
4성	63	17,915	1.68	6,958,130	8,299,635	432,506,207	258,977,057	76,065,813
3성	131	17,138	1.63	8,005,106	3,774,760	360,952,536	76,184,233	64,413,240
2성	112	9,292	1.48	3,360,221	1,055,928	129,372,602	26,140,267	33,132,636
1성	50	2,713	1.49	1,024,287	219,760	32,264,298	2,891,099	3,521,638
미등급	49	5,246	1.36	1,592,008	524,765	61,610,233	9,838,514	2,798,393
가족	64	4,579	1.56	2,264,165	655,217	85,370,071	11,759,188	7,199,501
전통	4	94	1.02	38,399	51,738	4,521,197	4,199,486	45,271
호스텔	77	2,063	1.42	759,519	64,653	24,804,345	824,487	544,270
소형호텔	9	217	1.3	97,281	53,148	3,314,512	421,386	130,248

구분	업체수	총매출액 대비 인건비 비율	객실 이용률	판매객실 평균요금	객실당 수입	외국인 숙박객 비율	판매가능 객실수	판매 객실수
전국/전체	601	35.28	67.05	117,102	78,519	27.62	25,542,412	17,126,600
관광	447	35.69	68.22	119,898	81,791	32.98	23,077,678	15,743,036
5성	42	38	72.55	204,148	148,107	32.81	5,879,896	4,265,803
4성	63	34.71	71.22	112,881	80,396	35.51	5,379,664	3,831,491
3성	131	34.96	70.33	84,100	59,147	40.2	6,102,557	4,291,898
2성	112	36.46	59.58	66,447	39,590	28.96	3,267,760	1,947,000
1성	50	36.29	54.25	61,196	33,196	26.04	971,916	527,222
미등급	49	34.58	59.6	70,041	41,744	26.92	1,475,885	879,622
가족	64	34.05	56.87	91,818	52,217	11.03	1,634,880	929,767
전통	4	32.2	54.62	241,130	131,698	21.75	34,330	18,750
호스텔	77	34.18	54.33	63,220	34,346	13.04	722,188	392,345
소형호텔	9	34.17	58.23	77,619	45,196	6.22	73,336	42,702

출처 : 한국호텔업협회, 2021, http://www.hotelskorea.or.kr/datacenter/index_1.php?code=1

별 건물 연면적자료와 임차료자료가 제공되는 통계청 도소매 · 서비스의 조사자료로 시도/객실규모별 호텔업 현황자료가 있지만, 통계자료 제공연도가 2007~16년까지로 그 이후로는 정보가 갱신되지 않고 있다.

| 표 14-2 | 2019년 12월 31일 기준 등록 숙박시설 현황

구분			서울	부산	대구	인천	광주	대전	울산	세종	경기
관광호텔업	5성급 특1급	업체수	24	6	1	5	–	–	1		1
		객실수	10,890	2,293	342	2,484	–	–	200		287
	4성급 특2급	업체수	43	2	4	6	2	2	2		7
		객실수	12,019	767	558	1,433	325	516	403		1,381
	3성급 1등급	업체수	97	15	4	9	3	6	3		26
		객실수	16,309	2,206	202	892	245	603	1030		3,254
	2성급 2등급	업체수	67	39	8	25	4	4	3		40
		객실수	5,406	3,655	427	2,107	271	201	263		2,575
	1성급 3등급	업체수	53	13	3	26	4	2	4		17
		객실수	3,298	603	158	1,337	209	94	181		1006
	등급 없음	업체수	49	6	4	12	–	1	4		32
		객실수	5,642	783	602	1,267	–	90	463		3,407
	소계	업체수	333	81	24	83	13	15	17	0	123
		객실수	53,564	10,307	2,289	9,520	1,050	1,504	2,540	0	11,910
전통호텔업		업체수	–	–	–	2	–	–	–		
		객실수	–	–		74	–	–	–		
가족호텔업		업체수	21	1	–	2	–	1	1		14
		객실수	3,192	37	–	69	–	80	35		836
호스텔업		업체수	96	72	3	70	1	–	–		16
		객실수	3,036	694	47	936	6	–	–		584
소형호텔업		업체수	10	3	–	2	–	–	–		8
		객실수	252	83	–	46	–	–	–		210

의료관광호텔업	업체수	–	–	–	–	–	–	–		–
	객실수	–	–	–	–	–	–			–
소계 (관광호텔업 외)	업체수	127	76	3	76	1	1	1	0	38
	객실수	6,480	814	47	1,125	6	80	35	0	1,630
호텔업 합계	업체수	460	157	27	159	14	16	18	0	161
	객실수	60,044	11,121	2,336	10,645	1,056	1,584	2,575	0	13,540
휴양콘도업 합계	업체수	–	6	–	2	–	–	–	–	17
	객실수	–	1,678	–	351	–	–	–	–	3,221
총계	업체수	460	163	27	161	14	16	18	0	178
	객실수	60,044	12,799	2,336	10,996	1,056	1,584	2,575	0	16,761

구분			강원	충북	충남	전북	전남	경북	경남	제주	소계
관광호텔업	5성급 특1급	업체수	2	1	–	–	–	2	1	14	58
		객실수	347	328	–	–	–	764	166	4,068	22,169
	4성급 특2급	업체수	11	1	–	5	1	4	3	14	107
		객실수	2,384	180	–	650	104	1,009	586	2,622	24,937
	3성급 1등급	업체수	11	3	4	3	4	9	12	22	231
		객실수	1,186	240	567	347	303	763	1,007	1,721	30,875
	2성급 2등급	업체수	8	6	3	8	8	12	17	11	263
		객실수	412	326	147	490	386	664	778	616	18,724
	1성급 3등급	업체수	1	1	3	2	9	5	13	6	162
		객실수	35	65	146	68	522	213	681	332	8,948
	등급 없음	업체수	11	7	3	9	20	7	3	60	228
		객실수	1,401	477	274	562	3,739	483	242	6,256	25,688
	소계	업체수	44	19	13	27	42	39	49	127	1,049
		객실수	5,765	1,616	1,134	2,117	5,054	3,896	3,460	15,615	131,341
수상관광호텔업		업체수	–			–		–	–	–	0
		객실수	–			–		–	–	–	0
전통호텔업		업체수	1			1	2	1	–	1	8
		객실수	16			20	21	16	–	26	173

가족호텔업	업체수	14	2	4	6	10	3	21	62	162
	객실수	968	102	211	2,172	682	150	1,292	3,972	13,798
호스텔업	업체수	10	2	6	8	227	24	28	165	728
	객실수	114	35	440	148	897	373	416	4,166	11,892
소형호텔업	업체수	1		1	2	1	2	2	4	36
	객실수	24		24	41	42	75	48	92	937
의료관광호텔업	업체수	–			–	–	–	–	–	0
	객실수	–			–	–	–	–	–	0
소계 (관광호텔업 외)	업체수	26	4	11	17	240	30	51	232	934
	객실수	1,122	137	675	2,381	1,642	614	1,756	8,256	26,800
호텔업 합계	업체수	70	23	24	44	282	69	100	359	1,983
	객실수	6,887	1,753	1,809	4,498	6,696	4,510	5,216	23,871	158,141
휴양콘도업 합계	업체수	76	9	15	6	11	15	17	61	235
	객실수	20,576	2,007	2,763	743	1,487	3,161	2,846	9,105	47,938
총계	업체수	146	32	39	50	293	84	117	420	2,218
	객실수	27,463	3,760	4,572	5,241	8,183	7,671	8,062	32,976	206,079

출처 : 문화관광체육부 주요 정책 분야별 관광, 20210115, "2019년 관광숙박업(호텔, 콘도미니엄) 등록현황," https://www.mcst.go.kr/kor/s_policy/dept/deptView.jsp?pDataCD=0408010000&pSeq=1306

관광숙박시설의 공급에 대한 통계자료는 아마도 국토교통부가 세움터 자료를 토대로 정보를 제공하고 있는 『건축허가 및 착공통계』이다. 이 중 숙박시설에 대한 정보가 2011년 이후 매월 지속적으로 갱신되고 있어 숙박시설의 신규 공급량에 대한 정보를 구득할 수 있다. 정보는 월단위로 광역시도별로 제공되고 있으며, 다른 시설과 마찬가지로 신축, 증축/개축/이전/대수선, 용도변경 등 3가지로 구분하여 허가 연면적과 착공 연면적 자료를 제공하고 있다.

| 표 14-3 | 2019년 건축물 업무시설 용도 현황

(단위 : 동, ㎡)

시도	합계		숙박시설		전체 건물 연면적 중 비중(%)	인구 1인당 연면적(㎡)
	동수	연면적	동수	연면적		
전국	1,294,368	839,976,144	42,930	50,122,883	6.0	0.97
서울특별시	126,707	174,709,211	2,257	6,109,759	3.5	0.63
부산광역시	70,846	59,806,764	2,367	3,801,099	6.4	1.11
대구광역시	51,495	42,772,526	1,056	1,297,610	3.0	0.53
인천광역시	44,427	46,609,277	1,743	2,012,758	4.3	0.68
광주광역시	32,639	22,357,061	961	907,842	4.1	0.62
대전광역시	26,693	23,629,320	923	1,190,552	5.0	0.81
울산광역시	29,853	17,510,692	819	922,340	5.3	0.80
세종자치시	5,954	4,933,289	96	55,095	1.1	0.16
경기도	259,950	194,001,041	6,326	6,655,974	3.4	0.50
강원도	71,810	30,513,186	5,117	6,712,021	22.0	4.35
충청북도	60,963	25,087,991	1,848	1,790,357	7.1	1.12
충청남도	85,174	34,097,353	3,624	2,699,194	7.9	1.27
전라북도	76,757	28,786,812	2,093	2,069,757	7.2	1.14
전라남도	93,548	29,749,535	3,384	2,700,902	9.1	1.45
경상북도	118,776	40,093,604	3,454	3,180,822	7.9	1.19
경상남도	109,814	49,933,595	3,504	3,454,675	6.9	1.03
제주자치도	28,962	15,384,888	3,358	4,562,127	29.7	6.80

출처 : 건축행정시스템 세움터, 2020, "2019년 시도별 건축물현황(보도자료용)," https://cloud.eais.go.kr/

2019년 말 기준 상업용 건축물 현황 중 숙박시설 면적을 살피면, 전국적으로 42,930개동 5,012만 2,883㎡의 숙박시설이 있으며, 이는 전국 전체건축 연면적의 6% 수준이다. 업무시설이 17.1% 수준이므로 업무시설 대비 대략 1/3 수준을 보이고 있다. 인구 1인당 면적을 보면 제주가 6.80㎡로 가장 크고 이어 강원 4.35㎡, 전남 1.45㎡ 순을 보이고 있다.

숙박시설의 공급도 다른 시설과 마찬가지로 신축이나 증개축, 용도변경 등을 통해 이루어진다. 통계청의 2011~19년까지의 업무시설 착공통계를 기준으로 보면, 숙박시설의 공급은 신축이 88.1%, 증축/개축/이전/대수선이 11.05%, 용도변경이 1.02%로 업무시설보다 상대적으로 증개축과 용도변경을 통한 공급이 많은 편이다. 2011~19년까지 9년간 연평균 숙박시설 신규공급량은 2,354,374㎡로 연간 71만평 정도의 숙박시설이 전국적으로 신규로 공급되는 셈이다.

| **표 14-4** | 숙박시설 착공 연면적과 허가 연면적

(단위 : ㎡)

구분 1	구분 2	2011	2013	2015	2017	2019	평균	전체 대비
건축 착공	합계	1,140,092	1,855,386	3,415,236	3,243,068	2,002,227	2,354,374	100.0%
	신축	958,269	1,562,336	3,128,489	2,854,640	1,671,676	2,073,470	88.1%
	증축/개축/이전/대수선	165,929	267,826	268,053	378,019	318,607	258,312	11.0%
	용도변경	15,894	25,224	18,694	10,409	11,944	22,593	1.0%
건축 허가	합계	2,538,802	2,357,972	4,394,243	4,040,390	2,760,200	3,325,923	100.0%
	신축	2,134,153	1,763,612	3,739,311	3,402,581	2,226,536	2,778,518	83.5%
	증축/개축/이전/대수선	199,535	309,151	368,444	332,984	298,362	291,424	8.8%
	용도변경	205,114	285,209	286,488	304,825	235,302	255,981	7.7%
착공/허가 비율	합계	44.9%	78.7%	77.7%	80.3%	72.5%		
	신축	44.9%	88.6%	83.7%	83.9%	75.1%		
	증축/개축/이전/대수선	83.2%	86.6%	72.8%	113.5%	106.8%		
	용도변경	7.7%	8.8%	6.5%	3.4%	5.1%		

출처 : 국토교통부, 『건축허가 및 착공통계』, https://kosis.kr/statHtml/statHtml.do?orgId=116&tblId=DT_MLTM_2202&conn_path=I3

3. 연구의 방법

이 연구는 서울특별시 내의 호텔 중 특 1, 2 등급을 판정받은 호텔을 대상으로 이루어졌다. 연구대상의 범위를 특급호텔로 한정한 것은 서울에 위치하는 호텔의 경우 외국인 객실이용률이 약 75.7%(2007년 기준)로 서울 내 호텔의 객실요금 및 객실수급은 외국인 관광객 수요와 관련한 요인에 크게 영향을 받을 것이라 예상되는데, 특급호텔의 경우 호텔 이용객의 절반 이상이 외국인인 반면 일반 1, 2, 3급 호텔의 경우 객실의 대부분이 내국인에 의해 이용되고 있어 비(非)특급 호텔을 연구대상의 범위로 포함시킬 경우 명확한 연구결과의 도출에 방해를 받을 수 있을 것이라 판단했기 때문이다.[04]

연구의 시간적 범위는 1977~2007년까지 31년으로 이는 호텔 객실의 공급, 운영, 이용현황과 관련한 통계자료(한국호텔업협회 관광호텔운영실적)를 위의 연도에 대해서만 구할 수 있었기 때문이다. 후에 자료분석과정에서 차분 또는 시차의 설정 등으로 인하여 최종적으로 연구에 사용된 시간적 범위는 29년이다.

본 연구에서는 특급호텔의 객실요금 및 객실수급에 영향을 미치는 요인을 파악하기 위하여 수요 · 공급 구조를 반영한 연립방정식모형을 구축하고 이를 SAS 통계패키지의 SYSLIN Procedure를 이용하여 분석하였다.

시계열 자료를 이용하여 분석하므로 각 변수별로 시계열적 안정성을 확보할 필요가 있으며 따라서 단위근 검정방법 중 하나인 Augmented Dickey-Fuller[05] 검정을 우선적으로 수행하여 단위근의 유무를 파악한 뒤 단위근이 존

04 1급호텔의 경우에는 외국인 객실이용률이 50.9%로 본래 연구대상에 포함시키려 하였으나 시계열 분석과정에서 1급호텔을 포함시킬 경우 시계열의 안정성을 확보할 수 없어 연구의 결과에서 제외하였다.

05 Dickey-Fuller 검정은 아래와 같은 세 가지 형태의 회귀식에 적용된다.
Zero Mean : $\Delta Y_t = \delta Y_{t-1} + u_t$
Single Mean : $\Delta Y_t = \beta_1 + \delta Y_{t-1} + u_t$
Trend Mean : $\Delta Y_t = \beta_1 + \beta_2 + \delta Y_{t-1} + u_t$

재하는 경우 이를 제거한 뒤 분석을 수행하였다.

단위근을 제거하기 위하여 원자료에 대해 단위근 검정을 수행했을 시 시계열이 Trend의 형태를 만족하는 경우에는 해당 자료를 시간에 대해 일변량 회귀분석한 뒤 변수의 원래 값에서 추정된 선형식의 값을 빼 주었으며 그 이외의 경우에는 단순 차분하였다.[06]

전체적인 연구의 절차는 선행연구를 통한 변수 및 모형의 설정, 단위근 검정을 통한 변수의 선별, 연립방정식모형 분석을 통한 호텔 객실요금 및 수급결정요인 도출의 순으로 이루어진다.

4. 선행연구의 검토

호텔의 공급결정요인에 관련한 논문은 국내외를 통틀어 극히 적다. 이는 호텔 객실상품공급에는 정량적인 요인과 정성적인 요인이 복합적으로 작용하여 공급에 대한 분석을 어렵게 하기 때문이다.

예를 들어 관광수요의 꾸준한 증가로 인하여 호텔 객실 판매가 원활해지고 높은 수익을 보이더라도 이때 신규호텔 및 호텔증축을 유도할 수 있는 정부차원의 자금지원이 뒷받침되지 않는다면 객실공급은 쉽사리 이루어지지 않는다(김근종, 1997). 또한 관광에 대한 수요는 여러 경제관련 요인에 의하여 즉각적 · 탄력적으로 반응하지만 호텔 객실의 공급은 이보다 비탄력적일 수밖에 없어서 수요와 공급 사이의 연결고리를 쉽게 찾을 수 없다. 이 같은 이유로 현재 호텔의 공급과 관련한 연구는 미진한 편이다.

김계섭(2001)은 "국내외 시장환경이 관광호텔수요에 미치는 영향연구"에서

06 확정적 추세인 경우(Dickey-Fuller 검정에서 trend 형태를 만족하는 경우) 설명변수에 시간변수를 포함하거나 시간에 대해 예비적으로 회귀한 후 추정된 추세를 뺌으로서 시계열 변수를 안정적으로 만들 수 있다(Gujarati, 2000).

관광호텔의 공급이 관광유인, 개별여행, 관광접근, 단체여행에 영향을 받음을 밝혔으나 공급함수의 종속변수로 내국인 객실수입, 외국인 객실수입 등을 설정하여 본 논문이 밝히고자 하는 실제적인 객실수의 증가 및 감소와 관련해서는 유의미한 결과를 도출하지 못했다.

Newell and Seabrook(2006)은 호텔 투자자나 호텔 소유자 및 운영자를 대상으로 설문조사를 실시하여 그들의 호텔 투자 의사결정요인을 밝히고자 하였다. 연구방법으로는 AHP 다기준의사결정방법이 사용되었다. 투자결정요인으로 지역적 특성, 경제적 특성, 금융관련 특성 등의 5가지 주요 항목과 주요 항목별 하위항목을 제시하고 설문대상자들이 생각하는 각 요인에 대한 중요도를 답하도록 하였다. 투자자들은 투자를 결정함에 있어 금융관련 요인(37.0%)을 가장 중요하게 생각하고 입지적 요인(29.9%), 경제관련 요인(14.5%)을 그 다음으로 중요하게 생각하였다. 위의 세 주요 항목별 하위항목과 그에 대한 가중치는 〈표 14-5〉와 같다.

Slattery(2009)는 Otus 이론을 미국, 영국, 프랑스, 폴란드의 호텔 공급 및 수요를 대상으로 검증하였다. Otus 이론이란 서비스산업[07]의 성장이, 구체적으로 말하자면 GDP 대비 서비스산업의 생산비중이 증가할수록 호텔의 수요, 호텔의 공급이 증가한다는 이론이다. 후에 모형 구축 및 변수선정 시 Otus 이론을 반영할 필요가 있을 것으로 생각된다.

Tsai 등(2006)은 계량분석을 통해 라스베가스의 호텔수급에 영향을 미치는 요인들을 도출하였다. 연립방정식모형을 기반으로 분석하였으며 분석결과 객실공급에는 숙박료, 채권금리(1년 전), 지역 내 유흥업 매출액(1년 전)이 정(+)의 영향을, 숙박료(1년 전), 객실이용률(1년 전)이 부(−)의 영향을 미치는 것으로 나타났다. 한편 객실수요에는 숙박료, 숙박료(한 달 전), 가처분소득, 실업률이 부(−)의 영향을, 다우존스평균지수, 소비자물가지수가 정(+)의 영향을

07 서비스산업이란 1차산업, 2차산업에 대하여 이들 산업의 발전을 기초로 하여 서비스를 생산하는 3차산업으로 상업 · 금융업 · 보험업 · 운수업 · 통신업 · 관광업 · 광고업 등이 서비스산업에 속한다.

표 14-5 호텔투자결정요인의 AHP 가중치

주요 항목	가중치(%)	하위항목	가중치(%)
금융관련 요인	37.0	예상이율(5년)	12.5
		총운영이윤	6.4
		경험적 수익률	6.2
		RevPAR(Revenue per available room)	5.1
		비조직적 기회비용	3.5
		규모의 경제효과	3.2
입지적 요인	29.9	지역적 속성	7.4
		현 호텔공급	6.4
		수요변동 수준	6.3
		총관광객수	4.5
		총외국인 관광객수	2.8
		투자대상 호텔의 설립년도	2.6
경제관련 요인	14.5	비즈니스 지출패턴	3.5
		연이율	2.7
		Extent market의 출현	2.3
		관광객 소비패턴	2.2
		Extent market의 성숙도	2.1
		고용 성장(오피스)	1.8

출처 : Newell and Seabrook(2006).

미치는 것으로 나타났다.

관광수요 또는 호텔수요와 관련한 연구는 국내에서도 많이 진행되고 있어 국내의 선행연구를 중심으로 호텔 객실의 수요에 영향을 미치는 요인들을 검토해 보자.

최수남(1998)은 1990~98년까지 우리나라를 방문한 미국, 일본의 외래객을 대상으로 호텔수요에 미치는 영향요인을 분석하였다. 일본과 미국의 소득, 우리나라와 이들 국가 간의 소비자물가지수를 비교한 상대가격, 환율 그리고 계절성을 반영한 더미변수를 변수로 사용하였다.

서울시정개발연구원(2002)은 월드컵을 대비하여 서울시 관광호텔 객실수요를 예측한 바 있다. 수요 추정모형을 구축함에 있어 외국인과 내국인 객실수요 모델을 따로 구축하였으며 특급호텔, 일반호텔, 여관에 대해 수요모형을 따로 구축하였다. 하지만 수요에 영향을 미치는 요인을 밝힌 것이 아니라 기존의 내·외국인 호텔이용률을 이용하여 호텔의 수요를 예측했다는 점에서 한계를 지닌다.

이정희(2003)는 미·중·일 외래관광객의 한국 호텔수요결정요인을 도출하고자 하였으며 호텔수요결정요인으로 송출국 간 상대환율, 송출국 국민소득, 송출국과의 상대가격, 세계원유가격 등을 설정하였다. 송근석(2006)은 방한 일본인을 대상으로 국내로의 관광에 대한 결정요인을 밝히고자 하였으며 소득, 가격, 환율, 교통비용 그리고 국내외의 정치적 상황을 반영하는 더미변수들을 관광수요결정요인으로 사용하였다.

Qu, Xu, and Tan(2002)은 계량분석을 통해 홍콩의 호텔 객실수요 및 객실요금에 영향을 미치는 요인들을 도출하였다. 연립방정식모형을 기반으로 분석하였으며 분석결과 객실수요에는 객실요금(당기), 환율(당기)이 부(−)의 영향을, 연간 국내 관광객(당기), 소비자물가지수(당기), 중위가구소득(당기)이 정(+)의 영향을 미치는 것으로 나타났다. 객실요금에는 당기 객실수요, 객실이용률, 노동임금과 1년 전 객실요금, 민간기업 오피스면적이 정(+)의 영향을 미치는 것으로 나타났다.

5. 분석의 틀

다수의 내생변수가 존재하고 내생변수 간에 서로 인과관계가 얽혀 있는 경우 내생변수 간의 관계를 단순회귀분석을 통해 추정하면 복잡한 인과관계를 제대로 설명할 수 없으며 이때는 연립방정식모형을 사용해야 한다.

연립방정식모형은 각각의 내생변수에 대해 설정된 회귀모형 전체를 고려하여 변수 사이에 존재하는 동시적 영향관계를 포착할 수 있다는 장점이 있다.

이 연구에서는 서울 내 특급호텔의 공급, 수요, 객실요금 등 다양한 내생변수에 대해 아래와 같은 연립방정식모형을 세웠다. 독립변수와 종속변수 간의 인과관계는 이론적 근거와 그랜저 심슨 인과관계 검증 등의 방법을 적용하여 도출하였다.

$$QS_t=f(RR_{t-1},\ VC_{t-1},\ X)$$

$$QD_t=f(RR_t,\ EXP_t,\ VS_t,\ X)$$

$$RR_t=f(VS_{t-1},\ VC_t,\ DEN_t,\ EXP_t,\ EXP_{t-1},\ X)EXP_t=f(DEN_t,\ RR_t,\ X)$$

$$VC_t=(VS_t,\ QS_t,\ DEN_t,\ EXP_t,\ RR_{t-1},\ X)$$

$$DEN_t=f(QD_t,\ VS_t,\ X)$$

$$VS_t=f(DEN_t,\ QD_t,\ X)$$

단, QS : 호텔 연간 판매가능 객실수(공급)
QD : 호텔 연간 판매객실수(수요)
RR : 호텔 객실요금(가격)
VC : 미판매객실수
EXP : 객실이용객 1인당 소비액
DEN : 객실밀도(객실 1실당 투숙객수)
VS : 객실이용객수
X : 사회 · 경제관련 외생변수

각 내생변수는 다른 내생변수와 사회 · 경제관련 외생변수에 영향을 받으며 내생변수의 수가 많은 관계로 내생변수 사이의 관계에 대해서는 후에 분석결과를 바탕으로 자세히 설명하도록 한다. 내생변수 사이의 관계를 도식으로 나타내면 다음의 [그림 14-1]과 같다.

사회 · 경제적 현상을 연립방정식을 이용하여 분석할 시 대부분의 경우에 오

| 그림 14-1 | 내생변수 관계도

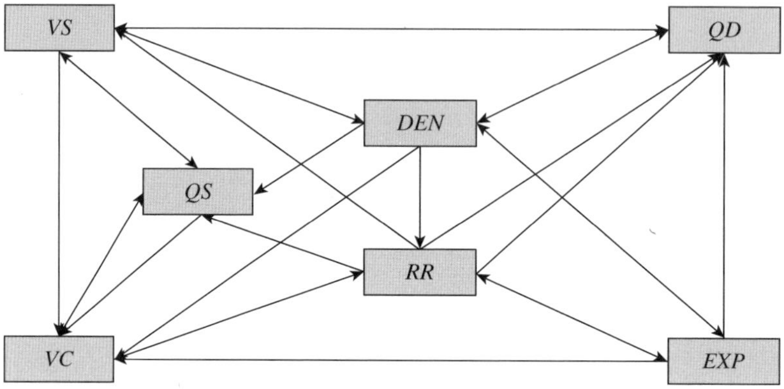

차항과 설명변수 간 상관관계가 존재하는 식별의 문제가 발생하며 이때는 통상최소자승법(OLS) 대신 2단계 최소자승법(2SLS), 3단계 최소자승법(3SLS)을 이용하여 모형을 추정해야 한다. 표본수가 적다면 3SLS보다 2SLS가 유용하며 따라서 본 연구에서는 2SLS를 이용하여 모형을 분석하였다.

모형의 내생변수로 연간 판매가능 객실수, 연간 판매객실수, 객실요금, 미판매객실수, 객실이용객 1인당 소비액, 객실밀도, 객실이용객수를 선정하였다. 연간 판매가능 객실수는 서울 내 특급호텔의 총객실수에 365를 곱한 것으로 객실이 1년 내내 가동될 시에 판매가능한 객실수를 의미하며 이는 호텔 객실의 공급량으로 볼 수 있다. 또한 연간 판매객실수는 객실의 수요를, 객실요금은 객실상품의 가격을 의미한다.

객실이용객 1인당 소비액은 호텔의 객실수입을 연간 숙박객수로 나눈 값으로, 숙박객 입장에서는 숙박객 한 명의 객실상품에 대한 지불용의액 및 숙박객 한 명당 객실요금으로 해석될 수 있다. 반면 호텔측 입장에서는 숙박객 한 명으로부터 벌어들이는 객실수입으로 해석될 수 있다. 객실밀도는 숙박객수를 연간 판매객실수로 나눈 값으로 하나의 객실에 투숙하는 숙박객수를 의미한다.

한편, 독립변수 중 공급관련 변수로는 호텔 운영자의 입장에서 객실수를 증

| 표 14-6 | 변수선정

구분	변수	변수설명
호텔관련 내생변수	*QS*	연간 판매가능 객실수
	QD	연간 판매객실수
	RR	객실요금
	VC	미판매객실수
	EXP	객실이용객 1인당 소비액
	DEN	객실밀도
	VS	객실이용객수
공급관련 변수	x1	GDP
	x2	GDP 성장률
	x3	GDP 성장률(서비스업)
	x4	FIRE산업 GDP
	x5	GDP 중 FIRE산업 비중
	x6	GRDP(서울)
	x7	FIRE산업의 GRDP(서울)
	x8	GRDP 중 FIRE산업 비중(서울)
	x9	숙박 및 음식점업의 GRDP(서울)
	x10	GRDP 중 숙박 및 음식점업 비중(서울)
	x11	업무시설면적(신축)
	x12	지가지수(전체)
	x13	지가지수(상업)
	x14	전체 대비 상업용 지가지수
	x15	경제활동인구(1주 기준, 천 명, 서울)
	x16	취업자(천 명, 서울)
	x17	경제활동참가율(%, 서울)
	x18	고용률(%, 서울)
수요관련 변수	x19	환율(원/미국달러)
	x20	환율(원/엔화)
	x21	실질환율(미국)

수요관련 변수	x22	실질환율(일본)
	x23	소비자물가지수비율(미국/한국)
	x24	소비자물가지수비율(일본/한국)
	x25	소비자물가지수비율(중국/한국)
	x26	소비자물가지수비율(대만/한국)
	x27	한국 1인당 GNI(달러)
	x28	미국 1인당 GNI(달러)
	x29	일본 1인당 GNI(달러)
	x30	중국 1인당 GNI(달러)
	x31	대만 1인당 GNI(달러)
더미	d1	월드컵 더미
	d2	SARS 더미

가 또는 감소케 할 것으로 생각되는 요인들을 선정하였으며 대부분 거시경제 변수로 구성된다.

이들 변수는 1년 또는 2년의 시차를 가지는데 이는 위에서도 언급했듯이 호텔 객실의 공급은 당 시기에 즉각적으로 이루어질 수 없으며 전 시기의 공급관련 요인들이 당 시기의 공급량에 영향을 미치기 때문이다.

독립변수 중 수요관련 변수는 호텔투숙객, 관광객의 입장에서 여행 또는 관광의 결정에 영향을 미치는 요인들을 선행연구를 통해 선정하였으며 국내외의 환율, 소비자물가지수, 국민소득 등을 선정하였다. 이들 변수는 0 또는 1의 시차를 가진다고 가정하였다.

위에서 1차적으로 선정된 시계열 변수들의 단위근 유무를 판단하기 위해 단위근 검정(Augmented Dickey Fuller Test)을 실시하였으며 대부분 단위근을 가지고 있어 시계열 분석에 적합하지 않으므로 차분을 통해 시계열적 안정성을 확보하였다.

차분을 통해서도 단위근이 존재하여 안정성이 확보되지 않은 변수는 1차 선정 변수 중 미국 1인당 GNI, 중국 1인당 GNI가 있었으며 2차 차분을 통해 안정성을 확보하더라도 후에 모형의 해석에 있어 어려움이 있으므로 분석에서 제외하였다.

6. 분석결과

분석결과 1년 전 객실요금이 호텔의 연간 판매가능 객실수에 정(+)의 영향을 미치는 것으로 나타났다. 객실요금의 증가가 객실의 공급을 증가시킴은 상품의 가격이 증가함에 따라 공급량 또한 증가한다는 미시경제이론이 호텔 객실상품의 경우에도 적용됨을 의미한다.

미국의 경제상황을 보여주는 지표인 미국 국내총생산 또한 객실의 공급에 정(+)의 영향을 끼치는 것으로 나타났는데, 이는 미국 국내총생산이 높을수록 미국 국민이 해외로 여행할 확률이 증가하며 따라서 호텔 운영자는 미국인의 한국으로의 여행 증가에 대비해 판매가능 객실수를 증가시키기 때문이다.

한편, 1년 전 미판매객실수는 객실공급에 부(−)의 영향을 미친다. 미판매객실수는 호텔 운영자가 시장전망을 함에 있어 주요한 지표로 작용하는데, 미판매객실수가 증가할 경우 호텔 운영자는 다음 연도에도 그와 같은 시장경기가 지속될 것이라는 예상하에 객실의 공급을 줄이기 때문이다.

환율(원/달러)의 상승은 한국 화폐의 가치가 떨어짐을 의미하며 이 경우 객실의 공급에 필요한 자재, 부품을 수입하는 데 필요한 비용이 증가하므로 환율의 상승은 객실공급에 부(−)의 효과를 가진다.

한국 국내총생산의 증가는 한국 국민의 소득증가를 의미하며 앞에서 언급한 바와 같이 한국인의 해외여행을 촉진시킴으로써 국내호텔 객실의 공급에는 부(−)의 영향을 미치게 된다.

| 표 14-7 | 연간 판매가능 객실수 분석결과

종속 변수	연간 판매가능 객실수	R-Square	0.66726	Adj R-Sq	0.59492
		RMSE	117146.30	D-W	2.393493

변수명	계수추정치	표준오차	t값	$Pr>\|t\|$
절편	122268.8	69219.68	1.77	0.0906
VC_{t-1}	−0.33395	0.110168	−3.03	0.0059
RR_{t-1}	6387.799	2948.741	2.17	0.0409
환율 (원/달러)$_{t-1}$	−2758.22	474.1148	−5.82	<.0001
한국 국내총생산$_{t-1}$	−485.215	101.7041	−4.77	<.0001
미국 국내총생산$_{t-1}$	29.95338	15.90579	1.88	0.0724

객실수요에 영향을 미치는 요인에는 연간 숙박객수, 객실이용객 1인당 소비액, 호텔 객실요금 등이 있는 것으로 나타났다. 이 중 호텔 객실요금은 객실수요에 부(−)의 효과를 가지는 것으로 나타나 앞에 공급의 경우와 마찬가지로 상품의 가격이 증가함에 따라 수요가 감소한다는 미시경제이론이 호텔 객실상품의 경우에도 적용됨을 보여준다.

| 표 14-8 | 연간 판매객실수 분석결과

종속 변수	연간 판매 객실수	R-Square	0.73659	Adj R-Sq	0.70498
		RMSE	87085.392	D-W	1.709999

변수명	계수추정치	표준오차	t값	$Pr>\|t\|$
절편	−16343.2	23676.83	−0.69	0.4964
VS_t	0.455872	0.063651	7.16	<.0001
EXP_t	40579.25	8025.627	5.06	<.0001
RR_t	−19802.3	4881.772	−4.06	0.0004

표 14-9 객실당 숙박료 분석결과

종속변수	객실 숙박료	R-Square	0.7582	Adj R-Sq	0.70564
		RMSE	3.78719	D-W	1.894672

변수명	계수추정치	표준오차	t값	$Pr>\|t\|$
절편	−0.63757	1.199396	−0.53	0.6001
VS_t	6.52E−06	1.75E−06	3.71	0.0011
VC_t	−0.00002	6.01E−06	−3.42	0.0023
DEN_t	35.26389	9.100612	3.87	0.0008
EXP_t	1.02632	0.277341	3.7	0.0012
EXP_{t-1}	0.547965	0.213207	2.57	0.0171

분석결과 객실 숙박료는 연간 숙박객수에 정(+)의 영향을 받는 것으로 나타났으며 이는 호텔에 대한 수요가 높을수록 호텔 측에서 더 높은 객실숙박료를 부과하게 된다는 것을 의미한다.

반대로 미판매객실수는 객실 숙박료에 음(−)의 영향을 미치는 것으로 나타났으며 이는 경기악화 등으로 인하여 호텔수요가 감소할 경우 호텔 측은 숙박료를 내림으로써 경기에 반응하기 때문이다.

객실밀도는 숙박료에 정(+)의 영향을 미치는데 이는 객실밀도가 높다는 것은 그 당기의 관광수요가 높다는 것을 의미하며 이 경우 호텔 측은 숙박료를 높이기 때문이다.

마지막으로 숙박객 1인당 소비액의 당기와 1기 전 변수 모두 객실 숙박료에 정(+)의 영향을 미치는 것으로 나타났는데, 이는 숙박객 1인당 소비액이 숙박객의 객실상품에 대한 지불용의액을 가늠할 수 있는 지표가 되며 이것이 증가한다는 것은 호텔 운영자의 입장에서 객실요금을 더 상승시킬 수 있는 근거가 될 수 있기 때문이다.

| 표 14-10 | 객실이용객 1인당 소비액

종속변수	객실이용객 1인당 소비액	R-Square	0.79275	Adj R-Sq	0.76788
		RMSE	2.50211	D-W	1.572177

변수명	계수추정치	표준오차	t값	$Pr>\|t\|$
절편	1.081845	0.608404	1.78	0.0875
DEN_t	−32.7192	3.406719	−9.6	<.0001
RR_t	0.457509	0.085714	5.34	<.0001
일본 국내총생산$_t$	0.000257	0.000147	1.75	0.0922

| 표 14-11 | 미판매객실수 분석결과

종속변수	미판매 객실수	R-Square	0.92771	Adj R-Sq	0.91199
		RMSE	57320.663	D-W	1.944955

변수명	계수추정치	표준오차	t값	$Pr>\|t\|$
절편	5136.45	19734.34	0.26	0.797
VS_t	−0.39777	0.048492	−8.2	<.0001
QS_t	0.747753	0.08732	8.56	<.0001
DEN_t	912830.1	225855.4	4.04	0.0005
EXP_t	−12715	4039.888	−3.15	0.0045
RR_{t-1}	5047.844	1599.218	3.16	0.0044

객실이용객 1인당 소비액은 호텔이 숙박객 1인으로부터 거두어들일 수 있는 수익을 의미하며 이는 객실의 밀도가 높을수록 줄어든다. 그 이유는 통상적인 특급호텔의 경우 객실 자체의 요금이 숙박인원이 1명 늘어날 때마다 추가되는 요금보다 훨씬 크기 때문이다. 즉, 객실의 밀도가 높다는 것은 똑같은 인원이 숙박을 하고자 할 때 객실 하나에 숙박하는 인원이 밀도가 낮을 때보다 더 많다는 뜻이고 이 경우 숙박객이 대여하는 객실의 수는 줄어들어 호텔 입장에서 숙박객 1인당 객실수입은 감소하게 된다.

만약 객실요금이 감소하게 된다면 숙박객들은 하나의 방에 여러 명이 들어

가기보다는 대여하는 객실의 수를 증가시킬 것이고 이는 숙박객 1인당 소비액의 증대를 가져오게 된다. 이 또한 객실 1실의 요금이 숙박인원이 1명 늘어날 때마다 추가되는 비용보다 상대적으로 상당히 크기 때문이다.

한편, 일본의 국내총생산이 증가할수록 서울시 특급호텔의 숙박객 1인당 소비액이 증가하는 것으로 나타났다. 이는 일본 국민의 소득이 증가할수록 일본 국민이 우리나라로 여행을 할 확률이 높아지기 때문인 것으로 해석할 수 있다.

| 표 14-12 | 밀도(인원/실) 분석결과

종속변수	객실밀도	R-Square	0.92305	Adj R-Sq	0.91381
		RMSE	0.04764	D-W	2.320549

변수명	계수추정치	표준오차	t값	$Pr>\|t\|$
절편	0.056944	0.024083	2.36	0.0261
VS_t	3.07E-07	2.08E-08	14.81	<.0001
QD_t	-5.16E-7	9.63E-08	-5.36	<.0001
미국 국내총생산$_{t-1}$	-0.00001	5.80E-06	-1.85	0.0759

분석결과 미판매객실수는 당기의 연간 숙박객수가 많을수록 감소하며 객실 공급량이 클수록 증가하는 것으로 나타났다. 객실밀도가 높을수록 미판매객실수는 증가하며, 숙박객 1인당 소비액이 클수록 미판매객실수가 감소한다. 숙박객 1인당 소비액이 크다는 것은 객실의 소비가 많았다는 것을 의미하므로 미판매객실수가 감소함을 설명할 수 있다. 숙박료는 미판매객실수에 정(+)의 영향을 가지는 것으로 나타났으며 이는 숙박료 상승에 따른 객실수요 감소에 의한 것으로 판단된다.

객실밀도(객실 1실당 숙박객수)는 연간 숙박객수가 높을수록 증가하는 것으로 나타났으며 연간 판매객실수와 1년 전 미국 국내총생산에는 음(-)의 영향을 받는 것으로 나타났다.

연간 숙박객수는 객실밀도와 연간 판매객실수 그리고 미국 국내총생산에 정

| 표 14-13 | 연간 숙박객수 분석결과

종속변수	연간 숙박객수	R-Square	0.95460	Adj R-Sq	0.94915
		RMSE	153074.26	D-W	2.272951

변수명	계수추정치	표준오차	t값	$Pr>\|t\|$
절편	−182857	77038.82	−2.37	0.0256
DEN_t	3123201	212565.1	14.69	<.0001
QD_t	1.754196	0.234702	7.47	<.0001
미국 국내총생산$_{t-1}$	34.11182	18.66704	1.83	0.0796

(+)의 영향을 받는 것으로 나타났다. 이 중 미국 국내총생산의 증가에 의한 숙박객 증가는 미국 국민의 소득증가에 기인한 것으로 판단된다.

7. 결론

호텔의 수요에 대해서는 관광수요와 관련하여 다수의 논문이 존재하지만 공급과 관련한 논문은 국내에서는 전무하며 해외 논문에서도 쉽게 찾을 수 없다. 이는 과점 및 독점, 빠른 순환주기, 경제적 요인보다는 서울올림픽, 월드컵과 같은 국가적 이벤트에 의한 공급결정 등의 특급호텔 객실상품의 특이성에 기인하며 따라서 이에 대한 분석이 어렵기 때문이다.

호텔 객실요금에 관련한 연구 또한 부족한 상황이며 객실 수요 및 공급 함수를 설정함에 있어서도 객실요금을 외생변수로 취급할 뿐 객실요금 자체에 대한 분석은 이루어지지 않고 있었다.

이와 같은 상황에서 연립방정식모형을 이용하여 객실의 공급 및 수요 그리고 객실요금과 같은 호텔산업의 여러 내생변수들 사이의 관계를 도출해 낸 점은 본 연구의 성과라고 할 수 있다.

하지만 연구의 공간적 범위가 서울특별시로 제한되어 국지적인 범위 내에서 분석이 이루어졌다는 점은 연구의 한계이다. 호텔의 등급도 특급호텔에 한정되어 분석이 이루어져 1, 2, 3급 호텔에 대한 분석은 수행하지 못했는데 1, 2, 3급 호텔은 특급호텔과는 호텔의 운영 및 객실요금 전략상에 있어 다른 요인에 의해 행동할 것으로 기대되는바, 차후 이에 관련한 연구가 필요하다.

또한 특급호텔의 경우 외국인 관광객의 객실이용률이 내국인 이용률보다 더 높기 때문에 호텔의 공급 및 수요가 외국인 관광객의 수요에 맞춰서 이루어진다고 생각하는 것이 합당하나 구축된 모형에는 미국 또는 일본의 환율 등이 유의한 변수로 잡히지 않아 상식과 일치하지 못하는 부분이 일부 존재하며 추가적인 연구를 통해 이에 대한 설명이 필요할 것으로 생각된다.

끝으로 연구가 더 의미 있기 위해서는 시간의 경과에 따른 호텔 객실공급을 예측할 수 있어야 하나 본 연구에서는 수행되지 못하였다. 앞으로 호텔공급에 관련한 지속적인 연구가 수행되어 본 연구의 부족한 부분이 채워질 수 있기를 기대한다.

참고문헌

김계섭, 2001, "국내외 시장환경이 관광호텔수요에 미치는 영향연구," 동아대학교 대학원 석사학위논문.

김근종, 1997, "한국의 관광호텔 객실판매 전략에 관한 연구: Inbound 수요를 중심으로,"『관광개발논총』7: 217–231.

서울시정개발연구원, 2002,『서울시 관광호텔 객실수요 예측』, 서울: 서울시정개발연구원 월드컵지원연구단.

송근석, 2006, "국제관광수요 결정요인에 관한 연구: 방한 일본인을 중심으로,"『호텔관광연구』8(2): 112–127.

이정희, 2003, "미 · 중 · 일 외래관광객의 한국호텔수요결정요인: 거시적 요인을 중심으로," 세종대학교 대학원 호텔관광경영학과 석사학위논문.

최수남, 1998, "호텔수요의 영향요인 분석에 관한 연구," 한양대학교 대학원 관광학과 석사학위논문.

Graeme, Newell and Ross Seabrook, 2006, "Factors Influencing Hotel Investment Decision Making," *Journal of Property Investment & Finance* 24(4): 279–294.

Gujarati, Damodar N., 2000,『기초 계량경제학(3판)』, 안충역 역, 서울: 진영사.

Qu, Hailin, Peng Xu, and Amy Tan, 2002, "A Simultaneous Equations Model of the Hotel Room Supply and Demand in Hong Kong," *International Journal of Hospitality Management* 21: 455–462.

Slattery, Paul, 2009, "The Outs Theory of Hotel Demand and Supply," *International Journal of Hospitality Management* 28(1): 113–120.

Tsai, Henry, Bomi Kang, Ronnie J. Yeh, and Eunju Suh, 2006, "Examining the Hotel Room Supply and Demand in Las Vegas: A Simultaneous Equations Model," *International Journal of Hospitality Management* 25: 517–524.

제15장

호텔의 객실판매율과 객실판매가의 추정

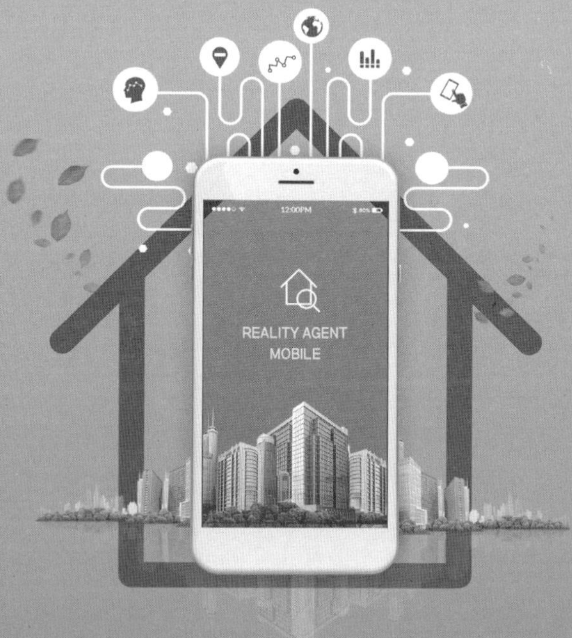

호텔의 주상품인 객실의 판매실적에 대한 성과를 측정하기 위해 객실이용률(Occupancy Rate), 평균객실요금(ADR: Average Daily Rate), 판매가능 객실당 판매수입(RevPAR: Revenue per Available room)과 같은 지표가 주로 사용되고 있지만, 호텔의 객실이용률 또는 평균객실요금을 탐구주제로 삼은 국내 실증연구는 매우 드문 편이다. 그나마 몇 안 되는 실증분석연구도 객실이용률과 평균객실요금 간의 관계, 더 나아가 판매가능한 객실수와 객실이용률, 평균객실요금 간의 상호관계를 명확하게 규명하지는 못하고 있다. 이 연구는 2007년 서울시 특급호텔의 운영실적자료를 이용하여 호텔의 평균객실요금과 객실이용률 간의 상호작용을 규명한 연구이다. 분석결과 평균객실요금과 객실이용률 간에는 상충작용이 존재하며, 기존연구들이 검토하였던 외생변수 중 특1급, 체인, 면세점, 연예 · 웨딩기능 등의 호텔 부대시설변수와 업무권역 최단 거리, 서울 중심인 서울시청으로부터의 거리, 지하철역으로부터의 거리, 남산으로부터의 거리 등 거리변수가 평균객실요금과 객실이용률에 영향을 주고 있음을 밝혔다. 이러한 분석이 타당하다면, 이 연구성과를 활용해 특정 호텔의 객실매출액도 추정할 수 있다. 2단계 최소자승법을 이용한 연립방정식모형에서 선결변수 또는 외생변수만으로 구성된 축약형 방정식을 도출할 수 있으며, 전년도 판매객실수와 전년도 평균객실요금, 평균객실요금 증가율과 판매가능한 객실 증가율에 대한 적절한 가정을 상정할 수 있다면, 당해 연도의 평균객실요금과 객실이용률에 대한 추정값을 도출할 수 있으며, 여기에 호텔의 객실규모와 영업일수를 감안한다면, 특정 호텔의 객실매출 총액을 추정할 수 있게 된다.

1. 시작하며

호텔의 매매 시 어떻게 가치를 평가할 것인가를 두고 많은 혼란이 있다. 가치평가를 위해 감정평가를 한다고 가정하고 원가방식, 거래사례방식, 수익환원방식 등 3가지 방식을 고려해 보자. 원가방식을 적용한다고 치면, 호텔 건설에 소요된 원가를 토대로 가치를 평가해야 하는데, 다른 부동산과는 달리 호텔은 가구집기의 비중이 높고, 건설 수준 역시 천차만별이어서 표준화된 공사비에 따른 원가산정이 어려운 형편이다. 거래사례방식을 적용하려고 할 경우 매매사례가 드물어 거래사례방식을 통한 가치평가는 근본적인 한계를 안고 있다. 평가의 3가지 방식 중 그나마 현실적으로 적용가능한 방식이 운영수익을 통한 가치평가방식이라고 할 수 있다.

지난 14년간 숙박업의 기업활동내용을 보면, 우리나라 숙박업계는 2016년

| 그림 15-1 | 숙박업 주요 지표 추이(2006~19)

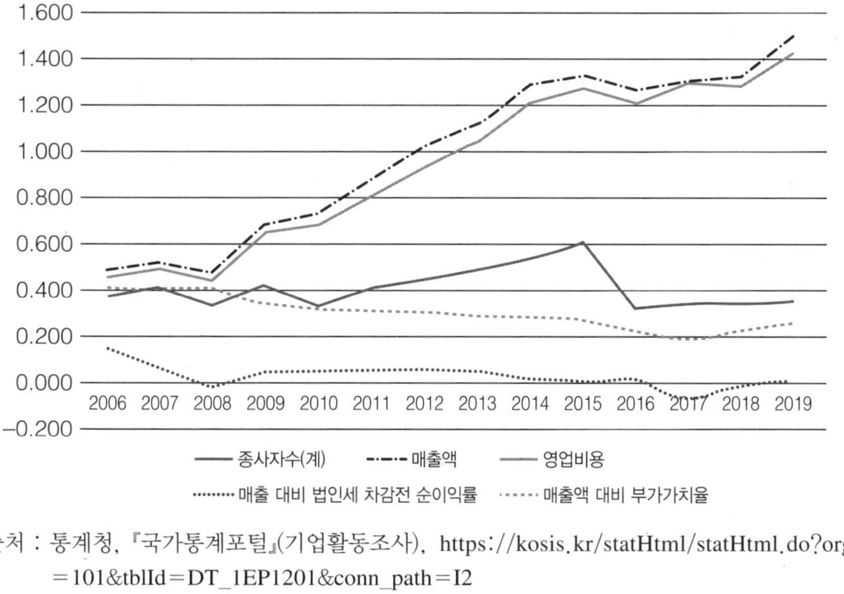

출처 : 통계청, 『국가통계포털』(기업활동조사), https://kosis.kr/statHtml/statHtml.do?orgId =101&tblId=DT_1EP1201&conn_path=I2

부터 불황국면에 진입했음을 엿볼 수 있다. 2016년에는 2015년 대비 숙박업계 종사자수가 거의 절반 수준으로 하락하였으며, 불황에 대해 인건비 절감으로 맞선 셈이다. 2017년의 경우 매출액 대비 법인세 차감전 순이익률이 −6.7%에 달해 지난 14년간을 통틀어 가장 침체된 모습을 보였다. 2020년의 경우 공식통계가 발표되지 않았지만, 코비드 19 사태를 감안하면 숙박업계의 불황은 해소되지 않았을 것으로 짐작된다.

호텔의 가치평가를 위해 수익환원방식을 적용할 경우 유용하게 활용할 수 있는 자료가 호텔 매출의 근간인 객실 매출과 식음업장 매출이다. 객실 매출과

| 표 15-1 | 기업활동조사(산업중분류별–숙박업) 주요 지표(2006~19) (단위 : 개, 명, 백만 원)

구분	기업체수	사업체수	종사자수	매출액	영업비용	매출 대비 법인세 차감전 순이익률	매출액 대비 부가가치율
2006	106	235	37,300	4,922,789	4,704,175	14.8%	41.6%
2007	116	554	41,320	5,258,570	5,027,555	7.6%	40.4%
2008	104	393	33,970	4,734,580	4,481,393	−0.5%	41.2%
2009	112	420	42,656	6,867,911	6,530,697	5.0%	34.6%
2010	101	377	33,545	7,359,213	6,844,576	5.8%	31.9%
2011	99	578	41,677	8,820,108	8,067,254	5.7%	31.8%
2012	98	570	45,573	10,298,606	9,398,844	6.5%	31.2%
2013	128	466	49,314	11,169,151	10,456,145	5.2%	29.1%
2014	151	824	53,711	12,951,474	12,139,418	2.7%	29.1%
2015	170	769	61,039	13,304,441	12,763,042	1.1%	27.5%
2016	133	279	32,579	12,686,703	12,150,977	2.2%	22.7%
2017	133	345	34,811	13,094,351	12,977,981	−6.7%	19.6%
2018	154	385	34,651	13,277,521	12,857,915	−0.9%	23.3%
2019	157	402	35,911	14,987,490	14,285,233	1.0%	26.1%

출처 : 통계청, 『국가통계포털』(기업활동조사), https://kosis.kr/statHtml/statHtml.do?orgId=101&tblId=DT_1EP1201&conn_path=I2

식음업장 매출자료는 한국호텔업협회에서 공표하고 있는 연간 호텔업운영현황 통계를 들 수 있다. 한국호텔업협회의 호텔운영현황자료를 보면, 호텔 매출은 크게 객실, 식음업장, 기타로 구분되며, 매출액 대비 비중을 보면 각각 49.5%, 32.7%, 17.8% 수준을 보이고 있다. 고급호텔일수록 식음업장의 매출비중이 높고, 등급이 낮을수록 객실판매액의 비중이 낮은 것을 볼 수 있다.

| **표 15-2** | 2019년 기준 호텔업운영현황(전국)

구분	업체수	객실수	매출액(천 원)	객실 비중	식음업장 비중	기타수입 비중	이용자수	객실 이용자수 비율	식음업장 이용자수 비율
전국	601	76,058	4,053,765,413	49.5%	32.7%	17.8%	65,900,952	49.0%	51.0%
관광	447	69,105	3,910,631,451	48.3%	33.5%	18.3%	61,916,832	47.1%	52.9%
5성	42	16,801	2,339,962,685	37.2%	39.9%	22.8%	27,102,232	30.3%	69.7%
4성	63	17,915	767,549,077	56.3%	33.7%	9.9%	15,257,765	45.6%	54.4%
3성	131	17,138	501,550,009	72.0%	15.2%	12.8%	11,779,866	68.0%	32.0%
2성	112	9,292	188,645,505	68.6%	13.9%	17.6%	4,416,149	76.1%	23.9%
1성	50	2,713	38,677,035	83.4%	7.5%	9.1%	1,244,047	82.3%	17.7%
미등급	49	5,246	74,247,140	83.0%	13.3%	3.8%	2,116,773	75.2%	24.8%
가족	64	4,579	104,328,760	81.8%	11.3%	6.9%	2,919,382	77.6%	22.4%
전통	4	94	8,765,954	51.6%	47.9%	0.5%	90,137	42.6%	57.4%
호스텔	77	2,063	26,173,102	94.8%	3.2%	2.1%	824,172	92.2%	7.8%
소형호텔	9	217	3,866,146	85.7%	10.9%	3.4%	150,429	64.7%	35.3%

출처 : 한국호텔업협회, 2021, http://www.hotelskorea.or.kr/datacenter/index_1.php?code=1

호텔 거래가격 추정을 위한 호텔의 가치평가를 위해서는 다양한 요소를 고려해야 하지만, 객실판매액의 예측은 중요한 요소 중 하나이다. 이 장에서는 호텔 거래가격의 추정을 위한 근거로서 객실판매액의 예측모형을 다루어보자.

2. 호텔 객실판매액 추정에 대한 선행연구 검토

호텔의 주상품인 객실의 판매실적에 대한 성과를 측정하기 위해 객실이용률(Occupancy Rate), 평균객실요금(ADR: Average Daily Rate), 판매가능 객실당 판매수입(RevPAR: Revenue per Available room)과 같은 지표가 주로 사용되고 있다. 객실이용률은 객실이 고객에 의해서 점유되는 정도를 나타내는 지표로서, 호텔의 경영상태를 관찰하는 중요한 자료로 사용된다. 객실이용률은 고객이 사용한 객실수를 전체의 객실수로 나눈 값을 백분율로 표현한 것이다(하동현, 2006). 평균객실요금은 고객에게 객실을 어떤 가격으로 판매하였는가를 측정하는 것으로, 객실판매수익을 판매된 객실수로 나눈 값이다. 객실이용률과 평균객실요금은 각각 유료 투숙객의 비율과 판매객실당 평균단가를 나타내는 것으로서, 판매된 객실의 수량과 가격을 간단하게 요약하고 있다는 점에서 전통적으로 호텔의 활동성과를 측정하는 가장 대표적이고 직접적인 지표의 역할을 해 왔다. 판매가능 객실당 판매수입은 객실수입액을 판매가능 객실수로 나누어 산출한 값으로, 객실이용률과 객실평균판매단가의 곱으로 표현된다. 이 때문에 최근에는 객실이용률이나 평균객실요금이 아니라, 두 개념을 모두 포함하고 있는 판매가능 객실당 판매수입이 널리 활용되고 있다. 판매가능 객실당 판매수입은 하나의 지표로서 호텔 시장에서의 수요와 공급을 동시에 보여줄 수 있다는 점에서 호텔의 경제적 성과를 간결하게 요약할 수 있기 때문이다(Gallagher and Mansour, 2000; Ismail, Dalbor, and Mills, 2002).

국내 학계의 호텔에 대한 연구는 크게 매출(수입)에 대한 연구와 마케팅방안에 대한 연구로 구분된다. 전자의 연구로 신용경(1990), 오문환 · 이형균(2001), 안광호(2002), 손은호 · 김재석(2006), 손은호 · 박병덕(2008), 최민우(1999), 손은호 · 서진우 · 정명보(2005), 손은호 · 구정대(2004)의 실증연구를 들 수 있으며, 후자의 연구로 김홍일(2000), 남택영(1998), 배선경(2003), 이무성(2005), 이현재 · 유영생(2006), 정경호 · 이은용 · 이수범(2007), 정성화 · 조재문 · 여호

| 표 15-3 | 호텔 매출관련 기존 회귀분석모형 요약

구분	최민우 (1999)	안광호 (2002)	손은호 · 구정대 (2004)	손은호 · 박병덕 (2008)
종속변수	연회 매출	수익부문별 매출액	식음료 매출	식음료 매출/ 객실 매출
독립변수	–	소비자물가지수	소비자물가지수	소비자물가지수
	–	–	대미달러환율	대미달러환율
	–	실업률	–	–
	–	–	–	임금
	도소매업 판매지수	–	–	–
	–	–	국내총생산액	–
	–	계절더미변수	–	계절더미변수
	IMF더미변수	–	–	–
	–	회계연도더미	–	–
결정계수	0.57 (식음료)	0.254(객실) 0.151(식음료)	0.88 (식음료)	0.355(객실) 0.403(식음료)

근(1999)의 연구를 들 수 있다.

매출에 대한 연구는 다시 총매출과 식음료 매출 추정모형으로 구분할 수 있는데, 최민우(1999), 손은호 · 서진우 · 정명보(2005), 손은호 · 구정대(2004) 등이 식음료 매출을 설명하는 모형을, 그 외의 대부분의 연구들은 호텔 전체 매출을 설명하는 실증연구들이다. 호텔 운영 수입 또는 매출에 대한 추정모형은 주로 다중회귀모형을 활용하고 있다. 안광호(2002), 손은호 · 박병덕(2008), 최민우(1999), 손은호 · 구정대(2004)의 연구가 대표적이며, 이와는 달리 ARIMA 모형을 적용한 경우로 손은호 · 김재석(2006)과 손은호 · 서진우 · 정명보(2005)의 연구를 들 수 있다. 호텔 매출 추정을 위해 다중회귀모형을 적용한 대부분의 연구가 독립변수로 채택하고 있는 것은 소비자물가지수(안광호, 2002; 손은호 · 박병덕, 2008), 실업률(안광호, 2002), 임금과 대미달러 환율(손은호 · 박병덕, 2008), 도소매업 판매지수(최민우, 1999) 등이다. 그 외 신용경(1990)의 연구가 매출액과 광고비 및 접대비 간의 상관관계를 분석한 바 있으며, 오문환 · 이형균(2001)의 연구는 지역축제가 호텔매출에 미치는 영향을 설문조사를 통해 규명하고자 한 바 있다.

호텔의 객실이용률 또는 평균객실요금을 탐구주제로 삼은 국내실증연구는 매우 드문 편이다. 서재명(2000)의 "중저가호텔자산 평가모형 연구"에서 호텔의 매매가격에 영향을 주는 요소로 객실수, 평균객실요금과 객실이용률이 호텔 매매가격 측정에 가장 중요한 요소들임을 밝힌 것이 이 분야의 효시라 판단된다. 이후 경주지역 특1급 호텔을 중심으로 호텔기업의 객실영업지표와 객실매출액과의 관계를 규명한 구정대 · 김미경(2005: 118)은 "우리나라 호텔기업의 객실영업지표에 대한 측정 및 평가에 대한 연구는 활발히 이루어지지 않은 것이 현 실정"이라고 밝히면서 판매객실수와 평균객실요금 및 객실이용률과 객실매출은 강한 상관관계를 보이며 객실부문수익률과 객실매출은 보통의 상관관계가 있다는 것을 규명한 바 있다. 김수정(2007)의 "호텔기업의 경영효율성 분석에 관한 연구"에서도 호텔기업의 객실이용률은 총자산수익률에 양의 상관관계를 보이고 있다는 점을 확인하고 있지만, 객실이용률과 평균객실요금 간의 관계, 더 나아가 판매가능한 객실수와 객실이용률, 평균객실요금 간의 상호관계를 명확하게 규명하지는 못하고 있다.

국외에서 이루어진 다양한 실증연구 역시 객실이용률 또는 평균객실요금이라는 한 가지 측면에서 객실수입에 미치는 영향을 검토한 연구가 대부분이라 할 수 있다. 객실이용률을 이용하여 호텔의 객실수입에 영향을 미치는 요인을 검토한 해외의 대표적인 연구로는 Jeffrey, Barden, Buckley, and Hubbard (2002)가 있다. 이 연구는 영국 호텔의 15년간 객실이용률을 분석하여 간선도로망과의 접근성, 호텔 주변 중요 휴양시설의 존재 여부, 업무시설과의 인접성이 객실이용률의 결정 요인임을 밝히고 있다. 실증분석결과에 따르면 간선도로와의 접근이 용이한 내륙지방에 위치한 호텔일수록, 지역에 중요한 휴양시설이 존재할수록, 상당한 크기의 업무시설과 2시간 내외의 거리에 위치할수록 객실이용률이 높다는 결과를 도출하고 있다.

객실요금으로 호텔의 경영성과를 측정한 연구들은 호텔의 평균객실요금을 종속변수로 한 헤도닉 함수를 이용한 연구들이 주를 이룬다. Bull(1994)은 헤도닉 모형을 통해 고속도로에 인접한 15개 호텔들의 평균객실요금이 타운 중심지로부터 떨어진 정도와 고속도로와의 인접면의 위치에 따라 어떻게 달라지는지 분석하였다. 그 결과, 호텔의 위치가 타운 중심지로부터 1km 멀어질 경우 평균객실요금은 6.48달러($)씩 감소함을 밝혔다. 또한 White and Mulligan (2002)은 입지요인에 호텔수영장, 스파, 무료 조식제공 등의 호텔 특성요인(site attribution)을 추가하여 평균객실요금의 영향요인을 분석한 바 있다.

| 표 15-4 | 평균객실요금/객실이용률 관련 선행연구 결과

구분	호텔수입에 영향을 미치는 변수
송영일 · 정창무 (2008)	• 유흥시설까지의 거리 • 호텔 체인 여부 • 도심까지의 거리 • 지하철역까지의 거리
Jeffrey, Barden, Buckley, and Hubbard(2002)	• 간선도로망과의 접근성 • 호텔주변 휴양시설 존재 유무 • 업무시설과의 인접성
White and Mulligan(2002)	• 객실판매단가 • 호텔 내 수영장 유무 • 호텔 내 스파시설 유무 • 무료 조식제공 유무
Gallagher and Mansour(2000)	• 관광지로부터의 거리 • 도심업무 · 컨벤션 중심지까지의 거리 • 공항까지의 거리
Bull(1994)	• 호텔로부터 다운타운까지의 거리 • 호텔과 고속도로와의 인접면 위치

최근에 들어서는 호텔의 영업실적을 나타내는 지표 중 판매가능 객실당 판매수입을 활용하는 연구들이 주류를 이루고 있다. Wolverton(1997)은 판매가능 객실당 판매수입이 호텔 운영실적을 잘 나타내 주는 간결한 지표로서 무엇

보다 호텔 시장의 주기성을 이해하는 데 편리하고, 미래 호텔 수입의 동태적 방향을 파악하는 데 유리한 지표라고 언급하고 있다. Gallagher and Mansour (2000) 역시 호텔이 관광지에 입지해 있거나 도심업무 · 컨벤션 중심지 혹은 주요 공항과 인접해 있을 때 판매가능 객실당 판매수입의 증대효과가 강하게 일어난다고 밝히고 있다. 국내에서 수행된 연구로 판매가능 객실당 판매수입을 검토한 송영일 · 정창무(2008)의 연구는 헤도닉 반복모형을 이용하여 호텔과 유흥시설의 접근성, 호텔의 부지면적, 호텔 체인과의 연계성 등이 판매가능 객실당 판매수입에 영향을 준다고 분석한 바 있다. 그러나 Slattery(2002)는 실제 판매가능 객실당 판매수입과 호텔기업에 의해 공시된 판매가능 객실당 판매수입의 값 사이에는 무시할 수 없는 차이가 존재하여, 공시된 판매가능 객실당 판매수입만을 연구 및 분석에 사용하는 것이 연구의 신뢰도를 떨어뜨리는 요인이 될 수 있다고 지적하고 있다.

호텔성과지표에 대한 다양한 논의에도 불구하고 객실이용률과 평균객실요금의 상호관계를 규명한 실증연구는 국내외를 통틀어 매우 드문 실정이다. 객실이용률과 평균객실요금을 집중적으로 조명하고 있는 소수의 연구(Enz, Canina, and Lomanno, 2009; Enz and Canina, 2010; STR Analytics, 2010)가 있지만, 이들 연구 역시 호텔 객실수입 극대화전략으로서 평균객실요금을 낮춰 객실이용률을 높이는 것보다는 객실이용률이 떨어지더라도 평균객실요금을 그대로 유지하는 것이 판매가능 객실당 판매수입이라는 측면에서 효율적이라는 점을 강조하고 있을 뿐, 객실이용률과 평균객실요금의 상호작용을 직접적으로 검토한 것은 아니었다. 객실이용률과 평균객실요금이 상호작용한다면, 호텔의 객실판매수입 추정모형을 올바로 설정하기 위해 이러한 상호작용 관계를 제대로 규명할 필요가 있다. 이 연구는 이들 2개 지표 간의 상호관련성을 규명함으로써 호텔의 객실수입결정모형에 내재한 편의를 제거하고 보다 정확한 호텔의 객실수입결정모형을 구축하고자 한다.

3. 연구가설과 연구방법

이 연구에서 검증하려는 주요 가설은 호텔의 객실이용률(occupancy rate)과 평균객실요금(average daily rate) 간에는 상호작용이 존재한다는 것이다. 객실이용률은 판매된 객실수를 판매가능한 객실수로 나눈 값이며, 평균객실요금(ADR)은 객실판매수입을 판매된 객실수로 나눈 값이다. 또한 판매가능 객실당 판매수입(RevPAR)은 객실판매수입을 판매가능 객실수로 나눈 값이므로 객실이용률에 평균객실요금을 곱한 값과 같다. 따라서 호텔의 객실판매수입은 객실이용률에 평균객실요금과 판매가능 객실수를 곱한 다음과 같은 항등식으로 표현된다.

$$\text{판매가능 객실당 판매수입} = \frac{\text{호텔의 객실판매수입}}{\text{판매가능 객실수}} = \text{객실이용률} \times \text{객실평균요금} \tag{15·1}$$

$$\text{호텔의 객실판매수입} = \text{객실이용률} \times \text{객실평균요금} \times \text{판매가능 객실수} \tag{15·2}$$

위 항등식의 내용을 보면, 호텔의 객실판매수입이 일정할 경우 증·개축을 통해 판매가능 객실수를 늘리거나 줄이지 않을 경우 평균객실요금과 객실이용률을 동시에 올리는 대안은 성립하지 않는다는 것을 살펴볼 수 있다. 하지만 판매가능 객실수가 증가하면 (객실공급 확대로) 객실이용률이나 평균객실요금이 동시에 떨어질 수도 있다. 호텔 객실서비스가 정상재로 가격탄력적이라면 객실이용률을 올리기 위해서는 평균객실요금을 내려야 한다. 따라서 이제까지 호텔기업의 경영성과를 측정하기 위해 객실이용률이나 평균객실요금 또는 판매가능 객실당 판매수입 등 한두 개의 지표에 근거해 호텔의 객실판매수입을 추정하려는 시도들은 객실이용률과 평균객실요금, 판매가능 객실수 등의 상호작용을 고려하지 않았다는 점에서 왜곡된 추정으로부터 자유롭다고 할 수 없다.

이 연구가 규명하려는 두 번째 주된 가설은 부대시설로 대표되는 호텔서비스와 주요 시설이나 기능에 대한 접근성이 호텔 객실판매수입에 긍정적인 영향을 준다는 것이다. 국내의 실증연구들이 주로 거시경제환경의 변화에 따른 호텔산업 전체의 매출 또는 수익을 추정한 연구가 다수여서, 호텔별 수입 또는 매출에 영향을 주는 개별요인에 대한 시사점을 주지 못하고 있지만, 국외에서 이루어진 연구들은 호텔별로 매출에 영향을 주는 요인들을 규명한 바 있어 이 점에 대한 단서를 제공하고 있다. 〈표 15-4〉의 평균객실요금/객실이용률 관련 선행연구 결과를 보면 수영장이나 면세점 등의 호텔부대시설들은 호텔의 객실이용률과 평균객실요금에 긍정적인 요소로 작용하며, 도심업무지역이나 간선도로망, 지하철역까지의 거리 등 주요 시설이나 기능에 대한 접근성이 높을수록 객실이용률과 평균객실요금이 높아지는 것으로 나타난다.

이 연구의 시간적·공간적 범위는 2007년 서울시에 소재하는 37개 특급호텔의 객실판매수입이다. 연구의 대상으로 선정한 서울시내 특급호텔은 특1급과 특2급으로 구분되며, 특1급호텔이 18개소, 특2급호텔은 19개소이다. 37개 특급호텔 중 12개 특급호텔이 각각 중구와 강남구에 위치하여 서울시내 특급호텔의 약 65%가 중구와 강남구에 집중적으로 분포하고 있다. 분석에 활용된 세부자료는 2007년 한국호텔업협회에서 발간한 『관광호텔 운영실적』에 게재된 각 호텔별 객실수입, 숙박객수 등의 자료를 활용하였으며 그 외 호텔 입지특성이나 부대시설특성과 관련한 자료는 인터넷 지도와 각 호텔 홈페이지를 이용하여 습득하였다.

특급호텔의 평균객실요금과 객실이용률 간의 상호작용을 규명하기 위해 객실이용률과 평균객실요금을 내생변수로 하는 연립방정식모형을 구성하였다. 내생변수인 객실이용률과 평균객실요금에 영향을 주는 다양한 외생변수들은 〈표 15-4〉의 평균객실요금/객실이용률 관련 선행연구 결과에 근거해 특1급 유무를 구분한 등급변수, 1년 전 판매가능한 객실수 등의 선결변수, 면세점 등의 유무를 구분한 부대시설변수, 시청과 여의도, 강남 등과의 접근성을 나타내는 거리변수, 반경 1.5㎞[01] 이내에 위치하고 있는 호텔의 수를 변수화한 집적변수와 호텔 체인 여부와 홈페이지 유무를 변수화한 홍보변수로 구성된다. 모형에 포함된 독립변수들의 측정방법과 출처 등은 〈표 15-5〉에 정리되어 있으며, 모형추정에 활용된 변수들의 기초통계량 역시 〈표 15-6〉의 변수의 기초통계량에 정리되어 있다.

4. 분석모형

호텔의 객실판매수입은 식 (15·2)와 같이 객실이용률과 평균객실요금, 판매가능한 객실수의 곱으로 설명되며, 이 세 변수 간에는 상호의존관계가 존재할 수 있다. 이런 경우 단일방정식 회귀모형보다는 각 관련 현상을 설명하는 여러 개의 회귀모형을 한데 모아, 모든 정보를 한 번에 반영되도록 하는 연립방정식모형 체계를 구축하여 동시에 추정하는 것이 현실을 더욱 정확히 대변할 수 있다(김태호 · 조은정 · 김미연, 2005).

표 15-5 모형에 활용된 분석변수

구분		변수명	측정방법/출처
종속변수		호텔 객실판매수입	관광호텔 운영실적
내생변수		객실이용률	연중 판매한 객실수/판매가능한 객실수
		평균객실요금	객실판매수입/판매한 객실수
외생변수	등급	특1급 여부	특1급이면 더미변수 1, 특2급이면 0
	선결변수	1년 전 판매한 객실수, 판매가능한 객실수, 객실이용률, 평균객실요금	관광호텔 운영실적

01 반경 1.5㎞는 시행착오를 통해 도출한 거리이다.

<table>
<tr><td rowspan="27">외생변수</td><td rowspan="10">부대시설</td><td>연회, 웨딩</td><td rowspan="10">있으면 1, 없으면 0</td></tr>
<tr><td>비즈니스, 회의실</td></tr>
<tr><td>수영장</td></tr>
<tr><td>나이트클럽</td></tr>
<tr><td>바</td></tr>
<tr><td>휘트니스</td></tr>
<tr><td>뷰티</td></tr>
<tr><td>엔터테인먼트</td></tr>
<tr><td>면세점</td></tr>
<tr><td>쇼핑아케이드</td></tr>
<tr><td rowspan="14">거리변수</td><td>시청 거리</td><td>시청으로부터 직선거리(㎞)</td></tr>
<tr><td>여의도 거리</td><td>여의도 중심으로부터 직선거리(㎞)</td></tr>
<tr><td>강남역 거리</td><td>강남역으로부터 직선거리(㎞)</td></tr>
<tr><td>업무권역 평균거리</td><td>시청, 여의도, 강남역으로부터의 평균거리(㎞)</td></tr>
<tr><td>업무권역 최단거리</td><td>시청, 여의도, 강남역으로부터의 거리 중 가장 짧은 거리(㎞)</td></tr>
<tr><td>지하철역 거리</td><td>가장 가까운 지하철역으로부터의 거리(㎞)</td></tr>
<tr><td>한강 거리</td><td>한강변까지의 최단 직선거리(㎞)</td></tr>
<tr><td>김포공항 거리</td><td>김포공항 여객터미널로부터의 거리(㎞)</td></tr>
<tr><td>인천공항 거리</td><td>인천공항 여객터미널로부터의 거리(㎞)</td></tr>
<tr><td>유흥가와의 거리</td><td>인근 상업밀집지역 중심점으로부터의 직선거리(㎞)</td></tr>
<tr><td>남산까지의 직선거리</td><td>남산까지 직선거리(㎞)</td></tr>
<tr><td>버스터미널 거리</td><td>가장 가까운 고속 또는 시외버스터미널까지의 거리(㎞)</td></tr>
<tr><td>서울역 거리</td><td>서울역까지의 거리(㎞)</td></tr>
<tr><td>집적효과</td><td>반경 1.5㎞ 내 호텔 개수</td><td>반경 1.5㎞ 내 소재하고 있는 호텔 개수(특급 및 일반호텔)</td></tr>
<tr><td rowspan="2">홍보</td><td>체인 여부</td><td>호텔체인일 경우 1, 아니면 0</td></tr>
<tr><td>홈페이지 유무</td><td>홈페이지가 있을 경우 1, 아니면 0</td></tr>
</table>

연립방정식모형을 추정하는 기법으로는 간접최소자승법, 2단계 최소자승법과 3단계 최소자승법 등 다양한 방법이 있지만, 과대식별된 모형의 추정에 적용되는 대표적인 기법으로 2단계 최소자승법이 주로 활용된다(이종원 · 이상돈, 2000: 827). 2단계 최소자승법으로 설정된 모형의 적합성을 알아보는 방법으로 결정계수 R^2을 주로 사용한다(김수구, 2008).

| 표 15-6 | 변수의 기초통계량

변수명	자료수	평균(단위)	표준편차	최댓값	최솟값
호텔 객실판매수입	37	143(억 원)	117	506	114
판매가능한 객실수	37	137,194(일 · 방)	82,525	492,750	32,850
평균객실요금	37	131.45(천 원)	57.10	277.64	54.23
객실이용률	37	0.72	0.09	0.87	0.54
특1급 여부	37	0	0.50	1	0
1년 전 판매가능한 객실수	37	141,268(일 · 방)	87,013	492,750	39,420
1년 전 평균객실요금	37	88.34(천 원)	33.41	166.95	23.20
1년 전 객실이용률	37	0.68	0.11	0.88	0.40
연회웨딩	37	1	0.273	1	0
비즈니스회의실	37	1	0.162	1	0
수영장	37	1	0.491	1	0
나이트클럽	37	0	0.162	1	0
바	37	1	0.226	1	0
휘트니스	37	1	0.412	1	0
뷰티	37	1	0.342	1	0
엔터테인먼트	37	0	0.226	1	0
면세점	37	0	0.226	1	0
쇼핑아케이드	37	0	0.468	1	0
시청 거리	37	6,011(m)	4,193	14,352	98
여의도 거리	37	9,236(m)	2,933	16,933	3,010
강남역 거리	37	6,230(m)	4,195	20,104	487

업무권역 평균거리	37	7,159(m)	2,315	14,776	5,057
업무권역 최단거리	37	2,817(m)	2,482	9,872	98
지하철역 거리	37	576(m)	517	2,550	50
한강 거리	37	2,743(m)	1,727	6,369	180
김포공항 거리	37	19,076(m)	4,688	27,434	2,684
인천공항 거리	37	51,115(m)	4,554	60,240	34,835
유흥가와의 거리	37	1,636(m)	1,457	8,627	168
남산 거리	37	565(m)	327	1,460	85
버스터미널 거리	37	5,091(m)	3,165	17,316	141
서울역 거리	37	6,096(m)	3,831	13,578	444
반경 1.5㎞ 내 호텔개수	37	7.24	6.93	20	0
체인화 여부	37	1	0.47	1	0
홈페이지 유무	37	1	0.16	1	0

두 변수의 상호작용을 검토하기 위해 구축된 연립방정식은 객실이용률과 평균객실요금이라는 2개의 내생변수로 구성되며, 선결변수로는 전년도 대비 객실이용률 증가율, 평균객실요금 증가율 등의 증가율변수와 전년도 객실이용률 등이 포함된다. 두 번째 가설검정을 위해 거리변수, 부대시설변수, 집적효과변수, 홍보변수 등을 외생변수로 모형에 포함시켰다. 변수선택방법으로 SAS Reg의 다단계변수추출법(selection=stepwise)을 적용해 단순선형회귀모형을 우선적으로 구축하였으며, 구축된 단순선형회귀모형을 통해 변수들 간의 다중공선성과 잔차의 자기상관을 검증하였다. 이렇게 도출된 단순선형회귀모형을 연립방정식 체계로 구성해 최종모형을 도출하였다.

5. 분석결과

호텔 객실수입을 추정하기 위해 연립방정식모형에 앞서 구축된 2개의 단순 선형회귀모형을 보면, 모형의 설명력은 수정결정계수로 각각 0.9785와 0.7299의 값을 보이고 있으며 전반적으로 선정된 독립변수 대부분이 유의한 수준을 보이고 있다. 오차항 간의 자기상관을 나타내는 DW 통계량의 값은 각각 1.949와 2.072의 수치를 보이고 있으며, 확장자로 본 변수들 간의 다중공선성의 가능성도 크지 않은 것으로 나타났다. 이렇게 도출된 회귀모형식을 근거로 구축한 연립방정식의 추정결과가 〈표 15-10〉과 〈표 15-11〉에 제시되어 있다. 추정모형의 적합성 검토를 위해 시행된 Shapiro-Wilk 검정결과를 보면 *W*통계량 값이 모두 1에 매우 근사한 값을 갖고 있다. *p*값은 각각 0.9447과 0.9791로 모두 정규성 조건을 유의수준 범위($\alpha=0.05$)에서 충족하는 것으로 나타났다. 추정된 연립방정식모형은 단순회귀모형 추정결과와 큰 차이를 보이지 않고 있다. *DW*통계량은 각각 1.945와 2.072의 값을 보이고 있으며, 수정결정계수 값은 각각 0.9435와 0.7299이다. 계수의 유의수준을 보면 평균객실요금모형의 경우 $\alpha=0.05$ 수준에 모두 유의하고, 객실이용률모형의 경우 판매가능한 객실수, 연예 · 웨딩, 지하철역 거리, 남산 거리 등이 $\alpha=0.1$ 수준에서 유의하며, 나머지는 $\alpha=0.05$ 수준에서 유의한 것으로 나타났다.

연립방정식모형 추정결과를 보면 평균객실요금은 객실이용률이 높을수록 낮아지며, 판매가능한 객실수 증가율이 높을수록 떨어지는 것으로 나타나 가설과 부합하는 것으로 나타났다. 특1급호텔이 특2급호텔에 비해, 체인 호텔인 경우 그렇지 않은 호텔에 비해, 호텔입지가 업무권역에 가까울수록 전년도 평균객실요금이 높을수록 평균객실요금은 올라가는 것으로 나타났다. 특이한 사실 중 하나는 전년도 판매객실수가 클 경우 평균객실요금이 낮아지는 현상으로 호텔의 박리다매전략을 반영한 것으로 해석할 수 있다.

| 표 15-7 | Shapiro-Wilk 정규성 검정결과

구분	*W*통계량	*Pr*<*W*
평균객실요금모형	0.987432	0.9441
객실이용률모형	0.989836	0.9791

| 표 15-8 | 평균객실요금 설명모형

독립변수	계수값	*t*값	확장자(VIF)
상수항	138.46139	5.83	0
객실이용률	−211.97819	−6.86	1.58265
판매가능한 객실 증가율	−264.43725	−6.34	1.42325
전년도 판매객실수	−0.00021018	−3.92	1.84756
전년도 평균객실요금	1.49546	12.74	3.00585
특1급호텔	25.98543	3.13	3.37204
체인 여부	23.30469	2.24	1.07758
업무권역 최단거리	−0.00248	−2.23	1.49445

주 : *DW*=1.949, 수정결정계수=0.9435

| 표 15-9 | 객실이용률 설명모형

독립변수	계수값	*t*값	확장자(VIF)
상수항	0.70329	15.13	0
판매가능한 객실수	−1.9691E−7	−1.89	1.16461
판매가능한 객실수 증가율	−0.50560	−2.12	3.73785
평균객실요금 증가율	−0.19541	−7.51	2.09548
연예, 웨딩	0.06263	1.79	1.42597
면세점	0.12650	2.04	3.08539
시청 거리	0.00001154	3.30	3.37952
지하철역 거리	−0.00004011	−1.87	1.93333
남산 거리	−0.00005151	−1.94	1.18034
반경 1.5㎞ 내 호텔 개수	0.00714	3.67	2.85274

주 : *DW*=2.072, 수정결정계수=0.7299

| 표 15-10 | 평균객실요금 연립방정식모형

독립변수	계수값	t값
상수항	137.8974	5.81
객실이용률	−211.118	−6.83
판매가능한 객실 증가율	−264.292	−6.33
전년도 판매객실수	−0.00021	−3.92
전년도 평균객실요금	1.493902	12.73
특1급호텔	26.08769	3.14
체인 여부	23.30232	2.24
업무권역 최단거리	−0.00248	−2.22

주 : DW=1.945, 수정결정계수=0.9435

| 표 15-11 | 객실이용률 연립방정식모형

독립변수	계수값	t값
상수항	0.703289	15.13
판매가능한 객실수*	−1.97E−7	−1.89
판매가능한 객실수 증가율	−0.50560	−2.12
평균객실요금 증가율	−0.19541	−7.51
연예, 웨딩*	0.062631	1.79
면세점	0.126500	2.04
시청 거리	0.000012	3.30
지하철역 거리*	−0.00004	−1.87
남산 거리*	−0.00005	−1.94
반경 1.5㎞ 내 호텔 개수	0.001946	3.67

주 : 1) DW=2.072, 수정결정계수=0.7299
2) * : α=0.1 수준에서 유의, 나머지는 0.05 수준에서 유의

객실이용률 연립방정식모형의 경우도 평균객실요금 증가율이 높을수록 객실이용률은 떨어져 객실이용률과 평균객실요금 간의 상충관계를 보여주고 있

다. 판매가능한 객실수와 그 증가율이 커질수록 객실이용률은 떨어지며, 면세점이나 연예 · 웨딩기능이 있을 경우 객실이용률은 올라가는 것으로 나타났다. 거리변수 중에서는 시청으로부터 거리가 멀수록, 남산과 지하철역에 가까이 위치할수록 객실이용률이 제고되며, 반경 1.5㎞ 내 호텔이 밀집해 있을수록 객실이용률이 올라가 호텔에도 집적의 경제효과가 있다는 점을 시사하고 있다. 시청으로부터 거리가 멀어질수록 객실이용률이 증가하는 현상은 최근 서울의 주요 업무기능이 도심에서 강남으로 이전하고 있는 현상을 반영한 것으로 판단된다.

6. 결론

이 연구는 2007년 서울시 특급호텔의 운영실적자료를 이용하여 호텔의 평균객실요금과 객실이용률 간의 상호작용을 규명한 연구이다. 실증분석결과 평균객실요금과 객실이용률 간에는 상충작용이 존재하며, 기존연구들이 검토하였던 외생변수 중 특1급, 체인, 면세점, 연예 · 웨딩기능 등의 호텔 부대시설변수와 업무권역 최단거리, 시청 거리, 지하철역 거리, 남산 거리 등 거리변수가 평균객실요금과 객실이용률에 영향을 주고 있음을 밝혔다.

이 연구는 호텔객실의 요금과 이용률 간의 상충작용을 검토한 실증연구지만, 호텔 객실매출 추정을 위한 모형으로 활용할 수 있다는 점에서 사업타당성 검토를 수행하는 실무자들에게도 유용한 모형이 될 수 있다. 2단계 최소자승법을 이용한 연립방정식모형이므로 선결변수 또는 외생변수만으로 구성된 축약형 방정식을 도출할 수 있으며, 전년도 판매객실수와 전년도 평균객실요금, 평균객실요금 증가율과 판매가능한 객실 증가율에 대한 적절한 가정을 수립할 수 있다면, 평균객실요금과 객실이용률에 대한 추정값을 도출할 수 있다. 여기에 검토하고 있는 호텔의 객실규모와 영업일수를 곱한 값인 판매가능한 객실수를 적용하면 검토 중인 호텔의 객실매출을 추정할 수 있게 된다.

이 연구는 오랫동안 모호한 채 남아 있던 객실이용률과 평균객실요금 간의 상충관계를 규명하였지만, 분석의 범위가 서울시내 특급호텔에 국한된 점, 객실이용률 추정모형의 설명력이 평균객실요금모형에 비해 낮은 점 등은 향후 보완과 후속연구가 필요하다고 판단한다.

참고문헌

구정대 · 김미경, 2005, "호텔기업의 객실영업지표와 객실매출과의 관계에 관한 연구: 경주지역 특1급호텔을 중심으로," 『관광연구』 19(3): 117–129.

김수구, 2008, "교육재원의 구조결정 모델 수립을 위한 계량경제학적 접근," 『교육재정경제연구』 17(11): 1–32.

김수정, 2007, "호텔기업의 경영효율성 분석에 관한 연구," 『호텔경영학연구』 16(3): 51–63.

김태호 · 조은정 · 김미연, 2005 "선형모형의 효율적 활용성에 관한 연구," 『응용통계연구』 18(1): 147–158.

김홍일, 2000, "호텔의 매출증진을 위한 FIT 마케팅에 관한 연구: I 호텔 Front Office를 중심으로," 『관광정보연구』 6: 207–222.

남택영, 1998, "관광호텔 식음료 연회의 효율적 운영과 매출증대 전략에 관한 연구," 『관광정보연구』 2: 113–139.

배선경, 2003, "매출 증대를 위한 호텔 연회의 Yield Management적용에 관한 실증적 분석 및 향후 연구과제: 서울시내 특1급 호텔을 중심으로," 『컨벤션연구』 4: 129–149.

서재명, 2000, "중저가호텔자산 평가모형 연구," 『관광경영학연구』 9: 61–76.

손은호 · 구정대, 2004, "일반환경변화가 호텔식음료매출에 미치는 영향: 경주지역 특급호텔을 중심으로," 『관광연구』 18(3): 13–28.

손은호 · 김재석, 2006, "계절 ARIMA 모형을 이용한 호텔객실매출액의 예측," 『관광학연구』 30(2): 381–398.

손은호 · 박병덕, 2008, "거시환경변화가 호텔매출액에 미치는 영향: 경주지역 특급호텔을 중심으로," 『한국지역사회생활과학회지』 19(4): 697–706.

손은호 · 서진우 · 정명보, 2005, "ARIMA모형을 이용한 호텔식음료 매출액의 예측," 『관광 · 레저연구』 17(3): 117–132.

송영일 · 정창무, 2008, "헤도닉반복모형을 적용한 '객실판매수입' 공간요인 경사도의 시계열적 변화," 『국토계획』 43(6): 79–88.

신용경, 1990, "호텔산업의 매출액과 광고비 및 접대비의 상관관계에 관한 연구," 『관광 · 레저연구』 2: 3–11.

안광호, 2002, "호텔기업의 매출액 예측모형설정에 관한 실증적 연구," 『관광연구』 17(2): 43-57.

오문환 · 이형균, 2001, "지역축제가 호텔기업의 매출성과에 미치는 영향: 경주세계문화 엑스포를 중심으로," 『관광연구』 16(2): 77-92.

이무성, 2005, "효과적인 호텔연회매출을 위한 마케팅전략," 『관광연구저널』 19(3): 587-597.

이종원 · 이상돈, 2000, 『RATS를 이용한 계량경제분석(개정판)』, 서울: 박영사.

이현재 · 유영생, 2006, "호텔기업에서의 결혼예식과 연회 매출에 대한 사례연구," 『한국외식산업학회지』 2(1): 71-88.

정경호 · 이은용 · 이수범, 2007, "호텔 예식연회 매출 활성화 방안에 관한 연구: 서울시내 특1급 호텔을 중심으로," 『호텔경영학연구』 16(4): 81-99.

정성화 · 조재문 · 여호근, 1999, "호텔기업 식음료 매출 증대를 위한 마케팅 전략에 관한 연구," 『산업경제연구』 12(4): 517-531.

최민우, 1999, "호텔 연회 매출에 영향을 주는 요인분석에 관한 연구," 『관광정보연구』 3: 45-67.

하동현, 2006, 『신 호텔경영론』, 서울: 한올출판사.

Bull, A. O., 1994, "Pricing a Motel's Location," *International Journal of Contemporary Hospitality Management* 6(6): 10-15.

Enz, Cathy A. and Linda Canina, 2010, "Competitive Pricing in European Hotels," in Professor Joseph Chen(ed.), *Advances in Hospitality and Leisure* 6: 3-25, West Yorkshire, England : Emerald Group Publishing Limited.

Enz, Cathy A., Linda Canina, and Mark Lomanno, 2009, "Competitive Pricing Decisions in Uncertain Times," *Cornell Hospitality Quarterly* 50(3): 325-341.

Gallagher, M. and A. Mansour, 2000, "An Analysis of Hotel Real Estate Market Dynamics," *Journal of Real Estate Research* 19: 133-164.

Ismail, Joseph A., Michael C. Dalbor, and Juline E. Mills, 2002. "Using RevPAR to Analyze Lodging-Segment Variability," *Cornell Hotel and Restaurant Administration Quarterly* 43(6): 73-80.

Jeffrey, D., R. Barden, P. Buckley, and N. Hubbard, 2002, ""What Makes a Successful Hotel? Insights on Hotel Management Following 15 Years of Hotel Occupancy Analysis in England," *The Service Industries Journal* 22(2): 73-88.

Slattery, P., 2002, "Reported RevPAR: Unreliable Measures, Flawed Interpretations and the Remedy," *International Journal of Hospitality Management* 21: 135–149.

STR Analytics, 2010, "Love–Hate Relationship: Occupancy, Rate," HotelNewsNow.com columnist.

White, P. J. and G. F. Mulligan, 2002, "Hedonic Estimates of Lodging Rates in the Four Corners Region," *The Professional Geographer* 54(4): 533–543.

Wolverton, M. L., 1997, "Improved Hotel Market Forecasts," *Real Estate Review* 27(2): 35–38.

찾아보기

국문 찾아보기

ㄱ

ㅇ

ㅈ

ㅍ

ㅎ

영문 찾아보기

A

B

D

E

F

G

H

S

T

U

V

W

X

Y

[저자약력]

정창무

서울공대 건축학 학사(83)
서울공대 대학원 도시공학석사(85)
미국 버지니아텍 도시계획학 박사(92)
서울연구원 책임연구원(92~96)
서울시립대 도시공학과 교수(95~2005)
중앙도시계획위원회 위원(2018~2019)
대한국토도시계획학회 25대 회장(2019~2020)
중앙토지수용위원회 위원(2019~2022)
서울공대 건설환경공학부 교수(2005~현재)

부동산 개발과 시장 분석

2022년 2월 21일 제1판 1쇄 인쇄
2022년 2월 25일 제1판 1쇄 발행

저 자 정 창 무
발행인 강 희 일 · 박 은 자

저자와의 협의에 의해 인지첩부를 생략합니다.

발행처 **다 산 출 판 사**

서울특별시 마포구 대흥로 6길 8
등 록 1979. 6. 5. 제 3-86 호(윤)
전 화 717-3661
F A X 716-9945

정가 29,000원

파본은 바꾸어 드립니다.

http://www.dasanbooks.co.kr
ISBN 978-89-7110-619-8 93320